현대 문화해석학

Contemporary Cultural Hermeneutics

머리말

동서양을 막론하고 해석학(Hermeneutics)은 이해와 해석의 철학이다. 서양의 경우 원래는 성서 해석에서 시작된 분야지만, 이후 문학, 역사, 법학, 철학, 그리고 인간 경험 전반을 해석하는 방법론과 이론으로 확장되었다. 특히 20세기 이후 해석학은 현대 철학에서 중요한 역할을 하며, 인간이 세계와 어떻게 의미를 구성하고 이해하는지를 탐구한다.

문화해석학(Cultural Hermeneutics)은 문화적 현상, 상징, 행위, 담론 등을 해석과 이해의 관점에서 탐구한다. 이는 전통적인 해석학을 넘어서 문화라는 의미의 장(field of meaning)을 분석 대상으로 삼으며, 해석학적 방법론을 통해 인간이 문화를 어떻게 구성하고 이해하는지를 밝히려고 한다. 문화해석학은 해석을 통해 문화적 현상과 상징을 이해하려는 철학적 접근으로, 철학적 해석학의 개념을 '문화 전반'에 적용한 것이라 할 수 있다.

그렇다면 문화해석학의 주요 관심 분야는 무엇일까?

문화해석학은 문화 현상에 담긴 의미를 해석하고 이해하는 것이 주된 관심사인데, 이를 구체적으로 말하면 다음과 같은 주제들이 중심적인 관심 분야가 된다.

첫째, 문화의 의미와 상징 해석이다. 인간이 만든 상징, 신화, 의례, 예술, 언어, 일상 행위 등 문화적 표현에 담긴 심층적 의미를 해석한다. 이 과정에서 문화는 단순한 행동의 집합이 아니라 의미가 축적되고 구성되는 담론 체계로 이해된다.

둘째, 해석 주체와 문화 간의 관계이다. 해석자는 특정한 역사적, 사회적, 언어적 배경을 가진 존재이기 때문에 문화 해석이 객관적일 수 있는가에 대한 문제를 다루게 된다. 따라서 자기 반성과 상대주의적 관점이 중요하게 다루어지게 된다.

셋째, 역사적 맥락 속에서의 문화 읽기이다. 특정 문화나 관습, 예술 작품 등이 어떤 역사적 맥락에서 생성되고 수용되었는지를 분석하게 된다. 이는 곧 문화의 역사성을 강조하는 해석 방식이기도 하다.

넷째, 문화 간 이해와 소통이다. 서로 다른 문화권 간의 오해, 편견, 왜곡을 어떻게 극복할 수 있는지에 관해 관심을 가진다. 여기에서는 상호 문화주의(interculturalism), 다문화주의(multiculturalism) 등의 이론적 토대가 포함된다.

다섯째, 텍스트로서의 문화이다. 문화는 텍스트처럼 읽히고 해석될 수 있다는 관점에서 기호학, 문학 비평, 담론 분석 등의 방법론을 빌리게 된다. 이때 '텍스트'는 반드시 글이 아니라, 예컨대 한류 드라마, 광고, 음식, 패션 등도 포함될 수 있다.

여섯째, 권력과 담론의 상관성에 대한 분석이다. 문화적 의미 형성은 권력 구조와 밀접한 관련성을 가지고 있다. 따라서 권력과 담론에 대한 해석은 단순한 의미 이해를 넘어 담론에 내재한 권력 구조와 이데올로기를 비판적으로 분석해야 한다.

이상의 논의를 요약하면, 문화해석학은 문화의 다양한 층위를 '의미 있는 텍스트'처럼 읽고 해석한다. 그런 측면에서 문화해석학의 대표적인 관심 분야는 다음과 같이 정리할 수 있다.

문화해석학의 관심 분야 및 논의 영역

관심 분야	핵심 내용
① 문화적 상징과 기호	의례, 신화, 종교, 예술, 언어 등에서 나타나는 상징체계의 의미
② 정체성과 타자성	문화 속에서 형성되는 개인/집단 정체성, 타자 이해의 문제
③ 전통과 역사성	문화가 시간 속에서 어떻게 전승, 해석, 변용되는지의 문제
④ 문화 간 대화와 충돌	다문화 사회에서의 상호 이해와 오해, 번역 가능성
⑤ 일상 문화 분석	소비, 미디어, 젠더, 대중문화 등에서 나타나는 문화적 코드
⑥ 권력과 담론	문화적 의미 형성과 권력 구조의 상관관계

문화는 단순히 생활양식이나 기호 체계의 집합이 아니라 인간의 삶과 정체성이 형성되고 재현되는 의미의 장이다. 바로 그런 맥락에서 문화해석학은 이러한 문화 현상을 철학적 해석학의 틀 속에서 이해하려는 시도이자, 인간의 삶 속에 깊이 스며든 문화 현상들을 '이해'하고 '의미를 밝히려는' 분과 학문이라고 할 수 있다.

다음으로 문화해석학의 주요 연구 방법론에는 어떤 것이 있을까?

첫째, '해석학적 순환(Hermeneutic Circle)'의 방식이다. 문화 연구에서 해석학적 순환은 전체를 이해하기 위해 부분을 이해하고, 부분을 이해하기 위해 전체를 해석해야 한다는 원리를 기반으로 한다. 가다머(Hans Georg Gadamer, 1900~2002)와 슐라이어마허(Friedrich Schleiermacher, 1768~1834)는 이 순환 과정을 해석학의 핵심으로 간주하였다. 문화 텍스트는 이러한 순환을 통해 점진적으로 이해되며, 반복적 해석 과정을 통해 그 의미가 깊어지게 된다.

둘째, '두터운 기술(Thick Description)'의 방식이다. 클리퍼드 기어츠(Clifford James Geertz, 1926~2006)는 문화 분석을 단순한 관찰

이 아니라 상징적 의미의 맥락을 깊이 있게 기술(記述)하는 과정으로 보았다. 두터운 기술은 문화 행위에 담긴 복합적 의미 체계를 파악하기 위한 방법론으로, 문화 현상에 대한 깊은 해석을 가능케 한다.

셋째, '내러티브 해석학(Narrative Hermeneutics)'의 방식이다. 리쾨르(Paul Ricœur, 1913~2005)는 인간의 자아와 경험이 이야기의 형태로 구성된다고 보았으며, 이를 통해 문화도 이야기적으로 구성되고 해석된다고 주장한다. 『시간과 이야기』에서 그는 내러티브 구조가 인간의 시간 경험과 정체성을 해석하는 틀이 된다고 하였다. 이 방법론은 문화 현상을 내러티브 구조로 분석하는 데 유용하다.

넷째, '상징 해석(Symbol Interpretation)'의 방식이다. 리쾨르에 따르면 상징(象徵)은 단순히 어떤 대상을 지시하는 기호가 아니라 새로운 해석 가능성과 세계를 열어주는 구조이다. 상징 해석은 문화 속 신화, 종교, 예술 등에 담긴 복합적 의미층을 드러내는 데 효과적인 도구로 기능한다.

다섯째, '비판적 해석학(Critical Hermeneutics)'의 방식이다. 위르겐 하버마스(Jürgen Habermas, 1929~)는 해석이 단순한 의미 이해를 넘어 담론에 내재한 권력 구조와 이데올로기를 비판적으로 분석해야 한다고 주장하였다. 『인식과 관심』에서 그는 해석의 목적은 해방적 인식에 있으며, 문화 연구는 이를 통해 비판적 자각을 도모해야 한다고 강조하였다.

여섯째, '현상학적 기술(Phenomenological Description)'의 방식이다. 딜타이((Wilhelm Dilthey, 1833~1911)와 하이데거(Martin Heidegger, 1889~1976)의 영향을 받은 현상학적 해석학은 인간의 체험, 즉 문화적 삶의 체험을 직접적이며 직관적으로 기술하려고 한다. 이는 문화적 의미의 발생 구조를 해석자의 주관성과 역사성 속에서 파악하는 데 이바지한다.

문화해석학의 연구 방법 및 주요 철학자

연구 방법	주요 철학자
① 해석학적 순환(Hermeneutic Circle)	H.G. 가다머, F. 슐라이어마허
② 두터운 기술(Thick Description)	C.J. 기어츠
③ 내러티브 해석학(Narrative Hermeneutics)	P. 리쾨르
④ 상징 해석(Symbol Interpretation)	E. 카시러, P. 리쾨르
⑤ 비판적 해석학(Critical Hermeneutics)	J. 하버마스
⑥ 현상학적 기술(Phenomenological Descrip– tion)	W. 딜타이, M. 하이데거

이처럼 문화해석학은 단순한 문화 기술적 접근을 넘어 철학적 해석학의 방법론과 이론을 통해 문화의 의미 구조를 이해하고자 한다. 이 과정에서 가다머의 전통과 지평의 융합, 리쾨르의 상징과 이야기, 기어츠의 두터운 기술, 딜타이의 역사성 이해 등은 문화해석학의 중요한 철학적 기반을 형성하고 있다.

계속해서 문화해석학은 문화과학, 문화철학과 어떤 상관관계가 있는가? 딜타이, 가다머, 리쾨르 등의 전통 속에서 발전된 문화해석학은 문화 현상을 이해와 해석의 대상으로 간주하며 문화에 내재한 상징과 의미 구조를 탐구한다. 인간의 역사성과 해석 능력에 주목하며 문화는 텍스트로서 해석되어야 한다는 의견을 견지한다. 문화과학(Kulturwissenschaften)은 문화 현상을 과학적으로 체계화하려는 시도로, 신칸트주의 및 독일 인문주의의 전통에서 비롯되었다. 비교문화론, 기호학, 유형론 등을 도입하여 문화의 발전과 구조를 설명하려는 시도를 내포하고 있다. 문화철학은 문화의 존재론적 기반과 인간-세계 관계에서 문화가 갖는 보편적 역할을 성찰한다. 문화가 인간 존재를 형성하는 방식, 문화적 형식의 본질, 문화와 진리, 자유, 역사성 등의 철학적 주제를 다룬다.

그렇다면 에른스트 카시러는 문화해석학, 문화과학, 문화철학의 상호 관계에서 어떤 역할을 하는 것일까? 카시러는 인간을 상징을 사용하는 존재, 즉 '상징적 동물(animal symbolicum)'로 규정하며, 인간의 인식 활동과 문화 형성은 상징 형식을 통해 이루어진다고 보았다. 그는 『상징 형식의 철학』에서 언어, 신화, 예술, 종교, 과학 등을 각각 독립된 상징 형식으로 규정하였다. 그렇기에 상징 형식은 단지 기호적 표현이 아니라 인간이 세계를 인식하고 구성하는 방식이다. 이러한 관점은 해석학적 이해, 과학적 분석, 철학적 사유를 모두 포괄하는 인식론적 틀을 제공한다.

이러한 관점에서 보자면, 에른스트 카시러는 문화해석학, 문화과학, 문화철학의 매개자로서 역할을 하고 있다고 할 수 있다. 카시러는 해석학이 강조하는 '이해'와 '맥락'의 중요성을 상징 형식의 구성을 통해 이론화하였다. 문화적 의미는 상징을 통해 구성되며, 이는 가다머와 리쾨르의 해석학적 사유를 뒷받침하고 있다. 그리고 카시러는 문화 현상을 과학적 범주로 포섭하려는 시도를 상징 형식의 체계화를 통해 구체화하였다. 언어, 신화, 예술, 과학 등의 형식을 분류하고 이들 간의 연관성을 체계화함으로써 문화과학의 형식적 토대를 마련하였다. 또한, 문화가 단지 인간 활동의 산물이 아니라 인간 존재의 조건임을 주장한다. 문화는 인간 존재가 세계와 관계를 맺는 방식이며, 따라서 문화철학의 주요 주제인 진리, 자유, 인간성 등의 개념은 상징 형식을 통해 사유된다는 것이다.

이러한 카시러의 상징 형식 이론은 현대 한국 사회의 문화 현상, 예컨대 K-pop, 한류 드라마, 전통 예술의 재해석 등에 대한 분석을 가능케 한다. 이들 현상은 단지 미디어 소비를 넘어서 언어적, 예술적, 종교적 상징 형식의 층위를 통해 정체성과 의미를 구성한다는 점에서 카시러의 분석 틀로 접근할 수 있다. 그리고 디지털 기호와 알고리즘 기반의 상징 체계는 새로운 상징 형식으로 간주할 수 있다. 카시러의 이론은 가상 현실, 디지털 예술, 메타버스 등의 문화 현상을 해석하는 데에도 유효한 철학적 기반을 제공할 수 있다.

끝으로 다문화 사회에서 발생하는 상징 간의 충돌과 융합 문제 역시 카시러의 상징 형식 철학을 통해 분석할 수 있다. 이는 문화적 타자 이해, 문화 간 번역 가능성, 공공 담론의 기호학적 형성에 대한 통찰을 제공하게 된다.

문화해석학, 문화과학, 문화철학은 각기 다른 방법론적 입장을 지니지만, 인간과 문화의 본질에 관한 탐구라는 공통의 관심을 공유한다. 카시러는 상징 형식의 철학을 통해 이 세 영역을 통합할 수 있는 인식론적 기반을 제공하였다. 그의 철학은 문화에 대한 해석, 과학적 분류, 존재론적 사유를 동시에 가능하게 하며, 현대 문화 담론의 중요한 철학적 자산으로 기능한다. 특히 현대 사회의 복합적 문화 현상을 분석하는 데 있어 그의 사유는 한국 사회 및 글로벌 문화 환경 모두에서 유의미한 도구로 작동할 수 있다.

그렇다면 최근 현대 문화해석학의 연구 지형은 어떻게 나타나고 있는가?

2 포스트 구조주의 해석학

현대 문화해석학은 구조주의 언어관을 비판하며 포스트 구조주의와 결합한 해석학의 흐름을 포함한다. 미셸 푸코(Paul-Michel Foucault, 1926~1984)와 자크 데리다(Jacques Derrida, 1930~2004)는 담론의 해체와 권력 관계를 중심으로 문화의 해석 가능성을 탐구하였고, 이러한 접근은 문화 텍스트의 고정된 의미를 거부하고 해석의 다의성을 강조한다. 이는 해석학과 탈구축(deconstruction)의 접합점을 형성한다.

ㄹ 탈식민주의 해석학

호미 바바(Homi K. Bhabha, 1949~), 에드워드 사이드(Edward Said, 1935~2003), 가야트리 스피박(Gayatri Chakravorty Spivak, 1942~) 등의 사상은 문화해석학의 지평을 탈식민주의 담론으로 확장했다. 이들은 문화 간 권력 비대칭, 제국주의 담론, 혼종성(hybridity)과 경계성(liminality)의 문제를 해석학적으로 조명하며, 문화 이해가 단순한 비교나 공감이 아니라 정치적 맥락을 고려한 비판적 사유임을 주장한다.

ㄹ 젠더 및 퀴어 해석학

주디스 버틀러(Judith Butler, 1956~)와 같은 이론가들은 젠더 수행성과 문화적 정체성의 구성 과정을 해석학적으로 조명하였다. 문화 속 젠더 정체성은 고정된 실체가 아니라 반복적 수행과 담론적 구성의 산물로 해석되며, 이는 해석학의 주체성과 역사성 논의를 젠더 정치로 확장한다.

대중문화 해석학

대중문화는 이제는 단순한 저급 문화로 간주하지 않으며 상징적, 서사적, 담론적 분석의 대상으로 주목받고 있다. 영화, 광고, 인터넷 밈 등의 해석은 현대 해석학자들에 의해 문화 정체성과 사회적 상상력의 반영으로 분석되며, 장르나 수용자의 해석적 실천 또한 중요한 연구 영역으로 간주한다.

디지털 문화와 알고리즘 해석학

디지털 전환에 따라 알고리즘, SNS, 데이터 기반 플랫폼은 새로운 문화 환경을 형성하고 있다. 현대 문화해석학은 이러한 디지털 기술이 인간의 의미 생산, 상호 작용, 정체성 구성에 어떤 영향을 미치는지 해석학적으로 접근한다. 이는 기존의 인간 중심 해석학을 기술 매개적 존재론으로 확장하는 시도이다.

생태 해석학

환경 위기의 시대에 생태 해석학은 인간 중심의 의미론을 넘어, 자연과 인간의 관계를 해석학적으로 재구성하려 한다. 생태 철학자들은 문화 속 자연의 상징성과 인간-자연 상호 작용의 의미 구조를 탐구하며, 생태적 감수성과 책임 윤리를 문화해석학의 한 지형으로 끌어들인다.

문화해석학은 단순한 문화 기술적 접근을 넘어, 철학적 해석학의 방법론과 이론을 통해 문화의 의미 구조를 이해하고자 하는 시도이다. 고전 해석학의 틀에서 출발하여, 현대 문화해석학은 포스트 구조주의, 탈식민주의, 젠더 이론, 대중문화, 디지털 및 생태적 전환에 이르기까지 다양한 이론적 지형과 만남을 통해 확장되고 있다. 이를 통해 우리는 문화라는 의미망을 더욱 깊이 이해하고 해석할 수 있는 통찰을 얻을 수 있다.

마지막으로 기독교 문화해석학은 어떤 특징을 가지고 있는가? 기독교 문화해석학(Christian Cultural Hermeneutics)은 일반적인 문화해석학의 틀을 유지하면서도, 기독교 신앙과 세계관을 바탕으로 문화 현상을 해석하고 비평하는 데 초점을 두고 있다. 이는 단순히 기독교 문화만을 연구하는 것이 아니라 기독교적 관점에서 '문화 전체'를 이해하고 해석하는 작업이다. 여기에는 다음과 같은 특징이 있다.

첫째, 성경 중심의 해석 관점이다. 성경의 세계관과 가치를 기준으로 삼아 문화를 평가하고 해석한다. 문화의 다양한 표현(예술, 영화, 윤리, 제도 등)을 성경의 진리, 하나님의 창조 목적, 구속 역사 속에서 이해하려고 한다. 예컨대 어떤 영화가 인간 본성, 죄, 구원, 소망 등을 어떻게 다루고 있는지를 성경적 틀 안에서 분석하려는 입장을 가리킨다.

둘째, 창조, 타락, 구속, 완성이라는 거대 내러티브이다. 기독교 문화해석학은 세계와 인간의 역사를 네 가지 핵심 흐름으로 파악한다.

❶ 창조: 하나님이 세상을 선하게 창조하셨다.

❷ 타락: 인간의 죄로 인해 문화도 왜곡되었다.

❸ 구속(救贖): 예수 그리스도를 통한 구원은 문화 회복의 가능성을 제시한다.

④ 완성: 궁극적인 하나님의 나라 완성이라는 이상을 가지고 문화에 접근한다. 이 틀을 통해, 문화를 긍정도 부정도 아닌 '비판적 수용'의 자세로 접근하는 것이다.

셋째, 문화에 대한 이중적 태도, 즉 창조 질서와 타락한 세계의 대조이다. 문화는 하나님의 창조 질서 안에 있지만, 인간의 죄로 인해 왜곡되었다는 이중적 인식이 있다. 따라서 기독교인은 문화를 무조건 수용하거나 거부하는 것이 아니라 분별하고 변혁하려는 태도를 보여야 한다는 강조가 있다.

넷째, 선교적/변혁적 문화 참여이다. 문화 해석은 단순한 이해에서 그치지 않고, 문화 속에서 복음을 드러내고, 문화 자체를 변화시키려는 실천적 목적을 지닌다. 이는 예술, 정치, 경제, 교육 등 모든 문화 영역에서 하나님의 통치를 증언하는 방식으로 나타난다.

다섯째, 그리스도 중심의 해석학이다. 문화 속에서 그리스도의 흔적, 구속 이야기, 초월에 대한 갈망 등을 찾아내는 시도를 한다. 특히 문학, 영화, 음악 등에서 구원의 은유나 인간 존재의 갈망을 기독론적 해석으로 풀어내는 것이 중요한 특징이다.

일반 문화해석학과 기독교 문화해석학은 다음과 같이 구분할 수 있다. 기독교 문화해석학은 단순히 '기독교 문화'를 분석하는 것이 아니라 모든 문화 현상을 복음의 빛 아래에서 비판적으로 읽고 창조적으로 응답하려는 시도라고 볼 수 있다.

이를테면, 우리가 기독교 문화해석학으로 詩를 읽을 때 얻을 수 있는 유익을 다음과 같이 정리할 수 있다. 존재론적 측면에서 인간의 영혼과 하나님을 향한 갈망을 발견할 수 있으며, 신학적 측면에서는 詩 속 창조성과 은혜의 흔적을 이해할 수 있다. 그리고 윤리적

일반 문화해석학과 기독교 문화해석학의 구분

일반 문화해석학	기독교 문화해석학
문화의 의미 탐색	문화에 대한 신앙적 해석
상대주의적 해석 가능성	성경적 절대 진리 기준
인간 중심 해석	하나님 중심 해석
이해 → 설명	이해 → 실천(선교와 변혁)

측면에서는 가치관과 세계관에 대한 분별력을 향상할 수 있으며, 실천적 측면에서는 선교적 소통과 예배적 묵상에 활용할 수 있게 된다. 결론적으로, 기독교 문화해석학은 詩를 '단지 아름다운 언어 예술'로 보지 않고, 인간과 하나님, 창조와 타락, 구속과 소망이라는 복음적 내러티브 안에서 새롭게 읽고 듣고 응답하는 방식을 제공하게 된다. 詩를 통해 하나님의 진리를 깊이 묵상하고, 세상과 더 풍성하게 대화할 수 있는 길이 열리게 되는 것이다.

돌이켜보니 시간이 너무나 빠른 것을 체감한다. 1988년도에 철학 공부에 입문했으니 37년의 세월이 흘렀다. 숭실대 철학과 학부 과정에서 해석학과 문화철학을 접하고, 대학원 과정에서 한스 게오르그 가다머의 『진리와 방법』에 대한 존재론적 해석학 연구로 석사 학위를 받았다. 이후 박사 학위 과정에서는 해석학적 방법론을 근거로 에른스트 카시러의 문화철학과 문화해석학, 문화과학을 집중적으로 연구하여 박사 학위를 취득하였다.

부지런히 시간을 보낸 것은 다행스러운 일이다. 그간 꾸준하게 해석학과 문화철학 영역의 연구를 수행했고, 대학에서 학생들에게 이 분야의 과목들을 강의하면서 지내온 순간들이 의미 있었고, 감사하게 생각한다. 항상 청년의 마음으로 살았는데, 거울을 보니 어느덧 머리카락은 빠지고 이마는 더 넓어졌다.

한국해석학회와 한국칸트학회, 한국기독교철학회 출범 때부터 간사, 이사, 상임 임원으로 섬길 기회가 있었고, 이 학회에서 그동안 많은 연구 성과를 발표까지 할 수 있어서 더욱 감사하게 생각한다. 지난 2024년 8월 한국해석학회 회장, 한국현대유럽철학회 회장에 취임하였고, 2025년 6월 한국기독교철학회 회장에 취임하였다. 역량이 부족함에도 학회장으로 봉사할 기회를 얻게 된 것은 오롯이 학회 동역 연구자들의 응원과 협력 덕분이다. 또한, 기독 신앙인으로서는 하나님께서 학회 섬김의 기회를 주셨다고 생각한다. 그러니 최선을 다할 뿐이다.

작년부터 몇 권의 저서를 준비하고 있었다. 해석학, 문화철학, 문화과학을 아우르는 현대 문화해석학이 첫 번째이고, 동물 윤리, 동물 철학에 대한 다양한 논의를 학생들에게 전달하기 위해 동물 철학 입문도 준비하고 있다. 이번에 출간하는 현대 문화해석학은 지금까지 연구하고 발표했던 다양한 주제들을 다시 가다듬어 1부에서는 문화해석학 개념과 문화철학, 문화과학 등 현대 해석학의 다양한 층위와의 관계를 해명하였다. 2부에서는 문화해석학의 방법론을 통해 우리 사회에서 벌어지고 있는 다양한 분야의 쟁점에 대해 필자의 입장을 제시해 보았다. 3부에서는 기독교 문화해석학의 관점에서 기독교 내부와 사회 전반의 문제에 대해 필자의 견해를 밝혀보았다.

이제부터는 필자의 생각을 하나씩 정리하여 철학계와 사회, 기독교 내부에 제시하고자 한다. 어느덧 그럴 나이가 되었기 때문이다. 이제 필자의 말과 글에도 책임이 뒤따를 것이다. 그것에 우선해서 필자의 삶이 그런 역할을 할 수 있게끔 늘 채찍질하는 일, 마음밭에 쟁기질하는 일에 더욱 매진하고자 한다. 이 책이 출발점이 될 것 같다.

늘 곁에서 한결같이 응원해 준 사랑하는 아내 은경, 채호, 채은에게 감사한 마음을 전한다.

2025년 8월 상도동 연구실에서

저자 신 응 철

차 례

Part 1

현대 문화해석학 개념과 지형

Part 2

현대 문화해석학 연구의 실제

Part 3

현대 기독교 문화해석학 연구의 실제

현대 문화해석학

Part 1

현대 문화해석학 개념과 지형

1

상호 문화해석학과 문화적 이방성★1

들어가는 말

필자는 2015년부터 최근까지 서울에서 부산에 있는 대학으로 직장을 옮기면서 주말 부부의 생활을 하였다. 안동에서 상경해 대학 생활을 할 때 처음 느꼈던 대도시의 낯선 풍경들이 새삼 다시 떠올랐다. 서울 생활에 익숙해져서인지 부산이라는 항구 도시에 정착하면서 필자는 또다시 이방인의 눈길, 그 마음을 품게 되었다. 이방인이면서 이방인 아닌 듯한 삶을 살아가면서 새로운 삶을 개척해 가고 있었다. 매주 중심과 주변을 옮겨 다녔는데, 생활 세계가 그렇게 만들었다. 이따금 어디가 중심이고 어디가 주변인지 구분되지 않을 때도 있었다. 아마도 시선의 고정점이 어디를 향하는지 아닌지에 따라 무게 중심이 변했던 것 같다.

그러면 이방인으로 살아가는, 아니 살아야 하는 이런 필자의 생활 방식이 특별한 것이었을까? 따지고 보면, 수도권에 거주하는 대부분의 직장인이 중소 도시와 대도시를 오가며 살고 있고, 세종시와 서울을 오가며 생활하는 많은 공무원이 있다. 지방과 중앙을 오가며 살아가는 많은 이들, 자녀를 외국에 유학 보낸 학부모들, 거꾸로 한국으로 이주해 온 외국 노동자들, 결혼 이주민들, 재외 한인 동포들, 이들은 모두 이방인의 심정, 그 눈길로 삶을 개척해 가고 있을 것이다. 좀 과장되게 표현하면 우리는 모두 어쩌면 이방인, 부초 같은 인생들이 아닐까? 그렇다면 이방인이면서 이방인 아닌 것처럼, 아니 오히려 주체로서 당당히 살아갈 방법은 없을까? 그런 생각과 인식의 틀은 없는 것일까?

철학 함의 방식, 문화 연구의 방식도 결국은 이 문제를 해결하고자 하는 데서 비롯한다고 생각한다. 생활 세계에서 일어나는 소소한 문제들을 철학적 논의로 확대 연결해보면 이 문제는 전체와 부분, 보편과 개별, 절대와 상대의 문제와 잇닿아 있다. 최근 우리 학계에 활발히 논의되는 '글로벌(global)'과 '로컬(local)'이라는 상반되는 두 개념을 서로 합쳐 '글로컬(glocal)'이라는 이름으로 연구하는 것도 이런 추세를 보여주는 것이라고 할 수 있다. 이런 측면에서 글로컬은 기존에는 당연한 것으로 간주했던 일상 논리의 경계를 허물며, 단순 이분법적 논리가 현실을 제대로 반영하지 못한다는 것을, 엄밀히 말해 현실을 반영해서는 안 된다는 것을 드러내고 있다. 즉 글로컬이란 말은 전래의 논리 극복을 표상하는 단어가 될 수 있다. 글로컬에 지역 문화와 세계 문화의 혼합 또는 융합이라는 의미가 이미 들어있는 까닭이기도 하다. 또한, 글로컬이라는 단어의 통용 자체가 이분법적 중심의 패러다임이 서서히 쇠퇴하는 현실을 실제로 반영한다는 해석도 가능하다.[★2]

이 글에서 필자는 우리 사회의 당면 문제 중 '문화적 이방성'의 문제를 글로컬한 관점, 달리 표현하면 '상호 문화해석학'의 관점에서 접근하여 해명하고자 한다. 이를 위하여 먼저 다문화 시대 문화 연구에서 왜 핵심 쟁점으로 문화적 이방성의 문제가 나타나게 되었는지를 살펴볼 것이다. 그리고 이 사안을 해결하기 위한 최근 국내의 연구 동향, 특히 인문학에서 문화 연구의 동향을 들여다볼 것이다. 이를 통해 로컬리티 중심의 현행 문화 연구의 한계와 문제점을 드러내고, 이를 보완해줄 대안으로 R.A. 말(Ram Adhar Mall)의 '상호 문화해석학'을 제시할 것이다. 결국, 상호 문화해석학의 관점을 통해 다문화 시대에 배제와 차별을 넘어 다양성의 인정과 존중, 소통과 상호 이해, 나아가 상생과 공존의 가치를 재조명하고자 한다.

문화 연구의 핵심 쟁점: 문화적 이방성

오늘날 문화 연구의 주된 관심은 다문화, 문화 다양성이라고 해도 과언이 아니다.[★3] 이러한 다문화 담론에서도 가장 뜨거운 주제는 무엇일까? 우리는 최근 문화 연구의 쟁점을 발덴펠스(B. Waldenfels)의 논의[★4]에서 찾아볼 수 있다. 낯선 것에 대한 경험, 이방인과 만남, 이방 문화의 경험, 여기서 나타나는 이방성에 대한 재조명과 해결 방식에 대한 논의가 관심사가 되고 있다. 흔히 의미에 관한 현상학적인 철학, 해석학적인 철학, 그리고 언어 놀이에서 '이방성'(낯섦)은 일차적으로 의미의 박탈이라는 형식을 취하는데, 이것은 곧 '이해 불가능성' 혹은 '친숙하지 않음'을 말한다. 그러니까 본디 접근 불가능성은 이해 불가능성이 된다. 이방성이 가지고 있는 이러한 측면은 후설, 가다머, 비트겐슈타인에게서도 공통으로 나타난다.

우리가 이방의 문화들을 문화적 이방성으로 이해할 때, 특정한 사회 집단에 소속되지 못하는 경우 그것을 사회적 이방성이라 할 수 있다.[★5] 이방인은 토박이와 달리 완전히 정착하지 못한 채, 이질성의 요소와 국외자의 태도를 유지하고 있다. 따라서 이방성은 짐멜의 분석에 따르면, 가까이 있으면서 동시에 멀리 떨어져 있는, '소속되지 않은 것의 소속성'이라는 형식을 취하게 된다.★6 이방인이 간직하고 있는 긴장은 토박이 공동체에 자극을 준다. 짐멜의 분석에 따르면, 이방인은 처음부터 그 영역에 속하는 것은 아니지만, 그곳에서 나온 것이 아닌, 아니 나올 수도 없는 특성들을 그 영역 안으로 끌어들인다.★7 이러한 이방인의 다른 관점은 그들이 다가가는 집단을 거리를 두고 관찰할 수 있게 하며, 객관성이라는 특별한 태도를 가질 수 있게 한다. 이 태도는 이를테면 단순한 거리와 중립을 의미하는 것이 아니다. 가까움과 멂 그리고 무관심과 적극적인 관여가 조합된 특별한 구조를 가리킨다.★8 이 객관적인 거리를 짐멜은 '자유'라고 표현한다. 객관적인 인간은 주어진 것에 대한 인식, 이해 및 평가를 미리 결정짓는 그 어떠한 고착된 관념에도 속박당하지 않는다는 것이다.

이런 상황과 연관하여 몇 가지 문제가 제기될 수 있다. 이를테면, 서로 다른 생활 세계와 전통들, 그리고 문화들 사이에서 등장하는 다양성, 차이, 갈등의 문제들을 하나의 유일한 보편성이라는 인간성 속에 소속시킴으로써, 또는 보편적으로 접근할 수 있는 도덕 공동체에 대한 요청을 통해서 해소할 수 있을까? 그러니까 자신의 세계화 경향을 통해서 모든 파편적인 차이들을 약화하고 위협하는 근대 서구 사회의 기능 분화는 '이방성', '이방의 경험', '이방 세계'라는 개념을 허용할 수 있는가? 이러한 문제들을 염두에 두면서 발덴펠스의 견해를 좇아서 사회적 이방성과 문화적 이방성에 대해 먼저 살펴보도록 하자.

먼저 '사회적 이방인'이란 어느 곳에도 소속되지 않은 사람이라는 식으로 규정된다.[★9] 이 경우 이방성이라는 말은 사회적 단위나 그룹, 이러한 그룹의 구성원들과 거리를 둔다는 것을 뜻한다. 이방성은 특정한 경계 짓기, 즉 배제, 제외, 추방을 통해 형성된다. 이방성에 관한 서술이 타자로부터 출발하는지, 아니면 우리 자신으로부터 출발하는지에 따라 이것은 자기 배제 또는 이방인 배제로 수행된다. 거리 두기는 정서적 특성이 있으며, 그 사람은 어디에도 소속되지 못한다는 식의 부정적인 평가와 연결된다. 그러한 부정적인 평가는 수용되거나 혹은 동등한 평가를 거절당함으로써 좌절되는 동등성 기대에서 생겨난다. 이러한 사회적 이방성은 소속됨을 통해서, 다시 말해 나 자신이나 타인을 포섭함으로써 극복된다.

거리 두기 또는 다가서기로 규정될 수 있는 이러한 과정은 두 가지 한계 가치를 드러낸다. 만일 전적인 무소속성이 존재하는 경우, 명확한 의미의 사회적 이방성도 존재한다. 이것은 정치적 수준에서는 국가가 없는 사람에게 적용된다. 이와 반대로 모든 것을 포용하는 소속성은 모든 사회적 이방성을 제거할 수 있다. 모든 사람은 타자 속에서 자신과 더불어 존재함과 동시에 자신 속에서 타자와 더불어 존재하게 될 것이다.

한편 '문화적 이방성'은 생활 세계적 이방성의 특수한 경우로서 다루어지고 세계 관계를 중심에 놓게 된다. 여기서 문화적 이방성이란 우리의 지식 저장고가 감당하지 못했던 지각 형태와 행위 상황에 대한 '친숙하지 않음' 또는 '이해 불가능성'을 의미한다.[★10] 문화적 이방성의 경우, 우리는 다른 실재의 질서와 대면한다. 그러므로 상호 주관적으로 개방된 세계 속에서 성공적인 행위와 의미 있는 지각을 할 수 있는 친숙성은 방해를 받는다. 친숙함과 친숙하지 않음은 두 가지 방식, 다시 말해 인식적인 친숙함/친숙하지 않음과 실천적인 친숙함/친숙하지 않음으로 등장한다. 첫 번째 경우에는 분명히 표현할 수 있는 '사실에 대한 지식'이 중요하고, 두 번째 경우에는 함축적인 '방법에 대한 지식'이 중요하다. 이를 하이데거식으로 표현하면 '어떤 것을 이해함'과 '어떤 것을 할 수 있음' 사이의 차이가 이에 해당한다.

우리는 모두 제한된 지평들과 관계한다. 이 지평들은 지각하는 자와 이해하는 자의 이동하는 시선, 행위하는 자의 발걸음과 동행하고, 위치가 바뀌어서 좁아지거나 확장되기도 하며, 경험의 폭발이라는 상황에서는 혼란에 처하기도 한다. 이러한 한계들은 현재의 '상황'에 묶여 있는 것이지 '규범'에 의존해 있는 것은 아니다. 이것들은 우리가 무엇을 할 수 있는가를 결정하는 것이지, 우리가 무엇을 해도 좋은가를 결정하는 것은 아니다. 그런 측면에서 사회적 이방성의 경우에 나타나는 '정서적 거리 두기'는 문화적 이방성의 경우에 나타나는 '인식적 거리 두기'와 상응한다.

결국, 이방성은 이중적 혼란으로부터 생겨난다. 다시 말해서, 사회적 이방성은 집단 내에서의 동등한 처우에 대한 우리의 기대를 좌절시키는 것이고, 문화적 이방성은 타당한 현실적 질서에 상응하는, 그리고 조화롭고 익숙한 경험 과정에 대한 우리의 기대를 파괴하는 것을 말한다.★11

그렇다면, 이와 같은 이방성을 해결할 수 있는 묘안은 없는 것일까?

먼저 의사소통적 이성의 한계 안에서 이방성을 해결하려는 방식을 고려해 볼 수 있다. 하버마스의 논의★12에 따르면, 그들 구성원에 대한 동등한 기대를 염두에 두는 사회는 원칙적으로 말할 수 있고 행위 할 수 있는 어떤 주체도 배제하지 않는 포용적 사회에 기반을 두고 있다. 도덕적 개인은 도덕적 공동체에 귀속되어 있음을 안다. 다시 말해 배타적인 공동체의 윤리적 구속을 벗어난 공동체에 귀속되어 있음을 안다.[*13] 도덕적 사회의 구성원으로서 그리고 이에 상응하는 합법적인 민주적 제도의 구성원인 어떠한 사람도 다른 사람에 대해 이방인은 아니며, 오히려 모든 사람은 다른 사람과 동등하다. 왜냐하면, 모든 개인은 타자와 다르게 존재하기 때문이다. 따라서 그들은 서로 이질적이다. 게다가 그들은 한 사회 속에서 특수한 전통들, 언어, 삶의 형식 또는 종교적 신념에 따른 이질성의 정도에 따라 많건 적건 서로 다르다. 이러한 방식으로 인지적, 도덕적 수준에 머물러 있는 문화적 동질화는 문화적 가치 수준에서 드러나는 광범한 이질성, 변이성과 조화를 이룰 수 있다.

그렇다면 하버마스가 말하는 '이질성의 포용'은 무엇을 의미하는 것일까? 하버마스에 따르면, 공동체의 경계는 모든 사람에게 열려 있다. 다시 말해, 서로에 대해서 이방인이며, 이방인으로 머물고자 하는 모든 사람에게 열려 있다. 간단히 말하자면 그러한 '포용'은 '타자의 타자성을 인정하는 가운데 타자를 포용한다는 것'[*14]을 의미한다. 그와 같은 맥락에서 생활 세계적 이방성과 특수하게 문화적 이방성이 상대적인 타자성 혹은 다름으로 환원되고, 관계의 성립과 관계의 구조 내부에 존재하는 차이들로 환원될 수 있다면, 사회적 이방성은 원칙적으로 포용적 상호 이해 공동체라는 이상화된 가정을 통해 극복될 수 있다.

그런데 하버마스에게서 구체적으로 이방인들, 이방성에 대한 언급이 없는 것은 나름의 이유가 있다. 말하자면, 이방인도 하나의 질서 속에 포함되는 것, 그리고 하나의 절차 속에 포함된다는 사실이다. 이방인은 단지 다를 뿐이다. 따라서 하버마스는 나 자신의 이방성에 대해, 다시 말해 본질적인 타자성 혹은 내면의 타자성에 대해서는 어떠한 것도 말해주지 않는다. 오직 유일하게 의사소통 행위의 규범적 전제와 가정에 의존할 수 있는 탈전통적 도덕은 당사자들에게 단지 그들이 실제로 이미 소유하고 있는 공통성을 소환할 가능성만을 허용할 수 있을 뿐이다.

다음으로 '우리'라는 지평 속에서 이방성의 문제를 다루는 방식에 대해서 살펴보자. 여기에서는 사회적 이방성을 소속성의 관점에서 접근한다. 사회적 이방인을 배제하는 '귀속성'은 소속된 비소속성이라는 역설적 지위와 결합하게 된다. 그러한 소속성은 고유한 것과 낯선 것의 차이 속에서 하나의 통일을 산출하는 '포함의 지평'으로 기능한다.★15 예컨대 만일 동독의 학자가 서독의 학자에게 "우리는 서로 낯선 존재임이 틀림없습니다."라고 확언한다면 공동의 소속성이라는 이러한 지평은 바로 '우리'라고 하는 말 속에 자신의 언어적 표현을 포함하고 있다. 비소속성은 우리가 공통적인 것으로 가정하고 있는 이러한 소속성이라는 배경으로부터 '통일성 속에 있는 차이'로서 주목받는다. 여기서 사회적 격차는 또한 언어적으로 인지될 수 있다. 즉 '위'와 '아래'의 차이, '내부'와 '외부'의 차이와 연결된 '우리' 대 '너희'라는 대립을 통해서 인지될 수 있다. 결국 '포함'된 우리는 '배제'된 우리로 변한다.

포함된 우리로부터 배제된 우리로의 이행은 특별한 주목을 받고 있으며, 마찬가지로 우리라고 말하는 태도도 그러하다. 이때 우리라는 말은 경쟁 사회 속보다는 집단적 활동을 강조하고, 이에 명예를 부여하는 전통 사회 속에서 확실히 더 중요하다. '우리'라는 모든 표현은 그렇게 말할 권리가 있건 없건 간에, '우리'라고 말하는 누군가를 지시한다. 그것도 그가 자기 자신을 포함하는 한 집단의 구성원을 향해 말하면서 말이다. 여기서 '우리'라는 말은 '나'의 단순한 확장이나 배가를 의미하는 것이 아니라 오히려 '나'의 강화된 형식을 나타낸다. 차이 속에 존재하는 통일은 다양한 것을 종합한 것으로서 파악되는 것이 아니라 오히려 친숙한 것과 낯선 것의 상호 교차 혹은 상호 얽힘으로 파악될 수 있다.★[16]

마지막으로 문화적/사회적 이방성의 문제를 기능적 분화와 같은 기능의 수행이라는 차원★[17]에서 살펴보자. 특정 집단에 소속된다는 것은 같은 기능의 수행이라는 개념으로 대체된다. 따라서 기능적으로 낯선 이웃은 우리와 점점 더 멀어지고, 기능적으로 가까운 외국인은 우리와 점점 가까워진다. 자유롭게 부유하는 기능들은 그 자신이 가지지 못하는 하나의 장소를 찾고자 한다. 그래서 이러한 장소는 '독일'이라고 불리거나 '홍콩', '프랑크푸르트', 또는 '버클리'로 불린다. '현지인'과 '현지인이 아닌 사람' 사이의 구별, 즉 하나의 장소를 공유하거나 그 장소를 공유하지 못하는 것들 사이의 구별은 실제로 완화될 수 있고 형식상으로는 무시될 수 있다. 순수한 기능의 실행 그리고 단순한 조작의 실행에서는 하나의 고유한 영역을 발생시키는 생생한 자기 관계 그리고 하나의 이방성 영역을 발생시킬 수 있는 생생한 낯선 것과의 관계가 결핍되어 있다. 동시에 기능적 과정을 생활 세계에 정박시킴으로써, 고향 세계와 낯선 세계 사이의 구분, 나의 집단과 타자 집단 사이의 구분, 나의 문화와 타자 문화 사이의 구분은 사라진다. 기능의 담지자인 모든 인간은 서로 똑같이 낯선 존재이다. 그 경우에 이방성은 더 특수한 지위를 갖는 것이 아니라 오히려 일반적인 운명에 불과하다. 모든 사람이 낯선 곳에서는 어떤 사람도 더 낯설지 않다. 역설적으로 표현해서, 단지 모든 사람이 타자일 수 있는 그곳에서는 어떤 이방인도 존재하지 않는다는 것이다.★[18]

문화 연구의 최근 경향: 로컬리티

그렇다면 국내에서는 이방성의 문제를 어떤 관점에서 접근하여 논의하고 있을까? 문화 연구의 경향을 집약적으로 보여주는 연구 성과물이 최근 부산대 로컬리티연구단에서 출간되었다. 그것은 바로 『다문화와 인정의 로컬리티』(2015)인데, 이 책의 전반적인 경향은 다문화 담론, 다문화 시대의 문화 연구 방향으로 로컬, 로컬리티를 강조하고 있다는 점이 특징이다. 그러니까 이방성의 문제를 로컬리티 차원에서 다루고 있다. 이 책에서 이명수의 관점은 로컬리티 연구자들이 가지고 있는 대체적인 시각을 드러내 주고 있는 것으로 보인다.

> 시공간적 조건을 성찰하자면 물밀 듯이 밀려오는 물질성을 이성으로 하는 근대성, 한곳에 머물지 않는 이동성은 우리의 의식과 무의식의 경계를 넘어 존재한다. 물질을 향한 무한한 욕망은 국가 권력을 통해 제국주의를 낳았듯이, 개인은 개인 나름대로 물질 성취에 대한 맹목성을 합리성으로 간주, 국가나 지역의 경계를 넘나든다. 이런 점에서 인간이 공간에서 빚어내는 공간성을 관용의 각도에서 주시하면서, 누가 선주민이나 이주민이 되든, 누가 정착민이나 난민이 되든, 상대는 주체인 우리와 마찬가지로 나름 세상이 주체이다. 이에 주체의 충돌 없이 모두가 더불어 사는 방법은 없을까 고민할 필요가 있다.★19

로컬리티 연구자들은 대체로 다문화 발생과 수용의 공간으로서 로컬리티를 인식하고 있다. 그렇다면 로컬리티가 왜 다문화의 공간이 될 수 있을까? 로컬리티는 하나의 지역성, 지방성이지만, 이는 로컬이라는 상대주의적 함의, 곧 글로벌에 대해서는 국가, 국가에 대해서는 지방이나 지역을 뜻하는 '경계'를 가리킨다는 점에서 중심과 비중심의 함의를 모두 가지고 있다. 비중심의 가치라는 점에서 로컬리티는 '소수성'과 통할 수 있고, 지역적인 가치라는 점에서는 '다문화'의 맥락에 본질에서 연결되어 있다. 그러면서 다문화의 장소, 소수성 수용 장소의 의미가 있는 것이다.

이상의 논의에서 짐작할 수 있듯이, 로컬리티 연구의 목적은 분명해 보인다. 그것은 바로 문화적 이방성에 대한 극복, 나아가 이를 통한 '로컬의 재발견'에 있다. 그러니까 자본주의의 위력을 앞세운 신자유주의와 국가 중심주의가 실현되고 구현되는 타자로서의 로컬이라는 위치에서 탈피하여 주체성과 능동성을 회복하자는 데 있다.

그럼 어떻게 이 목표에 도달할 것인가? 현재 로컬리티 연구를 수행하는 많은 연구자 가운데 이 연구의 쟁점 현황을 정확히 짚고 있는 조명기의 주장에 필자는 주목하고자 한다.

> 로컬은 기존의 경계 짓기 혹은 구별 짓기 방식과는 다른 층위나 방식으로 그 존재가 구성되어야 한다. 대안적 성격의 로컬리티 연구는 동질성/위계성으로 설명되면서 구획되었던 특정 공간이 이질성과 혼종성의 공간임을 '주장'하는 것이 아니라 '발견'하는 것이며, 발견의 대상을 주체로 재위치시키는 작업이라 할 수 있다. '발견'이라는 단어가 함유한 실재성, 역사성과 주체의 재정립이라는

운동성 사이에는 아직 길을 내지 못한 긴 황무지가 있는데, 이 막막하고 거친 거리에 대한 도전이 로컬리티 연구의 당면 숙제인 셈이다.★20

조명기에 따르면, 근대 민족 국가가 실체 없는 상상의 공동체라면, 그와 똑같은 이유로 로컬 역시 상상의 공동체라는 것이다. 로컬리티 연구가 재현해내는 '로컬'이란 있는 그대로의 실재가 아니라 사후적으로 구성하려는 이데올로기적 효과의 일종이다. 그렇지만 로컬이라는 이 허상적 공간이 가치 있는 이유는 거대 담론, 거시 서사의 기획력과 각종 소수자, 저항 주체들이 갈등하고 경쟁하면서 새로운 질서와 관계를 형성해가는 유동적이고 역동적인 장(場)이 될 수 있기 때문이다. 다시 말해 여러 층위에서 분할된 소수자들의 각종 차이와 세계 인식의 틀을 그대로 인정하면서 변증법적으로 관계 맺을 수 있는 장이 될 수 있기 때문이다. 또한, 로컬이라는 허상적 공간은 산발적이거나 파편적으로 발현되는 기존의 저항 주체들에 구체적인 물리적 기반을 제공함으로써 소수자로서의 저항 주체들을 담아내는 연대(連帶)의 장이 될 수도 있다는 것이다.

개인은 선험적인 공간 경계 내에 내던져진 존재가 아니라 계층이나 계급, 젠더, 종교, 문화 등 각종 차원에서 다양한 충돌과 조화를 통해 자신만의 로컬을 중층적으로 구성해 가는 존재다. 이런 개인의 중층적 관계망은 타인의 중층적 관계망과 연결되면서 각종 경계를 넘어 확장해 간다.★21

로컬이 거대 자본, 국민 국가, 권력 관계의 중심으로부터 소외되고 배제된 타자였다는 점을 상기한다면, 그리고 로컬의 주체성과 독자성에 대한 자각의 당위성을 고려한다면, 소수성 담론의 전유는 충분히 이해할 수 있을 뿐만 아니라 실제로 효과적이기도 하다. 왜냐하면, 로컬을 연구하는 행위 자체가 거대 담론, 기존 권력에 대한 문제의식의 고취, 그리고 저항으로 직결되는 듯한 효과를 불러올 수 있기 때문이다. 국민 국가나 권력의 중심과 대립각을 세우는 데 있어 소수성 담론은 그 유용성을 의심할 수 없을 만큼 매혹적이었다.

그렇다면 문화적 이방성 극복을 위한 현행 로컬리티 연구의 장점과 유효성에도 불구하고 한계나 문제점★[22]은 없는 것일까? 첫째로, 로컬과 국민 국가·권력 중심 사이의 대립, 그리고 후자의 일방적 우위를 강조하는 것은 로컬을 같은 성격을 지닌 하나의 대립 항으로 간주하는 것을 전제한다. 이때 로컬이라는 공간은 이질적인 것들이 충돌하고 갈등하는 공간이 아니라 내부의 차별이 무화된 균질적인 공간으로 낭만화된다. 로컬의 낭만화는 국민 국가와 권력 중심의 호명을 내면화하여 이데올로기를 실천하는 로컬 구성원들을 배제함으로써 성취된 것이다. 따라서 로컬은 대안 공간으로서의 성격을 획득하기 위해 내부 차별과 배제를 묵인하는 자기모순을 범하게 된다. 둘째로, 로컬리티 담론이 소수성 담론과 절연하지 못한 채 연구 방향이나 방법을 지속해서 빌릴 경우, 로컬이 가리키는 공간적 범위는 로컬리티 연구가 지향하는 목표를 저해할 정도로 왜곡될 수 있다. 심지어 로컬리티 연구의 진정성이나 독자성마저 의심받을 수 있다. 예컨대 로컬을 국민 국가, 권력 중심의 대립 항으로 설정할 경우, 수도권은 로컬의 범위에서 제외되는 듯한 오해의 소지가 있다. 이때 로컬은 지방의 유의어로 변질하고, 국민 국가, 권력의 중심과 로컬의 갈등은 수도권과 지방의 갈등으로 왜곡된다. 더욱이 지방으로 변형된 로컬은 수도권이나 타 로컬과의 비교를 통해 확인되는 주변성, 특이성에 의지해 재현되는데, 이때의 재현은 권력 관계의 재현으로 왜곡될 소지가 다분해진다.

그렇다면 이제 우리는 로컬, 로컬리티 중심의 문화 연구와 시각의 한계를 보완해 줄 수 있는 새로운 연구 방식을 모색해야 하는 시점에 있다. 결국 핵심 문제는 다문화 시대 문화 연구의 쟁점을 무엇으로 파악하느냐 하는 점이다. 필자는 그것을 문화적 이방성에 대한 인식이라고 보았다. 이 문화적 이방성을 어떻게 인식하고, 어떻게 극복할 수 있을지의 문제를 이제 문화해석학, 특히 R.A. 말(Ram Adhar Mall)의 '상호 문화해석학'의 관점에서 살펴보고자 한다.

상호 문화해석학을 위하여

우리가 여기서 말하는 '상호 문화해석학'이라는 표현은 '상호 문화철학'에서 파생되어 나온 것이다. 1980년대 말에서 1990년대 초에 유럽에서 출판된 『철학의 세 발생지 - 중국, 인도, 유럽』★[23], 『상호 문화철학 - 역사와 이론』★[24], 『아프리카 철학 - 상호 문화철학 개념으로의 접근』★[25], 『문화들의 비교 속에서의 철학 - 상호 문화철학에의 입문』★[26] 등과 같은 책들은, 서구 철학 이외에도 다른 문화를 배경으로 하는 다양한 사유 전통들이 있음을 알리면서 서구 철학의 보편성 주장에 정면으로 도전한다. 이 책들은 상호 문화철학에 대한 본격적 논의 내지는 체계화가 진행되고 있음에 대한 기록이며, 이제 '상호 문화철학(intercultural philosophy)'이라는 용어가 하나의 철학 학술 용어로서 자리 잡았음을 명백히 보여주었다.★27

'상호 문화철학'이라는 이름으로 등장한 새로운 흐름은 지난 20여 년간 일종의 국제 학술 운동과 같은 형태로 발전해가면서 연구 성과들은 축적해가고 있다. 국제적 규모에서 두 개의 학회, '상호문화철학회(Gesellschaft für Interkulturelle Philosophie, www.intgip.de)'와 '비엔나 상호문화철학회(Wiener Gesellschaft für Interkulturelle Philosophie, www.wigip.org)'가 결성되었다. 독일의 미씨오 선교학 연구소는 '남북반구 간의 철학 대회 세미나'라는 이름의 국제 학술대회를 1989년 개최한 이래, '국제 상호문화 철학대회'를 1995년 이래 각기 격년으로 꾸준히 개최해오고 있다.★28

인도 출신의 뮌헨대 철학 교수인 상호 문화철학자 R.A. 말(Ram Adhar Mall)★29은 「상호 문화적 관점에서 바라보기란 무엇을 의미하는가?」★30라는 글에서 실질적인 해석학적 상황에 적합한 문화 연구를 수행하고자 한다. 순수한 외래의 문화가 적은 것처럼, 순수한 고유의 문화도 적다. 철학도 이와 유사하다. 문화들의 교섭은 여러 층위를 지녔으며, 또한 과거로 무한히 소급될 수 있다. 문화 개념이 비록 때때로 대단히 다양한 의미가 있지만, 이론적으로뿐 아니라 실천적으로도 방향성을 가지고 있다. 모든 문화가 비록 부인할 수 없이 '차이'가 있지만, 그것들은 문화로서 같은 가치를 가지고 있다. 이 차이들이 우리가 문화들을 구분하게 만들지만, 그것들을 '차별'하게 하지는 않는다. 철학은 문화의 산물이고, 모든 문화는 철학을 가지고 있다.

그래서 R.A. 말(Mall)은 상호 문화적으로 철학하고자 하는 기획의 두 가지 기본 입장[31]을 제시한다. 첫째는 하나의 철학 또는 다른 철학에 특권을 부여하지 않는다는 태도다. 이 기획은 각각의 철학의 특수성과 보편적인 철학의 일반성을 중재하는 데 찬성한다. 둘째는 상호 문화적(intercultural) 관점은 문화 내적(intracultural) 관점과 다르지 않다는 태도다. 왜냐하면, 같은 문화 내에서도 역시 서로 다른 인식론적, 윤리적, 정치적 모델들이 존재하기 때문이다. 그래서 상호 문화적 관점은 문화들 사이에서 나타나는 근본적인 유사성과 거기서 드러나는 차이들을 제시하면서 문화 내적인 관점의 협소함을 벗어나게 하는 작용을 한다는 것이다.

R.A. 말(Mall)은 오늘날 문화들, 종교들, 정치적 세계관들의 현실적 상황을 다양한 관점에서 접근하여 해명하고자 한다. 기존에 유럽이 아시아, 아프리카, 라틴 아메리카에 말을 건네는 방식과 반대로 이제 아시아, 아프리카, 라틴 아메리카가 유럽에 말을 건네는 방식은, 비서구의 대륙들이 고유한 목소리를 가지고 대화에 참여하는 해석학적 상황이 되었다. 이러한 해석학적 상황은 다시 네 가지 차원으로 구체화할 수 있는데, 첫째는 유럽에 의한 유럽의 자기 이해, 둘째는 비유럽적 문화들, 종교들, 철학들에 대한 유럽인의 이해, 셋째는 자기 이해를 스스로 하고, 다른 사람들에게 내맡기지 않는 비서구적 문화권의 이해, 넷째는 서구 이외의 문화들이 유럽에 대해서 하는 이해이다. 이러한 실제적인 해석학적 상황에서는 도대체 누가 누구를 이해한단 말인가, 어떤 것이 그리고 왜 최선인가라는 물음이 제기될 수밖에 없다.

오늘날 진행되고 있는 서구의 문화 연구 방법론의 주된 흐름은 해석학, 좁게는 문화해석학의 전통 위에 있다. 넓은 의미에서는 문화적 이방성 문제를 해결하기 위한 시도이며, 로컬, 로컬리티에 대한 연구도 이런 맥락에서 태동했다고 할 수 있다. 문화적 차이로 인해 소통되지 않는 상황에서 해석학은 끊임없이 오해를 줄이고 이해를 증진하기 위한 나름의 방법론을 모색해 왔다.

우리는 이러한 방법론을 크게 두 가지 흐름으로 압축해서 설명할 수 있다. 그 첫 번째 흐름은 '동일성의 해석학'★32 차원이다. 이것은 서구의 전형적인 이해 방식으로, 완벽한 이해란 동일자의 동일자에 대한 이해이다. 나와 전혀 다른 것을 어떻게 이해할 수 있는가 하는 물음에 답하기 위해 소위 유럽 중심주의는 타자를 또 다른 자아로 바라보든지 타자를 자기로 동화시켜 이해하거나 오해하든지, 그것이 불가능하다면 문화가 아니라고 단정하여 배제(排除)해 버리는 방식을 택하였다. 서구인의 눈에 비친 비서구인들은 자기 자신의 반향(echo)일 뿐이다. 결국, 이렇게 되면 이해는 항상 일종의 폭력과 결부되게 된다. 이 입장은 오늘날 지구화 시대의 다문화 현장에서 진정한 이해 방식이 될 수 없으며, 여러 문제를 안고 있다고 할 수 있다.

두 번째 흐름은 '차이의 해석학'★33의 입장이다. 여기에서는 다양한 문화 현상들 사이에는 개별적, 특수적, 임의적 차원이 있어서, 그 각각은 상대적 가치가 있고, 서로 간의 완전한 이해란 불가능하다는 태도이다. 그렇다고 해서 '차이의 해석학'의 입장이 전폭적인 지지를 받는 것도 아니다. 왜냐하면, 이 입장이 극단적으로 가면 이해 자체가 불가능하게 되기 때문이다. 말하자면, 여러 다양한 문화들 사이에 지평 융합의 가능성이 거의 없어 보일 정도로 심각한 차이가 있을 수 있기 때문이다. 그렇게 되면 차이점들을 절대화하게 되고 완전한 통약 불가능성을 주장하기에 이른다. 그런 측면에서 전적으로 다르기만 하다면 도대체 어떻게 이해가 가능하게 될 것인가 의문이 남게 되는 것이다.

그렇다면 이제 남는 문제는 다문화 시대, 상호 문화 시대에 문화해석의 방법론으로 제3의 방식이 필요하다는 것이다. 단순하게 표현해서 문화해석에서 '동일성의 해석학'이 '글로벌한(global)' 접근 방식이라면 '차이의 해석학'은 '로컬한(local)' 접근 방식이라 할 수 있다. 동일성의 해석학은 하나의 문화 밖에 또 다른 가능성이 있음을 인정하지 않는다. 보편적 이해를 강조할 뿐이다. 차이의 해석학은 차이점들만을 부각해 절대화하고, 그것들 사이의 통약 불가능성을 강조할 뿐이다. 이것들은 또 다른 종류의 폭력일 수 있다.

여기서 R.A. 말(Mall)은 제3의 길로 '유비의(analogisch) 해석학'을 제시한다. 이 입장은 서로 다른 문화들 사이에서 소통을 통한 완전한 이해에 이르기는 어렵지만, 각 문화 사이의 비교와 대화를 비롯한 모든 노력을 기울여 "우리가 서로 다르지만, 너를 이해할 수 있다."라는 목표에 도달하려는 것이다. 필자는 R.A. 말(Mall)이 주장하는 '유비의 해석학'을 글로컬한(glocal) 접근 방식이라고 부르고자 한다.

이 지점에서 글로벌한 입장과 로컬한 입장을 통합한 글로컬한 입장을 모색해 보려 한다. 다문화 시대 문화 연구 방법론에서도 이제 '글로벌'에서 '로컬'로, 다시 '로컬'에서 '글로컬'로의 인식론적 전회가 있어야 한다는 점을 강조하고 싶다. 그 이유를 R.A. 말(Mall)의 유비의 해석학, 즉 '상호 문화해석학'의 특징을 살펴보는 것으로 대신하고자 한다.

R.A. 말(Mall)의 유비의 해석학의 첫 번째 특징은 '생성된 장소에 묶여 있음-생성된 장소를 벗어남(Standortaftigkeit-Standortlosigkeit)'이다.★34 이를 가다머식으로 풀어보면 이해의 선구조를 인정하면서도 그것을 벗어남이다. 부정적으로 표현하자면, 자기 문화의 무시나 전적인 폐기도 아니고, 그렇다고 해서 자기 문화의 장소를 절대화하는 것도 아니다. 한마디로, 유비의 해석학은 자신의 전통을 절대화하지 말자는 것이다.

R.A. 말(Mall)의 유비의 해석학의 두 번째 특징은 다양한 문화들 사이에 차이만 있는 것이 아니라 '겹침(Überlappung)'이 있다는 측면이다.★35 유비의 해석학은 여러 가지 이유로 인해서 존재하는 겹침 현상에서 출발하는데, 이 겹침이야말로 소통과 번역을 가능하게 한다. 겹침은 생물학적이고 인간학적인 것에서부터 정치적인 것에까지 미친다. 가다머의 철학적 해석학에서 역사가 이해의 가능성이듯 유비의 해석학에서는 겹침이 그렇다. '겹침'이라는 개념은 문화 다양성의 현실과 보편적 진리의 이념이 서로 모순되지 않게 만들어줄 수 있다. 이른바 겹침의 개념은 보편주의/다원주의, 통일성/다수성, 고향 세계/낯선 세계를 단순한 대립으로 보지 않는다.★36 어떤 의미에서 유비의 해석학은 가다머의 철학적 해석학을 지구화의 현실 속에서 적용한 것이라 말할 수 있다. 기억과 전통과 역사가 진리를 규정한다는 것이 맞는다고 한다면, 진리의 구속성은 이러한 전통이나 저러한 전통 내에서가 아니라 겹침들 속에서 찾아야만 한다. 그러므로 유비의 해석학은 세계의 철학들을 비교해 봄으로써 겹침을 긍정하고, 찾고 발견하여 증가시킨다. 말하자면, 유비의 해석학 작업은 실제로 존재하는 겹침을 단지 발견하여 확정하는 것이 아니라 당위로서 긍정하고 찾고 발견하고 증가시켜 가는 과정인 것이다.★37 그렇기에 겹침을 개인들, 문화들 사이에서 보이는 확고부동한 공통분모처럼 생각해서는 안 된다. 겹침은 상황에 따라

커질 수도 있고 작아질 수도 있는 커다란 차이들을 보여준다. 예컨대 전통이 조금 달라도 언어가 같다거나 종교가 같으면 더 커질 수도 있고 그렇지 않다면 작아질 수도 있다. 또한, 상황과 노력으로 증가시켜 갈 수도 있다.

R.A. 말(Mall)의 유비의 해석학의 세 번째 특징은 '거리'(Distanz) 개념이다.★38 낯섦은 경직된 경계라는 의미라기보다는 거리의 의미에서 이해될 수 있다. 거리가 존재한다는 사고는 낯선 것을 다른 것, 자신의 것이 아닌 것으로 규정하지 않고, 오히려 낯선 것을 '우선 미지의 것', '우선 거리가 떨어진 것'으로 파악한다. 낯선 것은 단지 모르는 것이 아니라 비록 알기는 하지만 자기 것에 비교해서 다른 것이고, 별개의 것이다. 그런 측면에서 유비의 해석학은 낯선 것에 거리를 좁혀 가는 과정이라고 규정할 수 있다. 이와 같은 유비의 해석학의 과정에서 비로소 타자와의 차이는 동화나 배제의 대상이 아니라 그대로 남아 있으면서도 소통과 상호 변혁의 가능성을 열어준다. 이러한 측면에서 자기 것이 낯선 것에 의해서, 낯선 것이 자기 것에 의해서 변화되어 갈 수 있는 것이다. 즉 낯선 것에 거리를 좁혀 가는 과정은 자기 것에 거리를 두는 과정이기도 하다.

R.A. 말(Mall)은 이와 같은 유비의 해석학, 즉 상호 문화해석학의 근저에는 상호 문화철학이 놓여 있다고 말하면서, 상호 문화철학의 일곱 가지 구상★39을 밝히기도 하였다. 먼저 상호 문화철학이 아닌 것, 상호 문화철학의 성격을 왜곡시킬 수 있는 일곱 가지 관점을 제시한다.

첫째, 상호 문화철학은 그것이 유럽적이든 비유럽적이든 간에, 어떤 특정한 철학적 관습에 기인한 이름이 아니다. 둘째, 다른 철학적 전통들이 철학의 근원지로서 중심지를 가짐에도 불구하고 상호 문화철학은 장소에 결부되어 있지만, 장소에 얽매이지 않는다. 셋째, 잡다한 것을 단지 모아 놓는다는 차원에서 철학사에서 병렬적으로 등장할 법한 다양한 철학적 전통들의 절충주의가 아니다. 넷째, 상호 문화철학은 형식적, 논리적으로, 정의에 따라 고정된, 단순한 추상화도 아니다. 다섯째, 오늘날 문화들의 세계적 맥락에서 실제로 벌어진 철학의 다원적 상황에 직면한 단순 반응이나 보조 장치가 아니다. 여섯째, 상호 문화철학에서 미학화, 즉 비서구에 대한 열광적 낭만적 이국적-아마추어적 관심이 문제시되는 것은 아니다. 일곱째, 상호 문화철학은 자신에게 결핍된 것을 타자에게서 발견하자는, 보충의 장소가 아니다.

그렇다면 이제 R.A. 말(Mall)이 주장하는 정말로 상호 문화철학인 것, 상호 문화철학의 핵심 관점은 무엇인가?

첫째, 상호 문화철학은 영원의 철학의 모든 문화적인 형태들을 마치 그림자처럼 따라다니면서 이것들이 절대적인 지위에 오르는 것을 방해하는, 그러한 정신적이고 철학적인 태도의 이름이다. 둘째, 새롭게 대두되는 요구와 관련된 갈등을 드러낸다. 말하자면, 비유럽의 철학과 문화들이 자신의 고유한 문제 제기를 가지고 해결의 실마리를 제공하기를 원하기 때문에 생겨나는 요구가 그것이다. 셋째, 해방 과정을 제시한다. 계몽주의 시대에 유럽에서 일어났던 것보다 훨씬 오랜 역사를 지닌 비서구와 서구 외부의 사유가 해방되는 차원을 말한다. 넷째, 철학사를 근본에서부터 새롭게 파악하고, 새롭게 형성할 필연성에 대한 통찰이다. 다섯째, 상호 문화철학에서는 많은 종족, 문화들, 언어들 속에서 영원의 철학 편재들을 들을 수 있게 해주는 그런 철학을 구상한다. 그래서 상호 문화철학은 일부의 철학들, 문화들, 종교들, 그리고 정치적 세계관들이 세계화

되려는 강력한 욕구를 막는다. 여섯째, 상호 문화철학은 통일성 없는 통일을 지지한다. 형식적, 기술적, 자연과학적 개념 장치들의 초문화성은 상호 문화성의 정신과 혼동되어서는 안 된다. 일곱째, 많은 이름을 가진 규제적 일자에 각자가 도달할 수 있다고 하는, 인식론적, 방법론적, 형이상학적, 윤리적, 정치적, 종교적인 겸손함에 대한 통찰력을 연마하는 것이 이 철학의 본질에 속한다.★40

R.A. 말(Mall)에 따르면, 상호 문화적 시각은 중심들의 존재를 부정하지 않는다. 다만 모든 형태의 중심주의를 거부할 뿐이다. 오늘날 어떤 문화도, 아시아든 유럽이든 아프리카든 라틴아메리카든 간에 지역적이지 않고서는 각자 고유한 전통 속에서 움직일 수 없다.

유럽의 근대와 대면할 때, 비유럽 문화 쪽에서는 세 종류의 반응★41이 나타난다. 첫째, 사람들은 비유럽 문화에는 합리성, 과학, 분석적 사유가 전혀 존재하지 않는다고 확인하는 반응이 있다. 그러나 상호 문화철학의 처지에서 볼 때, 비유럽적 전통에 대립하는 이러한 반응은 필요하지도 정당화되지도 않는다. 둘째, 오히려 너무 전통주의거나 고유한 전통을 과도하게 정당화하는 또 다른 반응이 있다. 합리성에 대한 공정한 모든 이론은 우리에게 이 두 가지 견해는 너무 일면적이기 때문에 거부해야 한다고 말한다. 선천적인 합리성에 대한 순수 형식적 정의도 어쩌면 이성적이라는 것을 특정한 전통에 귀속시킬 수 있다. 그러나 합리성이 구체적이고 실질적인 것이 되려면 사회적으로 주어진 가치, 목표, 방안을 고려해야만 한다.

셋째, 자신의 전통을 포함해서 어떤 전통을 이해하기 위한 제일 나은 방법은, 맹목적인 긍정이나 전면적인 거부를 넘어서 전통이라는 정당화된 권위에 대한 해석학적인 길에 있다고 보는 반응이다.

만약 우리가 어떤 전통을 이해하고자 한다면 먼저 전통을 해석할 필요가 있다. 전통을 해석하는 것은 전통의 내부에서만 가능한 일이다. 따라서 상호 문화철학의 방침은 어떤 특정한 해석을 유일하게 옳다거나 타당하다고 해석하는 독단적인 독해 방식과는 반대로, 전통에 대해 개방적이고 자유주의적이며 다원적인 해석을 옹호한다. 그렇기에 의미의 순결성이라는 이념은 전통 스스로가 만들어낸 허구에 불과하다.

R.A. 말(Mall)에 따르면, 철학을 상호 문화적으로 다루고자 하는 처지에서는 모든 것을 상대화하는 회의와 독단적인 자기 주장 사이를 매개해 주는 심급으로 다음의 네 가지 관점이 이해되어야 한다.

첫째, 합리성의 보편성과 전통들의 상대성은 양립할 수 있다. 둘째, 만약 상대성이라는 것이, 다시 말해 철학자들을 포함하여 우리 인간들이 인식, 진리, 도덕, 정당성과 같은 것이 무엇을 의미하는지에 대해 서로 다른 표상을 지니고 있다는 것을 의미한다면 우리가 왜 상대주의자가 될 수 없는지 의아할 것이다. 셋째, 심지어 근본적인 범주 체계조차도 교육적인 전통에 구속되어 있다. 그래서 그런 범주 체계는 곧바로 절대화될 수 없다. 동질화와 독점화는 서로 의존하고 있는데, 이 둘은 폭력 없이는 존재할 수 없다. 넷째, 만약 절대성이라는 것이, 나의 관점은 나에게 그리고 우리 편에게 유일하게 올바른 관점이어야 한다는 요구를 의미해야 한다면 그러한 내적인 절대성에 대해서는 거의 반론을 제기할 수 없을 것이다.

맺는말

결국 R.A. 말(Mall)이 주장하는 '상호 문화성'이라는 개념은 이것이 유럽적 문화이건 비유럽적 문화이건 간에 분명히 특정한 문화의 보편화에 반대한다. 그러므로 상호 문화성은 초문화적 심급이 아니라 오히려 다양한 관점, 즉 철학적, 종교적, 정치적, 교육적 관점 등을 가진 하나의 태도를 가리키는 이름이다. 예컨대 정치적 측면에서 상호 문화성이란 정치적 지혜를 어떤 정당, 집단, 이데올로기가 독점적으로 소유하는 것을 허용하지 않는 다원주의적 민주주의의 태도를 가리키는 이름이다. 결국, 상호 문화성에 관해 옹호되고 있는 관점은 '관용적 다원주의'라 할 수 있다.

그러므로 완전한 통약 가능성과 근본적인 통약 불가능성이라는 허구를 거부하는 것이 바로 문화적 자기 확인의 이론과 실천에서 견지되어야 한다. 이것은 우리가 우리 자신의 정체성을 발견하는 과정에서, 이방적인 것을 억지로 동일화시키지도, 억지로 거부하지도 않도록 도와줄 것이다. 그렇기에 전체적인 '동일성의 해석학'도 아니고 근본적인 '차이의 해석학'도 아닌, 오히려 상호 문화적인 '유비의 해석학'이 중요한 이유이다.

R.A. 말(Mall)이 주장하는 이와 같은 유비의 해석학, 즉 상호 문화해석학은 글로컬한 관점으로서 우리 자신이 아닌 것, 즉 문화적 이방성을 이해하며 이해할 수 있다는 태도를 지지하고 있다. 이해라

는 이름으로 자기를 확장하려고 계획하는 그런 해석학은 이방적인 것이 동화되지 않을 때는 자신의 한계를 경험하게 된다. 모든 것을 자신의 도식에 따라서 이해하고자 하는 것은 인간의 월권이다.

유비의 해석학이 행하는 좀 더 확장된 결론은, 상호 문화해석학은 '다르게' 이해하는 것을 '잘못된' 이해와 동일시하지 않는다는 것이다. 다르게 이해하는 것은 이것이 이런 이해 외에는 다른 어떤 형식의 이해도 불가능하다는 것을 뜻하는 것이 아니라면 잘못된 이해가 아니다. 따라서 상호 문화적 시각으로부터 나온 모든 문화적 자기 확인은 이중으로 확인되어야 한다.

첫째로 정체성을 발견하는 일은 자기의 고유한 문화 영역에서 일어나야 하며, 둘째로 특정 문화를 초월하는 중첩적인 영역에서 일어나야 한다. 그래서 R.A. 말(Mall)은 문화적 자기 확인에 관한 도덕 명령을 다음과 같이 표현한다.

"문화적 자기 확인과 상호 문화적 자기 확인 사이에 논쟁이 생기는 곳마다 그리고 생길 때마다 상호 문화적인 자기 확인을 선택하라. 왜냐하면, 상호 문화적인 자기 확인은 편협한 지방-문화적인 자기 확인의 위험으로부터 우리를 보호하기 때문이다."★42

우리가 다문화 시대에 매 순간 문화적 이방성을 경험하지만, 그래도 이방인이 아닌 당당한 주체로서 더불어 살아갈 수 있는 것은 바로 글로컬한 관점, 상호 문화해석학의 태도를 보일 때 비로소 가능하다. 자신의 전통을 절대화하지 않으면서 실제로 존재하는 문화 간의 겹침을 긍정하여 찾아내고 증가시켜 가는 과정을 통해서, 낯선 것에 거리를 좁혀 가는 과정을 통해서, 비로소 우리는 자기 것이 낯선 것에 의해 또는 낯선 것이 자기 것에 의해 변화되어 갈 수 있게 된다.

1. 이 글은 신응철(2016), 「문화적 이방성과 상호 문화적 해석학」, 『철학사상문화』 22집, 동국대 동서사상연구소, 82~105쪽에 게재되어 있으며, 이를 수정 보완하였음을 밝혀둠.
2. 박치완(2009), 『글로컬 문화콘텐츠, 어떻게 그리고 왜?』, 한국외국어대 출판부, 229쪽
3. Andea Semprini, 『다문화주의: 인문학을 통한 다문화주의의 비판적 해석』(이산호외 역), 경진, 2010. 문화콘텐츠기술연구원 다문화콘텐츠연구사업단, 『다문화의 이해』, 경진, 2009. 사회와 철학연구회, 『문화 및 문화 현상에 대한 철학적 성찰』, 씨아이알, 2012.
4. 베른하르트 발덴펠스(B. Waldenfels), 「문화적 이방성과 사회적 이방성」, 『상호문화 철학의 논리와 실천』, 시와 진실, 2010. 192~228쪽. 원문은 Gesellschaft für interkulturelle Philosophie, *Studien zur interkulturellen Philosophie,* Bd. 9, Verlag Traugott Bautz GmbH, Köln(1998). 13~35쪽 수록되어 있음.(이후 번역본의 쪽수를 기재함.)
5. 발덴펠스(2010), 224쪽
6. 짐멜, 게오르그, 「이방인」, 『짐멜의 모더니티 읽기』(김덕영·윤미애 역), 새물결, 2005. 87쪽. 그 외 다음의 자료 참조 바람. 김덕영, 『게오르그 짐멜의 모더니티 풍경 11가지』, 길, 2007. 김애령, 「이방인의 언어와 환대의 윤리」,『철학과 현상학연구』 39집, 한국현상학회, 2008.
7. 짐멜(2005), 같은 책, 79쪽
8. 짐멜(2005), 같은 책, 82쪽
9. 발덴펠스(2010), 194쪽
10. 발덴펠스(2010), 195쪽
11. 발덴펠스(2010), 194쪽
12. Habermas, J., *Die Einbeziehung des Anderen*, Suhrkamp, Frankfurt/M, Germany, 1996. (『이질성의 포용』(황태연 역), 나남출판, 2000. 이후 번역본 쪽수 기재함.) 58쪽
13. 하버마스(2000), 48쪽
14. 하버마스(2000), 48쪽
15. Gadamer, H.G., *Wahrheit und Methode*, Tübingen: J.C.B. Mohr, Paul Siebeck, Germany, 1972. 438쪽
16. 발덴펠스(2010), 202쪽
17. 발덴펠스(2010), 205쪽
18. 발덴펠스(2010), 205쪽

19. 이명수, 『다문화와 인정의 로컬리티』, 소명출판, 2015. 29쪽
20. 조명기, 「로컬에 대한 두 가지 질문: 로컬은 실재하는 소수인가」, 『로컬리티 인문학』11, 2014. 272쪽
21. 조명기(2014), 273쪽
22. 조명기(2014), 274쪽.
23. Ram Adhar Mall. H. Huelsmann, *Die drei Geburtsorte der Philosophie. China, Indien, Europa* (Bonn: Bubier, 1989).
24. Franz Martin Wimmer, *Interkulturelle Philosophie. Geschichte und Theorie*(Wien: 1990).
25. Heinz Kimmerle, *Philosophie in Afrika. Annaeherungen an einen interkulturellen Philosophiebegriff*(Frankfurt am Main: 1991).
26. Ram Adhar Mall, *Philosophie im Vergleich der Kulturen. Eine Einführung in die interkulturelle Philosophie*-(Bremen: 1992).
27. 최현덕, 「문화들 사이에서 철학 하기」, 『젠더와 탈/경계의 지형』(이화인문과학원), 이화여대 출판부, 2009. 303쪽
28. 최현덕(2009), 304쪽
29. 말(Ram Adhar Mall)은 1992년 '상호문화철학회(Gesellschaft für interkulturelle Philosophie, www.intgip.de)'를 결성하였다. 현재 이 학회는 2004년부터 독일 쾰른대학의 클라우디아 박만(Claudia Bickmann) 교수가 회장을 맡고 있으며, 말(Mall)은 창립 이후 지금까지 상호문화철학에 관한 국제학술대회를 개최해오고 있을 뿐만 아니라 1993년 이래 「상호문화철학연구(*Studien zur Interkulturellen Philosophie*)」라는 기획 총서를 암스테르담과 뉴욕에 있는 로도피 출판사에서 간행해 오고 있다. 이화인문과학원, 『젠더와 탈/경계의 지형』, 이화여대출판부, 2009. 24쪽. 조해정, 「말(Ram Adhar Mall)의 상호 문화적 해석학과 문화적 중첩」, 『범한철학』 74집, 2014. 503쪽
30. Claudia Bickmann, R.A. Mall., 『상호문화 철학의 논리와 실천』, 시와 진실, 2010.
31. Claudia Bickmann, R.A. Mall.(2010), 50쪽
32. Claudia Bickmann, R.A. Mall.(2010), 52쪽
33. Claudia Bickmann, R.A. Mall.(2010), 53쪽
34. Ram Adhar Mall, *Philosophie im Vergleich der Kulturen-Interkulturelle Philosophie-eine neue Orientierung*, Darmstadt: Wissenschaftliche Buchgesellschaft, Germany, 1995. 22쪽
35. Claudia Bickmann, R.A. Mall.(2010), 53쪽
36. Ram Adhar Mall.(1995), 46쪽

37. Ram Adhar Mall.(1995), 46쪽
38. Claudia Bickmann, R.A. Mall.(2010), 67쪽
39. Claudia Bickmann, R.A. Mall.(2010), 55쪽
40. Claudia Bickmann, R.A. Mall.(2010), 56~57쪽
41. Claudia Bickmann, R.A. Mall.(2010), 76쪽
42. Claudia Bickmann, R.A. Mall.(2010), 111쪽

현대 문화해석학

2

두 문화: 문화과학과 자연과학[★1]

들어가는 말: 두 문화

최근 우리는 국내 학계에서도 '융복합적', '학제적', '간 학문적' 연구라는 말을 자주 듣게 되고, 또한 이러한 연구 추세가 하나의 유행처럼 되어 있다. 사실, 이러한 연구를 수행하기 위해서는 연구진에 참여하는 연구자들도 그 전공 분야가 다양해야겠지만, 연구자 자신도 이와 같은 연구의 특성을 정확히 인식하고 있어야만 한다. 예를 들면, 인문학과 자연과학의 학문 방법론의 차이와 이것에 근거한 세계관의 차이는 무엇인지, 인간과 사회를 바라보는 관점은 어떻게 다른지 등의 이해를 하고 있어야만 한다. 한마디로 두 문화에 대한 정확한 인식이 필요하다.

오늘 우리 시대의 이러한 문제 지평을 이미 한 세기 전에 고민하고 대안을 모색했던 이가 있는데, 바로 에른스트 카시러(Ernst Cassirer, 1874~1945)이다. 문화과학, 문화학, 문화철학 분야 연구의 초석을 다져 놓은 카시러는 일찍이 문화과학과 자연과학의 연구 방법론의 차이, 이러한 사유 방식에 터 해서 나타난 각 문화의 특징과 차이를 밝혀내고자 고심하였다. 이런 그의 열정은 『상징형식의 철학』(1923), 『문화과학의 논리』(1942), 『인간론-문화철학 서론』(1944) 등에 잘 나타나 있다. 카시러의 이러한 관심은 당시의 시대 의식과 무관하지 않다. 주지하듯이 19세기에 접어들면서 자연과학과 문화과학의 분리 현상은 더 철저해지고, 양 진영의 갈등은 깊어지게 되었다.

이러한 논의 확산에 촉매 역할을 한 이들은 바로 신칸트학파의 연구자들이었다. 먼저, 빈델반트(W. Windelband, 1848~1915)는 자연과학과 역사학의 차이를 세계관의 차이로 간주하지 않고 '탐구 방법의 차이'로 파악하였다. 자연에 관한 지식과 역사에 관한 지식은 지식의 탐구라는 측면에서는 똑같이 필요하고 타당한 두 요소로 간주하여야 한다는 것이다. 그래서 이 두 요소는 상호 의존적으로만 규정된다는 것이 빈델반트의 입장이다. 그렇게 해서 빈델반트는 자연과학의 특징을 법칙 중립적(nomothetic) 개념으로 간주하고, 역사학의 특징을 개성 기술적(idiographic) 개념으로 파악하여 두 문화를 구별하고자 하였다.★2

다음으로 리케르트(H. Rickert, 1863~1936)는 빈델반트의 생각에 덧붙여 자연과학적 보편성과 역사학적 개별성을 더욱 날카롭게 구분하게 되었다. 그래서 역사적 개체의 모든 인식은 그 자체 안에 이미 보편과의 관계를 품고 있다고 보았다. 그 결과 역사적 인식에는 자연과학적 유(類)개념과 법칙 개념이라는 보편과 개별적 특수의 구별 대신에 가치(價値) 개념 체계가 등장하게 되었다. 리케르트에 의하면, 어떤 사실을 역사적으로 해석하고 정리한다는 것은 이 사실을 보편적 가치와 관련짓는 일이 되는 셈이다. 이러한 가치 관련 행위를 통해서만 역사적 지식은 그 자체로서 이해될 수 없는 수많은 개체를 일정한 원칙들에 따라 내적으로 분류할 수 있다고 보았다.

그러니까 빈델반트와 리케르트는 칸트가 수학적 자연과학에서 이룩한 것을 역사학과 문화과학에서 성취해 내려고 했다. 한마디로 말하면, 그들은 형이상학적 관할권을 배제하려고 하는 경향을 보였다. 칸트가 수학적 자연과학을 주어진 것으로 받아들였듯이, 이들

역시 역사학과 문화과학을 주어진 사실로 간주하고, 칸트의 선험적 탐구 방식에 따라 이것의 가능 조건을 탐색하고자 했다.

이 지점에서 카시러는 신칸트학파의 이상과 같은 입장에 대해 비판적 태도를 보인다. 역사학자가 어떻게 이러한 가치 체계에 도달할 수 있는지, 그리고 이 체계의 객관적 타당성을 어떻게 증명할 수 있는지의 의문을 제기한 것이다.

어떤 이유에서일까? 만약 역사학자가, 리케르트 자신이 그의 가치 철학에서 주장했듯이 이 체계를 선천적으로 구성하려고 한다면 이러한 구성은 형이상학적 가정 없이는 결코 될 수 없는 일이 된다. 그렇게 되면 결국 문제는 문제가 제기된 출발 지점으로 되돌아가게 되는, 이른바 순환 논증에 빠지는 결과를 초래하게 된다. 바로 이러한 관점에서 카시러는 빈델반트와 리케르트의 인식론의 한계, 즉 일반적 개념을 구분하는 추상적인 일, 그러니까 개념 형식 자체의 분석만으로는 자연과학과 문화과학의 종차(種差)를 완벽하게 밝혀낼 수 없다고 지적하고 있다.

그렇다면 카시러의 대안은 무엇일까? 카시러는 우리 의식 현상의 기본적이고 원천적인 층으로 되돌아가 '지각의 현상학'에 의해서 양자의 차이를 분명히 드러내고자 한다. 그렇기에 이 글의 목표는 일차적으로 카시러의 논의를 좇아 문화과학과 자연과학의 차이, 즉 두 문화의 차이를 지각의 현상학에 근거해 드러내는 데 있다. 이를 토대로 분과 학문으로서 문화과학의 고유한 내적 논리와 과제는 무엇인지를 확인하고자 한다. 계속해서 이러한 지각의 현상학 논의를 현대 문화의 양상과 인간관계에 적용하여, 특히 부버의 논의를 참조하여, 문화의 위기와 인간관계의 단절이라는 관점으로 확대해 이해해 보고자 한다. 다시 말해서, 문화과학의 이해를 바탕으로 현대 문화의 위기와 인간관계의 단절 현상에 대한 원인을 분석하고, 이를 극복하기 위한 대안을 찾아보고자 한다.

문화과학과 자연과학의 차이

카시러는 『상징형식의 철학』 제3권 『인식의 현상학』(1929)에서 칸트와는 다른 자신만의 인식론의 기본 방향을 말한 바 있다. 한 의식에서 감성적 지각들 혹은 표상들의 결합이나, 또 하나의 대상에 대한 이것들의 관계는 한갓 감성적 수용성의 문제가 아니라 거기에는 언제나 자발성의 행위가 깔려 있다. 그리고 이제 순수 오성의 자발성, 논리적 과학적 사고와 구성의 자발성이 있는 것처럼 또한 순수 상상력의 자발성이 있다는 것이 분명하게 된다. 구상력도 결코 그저 재생적이기만 한 것이 아니고, 근원적-생산적이다.[★3]

또한, 카시러는 인간의 정신이 인식에 있어서 자발적으로 또는 구성적으로 활동한다는 것을 그의 다른 저서에서도 언급하고 있다. 그렇다면 인식의 문제를 다룸에 있어서 카시러의 비판적 관념론은 어떤 특징이 있는 것일까? 간단히 말해서, 대상은 감각이나 인상을 통하여 주어지는 대로 인식되는 것이 아니라 '정신의 자발적 활동'에 의한 형식 부여 때문에 인식된다는 점이다. 이와 관련하여 카시러는 『실체개념과 기능개념』에서 "사유는 그 창조에 있어서 그저 수용적 및 모방적 태도를 보이지 않고, 특유하고 근원적인 자발성

(自發性)을 전개한다."★4 고 말한다.

카시러는 『인식의 현상학』 제1부 '표정 기능과 표정 세계'에서 고립된 한갓 감성적인 의식은 없다고 말한다. 우리의 모든 의식에는 의미 기능(意味機能)이 따른다. 통각의 선험적 통일은 결코 과학적 사고의 논리에만 관계하는 것이 아니다. 그것은 모든 가능한 지각의 조건이다.★5 이미 감각 속에도 정신의 관심이라든가 방향이라든가 목적이라는 계기가 들어 있고, 의미 부여가 동시적으로 결부되어 있어서 순수한 감각이란 없다는 것이다. 단순한 감각도 그저 주어지는 것이 아니라 조정되어 있다. 말하자면 정신의 일정한 방향과 목적에 의하여 지배되고 있다.

그렇다면 이제부터 대상과 감각, 정신의 자발적 활동과 상징, 매개적 인식 등의 상호 연관성을 카시러의 지각 현상학이라는 얼개를 가지고 하나씩 풀어보도록 하자. 우리는 카시러의 지각 현상학을 통해서 그가 추구하는 문화과학의 논리를 나름대로 읽어낼 수 있을 것이다.

먼저 카시러는 자연과학과 문화과학의 종차(種差)를 밝혀내기 위해서 지각(知覺)의 현상에 주목한다. 우리가 지각을 그 단순한 현상적 지반에서 기술한다면 지각은 이중적인 모습을 우리에게 보여준다. 지각은 내적 깊이에서는 서로 융해된, 그러나 어떤 것도 다른 하나로 환원될 수 없는 두 가지 요소를 지니고 있다. 이 두 요소를 사실적으로 분리하는 것이 불가능할지라도, 두 요소의 의미는 서로 구별될 수 있다. 일정한 대상(對象)을 지향하지 않는 지각은 없다. 지각에 필수적인 이 객관적 대상 연관은 두 가지 지향으로 우리에게 나타나는데, 우리는 이를 간단히 도식화해서 그것(Es) 지향과 너(Du) 지향으로 특성화할 수 있다.★6 그 결과 우리의 지각은 두 가지 종류의 형태로 나타나게 된다. 말하자면 사물 - 지각(Perception of Thing)과 표정 - 지각(Perception of Expression)이 그것이다.

사물-지각은 사물들을 죽은 것으로, 활력이 없는 것으로 파악하는 세계 지각을 말한다. 반면에 표정-지각은 표정적인 특성의 관점, 예컨대, 신뢰할 만한, 풍성한, 친밀한, 무서운 등의 표정적 특성에서 파악하는 세계 지각을 말한다. 카시러에 따르면, 자연과학적 사고의 기본적인 특징은 전자에 속하며, 여기에서는 '세계' 개념에서 '인격적인 요소'를 제거하려고 부단히 애쓰고 있다.★7

카시러는 '사물 - 지각'과 '표정 - 지각'의 설명에 덧붙여, 우리의 지각 속에서는 항상 '대상'을 중심으로 하는 축(Object-Pole)과 '자아'를 중심으로 하는 축(Ego-Pole)이 있다고 말한다.★8 그래서 자아가 만나게 되는 세계는 사물-세계(Thing-World)와 인격-세계(Person-World)로 나누어진다. 사물-세계와의 만남은 그것(It)으로서 특징지을 수 있고, 인격-세계와의 만남은 너(Du)로서 특징지을 수 있다. 전자의 경우에, 우리는 세계를 완전한 '공간적 대상'으로, 그리고 '시간적 변형의 총체'로서 인식한다. 반면, 후자의 경우에 우리는 세계를 마치 '우리 자신들과 같은' 어떤 것으로 인식하게 된다. 세계를 '그것'으로 지각할 경우, '세계'는 전적 타자(Absolute Other)가 된다. 반면에 세계를 '너'로서 지각할 경우, 세계는 타아(Alter-Ego)가 된다.★9 이것이 카시러가 말하는 두 가지 종류의 지각 구조이다.

여기에서 카시러는 인간의 두 종류의 지각에서 '표정 - 지각'이 '사물 - 지각'보다 우선한다는 점을 강조한다.★10 그러니까 우리 지각의 원초적 형태는 의인관적(anthropomorphen) 요소★11로 되어 있다는 것이다. 이러한 지각의 원시적 모습은 신화(神話)에서 쉽게 발견할 수 있다.

카시러는 다음과 같이 주장한다.

"우리가 지각의 근원을 추구해 나가면 나갈수록 지각 속에서 '너'(Du)라고 하는 형태는 '그것'(Es)이라고 하는 형태에 대하여 더욱 우위를 두게 된다. 즉 더욱더 명백하게 그의 순수한 표정 성격이 사실 성격과 사물 성격을 능가하게 된다. '표정의 이해'는 본질에서 '사물의 지식'에 선행한다."★12

이 주장은 대단히 중요하다. 그 이유는 표정-지각은 신화적 세계관을 특징적으로 설명해 주고 있기 때문이다.

"우리가 파악하는 모든 현실은 그 근원적 형식에 있어서 우리에게 향하여 있고 대립하고 있는 '사물-세계'가 아니라 오히려 살아 있는 활동의 확실한 사실이다. 현실에 대한 이와 같은 접근은 감성적 소여로서의 감각에 의해서가 아니라 표정의 원 현상에서 우리에게 주어진다. 일정한 지각 체험에서 '표정 - 의미'가 드러나지 않으면 현존재는 우리에게 아무 말도 하지 않는다."★13

이상과 같은 카시러의 말은 사물-지각에 국한되어 있는 자연과학적 인식의 한계를 지적하는 것이면서, 동시에 신화적 인식보다 과학적 인식의 우월성을 일방적으로 주장하는 처지에 대한 비판이라고 생각한다. 왜냐하면, 카시러는 인간의 현실 파악 내지 현실 인식은 대상 혹은 현존재의 표정적 성격에 의하여 지배되고 있음을 강조하고 있기 때문이다. 이런 측면에서 우리는 어린아이들의 인지 발달 과정에서 그들이 단순히 '색깔'보다는 사람의 '얼굴'에 미리 관심을 두고 반응한다는 사실, 즉 상모적(physiognomic 相貌的)[★14] 으로 반응한다는 사실을 언급한 카시러의 지적에 다시 한번 주목할 필요가 있다. 여기서 상모적 반응은 원시인들의 신화적 사유, 상징적 사유의 가장 큰 특징이며, 상징적 존재로서의 인간에게서 나타나는 전형적인 측면임을 확인할 수 있다.

여기서 카시러는 철학과 과학(좁게는 문화과학과 자연과학)이 점점 더 신화와는 대립한 극단으로 치닫고 있음을 지적한다. 다시 말해서, 과학은 표정-지각의 온갖 고유한 권리를 반박함으로써 신화의 젖줄이 되는 원천을 없애고자 한다. 과학은 믿음직함, 두려움, 너그러움, 친절함, 무서움 등의 성격을, 즉 표정 성질(表情性質)을 먼저 없애고 그 대신에 색깔, 소리 등과 같은 감각 성질(感覺性質)로 된 세계를 구성한다. 그리고 더 나아가 과학은 이러한 감각 성질들을 제이차적이고 부차적인 성질로 보기 때문에 이것들을 기본 성질들로, 즉 순전히 양적 규정들로 다시 더 환원시킨다. 결국, 과학에서는 이 양적 규정들이야말로 인식을 위한 객관적 실재의 전부가 된다.[★15] 이것이 물리학이 끌어낸 결론이라고 카시러는 주장한다. 이렇게 하여 엄격한 물리주의가 나타나게 되고, 이러한 입장에서는 다른 사람의 존재를 위한 모든 증거는 확보할 수 없을 뿐만 아니라 또한 쓸모도 없게 된다. 더 나아가 물리주의는 그것-세계 이외의 다른 세계, 즉 너-세계에 관한 물음이 무의미하다고까지 주장한다. 이렇게 해서 너-세계에 대한 대답뿐만 아니라 물음조차도 철학적인 것이 아니라 신화적(神話的)인 것으로 치부되고, 물리주의는 이런 물음을 어떠한 타협의 여지도 남기지 않고 없애버려야 할 것으로 간주한다.[★16]

이러한 상황에서 카시러는 자연과학이 그토록 강조하는 이론(theory)의 측면, 즉 신화적 표정 성질들을 감각 성질로 환원하고, 감각 성질들을 다시금 양적 규정으로 환원해 버리는 현실을 바라보면서, 자연과학의 물리주의가 인간의 행동을 서술(敍述)하기는 하지만, 그 행동의 의미(意味)를 상실하고 있는 현상을 날카롭게 비판한다. 그러니까 일정한 지각 체험에서 표정적 의미가 드러나지 않으면, 현존재는 우리에게 아무것도 말하지 않는다는 것이다.[★17] 카시러는 인간의 현실(세계) 파악은 근본적으로 현실이나 대상이나 현존재의 표정적 성격에 의해서 지배된다는 점을 강조하고 있다. 이러한 측면이 바로 문화과학과 자연과학의 근본적인 차이라고 할 수 있다.

그렇다면 의미(意味)란 어떻게 해서 나타나는 것일까? 카시러에 의하면 물질적인 것은 존재하고 생성할 뿐만 아니라 이러한 존재와 생성에서 또한 다른 것이 나타난다. 이것이 다름 아닌 '의미'(Sinn)의 나타남이다.[★18] 그러니까 의미는 물질적인 것에서 독립해 있을 수 있는 것이 아니라 물질적인 것 안에서, 그리고 물질적인 것을 바탕으로 해서만 구현될 수 있다. 이러한 의미의 나타남이 우리가 문화(文化)라고 부르는 모든 내용의 공통 요소이다. 카시러의 다른 저술들에 의하면, 의미의 나타남, 혹은 의미는 다름 아닌 상징(象徵) 안에서, 상징을 통해서 가능해짐을 알 수 있다. 카시러는 상징과 무관한 영역은 존재하지 않으며, 결국 정신적인 모든 의미 내용은 구체적인 감각 기호와 연계되어 있다고 파악한다. 이런 맥락에서 인간은 언어, 신화, 예술, 종교, 기술 등등의 상징 그물망 안에서 살아간다고 파악하였다. 이러한 그의 생각은 『상징형식의 철학』 속에 고스란히 남아 있다.

카시러는 문화과학은 결과적으로 우리에게 상징에 대한 해석을 가르쳐주어야 한다고 생각하고 있다. 카시러에게서 문화 이해, 나아가 인간 이해에서 상징 개념은 가장 핵심적인 부분이다. 그렇다면 상징(symbol)★19 개념을 어떻게 이해해야 할까? '상징(象徵)'이란, 첫째, 단순히 물리적인 대상을 지칭하는 것이 아니라 '정신적 의미'가 함축된 일체의 감각 현상들을 말한다. 둘째, 상징은 그것이 의미하는 대상의 총체적 경험 내용을 재현하는 성격을 가지고 있다.★20 그 점에서 상징은 '대상'과 '활동'을 동시에 의미한다. 우리는 카시러의 방대한 상징 이론을 크게 세 가지로 요약할 수 있다.★21

첫째, 인간이 행하는 세계 인식은 상징을 통해서 간접적으로 이루어진다. 둘째, 모든 상징은 우리 의식의 선험적 능력인 '상징적 기능'과 '상징적 형식'에 의해 만들어진다. 여기서 상징적 기능은 우리의 의식에 주어진 경험 내용을 조직화하고 의미화하는 구성적 종합 행위를 일컫는다. 이 상징적 기능은 세계를 향한 우리의 객관화 관점이나 의미 실현의 방향 차이에 의해서 표현적 기능, 지각적 기능, 개념적 기능으로 구분된다. 이러한 구분에 따라 각기 다른 의미의 세계들, 그러니까 신화, 언어, 과학의 세계가 우리 앞에 나타나게 된다. 그리고 상징적 형식은 상징적 기능에 의해 만들어진 결과물들을 말한다. 셋째, 모든 상징은 인간의 단순한 의사소통의 매개체가 아니라 인식 행위의 산물이고, 세계 이해를 위한 인간의 관점을 형성해 준다.★22

카시러는 그런 의미에서 인간은 언어적 형식, 예술적 심상, 신화적 상징, 종교적 의식에 깊게 둘러싸여 있으므로 이러한 인위적인 매개물의 개입에 의하지 않고서는 아무것도 볼 수 없고 또 알 수 없다고 말한다. 인간의 이러한 형편은 이론의 영역과 실천의 영역에서도 마찬가지라고 한다. 실천의 영역에서도 인간은 딱딱한 사실들의 영역에 살지 않으며, 혹은 그의 직접적인 요구와 욕망을 따라 살지도 않는다. 오히려 상상적인 감정들 한가운데에서, 희망과 공포 속에서, 환상과 환멸 속에서, 공상과 꿈속에서 살아간다는 것이다. 그런 점에서 카시러는 인간의 인식도 본성상 '상징적 인식'이라고 말한다.★23

문화 양상과 인간관계의 토대로서 '나-너' 관계

사물-지각과 표정-지각에 근거한 지각의 현상학을 통해서 카시러가 말하고자 하는 자연과학과 문화과학의 근본적인 차이, 즉 이러한 인식 방식의 차이, 세계관의 차이를 사람살이의 관계에 적용해 본다면, 자연과학은 인간적인 요소를 억압할 뿐만 아니라 인간적인 것을 완전히 배제한 세계상을 추구한다. 그 결과 자연과학은 나(자아)와 너(타자)의 세계를 도외시함으로써만 자신의 본래 의도를 달성하게 되는 것이다.

여기서 우리는 흥미로운 사실 하나를 발견하게 된다. 지각의 현상학 논의를 담고 있는 카시러의 『문화과학의 논리』(1942)보다 19

년 전에 출간된 부버(Martin Buber, 1878~1965)의 『나와 너』(1923) 속에서도 카시러의 관점과 같은 부분을 확인할 수 있다. 달리 생각하면, 부버의 '나-너' 관계에 대한 논의를 카시러가 지각의 현상학에 적용하였고, 나아가 문화학과 문화철학 영역으로 확대했다고 할 수 있다. 그러니까 부버가 제시한 '나-너' 관계 모델, 즉 기본적으로 '나-그것'의 관계와 '나-너'의 관계를 카시러는 인간의 지각 현상에 적용하여 '사물-지각'과 '표정-지각'으로 구분하였다. 이를 다시 '사물을 중심으로 하는 축'과 '자아를 중심으로 하는 축'으로 세분하였고, 전자의 특징을 '그것' 지향으로, 후자의 특징을 '너' 지향으로 설명하였다. 이렇게 하여 만들어지는 세계를 전자는 '사물 세계'로 표현하고, 후자는 '인격 세계'로 나타내고 있음을 확인할 수 있었다.

여기에서 카시러는 문화과학의 연구 대상은 후자의 경우라고 분명히 밝히고 있다. 그는 문화과학은 자연과학적 사유 방식의 한계를 지적하면서 동시에 자신의 고유한 내적 논리를 발견하여 이를 인간의 문화 현상의 분석에 도입하는 것을 염두에 두고 있다. 그렇다면, 애초에 부버 자신은 '나-너' 관계를 어떤 방식으로 풀어냈는지, 그리고 그러한 논의를 통해서 궁극적으로 목표한 바는 무엇이었는지를 잠깐 살펴보도록 하자.★24

부버는 1923년 『나와 너』(*Ich und Du*)에서 인간성을 규정하는 두 개의 근원어를 제시한다. 하나는 '나-너(Ich-Du)'의 관계요, 다른 하나는 '나-그것(Ich-Es)'의 관계이다.★25 '나-너'의 관계는 내가 나의 온 존재를 다해 말할 수 있는 데 비해, '나-그것'의 관계는 나의 온 존재를 다해 말할 수 없다. '나-너'의 관계가 인간의 주체적 체험, 즉 인격의 세계를 말한다면, '나-그것'의 관계는 인간의 객체적 경험, 즉 지식의 세계를 일컫는다.★[26] 좀 더 부연하자면, '나-너'의 관계에서 나는 너로 인해 비로소 내가 된다. 내가 되면서 나는 너라고 말한다.★[27] 그래서 모든 참된 삶은 만남이다. 특히 타자와의 관계에서 가장 중요한 것은 인격적인 부분이다. 나와 너 사이의 긴밀한 상호 인격 관계에서 우리는 인격으로서의 자신을 깨달을 수 있을 뿐만 아니라 또한 다른 사람을 하나의 인격으로써 만나게 된다.

이에 반해 '나-그것'의 관계에서는 다른 사람이 '그것', 즉 비인격적 존재가 된다. '나-그것'의 관계는 다른 사람을 하나의 사물과 같이 다루어 자기의 수단으로 삼거나 사람과 사람 사이의 문제를 조건과 조건, 사물과 사물 사이의 문제 같은 것으로 만들어버린다. 이러한 관계는 과학적 관찰, 지식의 획득, 종교적 교리의 설정, 철학적 인식 등 다양한 형태로 나타날 수 있다.★[28]

그런데 문제는 이러한 '나-그것'의 관계망 속에서 나타나는 생활상의 성과나 문명상의 성과를 우리가 부정할 수가 없다는 데 있다. 왜 그런 현상이 일어나는 것일까? 그러니까 '나-너'의 세계와 '나-그것'의 세계는 따로 떨어져 존재하는 별개의 것이 아니라 하나인 세계 전체, 모든 사람, 모든 인간 활동이 이 둘의 상호 관계, 이중적 관계 속에 들어있기 때문이다. 말하자면 세계는 사람이 취하는 이중의 태도에 따라서 사람에게 이중적으로 된다.★[29] 부버는 일상생활에서의 의식이나 행동, 법이나 정치, 경제 분야를 포함한 대규모의 조직적 활동에 이르기까지 우리의 삶은 '나-너'의 방식보다는 '나-그것'의 방식에 더욱 지배되고 있다고 진단하였고, 이런 현상을 '나-너'의 관계의 회복을 통해 극복하고자 하였다.

그렇다면 왜 사람살이에서 '그것의 세계'가 점차 증대되어 가는 것일까? 그 원인을 어디에서 찾아야 할까? 부버는 사람살이에서 나타나는 '그것' 중심의 세계 증대 현상을 문화 확장의 원리와 같다고 파악하였다.

첫째, 부버는 문화 확장의 원리에서 그 원인을 찾고 있다. 여러 문화는 그 자체의 경험에 의해서만이 아니라 또한 이질적인 문화의 경험으로부터 흘러들어 온 것을 섭취함으로써 자신의 '그것의 세계(It-world)'를 확장해 간다.★30 그리고 이렇게 발전해감으로써 비로소 문화는 결정적이며 창의적인 확장을 이룩한다. 그러므로 일반적으로 말해서 각 문화의 '그것의 세계'는 그에 앞선 문화의 '그것의 세계'보다 더 포괄적이며, 약간의 정체나 외관상의 역행에도 불구하고 '그것의 세계'가 증대해 왔음을 역사상에서 명백히 알 수 있다. 그리스 문화가 이집트 문화를 받아들인 것과 같이 동시대의 문화를 직접 받아들인 경우이건, 서양의 기독교 세계가 그리스 문화를 받아들인 것과 같이 과거의 문화를 간접적으로 받아들인 경우이건 마찬가지라는 것이다. 그러니까 지금 부버가 말하려는 문화 확장의 원리란 다름 아닌 '그것의 세계', 즉 '그것' 지향의 세계관을 말하고 있다.

둘째, 부버는 현대 문화의 특징은 '나-그것'의 관계를 기반으로 한 '그것의 세계'에 초점이 맞추어져 있고, 현대인의 대부분 생활은 '그것'의 세계에 떨어져 있다고 진단한다. 그러면서 사람살이의 관계에서 '나-너'의 관계가 아닌 '나-그것'의 관계에 지배권을 넘겨준다면, 끊임없이 자라는 '그것의 세계'는 사람 위를 뒤덮고 사람에게서 그의 본연의 '나'를 앗아가고, 마침내는 그의 머리 위에서 떠도는 악몽과 그의 내부에 있는 유령은 서로 자신들의 구원받지 못함을 고백하면서 속삭이게 될 것이라고 예견하고 있다.★31

셋째, 부버는 사람살이에서 '그것의 세계'의 증대 원인으로 인과율(因果律)적 사고를 꼽는다. 이러한 인과율이 그것의 세계에서 무한정의 지배력을 갖는다는 것은 자연의 과학적 질서를 위해서는 근본적으로 중요하지만, 그것이 사람을 억압해서는 안 된다는 것이다. 왜냐하면, 사람은 '그것의 세계'에만 속박되어 있지 않고, 거기에서 벗어나 몇 번이고 되풀이하여 '관계의 세계'로 들어갈 수 있기 때문이다. 이 관계의 세계에서 나와 너는 서로 자유롭게 마주 서 있으며, 어떠한 인과율에도 얽매이지 않고 물들지 않은 상호 관계에 들어서는 것이다. 이 관계의 세계 속에서 사람은 자기의 존재 및 보편적 존재의 자유가 보장되어 있음을 알게 된다.[★32]

그렇다면 부버는 왜 사람살이에서 인과율적 사고의 위험성을 강조하고 있는 것일까? 만일 사람살이에서조차도 인과율이 지배하게 된다면 여기서 사람은 대상들의 세계에 만족하게 되고, 그것에 굴복당하기 때문이다. 결국, 인과율은 사람 위에 올라타서 압박하고 질식시키는 숙명(宿命)이 되고 만다. 문화도 예외일 수 없다는 것이다. 문화란 그 중심이 끊임없이 새로운, 생동하는 관계, 사건 속에 놓여 있지 않다면 마비되어 '그것의 세계'가 되어버린다는 것이다.[★33]

부버는 현대의 생물학적 사상과 역사철학적 사상은 인과율을 바탕으로 서로 협력하여 숙명에 대한 신앙을 견고하게 만들어 놓았다고 말한다. 그러니까 생존 법칙, 심리 법칙, 사회 법칙, 문화 법칙 등 이러한 무수한 법칙들이 뜻하고 있는 것은 언제나 사람은 하나의 피할 수 없는 필연적 현상 속에 매여 있는 존재이므로 그것을 거스를 수 없다고 하는 것이다. 여기서는 자유를 상상하는 일 따위는 어리석은 일로 간주된다. 부버는 모든 법칙의 근저에는 필연적인 경과, 즉 무제한의 인과율 광란이 놓여 있다고 비판한다.[★34] 인과의 점진적인 경과라고 하는 교리는 증대하여 가는 그것의 세계에 대한 인간의 권리 포기를 뜻한다. 그래서 운명이란 말은 그러한 사람들에 의해 오용됐다는 것이다. 운명이란 인간 세계 위에 씌어 있는 종(鐘)이 아니다. 오직 자유에서 출발한 사람이 아니고서는 아무도 운명과 만나지 못한다.★35

그렇다면 사람살이에서 나타나는 그것 중심의 관계 맺음, 인과율적 사고를 토대로 한 운명론, 이러한 현상이 복합적으로 작동되는 문화의 비극 현상을 극복할 방안은 무엇인가?

부버는 다시금 관계에 주목한다. '나-그것' 관계에서의 나는 개별존재(個別存在)로서 나타나고 자기를 경험과 이용의 주체로서 의식한다. 이에 비해 '나-너' 관계에서의 나는 인격(人格)으로 나타나고 자기를 종속적 속격을 가지고 있지 않은 주체성으로 의식한다. 개별 존재는 다른 여러 개별 존재에 대하여 자기를 분리함으로써 나타나지만, 인격은 다른 여러 인격과의 관계에 들어섬으로써 나타난다. 전자가 자연적인 분립의 정신적 형태라면, 후자는 자연적 결합의 정신적 형태이다. 자기 분리의 목적은 경험과 이용이며, 경험과 이용의 목적은 삶, 즉 인생의 전(全) 기간에 걸친 죽음이다.

이에 비해 관계의 목적은 관계 자체, 즉 너와의 접촉이다. 왜냐하면, 모든 너와의 접촉 때문에 너의 숨결, 곧 영원한 삶의 입김이 우리를 스치기 때문이다.★36 인격은 자기를 존재에 관여하고 있는 것으로서, 하나의 공존자로서, 그리고 그러한 하나의 존재자로서 의식한다. 하지만 개별 존재는 자기 자신을 그렇게 존재하며 다르게 존재하지 않는 것으로 의식한다. 그래서 인격은 자기 자신을 바라보지만, 개별 존재는 그의 내 것, 즉 나의 혈통, 나의 종족, 나의 창작, 나의 독창력 따위에 관계한다.★37

부버는 이상과 같은 설명을 통해서 두 가지 종류의 사람이 있는 것이 아니라 인간성(人間性)에 두 개의 극이 있다고 말한다. 어떠한 사람도 순수한 인격이 아니며, 어떠한 사람도 순수한 개별 존재가 아니다. 완전히 현실적인 사람이란 없으며, 완전히 비현실적인 사람도 없다. 모든 사람은 이중의 나 속에 살아가고 있다. 부버는 사람이, 인류가 개별 존재에 의하여 지배되면 될수록 나는 더욱더 깊이 비현실성에로 타락한다고 말한다. 나라는 말은 인류가 가지고 있는 참된 암호(暗號)라고 한다. 그러면서 그 암호를 해독할 수 있는 열쇠로 소크라테스★38의 생기 있고 힘찬 나, 무한한 대화(對話)의 나, 괴테★39의 자연(自然)과의 순수한 사귐에 있는 나, 예수★40의 아버지와 아들로서 절대적(絶對的) 관계에 있는 나를 제시하고 있다.

부버는 뭇 관계의 연장선은 영원한 당신 안에서 서로 만난다고 말한다. 모든 낱낱의 '너'는 '영원한 당신'을 들여다보는 틈바구니이다.★41 우리가 너로 만나는 우리와의 관계에 들어서는 모든 너는 하나의 조망을 이루며, 바로 이 '나-너'의 관계의 연장선에서 '영원한 당신'과의 관계에 들어가게 된다. 그래서 사람은 '나-너'의 관계가 강하면 강할수록 더욱 인격적으로 된다. 그리고 '나-너'의 관계가 강하게 되는 것은 그의 너가 '영원한 당신'이 될 때 정점에 다다른다. 이 영원한 당신은 여러 가지 이름으로 불려왔지만, 역시 '신(神)'이라고 부르는 것이 가장 자연스럽다고 부버는 말한다. 우리는 너를 '영원한 당신'이라고 부를 때, 또한 그렇게 대할 때, 우리의 나는 인격적 존재의 가장 깊은 경지에 이르게 되는 것이다. 이렇게 하여 부버는 인간의 세계에는 두 가지 근본적인 질서가 있다고 말한다. 하나는 '나-너'의 관계에 바탕을 둔 참다운 대화(對話)가 이루어지는 '인격 공동체'라면, 다른 하나는 다른 사람을 자기의 욕망을 충족시키기 위한 수단, 즉 그것으로만 바라보는 '나-그것'의 관계에 바탕을 둔 독백(獨白)만이 이루어지는 '집단적 사회'이다.

이상에서 살펴본 것처럼, 부버는 현대인들이 기계 기술 문명의 발전에 따르는 대중 사회적 상황, 수평화의 진행 속에서 아무런 내적 관계도 없이 살아가며, 스스로 사람으로서의 가치와 존엄을 송두리째 잃어가는 인간 소외의 심각한 위기를 간파한 철학자였다. 그는 이 문제를 해소하기 위해서 『나와 너』를 출간하였고, 이 책을 통해서 인간의 자기 상실, 이른바 아톰화를 인간과 인간 사이의 관계가 깨어진 데서 오는 것으로 보고, 이를 결코 객체화될 수밖에 없는 주체이자 인격으로서 공존하는 나와 너의 만남, 나와 너의 대화를 통해 회복하고자 하였다.

문화과학의 고유한 내적 논리와 과제

카시러는 부버의 생각에 동조하면서 나와 너의 진정한 관계는 공동의 언어 세계에 참여는 행위에서 성립한다고 말한다.[★42] 이러한 공동의 언어 세계에 끊임없이 활동적으로 참여함에서 양자의 관련이 생겨난다. 개별 주관들은 말하고 형성함에서 개인들이 이미 소유한 것을 서로 전달할 뿐만 아니라 말하고 형성함을 통해서 비로소 소유하게 된다. 이러한 특성은 의미가 풍부한 살아 있는 대화를 생각해 보면 분명하게 드러난다. 살아 있는 대화에서는 단순히 정보의 전달이 중요한 것이 아니라 말을 주고받는, 즉 묻고 대답하는 것이 중요하다. 이렇게 묻고 답하는 이중의 과정에서 비로소 생각은 시작되고 진행된다. 플라톤에 의하면, 서로 묻고 답하면서 말을 주고받는 것이 이데아 세계로 가는 유일한 접근로가 된다. 묻고 답하는 가운데서 나와 너는 서로 쪼개질 수밖에 없고, 이로써 상대방을 이해할 뿐만 아니라 또한 자기 자신도 이해하게 된다. 여기서 나와 너는 끊임없는 상호 작용을 한다. 이러한 상호 작용 때문에 양자는 언어를 매개로 하나의 공동의 의미 세계를 구성한다.[★43]

카시러에 의하면 인간의 문화도 상호 주관적 세계이다.[★44] 이 세계는 '나' 안에서 존재하는 것이 아니라 모든 주관이 다가갈 수 있는 세계요, 모든 주관이 꼭 참여하는 세계이다. 그러나 이러한 참여의 형식은 물리적 세계에 참여하는 것과는 근본적으로 다르다. 모든 주관이 같은 시간적 공간적 사물 세계에 관계하는 것이 물리적 세계에 대한 참여라면, 문화 세계에서는 모든 주관이 하나의 공동 행위에 참여함으로써 하나로 통일된다.[★45] 모든 주관이 이 행위를 서로 함께 수행함으로써 이 주관들은 문화를 이룩하고 있는 여러 형식 세계들을 매개로 해서 서로를 인식하고 알아본다. 여기서 '나'로부터 '너'에게로 넘어가는 최초의 결정적인 첫걸음은 지각(知覺)이다.

카시러에 의하면, 물리적 세계의 본질적인 특성은 성질불변항(property-constants)과 법칙불변항(law-constants)인데, 이에 반해 문화 세계의 특성은 의미불변항(meaning-constants)이다.[★46] 문화가 발달하면 할수록, 문화가 전개되는 개별 영역이 많아지면 많아질수록, 이 의미의 세계는 그만큼 더 여러 가지로 풍요롭게 형성된다. 언어의 구체적인 말, 시와 조형 예술 작품들, 음악의 형식들, 종교적 표상과 믿음의 형성물들, 이런 것 속에서 우리는 살아간다. 그리고 오직 이러한 것들 속에서만 우리는 서로를 알아본다. 이와 같은 직관적 알아봄(intuitive knowledge)은 과학의 특성을 보이지는 못하지만, 인간학적 가치를 충분히 지니고 있다. 이러한 부분들이 문화과학의 주된 관심사라고 할 수 있다.

카시러에 의하면, 문화과학들 각각은 각기 나름의 일정한 형식 개념들이나 표현 양식 개념들을 형성하고, 이들을 이용하여 각기 다루고 있는 현상들을 분류하고 구별하여 체계적으로 개관한다. 이 형식 개념들은 법칙 정립적이지도 않고 개성 기술적이지도 않다. 형식 개념들의 기능이 개별 현상들을 연역적으로 끌어낼 수 있는 일반 법칙을 확립하는 것이 아니기에 이 개념들은 법칙 정립적이지 않다. 또한, 형식 개념들은 역사적 탐구 방식으로 환원될 수도 없기에 개성 기술적인 것도 아니다.★47

대체로 자연과학은 법칙을 수립하여 이를 우주적 전 공간으로 확대 적용한다. 그런데 이러한 법칙의 보편성 혹은 보편성의 형식으로 나아가는 길이 문화과학에는 닫혀 있다. 문화과학은 의인화(Anthropomorphism)와 인간중심주의(Anthropocentrism)의 길을 벗어날 방도가 없다.★48 문화과학의 대상은 세계 그 자체가 아니라 세계 속의 특수한 한 영역인데, 이 영역은 순전히 공간적 관점에서 본다면 극히 작은 것으로 보인다. 문화과학이 '인간 세계'에 국한하고 지구상의 인간 존재의 한계 안에 머물고 있지만, 그것은 자신에게 할당된 영역을 끝에서 끝까지 완전히 헤아려보려고 한다. 이런 측면에서 카시러는 문화과학의 목표를 제시한다. 그러니까 문화과학의 목표는 법칙의 보편성이나 사실과 현상의 개별성에 있는 것이 아니다. 이 양자에 대립하여 문화과학은 그 자신 나름의 고유한 인식의 이상을 세운다. 결국, 문화과학이 인식하려고 하는 것은 인간의 삶이 실현되는 현장인 '형식들의 총체성(totality of the forms)'이다.★49

카시러에 의하면 이 형식들은 끊임없이 다양하나 통일적인 구조 없이는 성립하지 않는다. 왜냐하면, 우리가 문화 발전에서 갖가지 모습의 인간을 만나지만, 우리가 늘 만나는 것은 결국 하나 같은 인간이기 때문이다. 관찰하고, 달아보고, 재어보는 것, 다시 말해 자연과학적 관찰과 계량화의 방법으로써는 이러한 동일성(identity)을 의식할 수 없다. 또한, 심리학적인 귀납을 통해서도 이 동일성에 이를 수 없다. 이 동일성은 오직 행위를 통해서만 입증될 수 있을 따름이다. 우리가 어떤 문화를 이해하려면 우리는 능동적으로 그 문화 속으로 들어가야 한다.★50

카시러는, 자연과학의 업적은 '사물 개념'과 '법칙 개념'에 의해 이루어지고, 문화과학의 업적은 '형식 개념'과 '표현 양식 개념'에 의해 이루어진다고 파악한다. 카시러는 문화과학의 파악 과정에는 또한 역사적 지식이 필수적인 요소로 들어가게 된다고 말한다. 여기서 역사적 지식은 단지 수단이지 목적 자체는 아니다. 역사의 임무는 단순히 과거의 존재와 삶을 우리에게 알려주는 것이 아니라 그 의미를 해석할 수 있도록 해주는 데에 있다. 과거에 대한 모든 단순한 지식은, 여기에 재생적 기억 능력 이외의 다른 능력들이 포함되지 않는 한, 그저 생명이 없는 칠판 위의 죽은 그림에 불과하다. 사실과 사건에 대해서 기억이 보존하는 것은, 이것이 우리의 내적 체험과 관련되고 내적 체험으로 변형될 수 있을 때만 비로소 역사적 기억이 될 수 있다는 것이다.★51

카시러에 의하면 역사는 단순한 연대기가 아니며, 역사적 시간은 객관적인 물리적 시간이 아니다. 역사가에게 있어서 과거는 자연과학자에게 있어서의 그것과 다르며 그저 지나가 버린 것이 아니다. 과거는 그 나름의 고유한 현재성을 지니고 있다. 아무리 역사가의 임무가 '본래 있었던 대로' 기술하는 것이라 해도, '본래 있었던 것'은 역사적 관점에 놓이면 새로운 의미를 얻게 된다. 부연하자면, 지질학자는 지구의 과거 모습을 우리에게 말해줄 수 있고, 고생물학자는 지금은 사라져 없는 생물 형태들을 우리에게 말해줄 수 있다. 이 모든 것은 그저 언젠가 일찍이 '있었던 것'일 뿐이요, 그 생생한 특성은 소생할 수 없다. 역사는 단순히 과거에 있었던 것을 우리 앞에 제시하려는 것이 아니다. 역사는 과거의 삶을 우리가 이해할 수 있도록 해준다. 그리고 그것은 지나가 버린 삶의 내용 자체를 소생시킬 수는 없으나 이러한 삶의 순수한 형식을 지키려고 한다.[★52]

문화과학들에서 명백하게 나타나는 형식 개념들과 표현 양식 개념들이 아무리 다양하고 풍부하더라도 이 개념들은 결국 이러한 하나의 임무를 위한 것이다. 다시 말해서 이 개념들을 통해서만 문화의 재생(rebirth)과 재체험(wiedererlebung), 그리고 문화의 부활(the palingenesis of culture)이 가능해진다.[★53] 그러니까 카시러는 지금 문화과학의 최종 목표는 형식 개념들과 표현 양식 개념들을 통해서 문화의 재생과 재체험, 나아가 문화의 부활에 두고 있다. 과거로부터 현실적으로 우리에게 보존된 것은, 이것이 언어로 쓰인 것이건, 그림으로 그려진 것이건, 청동에 새겨진 것이건, 이 모두는 역사적 기념물들이다. 이러한 기념물들에서 우리가 어떤 상징(象徵)을 읽어낼 때 그 기념물은 비로소 역사적인 것이 된다. 우리는 이 상징들을 통해서 특별한 삶의 형식들을 알아볼 수 있을 뿐만 아

니라 이 상징 덕분에 우리는 우리 자신을 위해 이러한 삶의 형식들을 부활시킬 수도 있는 것이다.★54

문화는 중단 없는 흐름에서 꾸준히 새로운 언어적, 예술적, 종교적 상징들을 창조해간다. 자연과학은 현상을 경험으로써 읽어낼 수 있게 하려고 이 현상을 그 구성 요소들로 쪼개는 방법을 우리에게 가르쳐준다. 반면에 문화과학은 상징 속에 숨겨진 내용을 풀어내기 위해서, 즉 상징이 생겨난 원천을 다시 생생하게 볼 수 있게 하려고 이 상징을 해석(解釋)하는 방법을 우리에게 가르쳐 준다.★55

맺음말: 문화과학의 미래

지금까지의 논의를 종합해 보면 일차적으로 자연과학과 문화과학의 본질적 차이를 확연하게 인식할 수 있다. 자연과학은 자연 현상을 계산하고 설명하고 지배하기 위해서 어쩔 수 없이 '추상(抽象)'에 의존하지 않을 수 없다. 사물의 물리적 성질은 법칙으로 환원될 수 있는 현상의 한 측면에 불과하고, 현상 전체로부터 추상을 통해 불변적인 것만 떼어 빼낸 것에 불과하다. 이것은 이론적 반성의 결과물이요, 이런 의미에서 처음이 아니라 끝이다. 자연과학은 이 끝에 도달하기 위해서 '인간적인 것'을 모두 억압할 뿐만 아니라 '인간적인 것'을 완전히 배제한 세계상을 추구한다. 그런 점에서 자연과학은 너-지향을, 표정-지각을, 신화적인 힘을 제거함으로써 이 끝에 도달한다. 하지만 카시러가 볼 때 그것은 우리가 들어가 사는 삶의 세계와는 너무나 거리가 먼 진공의 세계요, '추상'의 세계일 뿐이다.[★56]

이와 달리 문화과학의 논리는 예술과 역사 지식, 그리고 인간학의 기초에 놓여 있는 형식 개념들과 표현 양식 개념들을 분석하는 일이다. 이 기본 개념들의 상호 관계를 연구함으로써 우리는 예술 작품이나 인간 개성과의 만남에서 보다 많은 것을 볼 수 있게 된다. 이러한 연구는 시각적이든 청각적이든 인간의 훈련된 지각에 대한 연구요, 그 자체로 구체적 보편에 대한 논리이다. 이러한 구체성, 직접성, 그리고 전체성이 추상적 보편을 다루는 전통 논리학과 구별되는, 말하자면 문화과학만의 논리가 갖는 특징이다.[★57] 문화과학의 논리는 지각 경험의 친밀한 인식적 과정을 포함하는 반면에, 자연과학의 논리는 오히려 이러한 지각과의 모든 연관성을 배제한다. 문화과학의 논리는 특수한 개성을 연구하는 것도 아니고, 이른바 역사의 흐름에 관한 연구도 아니다. 그것은 표현 양식 개념의 논리, 즉 의식적이든 무의식적이든 우리가 특수한 사람들이나 역사적 사건들을 이해할 수 있게 해주는 표현 양식 개념의 논리이다..[★58] 자연법칙을 탐구하는 정밀 과학에 비해 이러한 표현 양식의 논리가 믿을 만한 지식이 되는 까닭은, 이 논리가 개인의 행동이나 역사적 사건을 '예측(豫測)'할 수 있게 해주는 데 있는 것이 아니라, 인간에 관해서 일상적으로나 경험 과학적으로 우리가 이미 아는 것을 더욱 깊게 '이해(理解)'할 수 있게 해준다는 데에 있다.[★59]

카시러가 이러한 문화과학의 논리를 '자기인식의 논리'라고 부를 때, 그는 특수한 역사 인물들을 분석하는 것이 아니라 예술, 신화, 언어, 종교에서 인간이 이룩한 일들을 분석하는 것을 마음에 두고 있다. 문화과학의 대상은 세계 그 자체가 아니라 세계 속의 특수한 한 영역인데, 이 영역은 순전히 공간적 관점에서 본다면 극히 작은 것으로 보인다. 결국, 문화과학은 '인간 세계'에 국한되어 있다.

문화과학의 파악 과정에는 또한 역사적 지식이 필수적인 요소로 들어가게 된다. 여기서 역사적 지식은 단지 수단이지 목적 자체는 아니다. 역사의 임무는 단순히 과거의 존재와 삶을 우리가 알게 해 주는 데에 있는 것이 아니라 그 의미를 해석할 수 있도록 해주는 데 있다. 말하자면, 우리의 내적 체험과 관련되고 내적 체험으로 변형될 수 있을 때만 비로소 역사적 기억이 될 수 있다. 이런 측면에서 역사는 단순한 연대기가 아니며, 역사적 시간은 객관적인 물리적 시간이 아니다. 역사가에게 있어서 과거란 자연과학자가 보듯이 그저 지나가 버린 것이 아니라 과거는 그 나름의 고유한 현재성을 지니고 있다.

그렇다면 이제 우리는 이와 같은 문화 과학적 접근이 인간관계의 단절과 문화의 위기 현상을 극복하는 데 어떤 이바지를 할 수 있을지에 대해 잠시 생각해 보고자 한다. 카시러가 문화과학의 논리를 입안하는 데 중요한 실마리를 제공한 부버의 관점은 오늘날에도 문화 위기의 원인 분석과 대응책 마련에 여전히 유효하다고 필자는 판단한다.

부버에 따르면, 세계는 사람이 취하는 이중의 태도에 따라서 사람에게 이중적이 된다. 일상생활에서의 의식이나 행동, 법이나 정치, 경제 분야를 포함한 대규모의 조직적 활동에 이르기까지 우리의 삶은 '나-너'의 방식보다는 '나-그것'의 방식에 더욱 지배되고 있는 현실을 부버는 예리하게 진단하였다. 현대 문화의 특징은 '나-그것'의 관계를 기반으로 한 '그것의 세계'에 초점이 맞추어져 있고, 현대인의 대부분 생활은 '그것'의 세계에 떨어져 있다. 그 결과 사람살이의 관계에서도 '나-너'의 관계가 아닌 '나-그것'의 관계에 지배권을 넘겨주고 말았다. 부버는 사람살이에서 '그것의 세계'의 증대 원인으로 인과율(因果律)적 사고를 꼽는다. 사람살이에서조차도 인과율적 사고가 지배하게 되면 사람들은 대상들의 세계에 만족하게 되고, 그것에 굴복당한다. 결국, 인과율은 사람 위에 올라타서 압박하고 질식시키는 숙명(宿命)이 되고 만다. 문화도 예외일 수 없다. 문화란 그 중심이 끊임없이 새로운, 생동하는 관계, 사건 속에 놓여 있지 않다면 마비되어 '그것의 세계'가 되고 만다는 것이다. 오늘 자본주의 절정기를 살아가는 우리가 돈의 세계에 만족하고, 이를 숭배하고, 결국 자본의 논리에 굴복당하는 현실을 바라보면 부버의 예견은 말 그대로 적중했다고 할 수 있다.

그렇다면 이러한 그것 중심의 세계, 이로 인한 인간관계의 단절과 소외, 나아가 문화 위기의 상황을 돌파할 수 있는 길은 없는 것일까? 짐멜의 표현대로 문화의 비극★60을 우리는 스스로 지켜보아야만 하는 것일까?

부버에 따르면, 사람 사는 세상을 들여다보면 거기에는 두 가지 종류의 사람이 있는 것이 아니라 인간성(人間性)에 두 개의 극이 있다고 한다. 모든 사람은 '이중의 나' 속에 살아가고 있다. 사람이, 인류가 개별 존재에 의하여 지배되면 될수록 '나'는 더욱더 깊이 비현실성에로 타락한다. 부버는 '나'라는 말을 인류가 가지고 있는 참된 암호(暗號)로 간주한다.

그렇다면 우리의 경우는 어떠한가? '이중의 나' 속에서 결과적으로 '참다운 나'의 모습을 어떻게 하면 찾아낼 수 있을까? 그 일은 결코 간단한 문제가 아니라 지속적이며, 끊임없는 무한한 과제이다. 그 이유는 우리 시대, 우리 문화, 우리 공동체에서는 어떤 모습의 나를 요청하는지 그것에 대한 진지한 성찰이 전제되어야 하기 때문이다. 결국 '나'라는 암호를 해독할 수 있는 열쇠를 소유하는 길은 열쇠공에게서 찾아오는 것이 아니라 우리 스스로가 열쇠공이 되어 그것을 만들어야만 한다. 이를 달리 표현하면, 우리는 스스로가 문화화되어 문화인, 교양인, 성숙인이 되어야 한다는 의미이다.

부버는 인간의 세계에는 두 가지 근본적인 질서가 있다고 말한다. 하나는 '나-너'의 관계에 바탕을 둔 참다운 대화(對話)가 이루어지는 '인격 공동체'라면, 다른 하나는 다른 사람을 자기의 욕망을 충족시키기 위한 수단, 즉 '그것'으로만 바라보는 '나-그것'의 관계에 바탕을 둔 독백(獨白)만이 이루어지는 '집단적 사회'이다. 문화과학은 이러한 상황에서 우리가 궁극적으로 지향해야 할 곳을 제시하고 있고, 그곳에 도달하기 위해서 전제되어야 하는 우리의 삶의 태도, 인간관계, 나아가 개개인의 삶의 의미 파악을 위한 상징 해석의 중요성을 거듭 강조하고 있다. 또한, 이런 과정을 통해 우리 스스로가 망각했거나 놓쳐버린 인간다운 문화상을 다시금 기억하여 회복하고, 이를 되살리려는 과제를 제시하고 있는 것이다. 우리가 문화과학에 집중하는 것도 바로 이런 이유 때문이다.

1. 이 글은 신응철, 「두 문화: 문화과학과 자연과학 그리고 인간-카시러와 부버의 논의를 중심으로」, 『Trans-Humanities』 8권 2호, 이화여대 이화인문학연구원, 2015. 41~66쪽에 게재되어 있으며, 이를 수정 보완하였음을 밝혀둠.
2. Markus Fauser, *Einführung in die Kulturwissenschaft*, Wissenscaftliche Buchgesellschaft, Darmstady, 2003.(번역서로 마르쿠스 파우저, 『문화학의 이해』(김연순 역), 성균관대 출판부, 2008) 26쪽 참조.
3. Cassirer, *Philosophie der symbolischen Formen*. Dritter Teil: *Phänomenologie der Erkenntnis*, Darmstadt, 1929.(이후 *PdE*로 표기함) 12쪽.
4. Cassirer, *Substanzbegriff und Funktionsbegriff. Untersuchungen über die grundfragen der Erkenntniskritik*, Berlin, 1910.(이후 SuF로 표기함) 248쪽
5. Cassirer, PdE, 12쪽
6. Cassirer, *Zur Logik der Kulturwissenschaften, Darmstadt*(1942)(번역서로는 『문화과학의 논리』(박완규 역) 도서출판 길, 2007. 이후 『문화과학』으로 표기하고 쪽수를 기재함). 영어본으로는 *The Logic of the Humanities*, Translated by Clarence Howe, New Haven: Yale University Press, 1961. 97~101쪽.(이후 *LH*로 표기함)
7. Cassirer, PdE, 505쪽. *LH*, 104쪽. 『문화과학』 147쪽
8. Cassirer, *LH*, 93쪽. 『문화과학』 146쪽
9. Cassirer, *LH*, 93쪽. 『문화과학』 146쪽. 한편 랄프 콘너스만은 카시러 문화철학에서 주-객 이분법이 극복되고 있는데, 그 지점이 바로 너(Du)에 대한 강조 부분이라고 설명한다. 그리고 나와 너의 상관적 관계에서 '의미'와 '공동의 의미 세계'가 나타난다고 설명하기도 한다. 콘너스만, 랄프., 『문화철학이란 무엇인가』(이상엽 역), 북코리아, 2006.
10. Cassirer, PdE, 73쪽. *LH*, 94쪽. 『문화과학』 147쪽
11. 의인관적 요소란 사물을 죽은 대상으로 바라보는 태도가 아니라 위협하거나 슬프거나 기쁘거나 흥분하거나 매섭거나 반기는 등등의 표정을 가진 것으로서, 즉 얼굴을 가진 것으로서 대하는 태도를 일컫는데, 카시러의 용법으로 말하면 상모적 태도와 같은 의미이다.
12. Cassirer, PdE, 74쪽
13. Cassirer, PdE, 86쪽
14. 여기서 상모적 태도란, 내가 얼굴을 가지고 있듯이, 타인도 얼굴을 가지고 있다고 간주하는 태도를 말한다. 내가 얼굴을 가지고 있다는 말 속에는 나 자신이 생명(生命)을 지닌 존재라는 의미가 들어 있다. 이러한 상모적 태도는 원시인의 자연관을 통해 잘 나타난다. 이에 대한 상세한 설명은 신응철, 『문화, 철학으로 읽다』, 북코리아, 2009. 제3장 참조 바람.

15. Cassirer, PdE, 85쪽. *LH*, 95쪽. 『문화과학』 148쪽
16. Rudolf Carnap, *Scheinprobleme in der Philosopie: Das Fremdpsychologische und der Realismusstreit*, Berlin: Weltkreis Verlag, 1928.
17. Cassirer, PdE, 86쪽. *LH*, 96쪽. 『문화과학』 149쪽
18. Cassirer, PdE, 87쪽. *LH*, 98쪽. 『문화과학』 152쪽
19. 신응철, 『문화, 철학으로 읽다』, 북코리아, 2009. 제3장 참조 바람.
20. Cassirer, PdE, 109쪽. 133쪽
21. Paul Arthur Schilpp (ed), *The Philosophy of Ernst Cassirer*, La Salle, Illinois: Open Court Publishing Company, 1973. 75~119쪽.
22. 신응철(2000), 같은 책, 84~85쪽.
23. Ernst Cassirer, *An Essay on Man: An Introduction to Philosophy of Human Culture*, Yale University Press. 1944. 57쪽.
24. 부버의 <나-너> 관계에 대한 설명은 이후 해석학에서는 가다머(H.G. Gadamer)가 적극적으로 수용하였고, 전통과 권위를 옹호하는 틀로 활용하였으며, 특히 영향사 의식을 설명하는 부분에서는 부버가 제시한 세 가지 유형을 그대로 활용하고 있음을 확인할 수가 있다. Gadamer, H.G., *Wahrheit und Methode*, J.C.B. Mohr, Tübingen, 1960. 1986. 또한 문화신학자 틸리히(P. Tillich)도 자신의 종교철학 논의에서 부버의 <나-너>사상을 비중 있게 다루고 있음을 확인할 수가 있다. Tillich, Paul., *Systematic Theology*, Vol.Ⅰ-Ⅲ, The University of Chicago Press 1951.(1957) 이에 대한 상세한 논의는 신응철, 「부버, 틸리히, 가다머-부버의 <나-너>철학에 대한 틸리히와 가다머의 해석을 중심으로-」, 『해석학연구』27집, 2011년 봄호. 229~257쪽
25. Martin Buber, *Ich und Du, in Die Schriften über das dialogische Prinzip*, Verlag Lambert Schneider, Heidelberg, 1954, 1974. 영어본은 I and Thou, ed by Walter Kaufmann, 1970. 번역서로『나와 너』(표재명 역), 문예출판사, 1977. 5쪽.(이후 『나와 너』로 표기하고 번역본의 쪽수를 표기함)
26. 부버,『나와 너』, 6쪽
27. 부버,『나와 너』, 17쪽
28. 부버,『나와 너』, 7쪽
29. 부버,『나와 너』, 5쪽, 44쪽
30. 부버, 『나와 너』, 50쪽
31. 부버, 『나와 너』, 61쪽
32. 부버, 『나와 너』, 68쪽
33. 부버, 『나와 너』, 71쪽
34. 부버, 『나와 너』, 75쪽

35. 부버, 『나와 너』, 75쪽
36. 부버, 『나와 너』, 83쪽
37. 부버, 『나와 너』, 85쪽
38. 부버, 『나와 너』, 87쪽
39. 부버, 『나와 너』, 88쪽
40. 부버, 『나와 너』, 89쪽
41. 부버, 『나와 너』, 97쪽
42. Cassirer, *LH*, 112쪽, 『문화과학』 169쪽
43. Cassirer, *LH*, 113쪽, 『문화과학』 170쪽
44. Cassirer, *LH*, 143쪽, 『문화과학』 207쪽
45. Cassirer, *LH*, 143쪽, 『문화과학』 207쪽
46. Cassirer, *LH*, 141쪽, 『문화과학』 205쪽
47. Cassirer, *LH*, 120쪽, 『문화과학』 179쪽
48. Cassirer, *LH*, 144쪽, 『문화과학』 208쪽
49. Cassirer, *LH*, 144쪽, 『문화과학』 208쪽
50. Cassirer, *LH*, 144쪽, 『문화과학』 208쪽
51. Cassirer, *LH*, 145쪽, 『문화과학』 209쪽
52. Cassirer, *LH*, 146쪽, 『문화과학』 210쪽
53. Cassirer, *LH*, 146쪽, 『문화과학』 210쪽
54. Cassirer, *LH*, 146쪽, 『문화과학』 210쪽
55. Cassirer, *LH*, 158쪽, 『문화과학』 224쪽
56. 박완규, 「현대 문화철학의 창시자, 카시러」 in 『문화과학의 논리』, 30쪽
57. 클래렌스 S. 하우는 카시러의 *Zur Logik der Kulturwissenschaften*을 영어로 번역하여 *The Logic of the Humanities*(1960)로 펴냈다. 이 영어본 서두에 번역자의 머리말을 실었는데, 여기서 카시러 문화과학의 논리를 설득력 있게 정리해 주고 있다. 『문화과학의 논리』, 301쪽
58. 『문화과학의 논리』, 302쪽
59. 『문화과학의 논리』, 302쪽
60. G. Simmel, *Gesamtausgabe, Band 14. Hauptprobleme der Philosophie. Philosophische Kultur*, Herausgegeben von Rüdiger Kramme und Otthein Rammstedt, Suhrkamp Verlag Frankfurt am Main 1966.

현대 문화해석학

3

문화철학과 문화과학[★1]

들어가는 말

요즘 학문의 전체 분야를 망라해서 공동의 관심사가 있다면 그것은 아마도 '문화'라는 키워드일 것이다. 인문 사회 분야에 국한해서 보더라도 이미 영미권에서는 신문방송학, 사회학, 문화인류학 등의 분과 학문을 중심으로 문화를 주요 연구 대상으로 논의하였고, 그러한 논의의 결과들이 우리에게 Cultural Studies라는 이름으로 알려져 왔다. 최근 독일을 중심으로 전통적인 인문과학 혹은 정신과학의 연구 주제들을 새롭게 확장하여 논의하고 있는 'Kulturwissenschaften'이라는 이름도 자주 접하게 된다. 그렇다면 문화과학이 기존의 문화철학과는 어떤 관련성이 있으며 연구 분야와 방법에 있어서 어떤 차이가 나는지 해명될 필요가 있다.

이 글의 목적은 서구의 문화철학과 문화과학의 관련성을 해명하는 데 있다. 이를 위해서 우리는 문화철학과 문화과학의 연구 경향 및 연구 방법론을 토대로, 특히 문화철학이 문화과학 연구에 어떤 기여를 할 수 있는지 논의하고자 한다. 이러한 논의를 전개하면서 필자는 우리에게 가장 대표적인 문화철학자로 알려진 에른스트 카시러(Ernst Cassirer 1874~1945)의 입장에 기대고자 한다. 이 글은 현재까지 진행된 서구의 문화과학 연구의 대체적인 경향을 읽을 수 있는 계기와 문화철학과 문화과학 연구의 공통점과 차이점을 확인할 기회를 제공하게 될 것이다.

이러한 관심에 따라 2절에서는 서구 문화과학 연구의 범위, 문화철학과 문화과학의 관련성에 대해 고찰하도록 한다. 3절에서는 서구 문화과학의 연구 경향과 연구 방법론에 대해서 논의하도록 한다. 그리고 4절은 이 글 전체의 핵심 부분으로서, 문화과학의 측면에서 본 카시러 문화철학의 업적과 영향을 다루도록 한다. 특히 이 부분에서는 문화과학 연구에 지대한 영향을 미치고 있는 카시러의 논의들 가운데 '문화와 상징의 관련성', '문화적 기억', '상모적 세계관'에 대해 집중적으로 논의하고자 한다. 마지막으로 5절에서는 문화철학과 문화과학 연구를 수행하는 국내의 환경에서 우리가 궁극적으로 지향해야 할 측면에 대해 고려해 보면서 논의를 마무리하고자 한다.

서구에서의 '문화과학' 개념과 연구 영역

우리가 논의하는 서구의 '문화과학', 즉 'Kulturwissenschaften' 개념은 19세기 중반 대학의 학문 체계가 세분되는 과정에서 등장하였다. 문화과학은 아직 어디에서도 하나의 학문 분과로서 확고하게 자리 잡지 못했지만, 학문의 경계(境界)를 안팎으로 넘나들며 여러 문제를 종합하고 재구성하는 요소로서 영향을 미치고 있다. 문화과학이 지향하는 종합화(綜合化)의 경향은 19세기 후반의 '자연과학(自然科學)'과 '정신과학(精神科學)'의 양극화 과정에서 생성되었

다기보다는 19세기 중반 이후의 학문 분과들의 영역 분할에 대한 반작용으로서 등장했다.★2

'문화과학' 개념이 최초로 사용된 문헌은 사서(司書)면서 문화사가(文化史家)였던 구스타프 프리드리히 클렘(Gustav Friedrich Klemm)이 1851년에 쓴 『보편적 문화학에 관한 근본 이념』★3 에서다. 이 책에서 클렘은 문화과학의 과제는 '자연에 대립하여 인류를 하나의 전체로서, 하나의 개체로서 서술하는 것'으로 제시하였다.★4 그리고 클렘은 10권으로 된 자신의 또 다른 저서 『인류의 보편적 문화사』(1843~1852)★5 에서 문화과학의 목적은 인류의 행위 총체와 그 기념비들을 모든 장소와 시간에서 명백히 드러내려는 과제에 있다고 밝혔다.★6 클렘에 따르면, 새로운 학문으로서 문화과학은 민속학적 수집처럼, 인류의 발전에 대한 문화사적 기록을 '목록으로 만들어' 인류 발전에 대한 설화적 이야기로부터 분리해야 하고, 이 다양한 기록을 인류 발전의 가능성을 서술하는 하나의 도표 속에 새롭게 정돈해야 한다. 그래서 역사 발전을 일구어내는 행위 구조에 대한 통찰을 통해 역사 발전에 대한 이해를 완성해야 한다. 따라서 문화과학은 첫째 신(神)의 섭리 때문에 인간에게 주어진 능력이 자연에 맞서 발전해 나가면서 나타나는 현상을 기술하고, 둘째 이러한 현상의 원인을 인간과 자연 안에서 탐구하고, 셋째 이러한 인간과 자연의 상호 관계가 따르는 법칙을 제시하는 세 가지 과제를 갖는다고 클렘은 주장하였다.★7

클렘이 사용한 문화과학 개념의 의의는, 문화 현상과 인간의 본성 혹은 자연과의 관계를 체계적으로 파악하려 한 점이다. 그런 점에서 클렘이 말하는 문화과학은 경험적 역사적 자료를 분석적으로 파악하고, 박물학적으로 적절히 정리하고 종합하려는 바람에서 비롯되었다고 할 수 있다. 클렘이 구상한 문화과학 개념은 아직 분명하게 그 윤곽이 잡히지는 않았지만, 그 스스로 문화사와 문화과학을 대립적으로 설정하면서 기술적(記述的), 통시적(通時的)인 문화 개념을 넘어서 공시적(共時的)인 문화 개념, 즉 구조로서 파악되는 문화 개념을 모색한 점은 그의 공적으로 평가할 수 있다. 클렘의 문화과학 개념은 현대 문화과학의 논의에서 보면 문화인류학 분야에 근접한 것으로 평가받고 있다.[★8]

한편, 오늘날 사용하는 '문화과학' 개념은 인간에 의해 만들어진 제도들, 즉 인간들 사이의, 특히 매체(媒體)에 의해 매개된 행위와 갈등의 형식들과 이런 제도들이 지닌 가치와 규범의 지평들을 연구하는 학문 분과를 말한다. 이때 문화과학은 문화들의 이론과 체계적이고 역사적으로 연구할 재료가 되는 대상 영역들을 발전시킨다. 이런 점에서 문화과학은 문화 전체를 자신의 연구를 위한 대상이자 범위로 삼고 있다.[★9] 하나의 문화가 아닌 다수의 문화들이 존재하기 때문에, 이제 문화과학은 복합 문화적이고 상호 문화적인 중첩에 대면해 있다. 따라서 문화과학은 서로 다른 사람들이 '문화'라는 개념 안에서 이해하고 있는 것의 의미론(意味論)을 연구하면서 항상 문화 비교의 방식을 취하고 있다. 또한, 문화과학은 문화적 현상들이 변화하는 조건들에 의존하고 있음을 분석하기 때문에 문화비판적 태도를 보이고 있다.

그렇다면 서구 문화과학에서 사용되는 '문화' 개념을 우리는 어떤 방식으로 이해해야 하는가? 원래 '문화', 즉 독일어 'kultur'라는 말은 라틴어 동사 colere(양육하다, 경작하다, 육성하다)에서 파생되었고, 라틴어 명사 cultura가 독일어화된 것이다. 독일어 kultur는 17세기 말부터 등장하고 있는데, 이것은 여러 제도, 행위, 과정, 상징 형식들의 총체를 지칭한다.★10 이런 것들은 합목적적 기술을 통해 '주어진 자연'을 사회적 삶의 공간으로 변형시키고 이를 보존하고 발전시킨다. 또한, 이를 위해 요구되는 숙련 도구들(문화 기술, 지식)을 만들고 발전시키며, 지도적 가치들(가치의 차원)을 특수한 의식(儀式), 세련된 예식으로 거행하고 확고히 하며(종교, 축제, 교육 등), 그 결과로 의사소통적 형식들을 장기적으로 보존하는 사회적 질서와 의사소통적 상징 세계를 창출해 낸다.★11

라틴 세계에서 cultura는 농경 문화를 넘어서 또한 개인들의 인격적인 문화, 혹은 역사 시기들의 문화와 관련해서 사용되었다. 이후 많은 영향을 미친 키케로의 cultura animi라는 관용어는 그리스어 paideia에 조응하는데, 그것은 인간의 '양육(養育)'과 '교양(教養)'을 가리킨다. 이때부터 사물의 문화로서의 문화 옆에 '인격'의 문화가 의식되었고, cultura 개념은 외부의 자연에 대한 작업에서 '내부의 자연'에 대한 작업으로 옮겨가게 되었다. 하지만 문화와 농경 문화와의 연관은 아직 오랫동안 지속되었다.★12

중세의 Artes liberales와 Artes mechanicae의 구분은 두 문화의 근대적 탄생을 이미 준비하고 있다. Artes liberales가 현대의 '정신 과학'의 선구라면, Artes mechanicae의 부분은 '자연과학'과 기술의 초기 형태로서 이해될 수 있다. 중세 후기 이래로 이 양자는 문화 발전의 본질적 요소로서 자리를 잡는다. 양 문화의 분리는 근대의 대학 체계의 근간을 이루었다.★13

서구에서 문화과학의 생성은 칸트(Immanuel Kant, 1724~1804)와 헤르더(Johann Gottfried Herder, 1744~1803) 이후의 근대적 문화 개념을 전제한다. 칸트에게서 '자연(自然)' 개념은 보편적 법칙에 따라 규정되는 한에서 사물의 존재를 일컫는다. 신칸트학파의 리케르트

(Heinrich John Rickert, 1863~1936)의 경우 칸트의 생각을 이어받아 '자연'과 '문화'를 대립 개념으로 설정하였다. '자연(Natur)'은 저절로 발생한 것, 태어난 것, 스스로 고유한 성장에 맡겨진 것들의 총체다. 이런 '자연' 개념과 대립하는 '문화(Kultur)' 개념은 가치 있는 목적에 따라 행동하는 인간이 직접 생산한 것, 또는 그것이 이미 존재하는 경우 적어도 그것에 담겨 있는 '가치(價値)' 때문에 의식적으로 가꾸어 보존한 것을 말한다.★14 그러므로 모든 문화 현상에는 인간이 인정한 어떤 가치가 구현되어 있다. 리케르트는 가치와 무관한 '자연'과 가치와 관련 있는 '문화' 개념을 구별하였고, 그런 의미에서 그가 파악한 문화과학은, 종교학, 법률, 사학, 문헌학, 국민경제학 등 말하자면 모든 정신과학의 대상을 포괄하고 있다.★15

그런데 오늘날 문화과학에서의 '문화' 개념은 이제 관찰의 대상만을 의미하는 것이 아니라 관찰자의 관찰을 위해 사회가 만들어 내는 형식과 관점들까지도 의미하고 있다. 그 결과 문화에 대한 본질주의적 생각들은 사라지게 되었다. 문화는 만들어진 것이고 우연적인 것이다. 그리고 바로 이런 점에서 또한 재구성될 수도 있는 것이다. 그런 맥락에서 문화과학에서는 '자연'조차도 주어진 현실로서 이해하는 것이 아니라 '문화적으로 구성된 것'으로서 인식한다. 카시러가 자연과학조차도 하나의 상징 형식으로, 다시 말해 문화로 분석한 경우가 그 좋은 예다. 인간으로 존재한다는 것은 '문화적 조건' 속에서 산다는 것을 의미한다. 그러므로 문화과학의 대상은 인간 행위의 전체 영역이다. 이것은 문화과학이 단지 현실에 대한 상징적 가공인 언어적 텍스트만이 아니라 언어적 텍스트가 일정 부분 참여하고 관여하는 물질, 매체, 사유의 질서들까지도 연구하는 것을 의미한다.★16

서구 문화과학의 연구 방법론과 그 특징

19세기 서구 문화과학의 연구들은 전통적 학문의 틀, 특히 역사학, 언어학, 어문학, 문화사, 민속학의 틀 내에서 이루어졌다. 뵈메, 마투섹, 뮐러는 『문화학』에서 19세기 후반부터 진행된 문화과학의 연구가 아래의 네 가지 현상들에 기인하여 더욱 활성화되었다고 말한다.

> 첫째, 잘 구축된 학문 분과들은 관심의 대상을 문화적 현상으로 옮겼다. 그래서 문화사적 시대 형상들(J. 부르크하르트, J. 호이징가, W. 슐츠 등)이 생성되었다. 역사는 문화의 유형들에 따라 조직화된다.(L. 프로베니우스, 람프레히트) 둘째, 철학적 및 과학적 논의들은 문화 이론의 문제에 관심을 돌리기 시작하였다.(리케르트, 빈델반트, 카시러 등) 셋째, 문화과학적 문제들은 옛 정신과학에서 이탈하여 새롭게 형성하기 시작한 분과 학문(예컨대 짐멜이나 베버의 사회학)이 하나로 정착되는 지점이다. 넷째, 학문 내적인 문제 지평의 확장은 포괄적인 문화과학적 문제 설정을 만들어 내었다.(바르부르크와 파노프스키의 예술사)★17

인용문에서 볼 수 있듯이, 문화과학은 다양한 학문 분과 영역과 밀접한 관계에 놓여 있고, 사실상 그 모든 분과 학문을 내포하는 상위의 학문 영역이라고 볼 수도 있다. 이제 우리의 관심사인 문화철학과 문화과학의 관련성을 중심으로 논의를 계속해 보도록 하자. 『문화학』의 저자들은 현대 문화과학의 논의에서, 특히 독일의 경우 문화과학의 실마리를 제공한 분과 영역으로 '민족 심리학', '문화사', '문화철학', '상징형식이론', '정신분석학', '비판이론'을 들고 있다. 이 말을 바꾸어 보면, 이들 분과 학문에서 논의되는 연구 주제들이 현대 문화과학의 연구 영역 안에 포함되어 있다는 의미가 된다. 그렇게 본다면 현대 문화과학의 논의는 대단히 광범위하게 진행되고, 학제적 연구의 성격이 강하다는 사실을 알 수 있다.

첫째, 민족 심리학(Völkerpsychologie)은 문화사나 문화 지리학을 연구 자료로 삼는다. 민족 심리학의 근본 전제는 "오직 민족의 삶의 사실로부터만 출발한다는 것, 오직 현상에 대한 관찰, 정리, 비교를 통해서만 민족정신의 법칙을 발견하려 한다는 것"이다.[★18] 훗날 민족정신 개념이 문화 개념으로 발전하게 된다.

둘째, 문화사(Kulturgeschichte)는 야콥 부르크하르트(Jacob Christoph Burckhardt, 1818~1897)의 견해에 비추어 보면, "과거 인류의 내면적인 것에 전념한다. 문화사는 과거 인류가 어떻게 존재했는지, 무엇을 원했고 생각했고 보았고 할 수 있었는지를 알리는 것이다."[★19] 그런 점에서 야콥 부르크하르트는 18세기 인간학이 제기했던 '전인적' 인간에 대한 물음에 답하는 것이 문화사가 수행해야 할 의무라고 말하였다.

셋째, 문화철학(Kulturphilosophie)이라는 용어는 20세기로 전환하는 시점에 처음으로 등장했다.[★20] 문화철학은 철학의 특정한 분과를 지칭하기보다는 전문적인 개별 학문을 가로질러 있다. 문화철학은 아직 남아 있는 종래의 문화를 이해하고, 변화된 조건 속에서 다시 재생시킬 수 있는지에 대한 가능성을 논의하는 여러 시도를 총칭하는 개념이다.[★21] 이러한 문화철학의 논의는 두 가지 경향으로 나누어진다. 하나는 니체(Friedrich Wilhelm Nietzsche, 1844~1900), 딜타이(Wilhelm Dilthey, 1833~1911), 베르그송(Henri-Louis Bergson, 1859~1941)을 계승하면서 '인식(認識)'이 아닌 '체험(體驗)'에 가치를 두는 경향이다. 다른 하나는 자연과학적 객관성의 가치를 제한하면서 문화적 현상의 가치를 규정하는 현상학적 및 신칸트주의적 경향이다. 하지만 두 입장은 자연과학의 귀납적 논리에 대항하여 문화적 삶의 고유한 논리를 드러내 보이려는 점, 그리고 문화철학을 정초하려는 시도에서 일반화나 합법칙성을 지향하기보다는 '개성'과 '우연성'을 지향하고 있다는 점에서는 공통적인 모습을 보였다.[★22]

넷째, 상징 형식(Symbolische Formen) 이론은 카시러(Ernst Cassirer, 1874~1945)와 아비 바르부르크(Aby Warburg, 1866~1929)에 의해 주도된 이론이다. 이들이 말하는 상징 형식은 인간의 문화와 역사의 영역에서 공통으로 나타나는데, 이 상징 형식은 마치 칸트가 말한 『순수이성비판』(1781)에서의 '선험적 범주'나 『실천이성비판』(1788)에서의 '정언명법'과 같은 것이다. 특히 카시러는 물리적 세계의 객관 세계의 인식과 도덕적 의지의 예지적 규정에 관한 칸트의 방식을 상징 형식 이론을 통해 각색하고 이것을 문화의 영역에 적용했다.

다섯째, 문화 이론으로서 정신분석학(Psychoanalyse)은 프로이트(Sigmund Freud, 1856~1939)의 무의식에 대한 분석과 치료 형식에 대한 논의에서 비롯한다. 무의식은 개인의 차원뿐만 아니라 집단의 차원, 문화적 사회적 과정의 차원, 또한 인공물(예컨대 예술 작품)의 차원이라는 것이다. 문화 분석과 직접적 관계가 있는 프로이트의 저술 『문화적 성도덕과 현대의 신경과민』(1908)에서 설명하는 무의식은 반-이성적인 것이 아니다. 무의식은 합리적이고 세련된 논리와는 다른 논리를 지닌 심리적, 문화적 역동성이다.★23 사실 문화와 종교의 역사에서 '사실'만을 기술하는 역사 기술은 문화적 과정, 특히 종교적 과정의 '심리적 토대'를 파악하려는 시각을 결여하게 된다. 그런 관점에서 보자면 프로이트의 정신분석학은 문화과학의 구성에 있어 중요한 의미가 있다. 다시 말해, 프로이트의 정신분석학에서 투사, 투입, 동일시, 기타 방어 메커니즘 등은 다시 억압으로 되돌아오며, 원초적 상황을 잠복적으로 만든다. 상징적으로 일반화된 원초적 상황들의 표현은 시간적, 역사적 변화에 대항하여 문화적 공동체를 밀폐시키고 결속시킨다. 이렇듯 프로이트는 종교적 탄생 설화나 민속적 관습을 심리적 갈등과 중재의 과정으로 해석하며, 이것이 상징의 형식으로 변형된다고 보기 때문에, 이와 같은 그의 직관은 문화의 역사적 연구에 커다란 영향을 미쳤다고 할 수 있다.★24

여섯째, 호르크하이머(Max Horkheimer, 1895~1973), 아도르노(Theodor Ludwig Wiesengrund Adorno, 1903~1969), 마르쿠제(Herbert Marcuse, 1898~1879) 등에 의해서 발전한 비판 이론(Kritische Theorie)은 문화를 해석하는 데 그치는 것이 아니었다. 비판 이론은 문화를 실천적인 실현을 통해서 비로소 그 개념이 완수되는, 아직 이행되지 않은 잠재력으로 파악해야 한다고 간주하였다. 그런 점에서 비판 이론에서의 문화 연구는 주로 도구적 이성 비판, 문화의 이데올로기성 비판, 산업화한 문화 비판에 초점이 맞추어졌다.

문화철학과 문화과학의 관련성

여기에서는 방대한 문화과학의 연구 분야 가운데, 특히 문화철학자 카시러의 업적과 그 영향을 집중적으로 살펴보고자 한다. 그 이유는 적어도 현대 문화과학 연구가 비교적 체계적으로 시작된 1933년 이후부터 여타의 학문 분과 영역을 통틀어서 가장 중요한 인물로 카시러가 평가되고 있으며, 그가 내세웠던 문화철학의 여러 주제는 아직도 여전히 문화과학 연구에 많은 영향과 시사점을 던져주고 있기 때문이다.

문화 이해에서 왜 '상징(象徵, Symbol)'이 중요한가?

카시러의 문화에 관한 관심은 문화 현상 자체에서 비롯했다기보다는 문화를 만든 주체인 인간, 즉 인간 이해의 문제와 연결되어 있다. 그는 문화를 '인간의 언어적 활동들 전체와 도덕적 활동들 전체'★25로 규정하고, '창조적 행위자로서 개인의 자유의 표현'★26이라고 정의한다. 이 입장에서는 인간의 의식주를 포함한 인간 활동의 모든 산물, 곧 정치, 경제 체제, 법률, 예술, 종교 등을 문화로 보고 있으며, 특히 문화를 인간만(神의 차원이 아닌)의 고유한 활동으로 간주하고 있다.

카시러는 문화 이해의 열쇠를 '상징(象徵)' 개념에서 찾았다. 그가 사용하는 상징 개념은 한갓 문학적 차원의 의미만을 뜻하지 않는다. 그것은 인간관의 문제와 직결되어 있다. 상징 개념은 서구의 전통 철학에서 가장 강력한 영향을 미쳤던 '이성(理性)' 개념을 염두에 두면서 이를 대체하기 위해서 고안한 개념이다. 그러니까 서구 전통 철학의 주된 인간관의 핵심은 아리스토텔레스로부터 시작되는 "인간은 이성적 동물이다"라는 정의(定義)에 들어 있다. 서양 철학에서 인간의 이성 능력에 대해 가장 신뢰하고, 이를 체계적으로 논의했던 칸트의 이성 중심의 철학 사상을 계승하고 있는 카시러는 인간에 대한 총체적인 이해는 이성적 인간관만으로는 턱없이 부족하다고 생각하였다. 카시러는 이러한 논의의 근거를 인간의 자기-인식(self-knowledge)의 문제, 즉 '인간이란 무엇인가?'의 문제에 초점을 맞추어, 이 문제가 고대, 중세, 근대, 현대에 이르기까지 어떤 논의 과정, 특히 이성 중심의 인간관이 어떤 변모를 거쳐 왔는지를 『인간론』(1944)★27과 『인식의 문제』(1950)★28에서 세밀하게 제시하였다.

카시러는 그러한 논의를 통해서 인간에 대한 새로운 개념 규정의 필요성을 인식하고, "인간은 이성적 동물이다"라는 종래의 정의를 "인간은 상징적 동물이다"라고 새롭게 정의하게 된다. '상징적 동물(animal symbolicum)'이라는 인간에 대한 새로운 정의는 카시러 자신의 일방적인 노력이라기보다는 생물학자 야콥 폰 윅스퀼(Jakob Johann von Uexküll, 1864~1944)의 영향에 힘입은 결과다. 윅스퀼은 모든 생명체에는 '인지 계통'과 '작용 계통'이 있고, 이 두 계통의 협동과 평형이 없으면 유기체는 생존할 수 없다는 견해를 펼쳤다.

카시러는 윅스퀼의 이 견해를 받아들이면서 한 가지 요소를 더 추가시켰다. 다시 말해 '인지 계통'과 '작용 계통' 외에 오직 인간의 세계에만 나타나는 하나의 새로운 특징으로 '상징 계통'이 있다고 주장한 것이다.[★29] 인간은 이 상징 계통으로 말미암아 여타의 다른 동물들에 비해 더 넓고 더 깊은 '새로운 차원'[★30]의 세계를 경험할 수 있고, 또한 그 속에서 살아갈 수 있게 되었다. 그리하여 인간은 동물들처럼 물리적인 시간과 공간의 세계에만 머물러 사는 것이 아니라 상징 계통으로 인해 '상징적 우주'에서도 살 수 있게 되었다. 이러한 상징적 우주를 구성하는 요소로서 카시러는 신화, 종교, 언어, 예술, 과학, 역사를 들고 있다. 여기서 중요한 사실은, 이러한 제요소들이 서로 제각기 고립되어 있거나 제멋대로 만들어진 것이 아니라 하나의 공통 유대, 즉 '상징'에 의해 결합하여 있다는 점이다. 따라서 이들 제 요소들을 유기적 전체로서 이해하고, 또한 이러한 상징들 배후 깊숙이 파고들어가 그 근본 기능을 밝혀내는 일을 카시러는 자신의 '상징 형식의 철학'의 과제로 삼았다.[★31]

문화 이해, 나아가 인간 이해에서 상징적 차원의 중요성은 어느 정도 설명되었다고 생각된다. 그렇다면 보다 구체적으로 상징 개념 자체에 집중해 보자. 카시러에게서 '상징(symbol)'이란, 첫째로 단순히 물리적인 대상을 지칭하는 것이 아니라 '정신적 의미'가 함축된 모든 감각 현상을 말한다. 둘째로 상징은 그것이 의미하는 대상의 총체적 경험 내용을 재현한다는 성격이다.[★32] 그 점에서 상징은 '대상'과 '활동'을 동시에 의미한다. 우리는 카시러의 방대한 상징 이론을 크게 세 가지로 요약할 수 있다.[★33] 첫째, 인간이 행하는 세계 인식은 상징을 통해서 간접적으로 이루어진다. 둘째, 모든 상징은 우리 의식의 선험적 능력인 '상징적 기능'과 '상징적 형식'에 의해 만들어진다. 여기서 상징적 기능은 우리의 의식에 주어진 경험 내용들을 조직화하고 의미화하는 구성적 종합 행위를 일컫는다. 이 상징적 기능은 세계를 향한 우리의 객관화 관점이나 의미 실현의 방향 차이에 의해서 표현적 기능, 지각적 기능, 개념적 기능으로 구분된다. 이러한 구분에 따라 각기 다른 의미의 세계, 그러니까 신화, 언어, 과학의 세계가 우리 앞에 나타나게 된다. 그리고 상징적 형식은 상징적 기능에 의해 만들어진 결과물을 말한다. 셋째, 모든 상징은 인간의 단순한 의사소통의 매개체가 아니라 인식 행위의 산물이고, 세계 이해를 위한 인간의 관점을 형성해 준다.[★34]

카시러에게서 문화는 인간에 의해 만들어진, 인간 스스로 만든 정신적이면서도 물리적인 모든 산물이다. 이와 같은 문화의 개별 요소를 이루는 것은 다양한 상징 형식들이며, 이러한 상징 형식들을 통해서 인간은 자신의 삶과 세계를 인식하게 된다. 결국 문화적 설명의 과정을 결정하고 조직하는 역동적인 중심은 바로 상징 형식에 있으며, 그런 점에서 상징 형식은 한마디로 문화의 모체라고 할 수 있다.[★35]

2 문화적 '기억'이란 무엇인가?

카시러는 1919년 10월부터 1933년 5월까지 14년간 함부르크 대학에 재직하였다. 이 시기에 그는 대표작인 『상징형식의 철학』 1권 『언어』(1923), 2권 『신화적 사고』(1925), 3권 『인식의 현상학』(1929)을 출간한다. 그는 이 책의 1권과 2권의 서문에서 함부르크 대학의 바르부르크 연구소가 자신의 문화 이론과 상징 이론에 많은 영향을 주었다고 밝힌 바 있다. 어떤 이유 때문일까? 이 연구소는 아비 바르부르크(Aby M. Warburg, 1866~1929)[★36]에 의해 설립되어 1926년 5월에 개원하였다. 이 연구소와 관련하여 주목할 부분은 설립자인 바르부르크의 학문하는 방식이다.

바르부르크의 학문하는 방식은 항상 '역사가'의 방식과 '인간학자'의 방식을 유지하는 것이었다. 이러한 학문하는 방식의 태도를 가장 잘 찾아볼 수 있는 단서가 있다. 그가 도서관으로 사용하고자 연구소 건물을 지었을 때 그 건물의 현관에 '므네모시네(Mnemosyne, 그리스 신화에서 기억의 여신을 뜻함)'라는 한 단어만을 써놓았다. 므네모시네는 바르부르크 자신의 작품의 모토가 되었고, 자신의 역사 연구 전반에 걸쳐 그가 채택한 준칙이었다. 말하자면, 바르부르크는 단순히 서적들이나 자료들을 수집만 하려고 하지 않았다. 그는 '살아 있는 형식들'을 수집하는 일, 특히 서구 문화의 뿌리라고 할 수 있는 그리스의 문화, 예술, 종교, 신화에 의해 만들어진 그러한 생생한 형식들을 수집하는 일에 고취되어 있었다. 그러한 살아 있는 형식들은 서구 근대 문명 전체에 퍼져 있는 하나의 '살아 있는 힘'으로서, 영구적인 에너지의 흐름으로 작용하였다. 바르부르크는 이러한 세계에 대한 완전한 이해와 인식은 이 세계의 근원을 '기억(記憶)'하고, 이를 '재구성(再構成)'하는 데서 비롯된다는 점을 인식하고 있었다. 이 같은 바르부르크의 학문하는 태도와 방법론을 카시러는 자신의 문화철학에도 그대로 수용하였다.★37

카시러는 역사에 대한 논의에서 바르부르크의 방법론을 활용하였다. 역사 탐구에 있어서 역사가의 탐구 방식은 과학자와 똑같이 엄밀한 규칙에 매여 있음은 틀림없는 사실이다. 역사가는 모든 경험적 탐구 방법을 이용해야만 한다. 또한, 구할 수 있는 모든 증거를 수집하고, 그 모든 자료를 비교 분석하여 비판해야만 한다. 그리고 그 어떤 중요한 사실도 망각하거나 무시해서는 안 된다. 이 과정에서 카시러는 역사가에게서 나타나는 최후의 결정적인 행위는 언제나 '생산적인 상상의 행위(act of the productive imagination)'라고 주장한다. 이 말은 역사가의 탐구 방식의 마지막 부분에서는 결국 상징들에 대한 '해석', 혹은 그것에 대한 '의미 부여' 행위가 들어간다는 뜻이다.[★38] 그런 맥락에서 역사가란 과거의 사실들을 우리에게 말해주는 한갓 해설자(narrator)가 아니라, 과거 우리의 삶에 대한 '발견자(discoverer)'요 '해석자(interpreter)'이다.[★39] 카시러의 이 말은 어떤 특정 시기에 발생했던 사건들을 연결하려고만 하는 사람은 분석가이지 결코 역사가가 될 수 없다는 뜻이다. 카시러가 볼 때, 진정한 역사가라면 과거를 해설해 줄 뿐만 아니라 과거를 재구성할 수 있어야만 한다. 그러니까 역사가는 과거 속에다 하나의 새로운 생명을 불어넣고 있는 셈이다. 그런 의미에서 역사란 '삶의 재탄생(rebirth of life)'이며, 역사에 대한 해석이 없다면 인간의 삶은 매우 빈약하게 되는 것이다.[★40]

서구 문화과학에서 문화적 '기억'의 문제는, 문화과학의 연구 주제가 우리가 살아가는 당대의 문제만을 연구 대상으로 하는 학문이라기보다는 과거 전통과 밀접한 관련이 있고, 또한 전통에 대한 올바른 이해와 그것과 현재와의 관계 맺음이라는 측면에서 대단히 중요한 논의의 장이 되고 있다. 바르부르크에서 시작하여 카시러에게서 두드러진 문화적 기억의 논의가 갖는 의미는 문화과학의 경우에 순수 이론이란 없으며, 다만 자료에 기초한 이론만 있을 뿐이라는 사실을 확인해 준다는 점이다. 그리고 바르부르크의 문화적 기억에 대한 논의는 문화과학에서 원천 자료의 영역을 내용으로나 공간적으로 확장해 놓았다. 내용적 확장은 문화사를 심리 역사, 종교학, 문화인류학, 예술학, 매체학으로 확장시키는 것을 말하는데, 이는 연구 방식으로서 학제 간 연구를 정초한다. 그리고 공간적 확장은, 예컨대 문화사가가 상징과 기억 형식의 이동 운동을 각각의 문화 지리적인 단위 너머로 확장시키는 것을 의미한다. 여기서 비교문화학의 기초가 다져지게 되었다.★41 그런 의미에서 바르부르크와 카시러의 문화적 기억의 논의는 현재의 문화과학 연구, 특히 현대의 문화가 지닌 문제점들을 파악하는 방식에 있어서 '원시 문화(혹은 전통문화)'에 대한 가치를 부여하고, 원시 문화에서 현대 문화에 대한 보완 기능을 찾아내도록 하는 데 시사점을 주고 있다.

2 문화철학은 어떻게 '실천적' 차원으로 나아갈 수 있는가?

이 물음은 문화과학 연구가 우리 삶의 문제, 생활 세계의 문제, 실천적 차원과 연결되어야 한다는 메시지를 카시러에게서 찾아보려는 의도에서 제기하였다. 카시러는 자기 문화철학의 성격을 한마디로 '비판적 관념론'이라고 말한다. 칸트에 의해 충실히 수행된 인간의 이성과 이성 능력에 대한 비판은 카시러에 이르러서 '문화에 대한 비판'으로 확대된다. 비판적 관념론은 인간이 만들어 놓은 문화를 논의 대상으로 삼는다는 측면에서 그것은 어쨌든 관념론의 영역에 속한다. 그렇지만 문화를 다룰 때, 단순히 문화 현상들을 역사라는 끈에 묶어 내는 방식(경험적 방식)이나 그것을 원인과 결과라는 연속적 관계에서 고려하는 방식(사변적 방식)을 취하는 게 아니다. 카시러는 다양한 문화 현상이 의존하고 있는 서로 다른 기능의 본성을 탐구하고 있다. 그런 점에서 예술 작품, 신화적 사고, 종교적 사고의 결과물을 연구하는 것이 아니라 이러한 작품들을 만들기 위해 요구되는 '작용하는 힘들', '정신적인 활동들'을 연구하였다. 또한, 카시러는 문화와 윤리 문제를 연결하면서 특별히 책임(責任)의 문제를 유달리 강조하였다. 그런 의미에서 비판적 관념론에서 '비판적'이라는 말의 의미는 문화와 윤리의 상관성, 문화 생성의 주체인 인간의 자유의지와 반사회적 사회성에 대한 냉철한 반성을 암시하고 있다.

카시러는 자신의 비판적 관념론으로서의 문화철학은 칸트 철학 전통에서 구분하는 학술적 개념으로서의 철학, 즉 Schulbegriff 차원이 아니라 세계(삶)와 관계된 실천적 개념으로서의 철학, 즉 Weltbegriff의 차원에 해당한다고 말한다.★42 이 말은 문화철학이 충분히 실천적 요소와 윤리적 요소 그리고 책임의 요소를 담아낼 수 있어야 하고, 또 그 문제를 다루어야 한다는 뜻이기도 하다. 그런 점에서 카시러는 슈바이처(Albert Schweitzer, 1875~1965)를 우리 시대의 진정한 문화철학자로 꼽는다. 슈바이처는 자신의 철학을 그의 삶 속에서 실천하는 모습을 그대로 보여주었기 때문이다. 카시러는 슈바이처의 다음과 같은 말에 전적으로 동의하였다.

> "철학이란 이성 일반의 안내자요 관리인이다. 철학은 우리의 문화가 기대고 있는 그 이념들에 대해 우리가 투쟁해야만 한다는 사실을 제시해 주어야 했다. … 훈련되었거나 훈련되지 못한 문화적 이념들의 문제를 연구하는 데 모든 노력이 집중되었어야 했다. … 그러나 위험한 때에 우리를 보호해 주어야 할 경비원은 졸고 있다. 그래서 결국 우리는 우리의 문화와 싸우지 못하게 되고 말았다."★43

이제 카시러의 문화철학이 어떻게 실천적 차원으로 나아갈 수 있는지 살펴보자. 그는 문화철학 전체의 논의를 통해서 우리에게 일관되게 하나의 삶의 태도와 세계관을 제시한다. 그것은 바로 '상모적(相貌的, physiognomical)' 태도요, 상모적 세계관이다.

'상모(相貌)'라는 말에서도 확인할 수 있듯이 이 태도는 얼굴과 얼굴을 마주 보는 방식이다. 얼굴을 마주 본다는 것은 타자(他者)도 사물(事物)도 나와 같은 감정을 지니고 있다는 것을 인정하는 태도이며, 내가 생명(生命)을 가졌듯이 그들도/그것들도 모두 하나의 생명체라고 인정하는 태도이다. 여기에서는 생명의 연대성에 근거하여 생명 사회가 형성된다. 그렇게 되면 나와 타인, 나와 사물 간에는 '단절'이나 '분리'보다는 '연결'이나 '연속', 그리고 '소통'이 있게 된다. 이 말은 나와 타인, 사물이 모두 똑같이 인격적 동등성을 가지게 된다는 말이다. 이러한 생명 사회에서는 대부분의 일은 공감적(共感的) 투시를 통해서 해결된다. 감정, 정서에 근거한 이러한 삶의 태도는 '도덕성', '윤리성'이 전제되지 않으면 지속하기 불가능하다고 할 수 있을 것이다. 카시러는 바로 현대인들, 현대인들이 만들어 놓은 문화에서 그동안 망각되었거나 잃어버렸던 측면, 다시 말해서 인간들 사이에서 '상모적' 태도를 회복시키려는 희망을 나타내고 있다.★44

우리는 상모적 세계관이 나와 타자의 관계에서, 인간과 인간의 관계에서, 인간과 자연의 관계에서 통용되어야 한다는 바람을 카시러에게서 읽어낼 수 있다. 카시러의 그 같은 바람은 인류가 만들어 놓은, 그리고 계속해서 만들어 갈 문화의 장에서도 마찬가지다. 카시러의 상모적 세계관의 강조 속에는 인류의 문화를 비교적 낙관적으로 바라보는 태도가 들어있다. 대부분의 문화과학 연구자는 문화의 비극적 관점 혹은 비극적 요소를 강조하였다. 특히 짐멜(G. Simmel, 1858~1918)은 비극을 문화에 내재한 운동 법칙이라고 보았으며, 마르크스(K. H. Marx, 1818~1883)는 문화의 과잉 공급 속에서 나타나는 사물화로 인해 개인들은 점차 방향감을 상실하게 된다고 보았다.★45 이렇듯 문화의 비극성에 대한 강조는 유럽 문화의 자기 파괴적인 경향에서 비롯되었다. 무엇보다도 1차 세계 대전을 경험하고, 대량 살상을 목격하면서 문화 민족이라고 자처하던 유럽인들이 심각한 회의에 빠지면서 점차 비관적으로 문화를 바라보게 된 것이다. 그렇다면 이러한 경향과 상반되게 카시러의 문화에 대한 낙관적 전망은 어떻게 가능했을까?

카시러 문화철학의 전체 논의 속에는 칸트식으로 문화의 기원을 이해하는 방식이 전제되어 있다. 칸트는 「추측해 본 인류 역사의 기원」(1786)에서 문화의 기원에 대해 다음과 같이 말하였다.

> "인간이 이성에 의해 인류 최초의 거주지로 생각되었던 낙원으로부터 나온 것은 결국 한갓 동물의 조야한 상태로부터 인간성의 상태로, 또 본능의 유모차로부터 이성의 인도로 옮아간 것을 의미한다."★46

칸트의 이 말은 문화란 곧 자연의 보호 상태에서 자유 상태로의 이행을 뜻한다. 칸트는 에덴동산에서 인간의 타락을 자유 상태로의 진보, 다시 말해 자연에서 문화로 이행하기 위한 필연적 과정으로 이해하였다. 그런데 인간의 타락은 분명 악(惡)이었다. 그렇지만 그 악은 자연적 질서가 아닌 '이성의 질서'에 의해 시민 사회를 형성하기 위해 인류가 필연적으로 내디뎌야 했던 첫 발걸음이기도 하다. 말하자면, 선악과를 따먹으라는 유혹은 뱀이라는 인간 외부의 존재에게서 시작되었지만, 선악과를 따먹는 그 선택의 순간은 인간 자신이 결정한 것이다. 이 결정은 다름 아닌 인간의 이성적 행위다. 이러한 인간의 이성적 행위의 결과를 하나님의 관점에서 보면 그것은 바로 '악'이요 '죄'인 셈이다. 그런데 역설적으로 그러한 악에 근거한 인간의 이성적 행위가 없었다면 인간에 의한 인간의 문화는 존재하지 않았을 것이다.

이러한 방식에서 칸트의 경우, 자연의 역사는 신(神)의 작품이기에 선(善)으로부터 시작하고, 자유(自由)의 역사는 인간에 의해 만들어진 작품이기에 악(惡)으로부터 시작한다고 하였다.[*47] 이러한 칸트의 관점은 인간의 문화는 에덴동산에서 있었던 인간의 타락에서 시작하고, 그 타락이 바로 인간 문화의 원동력이 된다는 의미다. 칸트는 「세계 시민적 관점에서 본 보편사의 이념」(1784)에서도 인간의 타락, 즉 악의 모습이 인간 문화의 원동력임을 다시 한번 설명하였다. 여기에서는 인간의 '반사회적 사회성'을 예로 든다.[*48] 만일 인간에게서 경쟁심, 투쟁심, 소유욕, 지배욕, 명예욕이 없었다면 문화의 진보는 생각할 수 없을 것이다. 이런 측면에서 본다면 인간의 반사회성 요소가 문화 진보의 원천이며, 이러한 요소들에 의해 문화가 진행될 것이라고 예상할 수 있다.

그런데 칸트의 통찰은 여기에서 멈추지 않는다. 그러니까 인간은 자신이 가지고 있는 반사회성 때문에 늘 대립과 투쟁, 갈등을 초래하게 되는데, 타인과 이러한 갈등은 결국 인간 전체를 파멸로 이끌어가게 된다는 사실을 인간은 스스로 예측하기 때문에 타인이나 다른 존재자들과 더불어 살아가려는 욕망도 동시에 가지고 있다는 것이다. 말하자면 반사회성의 측면을 넘어서 사회성으로 말미암아 인간은 공동의 사회, 시민 사회를 건설할 수 있다는 것이다. 이러한 사회성의 획득에 '교육의 중요성'이 새삼 확인된다. 그래서 칸트는 교육에서도 특히 도덕 교육을 강조하였다.

인간의 문화가 소유욕, 지배욕, 명예욕이라는 반사회성에 근거하면 그 결과는 문명화로 치달을 것이고, 그 결과는 앞서 살펴본 것처럼 문화의 비극성을 드러내게 될 것이다. 반면 인간의 문화가 사회성에 근거하면 그 결과는 도덕화를 겨냥하게 되고, 우리는 비로소 낙관적 문화를 기대할 수 있게 된다. 카시러의 경우 이러한 칸트의 관점을 전적으로 수용하면서, 인간의 삶에서 도덕화가 담보된 상태의 문화의 예로 원시인들의 삶의 문화를 꼽는다. 원시인들의 문화는 위에서 논의한 것처럼 상모적 태도와 세계관이 중심을 이룬다. 카시러의 문화에 대한 낙관적 태도는 달리 표현하자면, 그래도 인간에 대한, 인간의 이성 능력에 대한 강한 믿음에서 나온다. 카시러의 문화관을 그대로 계승한 네덜란드의 철학자 반 퍼슨(C.A. van Peursen, 1920~1996)은 그의 문화철학 논의에서 인간들 사이에 더욱 벌어진 사회적 거리를 메꾸는 길은 얼굴과 얼굴을 맞대는 'Face-to-Face 관계'의 회복에 있음을 강조하기도 하였다.★49

맺음말

지금까지 우리는 문화과학의 연구 영역 및 그 특징을 문화철학과의 관련성에서 살펴보았다. 이 과정에서 특히 카시러 문화철학의 핵심 주제인 문화와 상징의 관계, 문화적 기억, 상모적 세계관의 논의가 문화과학 연구에 지대한 영향을 미치고 있다는 사실을 확인할 수 있게 되었다. 그런데 문제는 이러한 논의가 서구의 문화과학 혹은 문화철학에 국한되어 있다는 사실이다.

이제 이러한 논의 결과를 우리 내부로 돌려야 할 때가 되었다고 생각한다. 한국의 문화과학과 문화철학을 포함한 동아시아의 문화과학과 문화철학을 고민해야 할 시기가 임박했다고 할 수 있다. 이제 이런 관점에서 필자의 후속 연구 과제이면서 동시에 모두가 고려해야 할 몇 가지 문제를 짚어 보면서 논의를 마무리하고자 한다.

우선 동아시아 문화과학 정립을 위해서는 서구 문화과학과의 비교 연구가 필수적이다. 문화과학에 대한 서구에서의 논의가 1851년에 처음 등장하여 19세기 중반부터 활발하게 전개되는 양상을 2절에서 확인하였다. 그렇다면 동아시아의 형편은 어떠했을까? 문화과학은 차치하더라도 동아시아의 근대 형성기를 살펴보면, 중국의 경우는 1842년 남경조약(南京條約)으로 서양에 대한 개방이 시작되고 1860년 북경조약(北京條約)을 통해 완전한 개방이 이루어졌다. 일본은 1853년 페리(Mathhew C. Perry) 제독의 무력 시위 이후 美日 화친 조약 체결 이후 본격적인 개방이 이루어졌다. 우리나라는 1860년경 東學 운동의 태동을 통해서 서구와의 교류가 가능하였다. 이런 정황으로 미루어 볼 때, 적어도 문화과학에 관한 한 동아시아의 형편은 서양에 비해 상당히 뒤늦은 감이 없지 않다.

여기서 우리가 동아시아의 문화과학을 염두에 둘 때, 동양과 서양의 문화 정신에는 근본적인 차이가 있다고 말하는 중국의 장파(張法) 교수의 지적을 새겨봄 직하다. 장파에 의하면, 서구의 경우 사상적으로는 그리스 정신과 히브리 정신으로 이루어졌고, 중국 문화는 유가(儒家)와 도가(道家)의 상호 보완 관계로 이루어져 있다고 한다.★50 그리고 세계를 파악하는 방식과 관련하여 서구 문화는 Being(있음, 존재), God(신), Idea(이념), Matter(물질), Substance(실체), Logos(로고스) 등의 개념을 가지고 있지만, 중국 문화는 도(道), 천(天), 무(無), 이(理), 기(氣), 진여(眞如) 등의 개념을 가지고 있는데, 양자의 문화적 차이를 가장 잘 드러내 주는 것이 'Being'과 '무'라는 것이다.★51 이런 관점에서 서구의 문화가 실체(實體)의 세계라면, 중국의 문화는 기(氣)의 세계라고 할 수 있고, 서구 문화가 변증법(辨證法)의 원리에 의해 논의된다면, 중국의 문화는 음양론(陰陽論)의 원리에 의해 논의되는 특징이 있다. 이러한 특징으로 인해 문화관의 차이가 생겨난다. 다시 말해 한쪽에서는 '발전'과 '진보'의 눈으로 문화를 이해하고, 다른 쪽에서는 '정체'와 '순환'의 관점에서 파악하게 된다.

문화관의 차이는 문화적 이상에서도 그대로 나타난다. 중국 문화의 경우 화해(和諧)나 조화(調和) 의식이 강했고, 이는 보존형 문화를 발달시켰다. 반면에 서구 문화의 경우 비극 의식이 강했으며, 이는 진취형 문화를 발달시켰다.

장파의 논의를 염두에 둘 때, 동아시아 문화과학은 동아시아적 특수성을 제대로 담아내어야만 한다. 동아시아만의 문화적 특수성이 있다면 그것은 서구 문화과학과 비교되는 고유한 영역이 될 수 있으며, 동시에 그것은 한계성이 될 수도 있다.★52 물론 서구 문화과학이 취했던 비교 연구나 학제 간 연구의 방식은 그대로 수용될 수 있다. 문화철학의 영역에서 다루어지는 논의에 국한해 보더라도 문화의 기원, 문화의 전개, 문화의 과정, 문화의 미래 이상의 주제들을 동아시아적 관점에서 체계적으로 연구하여 제시할 필요가 있다. 특히 서구 문화과학의 논의와 비교하여 동아시아적인 종교관[기독교/유교(불교)], 인간관(이성적/감성적), 자연관(대립 · 갈등/화해 · 공존), 역사관(종말론적/순환론적), 인생관(비극적 · 부정적/낙관적 · 긍정적)이 선명하게 제시되어야 함은 두말할 나위가 없다.

---

1. 이 글은 신응철, 「문화철학과 문화학」, 『철학탐구』 17집, 중앙대 중앙철학연구소, 2005. 405~430쪽에 게재되어 있으며, 이를 수정 보완하였음을 밝혀둠.
2. Hartmut Böhme.Peter Matussek.Lothar Müller, *Orientierung Kulturwissenschaft*, Rowohlt Taschenbuch Verlag GmbH, Reinbek bei Hamburg, 2000. (이 책의 번역본은, 『문화학이란 무엇인가』(손동현 · 이상엽 역), 성균관대 출판부, 2004. 이후부터는 『문화학』으로 표기하고, 쪽수는 번역본을 기준으로 함.) 53쪽
3. Gustav Friedrich Klemm, "Grundideen zu einer allegemeinen Cultur-Wissenschaft", In *Sitzungsberichte der kaiserlichen Akademie der Wissenschaften. Philosophische-historische Classe*, Band 7, Wien 1851.
4. Gustav Friedrich Klemm (1851), 위의 책, 168쪽
5. Gustav Friedrich Klemm, *Allgemeine Culturwissenschaft. Die materiellen Grundlagen menschlicher Cultur*, 2Bde, Leipzig 1854-1855. Band 2. 38쪽
6. Gustav Friedrich Klemm, *Allgemeine Culturwissenschaft* (1854~1855), 38쪽
7. Gustav Friedrich Klemm (1851), 같은 책, 169쪽
8. 『문화학』, 55쪽
9. 『문화학』, 149쪽
10. 『문화학』, 149쪽
11. Joseph Niedermann, *Kultur. Werden und Wandlungen eines Begriffs und seiner Ersatzbegriffs von Cicero bis Herder*, Firenze 1941. Wilhelm Perpeet, "kulturphilosophie", In *Archiv für Begriffsgeschichte 20* (1976), 42~99. 『문화학』, 149쪽, 170쪽
12. 『문화학』, 150쪽
13. 『문화학』, 151쪽
14. 리케르트, 『문화과학과 자연과학』(이상엽 역), 책세상, 2004. 55쪽

15. 리케르트, 같은 책, 61쪽
16. 『문화학』, 151~152쪽
17. 『문화학』, 153쪽
18. Moritz Lazarus/ Heymann Steinthal, "Einleitende Gedenken über Völkerpsychologie", In *Zeitschrift für Völkerpsychologie und Sprachwissenschaft*. Band 1, Berlin 1860. 29쪽, 『문화학』, 60쪽
19. Jacob Burckhardt, *Griechische Kulturgeschichte*. Erster Band, Berlin/Leipzig, 1930. 3쪽, 『문화학』, 79쪽
20. Ludwig Stein, *An der Wende des Jahrbunderts. Versuche einer Kulturphilosophie*, Freiburg u.a. 1900.
21. 『문화학』, 85쪽
22. 『문화학』, 85쪽
23. 『문화학』, 119쪽
24. 『문화학』, 123쪽
25. Donald Phillip Verene (ed), *Symbol, Myth and Culture: Essays and Lectures of Ernst Cassirer* 1935~1945, New Haven and London, Yale University Press, 1979. 65쪽. (이후 *SMC*로 표기함.)
26. *SMC*, 12쪽
27. Cassirer, Ernst., *An Essay on Man, An introduction to a Philosophy of Human Culture*, New Haven: Yale University Press, 1944. (이후 *EoM*으로 표기함.)
28. Cassirer, Ernst., *The Problem of Knowledge: Philosophy, Science, and History since Hegel*, translated by William H. Woglom and Charles W. Handel, New Haven: Yale University Press, 1950.
29. Cassirer, *EoM*, 24쪽
30. Cassirer, *EoM*, 24쪽
31. Cassirer, *EoM*, 71쪽, 신응철, 『캇시러의 문화철학』, 한울출판사, 2000. 76~78쪽
32. Cassirer, Ernst., *Philosophie der Symbolischen Formen*. Vol. 3: *Die Phänomenologie der Erkenntnis* (1929), reprint., Darmstadt: Wissenschaftliche Buchgesellschaft, 1964. 109쪽, 133쪽
33. Paul Arthur Schilpp (ed), *The Philosophy of Ernst Cassirer*, La Salle, Illinois: Open Court Publishing Company, 1973. 75~119쪽
34. 신응철, 『캇시러의 문화철학』, 한울출판사, 2000. 84~85쪽
35. 하인츠 파에촐츠, 『카시러』(봉일원 역), 인간사랑, 2000. 60쪽
36. 바르부르크(Aby M. Warburg)는 예술사가이자 문화사가였다. 문화사가로서 그는

르네상스 시대 도시 엘리트의 생활양식, 미적 실천, 종교적 습관에 관한 연구, 이탈리아와 독일에서의 회화 양식과 생활 양식을 형성하는 고대의 힘에 관한 연구, 북유럽과 남유럽 사이의 예술적 교류에 관한 연구, 끝으로, 근동으로부터 이탈리아, 스페인, 북부 독일로의 신화적, 점성술적, 상징적 형식들의 이동, 이를 통한 유럽의 르네상스에 나타난 오리엔탈 양식 등에 관한 연구를 수행했다. 특히 그의 '호피족의 뱀 의식에 관한 연구'는 20세기의 위대한 민족학적 기록들 중의 하나가 되었고, 상징적 실천에 정향된 문화학을 위한 이정표의 역할을 하고 있다. 『문화학』, 104~15쪽

37. 신응철, 『캇시러의 문화철학』, 한울출판사, 2000. 34쪽
38. 신응철, 『문화철학과 문화비평』, 철학과현실사, 2003. 158쪽
39. *SMC*, 138쪽
40. *SMC*, 139쪽
41. 『문화학』, 107쪽
42. 신응철, 『카시러의 문화철학』, 한울출판사, 2000. 55쪽
43. Cassirer, "Albert Schweitzer as Critic of Nineteenth Century Ethics," in *The Albert Schweitzer Jubilee Book,* A.A. Roback (ed), Cambridge, Mass: Sci-Art Publishers, 1946. 241쪽. 신응철, 『캇시러의 문화철학』, 한울출판사, 2000. 57쪽
44. 신응철, 『문화철학과 문화비평』, 철학과현실사, 2003. 61쪽
45. 『문화학』, 88쪽
46. I. Kant, 『칸트의 역사철학』(이한구 편역), 서광사, 1993, 83쪽
47. I. Kant, 위의 책, 84쪽
48. 신응철, 『문화철학과 문화비평』, 철학과현실사, 2003. 56~60쪽
49. C.A. 반 퍼슨, 『급변하는 흐름 속의 문화』(강영안 역), 서광사, 1994. 250쪽. 신응철, 『문화철학과 문화비평』, 철학과현실사, 2003. 62쪽
50. 장파, 『동양과 서양, 그리고 미학』(유중하외 역), 푸른숲, 1999. 32~33쪽
51. 장파, 위의 책, 38쪽
52. 동아시아의 역사, 문화적 특성을 '한자문화권=유교문화권'으로 규정하고, 동아시아의 정체성을 묻는 선구적인 연구 결과가 최근에 선보였다. 동아시아 문화학 연구방법론과 관련하여 좋은 자료가 될 것으로 기대한다. 성균관대학교 동아시아 유교문화권 교육·연구단 편(최영진, 지준호 책임편집), 『동아시아 유교문화의 새로운 지향』, 청어람미디어, 2004.

4

문화 해석의 두 입장: 자유의지론과 문화결정론[★1]

들어가는 말

흔히 현대를 가리켜 문화의 시대라고 한다. 그래서인지 지면에서 문화철학(the Philosophy of Culture), 문화비평(the Criticism of Culture), 문화과학(the Science of Culture) 등의 용어를 어렵지 않게 만나게 된다. 연구 분야의 내용이나 종류를 막론하고 중심은 문화에 있다.

문화를 논의하는 데에는 여러 가지 방법론이 있을 수 있다. 말하자면, 사회학적 방식, 문화인류학적 방식, 문화 철학적 방식을 생각해 볼 수 있다. 여기에서 필자는 문화에 대한 논의를 문화철학적 관점에서 접근하고자 한다. 문화철학적 관점이란 다양한 문화 현상들을 종합적으로 파악해 낼 수 있는 통일된 관점과 체계를 제시하려는 방식이다.

문화해석학과 문화철학의 측면에서 문화를 논의한다고 말할 때, 중심 문제는 '문화를 어떻게 해석할 것인가'에 있다. 이 문제와 연관하여 필자는 문화를 해석하는 두 가지 입장, 즉 '자유의지론'과 '문화결정론' 사이의 논쟁을 명확히 드러내 보이고, 나아가 해석학적 반성을 통해서 이 논쟁의 의의를 찾아보는 것을 목적으로 하려 한다. 그리고 두 입장의 논쟁을 바탕으로, 문화에 대한 포괄적인 이해와 접근 방식을 터득하고, 나아가 문화를 향유하는 인간에 대한 이해를 살펴보고자 한다.

이 같은 취지에서 이 글 전체에서 전개하려는 논의 내용은 다음과 같다. 먼저 제2절에서는 문화를 해석하는 두 입장 간의 논쟁을 더욱 명확히 하기 위한 첫 단계로 '문화가 무엇인지', 이를테면 '문화' 개념에 대해서 해명하도록 한다. 제3절에서는 '자유의지론'과 '문화결정론' 사이의 논쟁을 본격적으로 다루도록 한다. 이 부분에서 문화결정론의 입장은 레슬리 화이트(L.A. White, 1900~1975)와 오스발트 슈펭글러(O. Spengler, 1880~1936)의 입장을 근거로 하고, 자유의지론의 입장은 임마누엘 칸트(I. Kant, 1724~1804)와 에른스트 카시러(E. Cassirer, 1874~1945)의 입장에 기초하여 논변을 전개할 것이다. 우리는 문화 해석을 둘러싼 두 입장의 논쟁을 살펴봄으로써 문화 해석의 전체적인 틀을 읽어낼 수 있게 되며, 양 입장이 제시하는 논변의 장단점을 분명하게 파악하게 될 것이다. 그리고 제4절에서는 문화 해석과 관련된 문화결정론과 자유의지론의 논변 과정을 필자 스스로 해석학적 입장에서 검토해 봄으로써 이 논쟁이 현대의 문화 담론에서 갖는 의의를 되새겨본다.

문화란 무엇인가?

문화란 무엇인가? 이 질문은 문화의 정의에 대한 물음이다. 철학자나 문화인류학자, 사회학자들은 자신들의 연구 관심과 분야에 따라 문화를 각기 다르게 정의하고 있다. 서양에서의 문화 개념은 대체로 17세기에 이르기까지 '자연 상태'와 '문화 상태'로 대비되어 이해되었다. 이때 문화란 '인위적 손길이 닿지 않은 자연'이란 개념과 대비되어 사용되며, 그래서 문화는 개인의 개별적 차원이 사회, 공동체와 연결되거나 분리되는 영역에서 다루어지게 되었다.★2

영국의 인류학자 에드워드 타일러(Edward Burnett Tylor, 1832~1917)의 경우, 문화는 지식, 신앙, 예술, 법률, 도덕, 풍속 등 사회 일원으로서 인간이 획득한 능력과 습관의 총체로 정의하고, 미국의 사회학자 로버트 린드(Robert S. Lynd, 1892~1970)는 같은 지역에 사는 사람들의 공동체가 하는 일, 행동 방식, 사고방식, 감정, 사용하는 도구, 가치, 상징의 총체로 규정했다. 미국의 인류학자 헤르스코비치(Melville J. Herskovits, 1895~1963)는 본질에서 사람들의 생활방식을 표시하는 신념, 태도, 지식, 금기, 가치, 목표의 총체를 기술하는 구성물이라고 정의하였다.★3 그리고 미국의 인류학자 에드워드 홀(Edward T. Hall, 1914~2009)은 문화를 '인간의 매체'로, 미국의 인류학자 루스 베네딕트(Ruth Benedict, 1887~1948)는 '개인이 생활을 영위하는 데 필요한 원자재로 제공되는 것'으로, 네덜란드 문화철학자 반 퍼슨(C.A. van Peursen, 1920~1996)은 '인간 활동의 결과물'로 파악하였다.★4

한편 영국의 문화사회학자인 보콕(Robert James Bocock)은 문화의 개념을 대략 다섯 가지로 설명하고 있다. 첫째는 토지, 곡식, 가축의 경작 의미, 둘째는 정신, 예술, 문명의 배양이라는 의미, 셋째는 사회 발전의 일반적 과정 그리고 보편적 과정이라는 의미, 다섯째는 의미를 생산하는 실천, 의미화하는 실천을 나타낸다.★5 그리고 사회학자 피터슨(R. Peterson)은 문화를 '집단적 활동을 통해 생성된 상징적 산물들'로, 우드노우와 위튼(R. Wuthnow & M. Witten)

은 '사회적 형태로 산출된 상징적 사물이나 상품'으로 정의하고 있다.★6

한편, 철학의 영역에서 자유의지론의 위치에 서 있는 칸트나 카시러의 경우, 대체로 문화를 "인간의 언어적인 활동들 전체와 도덕적인 활동들 전체"★7 로 규정하고, "창조적 행위자로서의 개인의 자유 표현"★8 으로 파악한다. 이 입장에서는 인간의 의식주를 포함해서 인간 활동의 모든 산물, 곧 정치 경제 체제, 법률, 예술, 종교 등을 모두 문화로 보고 있으며, 특히 문화를 인간만의 고유한 활동으로 간주하고 있다. 이러한 칸트나 카시러의 입장은 헤르더(J.G. Herder, 1744~1803)의 문화 개념★9 에 영향을 받아 형성된 것이다.

헤르더에게서 문화는 정신의 도야, 인류의 문명화, 개화, 계몽, 인간화, 문명화를 뜻한다. 헤르더의 문화 개념은 인간 정신의 산물을 뜻하며, 문화의 목표는 한 개인의 품성 개발에 있는 것이 아니라 인류 공동체의 실현, 인류 공동체가 예술과 학문, 법률과 종교를 충분하게 개발하면서 자유롭고 평화로운 삶을 누리는 데 있다.★10

이에 반해 문화결정론의 처지에 있는 미국의 인류학자 레슬리 화이트(Leslie A. White, 1900~1975)는 문화를 "인간들의 상징 사용에 따른 각종 행동, 대상물들(도구들), 관념들(신앙, 지식), 그리고 감정들(태도, 가치)을 포함하는 현상의 조직"★11 이라고 말한다. 화이트에 의하면 이러한 문화는 "한 세대에서 다음 세대로 전해 내려가고, 또 그것은 한 부족이 다른 부족에게 자유롭게 빌려올 수도 있는 것으로서, 문화의 구성 요소들은 그 자체의 원리에 따라서 상호 작용한다"★12 고 말한다. 그런 면에서 화이트는 문화를 초생물학적이고 유기체 외적인 부류의 사건들로 이루어지는, 하나의 독자적인 과정이라고 파악하였다.

어쨌든, 문화는 그 어떤 존재자에 의해 만들어진 것이 아니라 바로 인간 스스로가 만든 산물이라는 점에서, 문화를 바라보는 기본적인 시각은 두 입장 모두 같다고 할 수 있다. 이제 문제는 문화를 어떻게 해석할 것인가에 있다. 이 문제는, 문화는 전적으로 인간의 자유의지에 의해 만들어졌기 때문에 인간의 자유의지 혹은 자유 선택에 따라 문화의 진행 과정도 결정된다는 견해, 그리고 그와는 정반대로 인간은 단순히 문화의 매개자일 뿐 문화는 문화 자체의 힘으로 진행된다는 견해로 갈라지게 된다. 이와 관련하여 이제부터 자유의지론의 입장과 문화결정론의 입장을 보다 상세하게 살펴보도록 하자.

문화 해석의 두 입장: '자유의지론'과 '문화결정론'의 논쟁

문화를 해석하기에 앞서 문화를 만들어낸 인간을 바라보는 시각에서는 대체로 두 입장이 차이가 없다. 이것은 인간을 동물과 구별되는 독특한 능력이 있는 존재자로 묘사한다는 점에서 일치하고 있다는 말이다. 특히, 인간을 '상징적 동물'로 규정하고 있는 카시러의 입장이나, 모든 인간 행위와 문명의 기본 단위를 '상징'으로 보고 있는 화이트의 입장은 공통으로 인간을 '상징적 존재'로 인식하고 있다. 먼저 인간 행위의 기원과 상징과의 관계를 살펴보자.

2 인간 행위의 기원: 상징(Symbol)

카시러는 모든 생명체에는 인지 계통과 작용 계통이 있다고 주장하는 생물학자 윅스퀼(Johannes von Uexküll, 1864~1944)의 견해를 받아들인다. 그리고 이에 덧붙여, 인간에게는 인지 계통과 작용 계통 외에도 '상징 계통'이 하나 더 있다고 주장한다. 언어, 예술, 역사, 과학 등은 이러한 상징 계통을 이루고 있는 것들로서, 인간은 이 상징계통을 사용함으로써 시간, 공간이라는 물리학적인 영역의 한계를 벗어나 하나의 새로운 차원, 그러니까 '의미의 세계'를 발견할 수 있게 되었다고 한다. 그런 측면에서 카시러는 인간을 '상징적 동물(animal symbolicum)'로 새롭게 정의하고, 그것에 근거해서 인간의 문화 현상을 이해하려고 하였다.[★13]

상징적 존재로서 인간을 바라본다는 점에서는 화이트도 마찬가지다. 카시러가 1923년에 『상징형식의 철학(*Philosophie der Symbolischen Formen*)』 제1권 『언어』 편을, 1925년에 제2권 『신화적 사고』 편을, 마지막으로 1929년에 제3권 『인식의 문제』 편을 출간했는데, 이것들을 화이트가 참고했는지는 정확히 알 수 없다. 1949년에 출간된 화이트의 『문화과학(*The Science of Culture*)』 참고 문헌에 카시러의 저서가 빠져 있는 것으로 볼 때, 카시러의 사상이 직접 화이트에게 미쳤다고 보기는 어려울 것 같다. 그런데 우연인지는 모르겠지만, 결과적으로 두 사람은 모두 공교롭게도 인간을 상징적 존재로 파악하고 있다.

화이트에 의하면, 모든 인간 행위는 상징들의 사용에서 기원한다. 호모 사피엔스의 어린이를 인간(human being)으로 바꾸어 놓은 것은 상징이다. 상징을 사용하지 못한 채 성장하는 귀먹은 언어 장애인은 인간이 아니다. 인간의 행위는 상징적 행위이고, 상징적 행위는 곧 인간적인 행위이다. 그런 점에서 상징은 인간성의 세계를 뜻한다.★14

그렇다면 여기에서 자주 언급되고 있는 '상징'이란 도대체 무엇인가?

우선 카시러는 상징을 "정신적 의미(精神的 意味)가 함축된 일체의 감각 현상들"★15이라고 말한다. 정신적 의미 내용은 상징 형식을 통해서 구체적인 감각 기호와 연결된다. 모든 상징은 상징 기능을 하는데, 여기서 상징 기능은 우리의 의식에 주어진 경험 내용을 조직화하고 의미화하는 구성적 종합 행위를 말한다. 그리고 모든 상징은 인간의 단순한 의사소통의 매개체가 아니라 인식 행위의 산물이고, 세계 이해를 향한 인간의 관점을 형성한다는 것이다.★16

카시러의 견해와 비슷하게 화이트는 상징을 "그것을 사용하는 사람이 '가치'나 '의미'를 부여한 하나의 사물(a thing)"이라고 말한다.★17 여기서 사물이라는 말은 상징이 어떤 종류의 물리적인 형태를 취하고 있다는 뜻이다. 화이트의 설명에 따르면 상징의 의미는 그것을 사용하는 사람에 의해서 나오고 결정된다. 사람이 물리적인 사물에 의미를 부여하면 그것은 상징이 된다. 카시러나 화이트의 설명에서 공통으로 나타나는 것은, 모든 상징은 어떤 식으로든 물리적인 형태를 갖추어야 한다는 점이다. 그 이유는 만약 상징이 물리적인 형태를 갖추지 않는다면 우리 인간의 경험 속으로 들어올 수 없기 때문이다.

화이트에 따르면, 모든 문화는 상징에 따르고 있으며, 문화를 탄생시킨 것은 인간의 상징 능력의 행사였고, 문화를 영속할 수 있게 하는 것도 상징의 사용 때문이라고 한다.★18 만일 상징이 없었다면 문화는 있을 수 없고, 또한 그 상태에서의 인간은 단순한 동물일 뿐 문화를 가진 존재가 아니라는 말이다. 상징적 행위는 문화를 가진 인간만이 갖는 고유한 특징이며, 인간을 단순한 동물(mere animal)에서 인간적인 동물(human animal)로 바꾼 것은 바로 '상징'이라는 것이다.[★19]

이상에서 살펴본 인간 행위의 기원과 상징과의 관계에서는 자유의지론과 문화결정론 사이에 특별히 다른 점은 없어 보인다. 문제는 이제부터 시작이다. 문화를 만들어 낸 인간, 그 인간의 행위를 어떻게 해석할 것인가의 문제가 우리 앞에 놓여 있다.

2 인간 행위에 대한 두 가지 해석; 심리학적 해석 對 문화과학적 해석

결과론적 측면에서 볼 때 문화는 이미 만들어져 있는 것, 즉 확립된 언어, 신앙, 관습, 도구, 주거, 예술 작품 등의 형태를 일컫는다. 그런데 문화의 기원을 염두에 둔다면 문제는 다르다. 인간의 문화는 도대체 어떻게 출현하게 되었는가? 이 물음과 관련하여 먼저 칸트나 카시러의 입장인 자유의지론의 논변 과정을 살펴보자.

칸트와 카시러의 입장에 따르면 문화는 "자연의 보호 상태로부터 자유 상태로의 이행"이라고 파악한다. 이들은 성서의 '창세기' 편에 나타나는 에덴동산에서 인간의 타락 사건을 자유 상태로의 진보, 즉 자연에서 문화로 이행하기 위한 필연적인 과정으로 이해한다. 이는 '자연의 영역'과 '자유의 영역'을 구분하는 관점에서 비롯되는 논의이다. 달리 말하자면, 자연의 역사는 신(神)의 작품이기에 선(善)으로부터 시작하고, 자유의 역사는 인간(人間)의 작품이기에 악(惡)으로부터 시작한다는 관점이다.★[20] 이러한 관점에서 본다면 인간 문화의 기원은 선악과를 따먹은 인간의 타락 사건, 그러니까 죄(罪)가 인간 문화의 원동력이 되는 셈이다. 여기서 중요한 것은 선악과를 따먹으라는 유혹은 인간 외부, 즉 뱀에게서 시작했지만, 선악과를 따먹는 최종적인 선택, 다시 말해 인간의 자유의지를 통한 최종 결정은 바로 인간 스스로가 내린 것이다. 인간의 자유의지에 의한 선택이 없었다면, 인간에게서 문화란 원천적으로 불가능하였다.

다음으로 슈펭글러나 화이트의 문화결정론의 입론 과정을 살펴보자. 슈펭글러에 의하면 문화에는 공통의 주제가 존재하지 않는다. 각각의 문화는 나름대로 고유한 자신만의 기원, 자신만의 신비한 목적, 출생, 운명을 지니고 있다. 인간은 그 어떤 사고의 노력이나 의지의 노력으로도 그 운명을 거역할 수 없다. 비록 인간이 문화 과정의 본성을 발견할 수는 있어도, 그 과정을 결코 조정할 수는 없다고 슈펭글러는 말한다.★[21] 그런 점에서 슈펭글러는 인간이 자유의지를 발휘한다는 것은 자연으로부터 멀어진다는 것을 의미하고, 자유의지를 통해서 만들어내는 모든 문화는 인간에게서 비극(悲劇)의 시작을 뜻한다고 말한다. 슈펭글러가 인간의 문화를 비극으로 보는 이유는, 문화는 인간의 기술(Kunst)을 토대로 하여 만들어지는데, 이때 기술은 자연에 대립하는 반자연적, 인위적인 성격이기 때문이다. 인간은 어디까지나 자연에 종속되어야 할 운명적 존재임에도 불구하고 문화는 자유의지를 내세워 반항하는 반항아의 태도에서 탄생했다고 보는 것이다.★[22]

그리고 화이트에 따르면, 문화가 비록 인간 유기체에 의해 시작된 것은 사실이지만, 일단 문화가 존재하고 작동을 시작하게 되면 그 자체로 생명력을 가지게 된다고 한다. 문화는 상호 작용하는 요소들의 연속체이고, 이런 상호 작용 과정은 그 자체의 원리들과 법칙들을 가지고 있다.[★23] 이와 같은 인식을 바탕으로 하여 화이트는 인간의 행위는 문화라 불리는 한 부류의 외적인, 신체 외적인, 상징적인 자극에 대한 인간 유기체의 반응이라고 말한다. 따라서 인간 행위에서 나타나는 다양성은 '문화적 변수(a cultural variable)'가 작용한 결과이지 '생물학적 상수(a biological constant)' 때문이 아니라는 것이다.[★24]

위의 논의를 아주 간단하게 다음과 같이 정리해 보자.

한 경우는, 인간이 문화를 창조하며, 따라서 문화는 수많은 개인의 창조적 행동이 축적된 산물이고, 인간은 모든 문화 요소의 근원이자 근본으로서, 결국 문화 과정은 개인에 의해 설명될 수 있다는 주장이다. 이러한 주장은 자유의지론에 속하며, 특히 인간의 행위와 관련될 때는 '심리학적 해석'이 된다.

또 다른 경우는, 비록 인간에 의해 문화가 시작되었지만, 문화가 존재하고 작동하고 나면 문화의 과정은 인간의 법칙에 의해서가 아니라 문화 자체의 법칙들에 따라 결정된다는 주장이다. 이러한 주장은 문화결정론에 해당하고, 인간의 행위와 관계할 때에는 '문화과학적 해석'이 된다.[★25]

카시러는 슈펭글러나 화이트의 입장을 역사 결정주의(historical determinism)라고 간주한다. 그는 이러한 관점에서는 인간 자유의지의 문제를 논의할 수 없게 되어, 결과적으로 역사의 필연 법칙에 인간 스스로 순응해야만 한다는 점을 지적하고 있다. 마찬가지 방식에서 화이트는 인간을 문화 활동의 원동력으로 간주하는 칸트나 카시러의 입장을 인간 중심주의(anthropocentrism)라고 간주하고, 이러한 입장은 서구 지성계에 뿌리 깊은 전통으로서 자유의지에 입각한 인간의 전지전능에 대한 헛된 믿음일 뿐이라고 비판하고 있다.

ㄹ 개인과 문화 과정의 관계

개인과 문화 과정의 관계를 논의할 때 서구의 전통이나 1960년대 미국의 문화인류학에서 널리 인정되어 오던 방식은 바로 자유의지론의 입장이다. 이 입장의 핵심적 주장은 문화 변화에 대해 책임 있는 주체는 '개인(個人)'이라는 설명이다. 실제로 행동하는 것은 개인이며, 모든 문화적 요소들은 개인들의 창조적 행동에서 출발한다는 것이다.

이러한 설명 방식을 칸트에게 적용해 보자. 칸트는 인간이 자연을 떠나서 자연을 노동의 대상으로 삼을 때 비로소 인간의 내적 문화와 외적 문화가 가능하다고 보았다. 그래서 문화는 자연에 내재한 유기적 힘을 통해 만들어지는 것이 아니라 전적으로 인간 자신이 스스로 만든 결과라고 말하고 있다. 우리는 이러한 칸트의 입장을 아래의 인용문에서 확인하게 된다.

> "인간의 음식, 의복, 외부로부터의 위험을 막기 위한 안식처, 보호 수단, 삶을 즐겁게 해주는 모든 오락, 또 인간의 통찰력과 재치, 심지어 인간 의지의 선량함까지도 전적으로 인간 자신의 작품이다."★26

이러한 관점에서 볼 때 칸트에게서 문화는 인간이 스스로 만든 것이며, 인간은 문화를 통해서 자신의 삶을 만들어가는 존재이다.

문화는 거칠고 조야한 자연 상태에서 좀 더 세련된 상태로의 변화를 일컫는다. 그런 점에서 문화에는 '과정적'인 성격이 있고, 세대에서 세대로 이어진다는 점에서 '연속적'이며 '축적적'인 특성이 들어 있다. 이러한 칸트의 생각은 카시러에게 그대로 전해지고 있다.

한편, 문화결정론에서는 모든 개인은 이전부터 존재하는 문화 속에서 태어난다고 주장한다. 이러한 문화는 그가 태어나는 순간부터 그를 구속하고, 자라고 성숙해지면서 언어와 관습, 믿음, 도구 등을 갖추게 된다는 것이다. 이러한 이유에서 개인에게 인간으로서의 행동에 형식과 내용을 제공해 주는 것은 바로 문화라고 주장한다.★27 물론 문화는 인간에 의존하고 있고, 인간이 없이는 문화가 존재할 수 없다. 그렇지만 문화결정론에서는 문화적 과정을 설명하는 데에 개인은 무관하다고 주장한다. 인간은 문화적 환경, 즉 전통에 영향받으며, 문화는 인간 집단의 삶을 안전하고 지속적으로 만들어주는 기능을 하는 정교한 메커니즘이다. 이런 맥락에서 문화적 전통은 그 고유한 법칙에 따라 행동하고 성장하는 하나의 역동적인 체계이다. 따라서 문화는 문화 자체의 수준에서 설명해야 한다는 것이 이들의 이해 방식이다.★28

그렇다면 자유의지론과 문화결정론의 관점의 차이는 왜 발생하는가?

그것은 문화를 파악하는 미묘한 방식의 차이 때문이다. 자유의지론이 문화의 발생에 있어서 인간의 역할에 초점을 맞춘다면, 문화결정론은 문화 과정 혹은 문화 변동의 원인을 설명하는 데 주안점이 있다. 예를 들어, 어떤 민족은 우유 마시기를 좋아하고, 다른 민족은 싫어하는 상황이 있을 때, 문화결정론자들은 왜 어떤 민족은 우유를 좋아하고 다른 민족은 싫어하는지 그 이유에 대해서 궁금

증을 갖는다. 이에 덧붙여서, 민족에 따라 장모를 피하는 관습, 일부일처제, 매장제, 할례 관습, 젓가락 혹은 포크 사용 등의 예에서 문화결정론자들은 이런 현상들을 설명해 줄 근거를 바로 문화 자체에서 찾고 있다.

그래서 문화결정론자들은 문화의 변동을 설명하는 데 인종이든 개인이든, 한 종(種)으로서의 인간을 고려할 필요를 못 느끼는 것이다. 그들은 문화 과정을 독자적인 것으로 간주한다. 여기에는 문화는 문화로써 설명될 수 있다는 생각이 반영되어 있다. 이러한 관점에서 인간의 지위는 상호 작용하는 문화 과정을 가능하게 해주는 하나의 촉매자이고, 문화 과정의 표현 수단일 뿐이다.[★29]

2 인간은 문화를 통제할 수 있는가?

앞에서도 언급했듯이, 문화는 인간 유기체에 의해 만들어져서 일단 작동하게 되면 문화 그 자체로 생명력을 가지게 되고, 문화 과정은 자체의 법칙에 따라 결정된다. 그렇다면 인간은 문화 과정에 아무런 개입을 할 수 없는 것일까? 다시 말해, 인간은 문화를 통제할 수 없는 것일까? 이 문제에서도 자유의지론과 문화결정론의 입장은 다르다.

먼저 칸트와 카시러의 관점부터 살펴보자.

칸트는 에덴동산에서의 인간의 타락이 문화 생성의 출발점이었듯이 인간에 내재해 있는 반사회성, 즉 타인과 끊임없이 경쟁하고 투쟁하려는 마음, 소유욕, 지배욕, 명예욕 등이 작용하지 않았더라면 인간에게서 문화의 진보는 불가능했을 것이라고 보았다.[★30] 그렇기에 역설적이게도 칸트는 불화라든가 악의적인 경쟁심, 만족할

줄 모르는 소유욕이나 지배욕을 있게 한 자연에 감사해야 한다고 말하기까지 하였다.[★31]

그렇다면 이러한 측면에서 볼 때 문화의 미래는 어떻게 될까? 타락, 악(惡)에서 시작된 인간 문화, 그 문화의 속성이 악하다면 미래의 문화 모습은 어떻게 되는가? 쉽게 예상할 수 있는 것은 인간 문화가 물질 문명화, 비도덕화의 길에서 결코 자유로울 수 없게 된다는 사실이다. 이 지점에서 칸트는 문화의 도덕화를 지향하고 있다.

문화의 도덕화라는 이 말에는 문화의 진로에 인간 스스로 개입하여 그 진로를 통제할 수 있다는 의미가 들어있다. 그러면 칸트는 과연 어떤 방식을 통해서 그 일을 준비하는가? 그것은 바로 '교육(教育)'을 통해서이다. 인간이 문화를 통제할 수 있다는 것은 칸트의 입장에서 보면 교육이 있어서 가능한 것이다.

칸트는 인간 교육의 목표를 네 가지로 설정하였다. 첫째, 동물성을 제어하기 위한 훈련, 둘째, 자신이 설정한 목적을 위해 수단을 찾아낼 수 있는 능력 개발과 적성 개발, 셋째, 시민으로서 적합하게 살 수 있는 능력 배양, 넷째 단지 목적을 위해 수단을 선택할 수 있는 능력뿐만 아니라 항상 선한 목적만을 선택할 수 있는 심성을 갖게 하는 도덕적 훈련이다.[★32]

자유의지론의 경우, 이상과 같은 교육을 인간이 계속해서 훈련받게 된다면, 인간이 만들어내는 문화는 통제할 수 있으며, 문화의 미래는 도덕화된 형태를 유지할 수 있게 될 것으로 예측하였다.

이에 반해 문화결정론의 입장은 단호하다. 결론부터 말하자면, 인간은 결코 문화를 통제할 수 없다는 것이다. 그 이유는 무엇인가? 모든 개인은 인간 역사의 가장 초기부터 어떤 종류의 문화 또는 문명 속에서 태어난다고 이들은 말한다. 인간이 태어나서 죽을 때까지 그를 둘러싸고 있는 문화에 반응하는 것 말고는 무슨 일을 더 할 수 있는지를 되묻는다. 바로 문화 자체가 거기에 속한 인간이 어떻게 생각하고 느끼며 행동하는지를 결정한다고 보았다.

그렇다면 문화는 어떻게 진행하는가? 화이트에 따르면 문화는 도구, 기구, 관습, 신앙의 거대한 흐름으로서 그것들은 그 속에서 끊임없이 상호 작용하여 새로운 조합과 종합을 창조해 낸다고 하였다.★33 그런 점에서 현재의 문화는 과거에 의해서 결정되었고, 미래의 문화는 현재 진행되고 있는 경향의 연속이다. 바로 그 점에서 문화는 스스로 만들어진다고 할 수 있다. 이런 입장에서라면 인간은 문화의 진로나 내용을 결정하는 데 아무 일도 할 수 없다는 결론이 도출된다. 화이트의 입장을 요약하자면, 인간과 문화의 체계에서 인간은 종속 변수이고, 문화는 독립 변수이다. 인간이 무엇을 생각하고 느끼는지는 자신의 문화에 의해서 결정된다. 그리고 문화는 그 자체의 법칙들에 따라서 행동하는 것이다.

그렇다면 문화결정론에서는 '교육'을 어떻게 보는 것일까? 자유의지론이 교육을 통해서 인간 문화를 통제할 수 있다고 주장하는 것과는 대조를 이룬다. 화이트에 따르면 흔히 자유의지론자들처럼 교육을 수단으로 하여 사회를 변형시켜서 우리의 의지에 들어맞도록 할 수 있다고 생각하는데, 사실은 그 반대라고 주장한다. 화이트에 의하면 교육은 사회의 바깥에 있는 힘이나 수단이 아니라 그 안에 있는 하나의 과정이다.★34 말하자면, 그것은 사회 유기체의 생리적 과정이다. 교육은 사회가 그 자체의 목표를 성취해 내기 위해서 그 자체의 활동을 수행하는 데 동원하는 수단이다. 교육을 통해서 문화를 통제하는 것이 사람이기보다는 그 반대가 참이다.★35 공식적이든 비공식적이든 교육은 새로운 각 세대를 문화 체계의 통제 밑으로 끌어들이는 과정일 뿐이다. 그런 맥락에서 교육이 바깥으로부터 사회와 문화를 통제할 수 있다고 생각하는 것은 진실과 거리가 멀다고 화이트는 주장하였다.

이제 다른 각도에서 질문을 던져보자. 화이트나 슈펭글러가 주장하는 문화결정론은 인간이 아무런 노력을 하지 않아도 문화 진화의 과정이 모든 것을 스스로 처리한다고 가정하는 철학인가? 말하자면 문화결정론은 운명론과 패배주의를 뜻하는 것인가?

이러한 의문에 대해서 문화결정론자들의 입장은 분명하다. 절대 그렇지 않다는 것이다. 인간과 문화의 체계에서 인간이 핵심적인 임무를 수행하고 있다는 점은 분명하다. 그렇지만 중요한 것은 문화 과정의 행위는 인간 유기체로 설명될 수 있는 것이 아니라 문화 자체로서만 설명될 수 있다는 것이다. 문화결정론은 "인간과 신체 외적인 문화 중 문화 과정에서 나타나는 에너지 표현의 성격, 형태, 그리고 내용을 결정하는 것은 무엇인가?"라는 문제에 관심이 있다. 때문에 문화결정론자들은 우리가 무엇을 하고 그것을 어떻게 하는지에 대해서, 또 그런 행동의 목표와 목적은 문화적으로 결정되는 것이며, 그것은 개인이나 집단의 자유의지에 의해서라기보다는 그 집단의 문화에 의해서 결정된다고 봄으로써 문화의 다양성, 이질성, 차이를 인정할 수 있는 틀을 마련하고 있다. 이처럼 화이트의 문화결정론은 인간을 그의 운명의 주인으로 간주해 온 지성인들에게는 한갓 지성의 엄청난 후퇴로 보일지 모른다. 그렇지만 문화결정론은 사회 문화 현상 및 문화 과정을 설명하고 예측하는 작업으로서, 이때 말하는 결정론은 문화를 해석하는 하나의 방법론일 뿐이다.

문화 해석의 두 입장에 대한 해석학적 성찰

이제 필자는 위에서 살펴본 문화 해석을 둘러싼 자유의지론과 문화결정론의 논쟁을 해석학적인 입장에서 성찰해보고자 한다.

문화의 주체는 인간인가, 아니면 문화 자체인가? 문화는 만들어진 것인가, 아니면 만들어지고 있는 것인가? 우리는 자신의 문화를 우리 뜻대로 변형시킬 수 있는가, 아니면 속수무책인가? 우리는 문화의 바람직한 미래상을 희망할 수 있는가, 있다면 그것은 어떤 형태인가?

문화 해석을 자유의지론에 초점을 맞추든 아니면 문화결정론에 초점을 맞추든 그것은 문화 해석에서 피할 수 없는 접근 방식처럼 여겨진다. 해석학적 측면에서 볼 때 필자는 굳이 두 입장을 확연하게 분리할 필요가 없다고 생각한다. 해석학적 입장이라는 말은 해석과 이해 행위에서 전체와 부분에 대해 논의할 때나, 해석자와 해석 대상 자체와의 관계에서 발생하는 이해 사건에서 '해석학적 순환'을 염두에 둔 말이다. 해석학적 순환의 원리를 문화 해석에 적용할 경우, 의외로 문제는 단순화될 수 있을 것으로 생각한다.

먼저, 자유의지론이나 문화결정론 모두 이미 존재하는 문화 현상을 대상으로 한다는 점에서 공통점이 있다. 그 문화 현상을 해석할 때 문화 현상을 해석자와는 아무런 관계가 없는 별개의 대상으로 가정할 수 있다. 반대로 문화 현상을 해석자 자신의 삶의 경험이 그 속에 투영된 것으로 가정할 수 있다. 전자는 해석자와 문화 현상의 관계를 주체와 객체로 분리하여 접근한 경우이고, 후자는 그러한 분리 자체가 불가능한 경우를 말한다. 이런 측면에서 문화의 발생 기원에 대해 논의한다면, 전자는 자유의지론의 입장, 즉 인간 주체 때문에 만들어진 하나의 대상으로서의 문화를 말하는 것이고, 후자는 문화결정론의 입장, 즉 문화 속에서 살아가는 해석자의 다양한 삶의 방식을 말한다. 결과적으로 문화는 해석자의 의지나 의도와는 별개로 이미 존재하고 있는 하나의 대상이 된다.

다음으로 문화를 누리는 인간, 즉 해석자 자신에 대해서 생각해 보자. 인간에 의해 문화가 만들어졌기 때문에 만들어진 문화 속에는 인간의 의지, 의도, 속뜻이 들어 있다고 생각할 수 있다. 그렇기 때문에 때로 문화 속에 인간의 뜻이 잘 반영되지 않았다면 얼마든지 새롭게 수정할 수 있다. 반면에, 인간은 이미 존재하는 문화 속에서 태어났기에 문화 속에는 인간의 의도가 아닌 문화 자체의 법칙이나 의도가 들어 있다는 입장에서는 인간은 전적으로 문화의 뜻에 영향받고 있다고 할 수 있다. 전자의 경우, 해석자 자신의 의도나 의지가 해석 대상 속에 전달된다고 보고 있으며, 해석 대상의 궁극적 의미는 결국 해석자 자신의 의도와 같다고 본다. 자유의지론이 여기에 속한다. 후자의 경우, 해석자 자신의 의도란 결국 문화 속에서 영향받은 것을 뜻하기에, 문화 자체가 지닌 영향력이 해석자에게 미치며, 문화결정론이 여기에 속한다.

이제 문화의 진리의 문제를 생각해 보자.

문화의 진리라면 자유의지론에서는 인간이 뜻한 바, 곧 다수 인간 공통의 뜻이 반영된 것이라고 볼 수 있다. 그 점에서 문화의 보편적 진리를 말할 수 있으며, 또한 그것을 추구하고자 할 것이다. 반면, 문화결정론에서는 개별 인간의 뜻이나 의도가 문화 속에 반영될 수 없고, 오히려 문화의 커다란 흐름 속에 인간이 절대적으로 영향받고, 인간의 개별적 행위들이 그것에 의해 결정된다. 그렇기 때문에 문화의 진리란 항상 개별적이고 상황적이며 특수한 형태로 존재할 수밖에 없다. 여기에서는 보편 문화, 보편 진리 같은 표현 자체가 무의미하게 된다.

여기서 문화를 텍스트로 가정해보자. 텍스트는 우리 자신과 관계 맺을 때만 의미가 있다. 해석자와 무관한 텍스트는 아무런 쓸모가 없다.

해석자는 텍스트와 어떻게 관계 맺는 것일까? 해석자인 우리 자신은 저마다 선입견, 선판단, 지평을 가지고 있다. 이것은 우리 자신의 가장 기본적인 삶의 조건이다. 동시에, 문화라는 텍스트도 자체의 고유한 지평을 가지고 있다. 해석자가 텍스트를 해석할 때 해석자의 의도가 텍스트 속으로 들어간다. 그렇다고 영원히 텍스트 속에 해석자의 의도가 고스란히 간직되는 것도 아니다. 해석자의 의도는 어느 순간 텍스트의 지평과 융합을 일으킨다. 어쩌면 텍스트의 영향에 파묻히는지도 모른다. 그러한 과정을 거칠 때 비로소 해석자와 텍스트의 온전한 이해 행위, 해석 행위가 생겨난다. 행해진 해석의 근거나 타당성 여부는 해석자 자신의 의도에서 찾아서도 안 되며, 그렇다고 텍스트 자체에서 찾아서도 안 된다. 그것은 바로 해석자와 텍스트 사이의 상호 작용에서만 찾아야 한다. 이 상호 작용의 방식은 매우 다양하며 특수하고 개별적이다. 그래서 그 진로를 정확하게 예측할 수 없다. 다만 우리는 그것을 희망할 뿐이다.

이상은 문화 해석의 방법론을 둘러싼 자유의지론과 문화결정론을 바라보는 필자 자신의 관점을 은유적으로 표현한 것이다. 지금 생각해 보면 두 입장은 논쟁의 정확한 지점이 문제가 되었던 것 같다. 자유의지론은 문화의 발생 문제, 문화결정론은 다양한 문화 현상을 설명하는 데 초점이 있었기 때문에 그것에 부합하여 개별적인 이견들이 표출되었다고 생각한다.

맺음말

지금까지 논의를 정리해 보면 문화 해석에서 자유의지론은 인간 중심주의, 특별히 이성 중심주의의 연장선에서 나온 해석 방법론이라 할 수 있다. 인간과 문화 관계에서 행위 주체, 판단 주체로서 자율적 인간에 대한 확신에 서 있는 태도라고 할 수 있다. 반면에, 표현이 적절할지 모르지만, 문화결정론은 인간의 존엄성, 자율성, 자유 의지, 선택의 자유라는 절대적인 가치에 회의를 나타내는, 말하자면 인간의 한계에 대한 성찰을 바탕으로 하는 태도로 볼 수 있다. 어쨌든, 문화 해석을 둘러싼 자유의지론과 문화결정론의 논쟁은 부차적으로 보편 문화나 문화의 세계화에 대한 논의, 혹은 문화 다원주의, 문화 상대주의, 인종주의, 유럽 문화 중심주의 등의 논의를 더욱 활성화하는 데 이바지하였고, 이러한 논의의 이론적 토대를 제공해 준 것은 틀림없는 사실이다.

문화 해석의 방법론과 관련하여 이 논쟁은 현대의 다양한 문화 담론들, 영상 문화, 디지털 문화, AI 문화, 사이버 문화 등과 관련해서 하나의 좋은 안내자의 역할을 할 것으로 예상하며, 개별 영역에서 구체적인 연관성에 대한 규명은 앞으로의 과제로 남겨두기로 한다.

---

1. 이 글은 신응철, 「문화 해석의 두 입장-자유의지론과 문화결정론의 논쟁-」, 『해석학연구』10집, 한국해석학회, 2002. 301~322쪽에 게재되어 있으며, 이를 수정 보완하였음을 밝혀둠.
2. 신승환, 「문화철학의 해석학적 지평」, 『문화와 해석학』, 한국해석학회, 철학과현실사, 2000. 50쪽
3. 이한구, 「문화과학과 설명의 논리」, 『문화철학』, 한국철학회, 철학과현실사, 1996. 227쪽
4. 신응철, 「문화 넘어서기」, 『인문학연구』 제31집, 숭실대 인문과학연구소, 2001. 124~125쪽
5. 로버트 보콕, 「현대사회의 문화적 형성」, 『현대성과 현대문화』, 현실문화연구, 1996. 341쪽
6. 이한구, 같은 글, 230쪽
7. Donald Phillip Verene(ed), *Symbol, Myth and Culture: Essays and Lectures of Ernst Cassirer* 1935~1945, New Haven and London Yale University Press, 1979. 65쪽(이후 *SMC*로 표기함)
8. Donald Phillip Verene(ed), *SMC*, 12쪽
9. 강영안, 「문화개념의 철학적 배경」, 『문화철학』, 한국철학회, 철학과현실사, 1996. 201~202쪽.
10. 신응철, 『캇시러의 문화철학』, 한울아카데미, 2000. 43쪽
11. Leslie A. White, *The Science of Culture: A Study of Man and Civilization*(Revised Edition, New York: Farrar, Straus and Giroux, 1969) 번역서로, 『문화과학』(이문웅 역), 아카넷, 2002. 179쪽(이후 번역서의 쪽 수를 표기함.)
12. Leslie A. White, 같은 책, 21쪽
13. Ernst Cassirer, *An Essay on Man; An Introduction to a Philosophy of Human Culture*, New Haven: Yale University Press, 1944. 24쪽.(이후 *EoM*으로 표기함.)
14. Leslie A. White, 같은 책, 29쪽

15. Ernst Cassirer, *Philosophie der Symbolischen Formen*, Vol.1 Reprint. Darmstadt: Wissenschaftliche Buchgesellschaft, 1964. 109쪽
16. 신응철, 『카시러의 문화철학』, 한울아카데미, 2000. 84~85쪽
17. Leslie A. White, 같은 책, 33쪽
18. Leslie A. White, 같은 책, 44쪽
19. Leslie A. White, 같은 책, 46쪽
20. 임마누엘 칸트(이한구 편역), 『칸트의 역사철학』, 서광사, 1993. 83~84쪽
21. Donald Phillip Verene(ed), *SMC*, 81~82쪽
22. Oswald Spengler, *Der Mensch und die Technik* (München, 1932). 슈펭글러, 『인간과 기술』(양우석역), 서광사, 1998. 38~39쪽
23. Leslie A. White, 같은 책, 182쪽
24. Leslie A. White, 같은 책, 179쪽
25. 여기서 사용하고 있는 '심리학적 해석'과 '문화과학적 해석'이라는 표현은 화이트의 표현을 인용한 것이다. 이 글의 전체적인 논의 맥락에서 보자면, 심리학적 해석은 자유의지론을, 문화과학적 해석은 문화결정론을 뜻한다고 보면 무방하다.
26. 임마누엘 칸트(이한구 편역), 『칸트의 역사철학』, 서광사, 1993. 27쪽
27. Leslie A. White, 같은 책, 212쪽
28. Leslie A. White, 같은 책, 212쪽
29. Leslie A. White, 같은 책, 229쪽
30. 임마누엘 칸트(이한구 편역), 같은 책, 29쪽
31. 임마누엘 칸트(이한구 편역), 같은 책, 30쪽
32. 임마누엘 칸트(이한구 편역), 같은 책, 37쪽
33. Leslie A. White, 같은 책, 434쪽
34. Leslie A. White, 같은 책, 441쪽
35. Leslie A. White, 같은 책, 442쪽

현대 문화해석학

현대 문화해석학

Part 2

현대 문화해석학 연구의 실제

5

광장 정치의 현상과 분석★1

들어가는 말

한국의 정치 지형을 돌이켜 보면 2019년 한 해 동안 한국 사회는 극단적으로 국론이 분열되었던 시기다. 가족들과 본인의 수많은 범법 행위에 직간접적으로 연루되었던 혐의자가 법무부 장관에 취임한 것이 그 발단이었다. 대통령은, 기회는 평등하고 과정은 공정하며 결과는 정의로운 그런 나라를 만들겠다고 취임식에서 약속했었다. 그런데 이제 정부는 스스로 정권의 이념 자체를 부정하는 지경에 처하게 되었다. 공정한 법 집행을 주관해야 하는 법무부의 수장을 정반대의 인물로 채웠으니 말이다. 필자는 이 사안에서 한 개인의 범법 행위, 탈법 행위가 핵심은 아니라고 생각한다. 오히려 고위공직자로서 갖추어야 할 최소한의 도리(道理), 염치(廉恥), 상식(常識)의 문제가 국민 대다수 눈높이를 벗어나 있는데도 대통령과 해당 장관은 문제없다는 듯 일방적으로 처신하고 국정을 운용한 것이 문제의 핵심이었다.

그 결과 평등한 기회조차 얻지 못한 청년들은 좌절과 분노를, 자녀들에게 그런 기회를 제공해 주지 못한 대다수 기성세대는 박탈감과 절망을, 정의롭지 못한 상황을 목격한 일반 국민은 배신감과 날 선 비판의 목소리를 토해내기 시작했다. 그런데 이 사건은 결국 당파적 이해관계와 이념적 대결 국면이 맞물리면서 걷잡을 수 없는 혼탁한 상황으로 빠져들었다. 정치권과 시민 사회, 나아가 국민이 결국 두 쪽으로 분열되고 말았다. 여기에는 대학교수, 작가, 지식인, 종교인도 예외가 되지 않았다. 이 양상은 급기야 두 진영의 세력 대결이 된 '광장 정치'를 불러일으켰다. 수도 서울의 도심은 광장 정치의 장으로 탈바꿈하였다. 대통령과 여당은 사태 수습의 역량을 발휘하지 못했고, 국회는 국민의 대의 기관의 역할을 감당하지 못하였다. 바야흐로 광장 정치(廣場政治)가 대의 정치(代議政治)의 자리를 차지한 것이다.

이 광장 정치의 현실 앞에서 철학은, 또 철학자는 무엇을 할 수 있고, 어떻게 해야 하는가? 이 사태를 어떻게 진단하고 처방해야 할 것인가? 이 물음에 대답하는 것이 이 글의 궁극 목적이다. 마르크스(Karl Marx, 1818~1883)는 포이에르바하(Ludwig Andreas von Feuerbach, 1804~1872)에 관한 11번째 테제에서 철학자들은 세계를 단지 다양하게 해석해 왔는데, 그러나 정말 중요한 것은 세계를 변화시키는 것이라고 말하였다. 이런 맥락에서 필자는 광장 정치의 현상을 바라보면서 우리 시대가 요청하는 철학의 실천과 철학자의 역할을 곰곰이 되새기게 되었다. 이 과정에서 카시러(Ernst Cassirer, 1874~1945)의 관점에 주목하고자 한다. 그는 나치 정권에 치열하게 항거하고 나치즘의 정치 이데올로기를 치밀하게 분석하여 들추어냈던 유대인 출신의 문화철학자요, 신칸트학파의 대가다. 따라서 지금 여기에서 벌어지고 있는 광장 정치의 논리를 규명하는 데도 그의 예리한 통찰은 유의미하게 작용할 수 있다. 이 글에서는 먼저 철학의 실천과 철학자의 역할에 대해 살펴보고, 이를 토대로 광장 정치의 현상에 대해 철학적인 규정을 하고자 한다. 그리고 광장 정치의 기제 방식과 작동 원리를 제시하고, 이에 근거하여 궁극적으로는 광장 정치의 실체를 밝혀보고자 한다.

철학의 실천과 철학자의 역할

카시러는 「철학과 정치」(1944)에서 현실 세계에서 철학의 실천이 어려운 일반적인 이유에 관해 설명한 적이 있다. 우리가 자극을 받는 것은 사상에 의해서가 아니라 정서적 감정에 의해서다. 자극은 우리의 직접적인 요구가 가져오는 절박함이나 긴급함에 의한 것이지 일반적인 원리에 의한 것이 아니다. 철학은 너무나 추상적이며, 우리의 직접적 요구라는 이 영역으로부터 너무 멀리 떨어져 있다. 철학은 고매한 사변(思辨)으로 되어 있어서 우리의 현실 세계, 우리의 정치 생활이나 사회생활과는 동떨어진 것처럼 보인다. 그와 같은 사변은 우리의 지적인 호기심을 환기할지는 모르지만, 구체적인 실제적 문제들에 관계되자마자 그것을 망각하고 무시하기 십상이다.★2

그런데 영국에서 로크와 그의 제자들의 정치 철학, 프랑스에서 백과전서파 사람들, 독일에서 칸트와 그의 이론 이성과 실천 이성의 비판이 등장하였다. 카시러는 이들 활동의 공통 입장은 인간의 정치 생활과 사회생활의 가장 긴급한 문제들에 대해 나름의 철학적 해답을 찾아내려는 노력이었다고 평가한다. 그렇지만 카시러는 철학의 실천이 여전히 지지부진했던 이유를 다음과 같이 세 가지로 진단하고 있다.

첫째, 헤겔 철학의 영향이다. 칸트는 『도덕형이상학의 정초』(1785)에서 무릇 이 세계 내에서 또는 세계 밖에서조차도 아무런 제한 없이 선(善)으로 간주할 수 있는 것은 아마도 '선의지' 이외에는 생각될 수 없을 것[★3] 이라고 말했다. 그런데 칸트의 이러한 윤리적 원리를 헤겔은 끊임없이 비판하였다. 헤겔(Georg Wilhelm Friedrich Hegel, 1770~1831)은 『정신현상학』(1806)에서 칸트가 말하는 선의지와 같은 심정의 법칙은 우리 개개인의 사적 생활에서는 하나의 규칙으로 간주할지도 모르지만, 참된 현실, 즉 역사나 정치, 국가 생활 위에서는 아무런 힘도 갖지 않는다고 비판하였다. 우리는 세계의 경과나 커다란 정치적 활동을 개개인의 도덕적 의식이라는 사소한 기준에 따라 측정할 수 없다는 것이다. 헤겔에 따르면, 역사는 '절대 이념'의 구체화이다. 그것은 시간에서의 '정신의 발전'이다. 그리고 국가는 지상에 현존하는 바의 '신적 이념'으로 규정된다. 이 신적 이념에 대면할 때 개인 그 자체는 아무런 권한도 갖지 않는다. 그러므로 국가란 윤리적 실체, 즉 자기 확신적 절대 정신으로서 선과 악, 치욕과 비천, 우둔과 기만이라는 추상적 규정을 승인하지 않는다.[★4]

카시러는 이러한 헤겔 철학의 국가관의 영향에서 철학의 실천이 그토록 어려웠음을 지적하고 있다. 철학이 자신의 회색을 회색으로 칠할 때 삶의 모습은 이미 노화되고 만다. 회색에 회색을 칠함으로써 삶의 모습이 다시 젊어질 수는 없고 다만 인식될 뿐이었다. 그 결과 미네르바의 올빼미는 황혼이 찾아든 이후에야 비로소 날기 시작한다는 것이다.[★5]

둘째, 슈펭글러(Oswald Spengler, 1880~1936)의 『서구의 몰락』(1918)에 담긴 사상이다. 이 책에서 슈펭글러는 인간의 문화적 삶이라는 구상을 제시하였다. 슈펭글러는 주어져 있는 구체적인 역사적 상황을 변화시키려고 하는 조금의 시도도 하지 않았다. 그의 유일한 의도는 그 상황을 서술하고 해석하는 것, 그리고 그것을 독자들에게 명료하게 제시하는 것이었다. 그는 우리의 모든 문화적 이상의 몰락과 붕괴가 불가피하다고 주장하였다. 사고나 의지의 어떠한 노력도 우리의 '숙명(宿命)'을 변화시킬 수 없다고 그는 단언하였다.[★6]

카시러에 따르면 헤겔조차도 스스로 절대 이념의 전개로 여겼던 역사의 경과를 찬미하고 신성시하였다. 그 점에서 세계사는 세계의 심판이었다. 이 최고 법정의 판결에 대해서는 어떠한 항소도 불가능했다. 그렇지만 헤겔은 역사의 알려지지 않은 진보를 믿고 있었다. 그리고 이 진보는 자신에게 자유의 의식상 진보를 의미했다.

그런데 슈펭글러의 견해는 헤겔과는 완전히 정반대였다. 슈펭글러의 철학에서 '자유' 관념은 '필연성'과 '운명' 관념으로 바뀐다. 한마디로 그의 체계는 '역사적 운명론'의 체계이다. 우리의 문화적 삶은 최종적으로 운명지어져 있다는 것이 그의 판단이다. 우리는 자신의 운명에서 벗어날 수 없으며 위험을 피할 수도 없다. 그런데도 절망해서는 안 된다고 말하였다. 카시러는 이러한 슈펭글러의 사상을 수용한다면 우리는 마치 각 개인의 모든 지능이 돌연 마비된 것처럼 느낄 것이고, 우리는 비참하고 냉혹한 '운명'의 멍에에 얽매여 있게 된다고 지적하고 있다. 이러한 슈펭글러 사상의 영향이 결국 철학의 실천을 더디게 만든 주된 원인 중의 하나라는 것이 카시러의 판단이다.

셋째, 하이데거(Martin Heidegger, 1889~1976)의 『존재와 시간』(1927)에 드러난 실존 철학의 영향이다. 카시러의 견해에 의하면 이 책은 후설 철학의 정신과 전적으로 대립한다. 후설은 논리학의 원리들을 분석함으로써 출발했다. 후설의 궁극적 목표는 철학을 하나의 '엄밀 학'으로 만들어 이것을 부동의 사실들과 의심할 수 없는 원리들 위에 정초하는 것이었다. 그러한 경향은 하이데거와는 전혀 맞지 않았다. 하이데거는 영원한 진리라든가 철학적 사고의 엄격한 논리적 방법 같은 것이 존재한다는 것을 인정하지 않았다. 하이데거에 따르면 우리가 논리적인 철학을 건립하고자 해도 그것은 헛된 일이다. 우리가 드러낼 수 있는 것은 '실존 철학'뿐이다. 철학자가 객관적이고 보편 타당한 진리를 추구하려고 노력하는 것은 불가능하다. 그가 제시할 수 있는 것은 개인적인 실존의 진리뿐이며, 이 실존은 항상 역사적 성격을 지닌다. 그것은 그 개인이 생존해 있는 역사적 조건들과 결부되어 있다. 이들 조건을 바꾸는 것은 불가능하다. 카시러는 하이데거가 사용하는 '피투성(Geworfenheit)' 개념, 즉 인간의 '내던져져 있음'에 주목한다. 시간의 흐름 속에 내던져져 있다는 것은 인간적 삶의 기초적이고 불변하는 조건이다. 인간은 이 흐름으로부터 빠져나올 수 없으며, 그 진로를 바꿀 수도 없다. 인간은 그 실존의 역사적 조건들을 수용해야만 하며, 그 운명을 감수하지 않을 수 없다.

카시러는 슈펭글러나 하이데거에게서 배울 수 있는 사상의 전반적인 경향과 1차 세계 대전 이후 독일의 정치적 사회생활 사이에 어떤 간접적인 관계가 있다고 주장한다.[★7] 그리고 카시러는 철학이 자신의 힘을 신뢰하지 않게 되자마자, 그리고 철학이 단순히 수동적인 태도에 굴복하자마자 철학은 이제 자신의 가장 중요한 '교육적 과제'를 완수할 수 없게 되었다고 말한다. 그 경우 철학은 인간이 개인적 사회생활을 형성하기 위해 어떻게 자기의 활동 능력을 발전시켜야 하는가를 가르쳐줄 수 없다. 결국, 카시러는 인간 문화의 몰락이나 피할 수 없는 붕괴에 관한 암울한 예언에 빠지는 철학, 그리고 모든 주의력을 오로지 피투성에 기울이는 철학은 이제 철학으로서의 '의무'를 수행할 수 없다고 판단한다.★8 그런 점에서 카시러는 슈펭글러의 문화 비관주의와 하이데거의 실존 사상이 독일 나치즘의 정치적 이데올로기 형성에 상당한 책임이 있다는 사실을 에둘러 표현하고 있다.

카시러는 철학의 실천이 힘들었던 배경을 살펴본 뒤, 이제 철학 실천의 모범 사례로 알베르트 슈바이처(Albert Schweizer, 1875~1965)를 소개하고 있다. 슈바이처는 인간 문화의 위기에 대한 정확한 진단을 한 인물이다. 그는 현대 문화의 위기를 낳은 책임은 두 가지 사태, 즉 하나는 '민족주의의 우세', 다른 하나는 '집단정신'의 압도적 영향에서 기인한다고 보았다. 슈바이처에 따르면 민족주의란 '극도로 과장된 저열한 애국심'이다. 그것이 고귀하고 건강한 애국심에 대해 갖는 관계는 정확히 우둔한 자의 고정 관념이 정상적인 확신에 대해 갖는 관계와 같다. 그리고 집단정신에 대해 슈바이처는 다음과 같이 설명한다.

> "현대인은 역사상 선례가 없는 방식으로 집단 속에서 길을 잃고 있다. 자기 자신의 본성에 관해 현대인의 관심은 감소하고 그 결과 그는 사회나 언론 기관이 유포시키는 기성화된 견해에 대해 거의 병적일 정도로 민감하게 되었다."★9

인간 문화의 정신적이고 윤리적인 이념이 이렇게 분열되고 붕괴할 때 이 위험을 극복하기 위해서 철학은 무엇을 했는가라고 슈바이처는 묻고 있다. 철학이 그 지식의 풍부함에도 불구하고, 세계에 대해 그리고 인간을 지배하는 삶의 문제에 대해 국외자가 되고 말았다고 말한다.

> "철학이란 이성 일반의 안내자요 관리인이다. 철학은 우리의 문화가 기대고 있는 그 이념들에 대해 우리가 투쟁해야만 한다는 사실을 제시해 주었어야 했다. 훈련되었거나 훈련되지 못한 문화적 이념의 문제를 연구하는 데 모든 노력을 집중했어야 했다. 그러나 위험한 때 우리를 보호해 주어야 할 경비원은 졸고 있었다. 그래서 결국 우리는 우리 문화와 맞서 싸우지 못하게 되고 말았다."★10

그래서 카시러는, 지난 수십 년 동안 이론 철학의 영역에 참여했던 우리는 어떤 의미에서 슈바이처의 이러한 비판을 달게 받아야 한다고 말한다. 카시러는 자신도 예외가 되지 않으며 거기서 면제되지 않는다고 솔직히 고백한다. 카시러가 이런 말을 하는 것은, 우리가 전문적인 학술 개념으로서 철학에만 매달리게 되면 우리는 너무나 자주 철학과 세계와의 참된 관계, 즉 철학의 실천 문제를 망각하게 된다는 사실을 강조하기 위해서이다.

카시러는, 이제 철학은 '세계'와 관계되어야 하고 세계와의 관계 속에서 '책임'의 문제를 나름의 방식으로 수행해야 한다고 강조하고 있다.★11 그리고 하나의 객관적이고 이론적인 진리와 같은 어떤 것이 실제로 존재하는가, 일찍이 선조들이 도덕의 이념, 인간성의 이념이라고 이해했던 그와 같은 어떤 것이 존재하는가, 일반적으로 개인을 초월하는, 국가를 초월하는, 민족을 초월하는 그러한 윤리적 주장이 존재하는가 등에 관한 물음이 제기될 때, 철학은 옆으로 비켜있거나 침묵하거나 방관해서는 안 된다고 말한다. 만일 철학이 그동안 그런 역할을 하지 못했다면 이제 철학은 다시 한번 자신에 대해 반성해야 할 때이며, 현재 모습은 어떠한지, 그동안 무엇을 해왔는지, 철학 체계의 근본 목적은 무엇이었는지, 철학의 정신적-역사적 과거는 어떠했는지 등에 대해서 반성해야 할 때라고 말한다.★12

광장 정치의 현상과 진단

그러면 지금 여기에서 벌어지고 있는 광장 정치의 현상에 주목해 보자. 광장 정치는 어떻게 가능하며 거기에 들어 있는 핵심 요소는 무엇인가? 카시러는 신화와 신화적 사고, 나아가 정치적 신화, 정치적 신화의 기술이 광장 정치와 밀접한 관련이 있다고 분석한다. 카시러에 따르면 신화는 기본적으로 세상에 대한 인식적 사변적 해석이 아니다. 그것은 실제의 생활 형식에 뿌리를 두고 있다. 신화는 우리가 그것을 의식상 이루어진 행위 내에서 이해할 때에 비로소 이해하기 쉬워진다.

원시인들에게서는 일상생활에서의 실용적 지식에 대한 합리적이며 경험적인 법칙이 존재한다. 신화와 그것에 맞는 의식적 실행들은 특히 '위기 상황'에서, 그리고 '결과가 불확실한 상황', 말하자면 생명 순환적 과도기에 중요한 임무를 수행한다.★13 카시러에 따르면 신화는 공동체에 '형식'을 제공하며, 이 사회적 형식 또한 위기 발생 시에 파괴되지 않는다는 점을 보증한다. 만일 엄청난 위기 상황이 벌어졌을 때 그것이 사회 경제적 성격을 지닌다면 그때 신화는 '정치적 기능'을 수행한다. 그래서 신화는 각 개인에게 무조건 집단과의 일체감을 심어준다. 카시러는 이것을 신화의 '정치 철학으로의 침투'(浸透)★14라고 말한다.

카시러가 볼 때 현대 정치 사상의 발전에 있어서 가장 중요하면서 두려운 양상은 하나의 새로운 세력의 출현, 그러니까 신화적 사고를 바탕으로 하는 정치 세력의 출현이었다.★15 그런 점에서 정치 제도 가운데 몇 개의 경우 신화적 사고가 이성적 사고보다 우세하였다고 카시러는 확신하고 있다. 지금 여기 한국 사회에서 벌어지고 있는 광장 정치의 이면에도 바로 그와 같은 측면이 들어 있다는 것이 필자의 기본적인 생각이다. 그렇다면 지금 여기 광장 정치에 들어있는 핵심 요소는 무엇일까? 특히 여러 정치적 신화★16 가운데 어떤 것이 우리 광장 정치의 현상 속에 스며들어 있는 것일까? 필자는 영웅 숭배론과 인종 불평등론이 광장 정치와 직접적 관련이 있다고 생각한다.

2 광장 정치 현상과 영웅 숭배론

영국 출신의 칼라일(Thomas Carlyle, 1795~1881)이 1840년 5월에 행한 강연 "영웅, 영웅숭배 및 역사에서 영웅적인 일에 관하여"★17는 자신의 의도와 관계없이 이후 국가사회주의, 즉 독일 나치 정권의 이데올로기에 중대한 영향을 미쳤다고 카시러는 판단한다.★18

그렇다면 원래 칼라일의 기본 입장은 무엇이었는가? 칼라일은 인간의 사회적 문화적 생활에서 가장 오래된 공고한 요소는 다름 아닌 영웅 숭배라고 보았다.

"영웅 숭배는 가장 고결하고 신(神)에 가까운 형태의 사람에 대한 충성심으로부터 나오는 무한한 경배(敬拜)요 복종(服從)이며 열광(熱狂)이다. 그것은 바로 기독교 자체의 맹아가 아닌가?"★19

칼라일은 이와 같은 생각에서 더 나아가 역사적 생활 전체를 영웅들의 생활과 동일시하였다. 따라서 그의 관점에서는 영웅들이 없으면 역사도 존재하지 않게 된다. 카시러는 칼라일이 말하는 영웅을 '변형된 성자', 다시 말하면 '세속화된 성자'로 파악한다. 그런 측면에서 칼라일에게서 영웅은 '시인(詩人)'일 수도 있고, '왕(王)'일 수도 있으며, '문인(文人)'일 수도 있다. 어쨌든 이러한 현세적인 성자들이 없다면 우리는 살 수 없다고 한다. 여기서 문제가 되는 것은 과연 영웅은 무엇인가 하는 점이다. 이 문제에 대해서 칼라일은 즉답을 피하며 다만 누가 위대한 영웅적 사람들이었는가를 밝히고 있을 뿐이다. 카시러가 볼 때 칼라일의 영웅론에 대한 주장은 그 근거와 기준이 모호하다는 것이다.

한편 카시러는 칼라일의 영웅 숭배론의 형이상학적 근거를 제공해 준 이로 피히테(Johann Gottlieb Fichte, 1762~1814)를 꼽는다. 18세기 철학자들은 철저한 개인주의자들이었고, 그들은 '이성의 평등'에 대한 맹신에서 인간의 '평등한 권리'라는 주장을 끌어냈다. 그런데 피히테는 이성의 평등에 관한 주장을 한갓 주지주의적 편견으로 파악하였다.★20 피히테는 이성이 실천 이성, 즉 도덕적 의지를 의미한다면 그것은 결코 평등하게 분배되어 있지 않다고 말한다. 그것은 어디서나 발견될 수 있는 것이 아니라 실제에 있어 소수의 위대한 인격 속에 집중되어 있다는 것이다. 이들이 다름 아닌 영웅들이며 인류 문화의 최초의 개척자들이라고 말한다.★21 피히테의 이와 같은 생각을 이어받고 있는 칼라일에 따르면 영웅 숭배가 인간 본성 속에 있는 '근본적 본성'이며, 만일 이것이 전적으로 말살되면 인류를 절망에 빠뜨리게 될 것이라고 주장하였다.★22

현대의 파시즘 옹호론자들은 칼라일의 영웅 숭배론과 관련하여 칼라일의 말들을 쉽게 정치적 무기로 변용시킬 수 있었다. 그래서 칼라일의 정치 이론은 그 근저에 변장되고 변형된 칼빈주의로 볼 수 있다고 카시러는 지적한다.★23 참된 자발성은 선택된 소수를 위해서만 있다. 다른 사람들, 그러니까 버림받은 대중은 이 선택된 자, 말하자면 통치자로 태어난 자들의 뜻에 복종하지 않을 수 없게 된 것이다.

그런데 여기서 카시러는 칼라일이 사용하는 '영웅주의'와 '리더십'의 개념이 현대 파시즘 이론의 그것과는 분명한 차이가 있다고 말한다. 다시 말해, 칼라일에게서는 참 영웅과 가짜 영웅을 쉽게 분간할 수 있는 두 가지 기준이 있는데, 그것은 바로 '통찰력(insight)'과 '성실성(sincerity)'이라는 것이다.★24 이런 측면에서 칼라일은 큰 정치 투쟁에 있어서 거짓말이 절대로 필요하지 않으며, 또한 거짓말이 정당한 무기가 될 수도 없다고 말하였다. 카시러는 이 점을 매우 긍정적으로 평가하고 있다.

또 다른 측면에서 칼라일이 영웅들에게서 가장 찬탄한 일은 '감정의 성실성'뿐만 아니라 '사상의 명석성'이다. 이 두 요소의 균형이 참 영웅의 돋보이는 특징이라고 파악하였다.★25 그리고 칼라일의 이론에서 영웅들의 성격을 이루는 것은 인간 속에 있는 모든 '생산적'이고 '건설적인' 힘의 매우 다행스러운 결합에 있다. 그리고 이 모든 힘 가운데 '도덕적 힘'(moral force)이 최고의 지위를 차지하며, 또 압도적인 역할을 맡는다. 칼라일의 철학에서 '도덕성'(morality)은 부인과 부정의 세력에 대한 긍정의 세력을 의미한다. 여기서 중요한 것은 긍정된 것보다도 오히려 긍정의 행위 자체 그리고 이러한 긍정의 행위의 강도에 있다.[★26] 바로 이러한 측면에서 카시러는 칼라일의 이론이 파시즘 옹호자들에 의해 그 원래의 중심적 주장과는 상당히 왜곡된 채 변용되었음을 지적하고 있다.

이러한 관점에서 카시러는 20세기 제국주의 및 국가주의와 칼라일의 영웅 숭배론은 근본적인 차이가 있다는 사실을 주장한 것이다. 칼라일이 "힘은 정의다"라고 말했어도 이때 '힘'은 물리적인 의미보다는 오히려 '도덕적' 의미로 이해되고 있다는 사실에 카시러는 주목한다. 그 점에서 영웅 숭배는 언제나 '도덕적 힘에 대한 숭배'를 의미하는 것이다. 비록 칼라일의 영웅 숭배론이 왜곡되어 활용되었지만, 중요한 것은 칼라일 사상의 본래 취지와 뜻을 제대로 확인해야 한다는 것이 카시러의 입장이다.

2 광장 정치 현상과 인종 불평등론

프랑스의 고비노(Joseph-Arthur Gobineau, 1816~1882)는 『인종불평등론』(1853~1855)에서 유전되는 신체적 특징과 성격 · 지능 · 문화 사이에 인과관계가 있다는 주장을 펼쳤다. 고비노의 인종 불평등론의 핵심은 의외로 단순하다. 인류의 여러 인종 가운데 백인종만이 문화적 생활을 건설하는 의지와 힘을 가진 '유일한' 인종이라는 것이다.[★27] 이 생각은 인종들 사이에 근본적인 차이가 있음을 주장하는 것이다. 고비노에 의하면, 흑인종과 황인종은 아무 생명도 의지도 그들 자신의 아무런 에너지도 가지고 있지 않다. 그들은 그 주인의 수중에 있는 죽은 물질이요, 더 높은 인종에 의하여 움직여지지 않으면 안 되는 무기력한 집단으로 간주될 뿐이다.

고비노는 "흑인종과 황인종은 거친 천이요, 무명이며, 양모에 지나지 않은 것으로, 백인종이 이것 위에 그들 자신의 우아한 명주실을 짰다는 것은 아주 확실한 일"★28이라고 말한다. 이런 관점에서 보자면 중국 문화도 중국인이 만든 것이 아니라 인도에서 이주해 온 외래 종족, 그러니까 중국을 침입해서 이를 정복하고 중앙 왕국과 중화 제국의 기초를 닦은 크샤트리아족(Kschattryas)의 소산이다. 마찬가지로 아메리카 원주민들이 그들 자신의 노력으로 문명의 길을 찾을 수 있었다고 하는 것은 불가능한 가정이라는 것이다. 이러한 관점에서 "역사는 오직 백인종들과의 접촉에서만 생긴다."★29라는 사실이 고비노 이론의 제1 원리가 되었다.

그런 측면에서 고비노의 역사관은 '숙명론적(fatalistic)'★30이라고 말할 수 있다. 고비노에 의하면 역사는 일정하고 냉혹한 법칙을 따른다. 우리는 사건의 진로를 변경시키기를 바랄 수 없다. 우리가 할 수 있는 것은 그 사실을 이해하고 받아들일 뿐이다. 그래서 인류의 운명은 처음부터 '예정(豫定)'되어 있는 것이다. 인간의 그 어떤 노력도 이것을 돌이킬 수 없고, 인간은 결국 자신의 '운명'을 바꿀 수 없다는 것이 고비노의 생각이었다.★31

고비노에게서 인종은 역사적 세계의 유일한 주인이요 지배자이며, 다른 모든 세력은 그 심부름꾼이며 위성에 불과하다. 이런 측면에서 고비노의 이론과 역사관이 현대적 의미의 전체주의 국가 이데올로기로 오용될 소지는 있지만, 엄밀한 의미에서 고비노 이론의 핵심은 다른 것에 있다고 카시러는 지적한다. 고비노 이론에서 가장 중요한 요소는 '인종에 대한 찬미' 자체가 아니다. 자신의 조상, 가문, 혈통을 자랑스럽게 생각하는 것은 인간의 자연스러운 특성이기 때문이다.

카시러는 고비노의 인종 불평등론에서 다음과 같은 중요한 사실들을 발견하고 있다.

첫째, 다른 모든 가치를 파괴하려는 시도이다.★32 말하자면, 인종이라는 신(神)은 시기하는 신이다. 그는 자기 이외에 숭배될 다른 신들을 용납하지 않는다. 인종이 전부이다. 다른 세력들은 아무것도 아니며, 독립적인 가치나 의미가 없다. 만일 인종 이외의 다른 것들이 어떤 힘을 가지고 있다면 그것은 자율적인 힘이 아니라 전능한 존재인 인종이 이들에게 위탁해 놓은 것에 불과하다.

둘째, 고비노에게는 18세기의 '인본주의'와 '평등주의' 이념이 장애가 되었다. 이 이념들은 종교에 근거하기보다는 철학적 윤리학에 근거하고 있다. 사실상, 이 이념들은 칸트의 저서 속에서 가장 명료하게 체계적으로 기술되고 있다. 칸트 저서에서의 핵심은 '자유(freedom)' 이념인데, 이 자유는 '자율(autonomy)'을 뜻한다. 이 자유 이념은 도덕적 주체는 그가 자기 자신에게 주는 것 외의 다른 어떤 규칙에도 복종해서는 안 된다는 원리의 표현이다. 인간은 외부의 목적을 위해 쓸 수 있는 수단에 불과한 것이 결코 아니다. 인간은 스스로 '목적의 왕국에서 입법자'이다. 칸트에 따르면 "목적의 왕국에서는 모든 것이 값 혹은 존엄성을 가진다. 그리하여 도덕성과 이것을 가질 수 있는 인간만이 존엄성을 가지고 있다."★33라고 주장한다. 그런데 이 모든 것은 고비노에게서 전혀 알 수 없는 소리일 뿐만 아니라 한마디로 참을 수 없는 말에 불과했다. 무슨 이유 때문일까? 본래 존엄성(dignity)이란 개인적 우월성을 의미하는 것이며, 우리는 남을 열등한 존재로 내려다보지 않고서는 이 우월성을 의식할 수 없다. 고비노는 모든 위대한 문명과 모든 고귀한 인종에게 이 존엄성은 지배적 특징이었다고 간주하고 있다. 따라서 고비노에게서 보편적 윤리 기준과 가치를 찾는 일은 어리석은 것이었다. 그에게서 보편성이란 속악(vulgarity)을 의미할 뿐이었다.★34

셋째, 고비노에게서는 인종의 본능이 모든 철학적 이상과 형이상학적 체계보다 훨씬 우월하다. 우월한 인종들(예컨대, 아리안족)은 그들의 발아래 비굴하게 굽실거리는 다른 인종들과 자신을 비교함으로써만 그들이 어떤 존재며, 또 무슨 가치가 있는 존재인지를 알 수 있다고 생각하였다. 그런 관점에서 볼 때, 고비노에게 칸트의 정언명법의 공식은 말 자체가 모순이 아닐 수 없다. 그 격률, 그러니까 우리가 하고자 하는 것이 동시에 보편적 법칙이 되도록 하라는 격률은 불가능하다. 보편적 인간이 없는데 어떻게 보편적 법칙이 있을 수 있겠는가? 모든 경우에 타당할 것을 주장하는 칸트의 윤리적 격률은 어떤 경우에도 타당하지 않다. 누구에게나 적용되는 규칙은 아무에게도 적용되지 않는다. 칸트의 정언 명법은 인격적, 역사적 세계에서 대응하는 것이 하나도 없는 한갓 추상적인 공식에 불과하다.★35

고비노의 이론이 정치적으로 악용되어 인종주의(racism)와 국가주의(nationalism)로 이어지는데 공헌한 것은 사실이지만, 고비노의 이론 자체에서 본다면 결코 그는 국가주의자도(nationalist) 애국주의자(patriot)도 아니었다는 사실을 확인할 수 있다고 카시러는 주장한다.★36

광장 정치의 기제 방식과 작동 원리

이제 신화적 사고와 정치 세력의 결탁이 실제로 어떻게 연결되고 있는지, 그리고 광장 정치의 기제 방식과 작동 원리는 어떤 것인지 카시러의 분석에 주목하고자 한다.

첫째, 신화는 인간 문화에서 단지 일시적인 요소가 아니라 영속적 요소이다. 인간은 전면적으로 이성적 동물인 것은 아니다. 인간은 신화적 동물이며 또한 그렇게 존속한다.★37 신화는 인간 본성의 본질적인 부분으로서, 인간 문화의 가장 진보적인 단계에서도 사라지지 않고 인간 생존 전체에 널리 영향을 미치는 영속적인 요소라는 점이다. 동시에 인간의 정치적 사회적 생활이 위험에 직면할 때 신화는 그 오래된 위력을 회복한다. 이런 점들을 잘 인식한 나치의 정치가들은 독일인들이 처한 절망적인 상황을 이용하여 정치적 신화를 만들어냈다고 카시러는 파악한다.

둘째, 카시러는 인류학자 두떼(E. Doutté)의 말을 인용하면서 신화는 '인격화된 집단적 욕망'이라고 보았다.★38 이 근본적 성격은 오늘날 우리의 모든 정치적 신화 안에 보존되어 있다. 여기에서 발견되는 것은 하나의 '사상' 체계가 아니라 가장 격렬한 감정의 소요(騷擾)이다. 이 격렬한 감정들 모두는 한 곳으로 초점이 모이는데, 바로 총통(지도자)에게 투여되어 인격화되고 신성화되었다.★39 그 점에서 두떼의 이 표현은 '지도력'과 '독재'에 대한 현대적 개념의 가장 간결하고 분명한 표현으로 사용될 수 있었다. 지도력에 대한 욕망은 오직 집단적 욕망이 압도적으로 커졌을 때, 그리고 한편 이 욕망을 정상적인 방법으로 충족시킬 모든 희망이 끊어졌을 때 나타난다. 이런 때가 오면 이 욕망은 절실해질 뿐만 아니라 또한 인격화된다. 집단적 욕망의 강렬함은 지도자 속에 체현된다. 이미 있었던 사회적 속박물-법률, 정의 및 여러 조직-은 아무 가치도 없다고 선포된다. 오직 남는 것이라고는 영도자의 신화적 권력과 권위뿐이고, 영도자의 의지는 최고의 절대적인 율법이 된다.★40 나치의 정치적 신화를 통해 표출된 집단적 욕망은 '천년 왕국'에 대한 소망이었다. 천년 왕국은 '모든 희망이 충족되고 악(惡)이 송두리째 제거되는 시간이라는 관념'으로서 정치적 신화를 통해 게르만 민족에게 약속되었다.★41 그런데 이 천년 왕국은 평화의 천년 왕국이 아니라 전쟁의 천년 왕국이었다. 왜냐하면 '전쟁'이 인간의 사회적 정치적 생활에서 참된 이상이자 유일한 것으로 선포되었기 때문이다. 나치의 정치가들은 이를 통해 대중적 예언자가 되었다.

셋째, 신화는 항상 극(劇, drama)의 성격을 지닌다. 그래서 신화는 세계를 한 편의 장대한 드라마, 즉 신적 힘과 마술적 힘, 빛과 어둠, 선과 악 사이의 투쟁으로 생각한다. 신화적 사고와 상상력 안에는 언제나 부정적인 것과 긍정적인 양극이 존재한다. 그런 점에서 정치적 신화도 거기에 악마적 힘을 도입하지 않을 수 없었다. 그렇기에 '신격화' 과정은 마땅히 '악마화'의 과정을 통해 완성된다.★42 여기서 카시러는 독일의 정치적 신화에 보이는 신격화와 악마화의 과정에 주목한다. 천년 왕국에 대한 소망과 집단적인 욕구의 격렬한 감정이 총통에게 투여되어 인격화되고 신격화되었던 반면에, 악마의 역할을 '유대인들'에게 부여함으로써 그들을 악마화했다는 것이다. 유대인의 악마화를 염두에 둘 때 유대인에 대한 유례없는 박해를 이해할 수 있다. 카시러에 따르면, 독일에서 일어난 박해의 형태는 유대인들에 대한 억압과 차별을 의미하는 기존의 반셈족주의(anti-Semitism)와 차원이 달랐다.★43 독일의 반유대인 선전 활동의 특수한 방법은 기존의 반셈족주의만으로는 설명할 수 없는 것으로서 유대인의 완전한 섬멸로만 종식될 수 있는 생사를 건 투쟁으로 선포되었다. 그 결과 나치에 의한 엄청난 수의 유대인 대학살이 자행되기에 이르렀다.

넷째, 나치의 정치적 신화가 활용한 기술들, 즉 새로운 '용어'와 '의례'는 이성적으로 자유로웠던 국민을 묵종하게 했다. 먼저 새로운 용어의 사례로 '승리를 통한 평화'를 의미하는 Siegfriede와 Siegerfriede★44를 들 수 있다. 이 단어들은 형태상으로 크게 차이가 없지만, 정반대의 의미를 지니고 있다. 전자는 독일의 승리에 의한 평화를, 후자는 연합군의 승리에 의한 평화를 의미한다. Siegfriede에서 Sieg는 단수형으로서 이 단어는 오직 동질적이고 신비한 통일체인 독일에만 사용될 수 있는 것이었다. 반면에 Siegerfriede에서 Sieg는 복수형으로서 이 단어는 실제로 혼란스럽고 잡다한 구성체인 연합국에 사용되는 것이었다. 이렇듯 새로운 용어들을 만들어낸 사람들은 정치적 선전술에서 달인들이었고, 그들은 인간 격정의 전 영역, 즉 증오, 분노, 오만, 경멸, 거만, 무시 등을 하나의 음절 속에 압축할 수 있었었다.★45 결국, 일상에서 사용하는 이러한 새로운 용어들은 국민을 정서적으로 조직화하였다.

또한, 정치적 신화가 그 힘을 발휘하는 데 새로운 '의례'도 매우 중요한 기능을 담당하였다. 어떠한 정치적 행동이든 특수한 의례를 수반하지 않은 것은 없었다. 게다가 전체주의 국가에서는 사적 생활과 공적 생활은 분리되지 않기 때문에 사적 생활까지도 새로운 의례의 범람 속에 말려들었다. 이들 의례는 모든 원시적 의례와 마찬가지로 규칙적이고 엄격한, 그리고 용서가 없는 것이었다. 모든 계급, 성별, 세대마다 각기 고유한 의례를 줬다. 누구든 의례 행위를 행하지 않고서는 거리를 활보하거나 이웃 또는 친구와 인사를 나눌 수 없었다. 지정된 의례를 하나라도 소홀히 하는 것은 매우 위험한 일이 되었다. 어린아이들에게서조차 그것은 단순한 태만의 죄로 간주하지 않았다. 그것은 대역죄, 곧 총통과 전체주의 국가의 존엄에 대항하는 죄였다. 그렇다면 나치의 정치가들이 모든 새로운 '용어'와 '의례'를 만든 목적은 무엇이었을까? 의례는 언제나 하나의 집단에 의해, 또한 대부분은 그 부족의 모든 구성원에 의해 집행된다. 카시러에 의하면 이들 의례에 참여하는 남녀는 자신의 개체성 감각을 잃게 되는데, 바로 이 점이 의례의 중요한 효과였다. 개개인이 아니라 '집단'이 참된 도덕적 주체인 것이다. 부족, 씨족, 그리고 가족 전체가 각각의 구성원 모두의 행위에 관해 책임이 있게 된다. 여기에서는 집단이 도덕적 주체로 나타날 뿐만 아니라 죄의 책임도 개인이 아니라 전체 집단에 전가되었다.★46 전체주의 국가에서 정치 지도자들은 미개 사회에서 주술사의 손에 맡겨져 있었던 모든 기능을 떠맡지 않으면 안 되었다.

맺음말: 광장 정치의 실체

카시러는 고비노와 칼라일의 사상을 일목요연하게 비교한다. 그는 두 사람의 정치적 경향은 매우 유사한 듯 보이지만 차이가 있고, 이들은 공통적으로 18세기 정치적 이상들, 즉 '자유', '평등', '박애'의 이상을 철저하게 반대했던 사람들로 간주한다. 카시러는 칼라일의 영웅 숭배와 고비노의 인종 숭배 사이에는 근본적인 차이가 있다고 말한다. 즉 칼라일이 '영웅' 혹은 '영웅 숭배'를 통해서 국민을 결합/결속시키고, 마침내 통일하려 했다면, 고비노는 '인종 불평등론'을 통해서 국민을 분할/구분해서 최종적으로 분리하고자 했던 것이다.★47

칼라일에게 새로운 영웅들은 모두 '신적 이념(Divine idea)'과 같은 하나의 보이지 않는 큰 힘의 새로운 화신이었다. 그러나 역사적 문화적 세계에 대한 고비노의 논의에서는 이러한 신적 이념이 사라져버린다. 고비노가 볼 때 위인들은 하늘로부터 오지 않는다. 그들의 온 힘은 땅으로부터 생겨난다. 그러니까 그들이 뿌리를 내리고 있는 출생지의 흙 속에서 생기는 것이다. 그러므로 위인들의 가장 중요한 성질들은 곧 그들의 인종의 성질이다.★48 이러한 맥락에서 고비노는 존재론이 도덕에 앞서며, 또 언제나 도덕의 결정적 요인이라고 말하였다. 한 인간이 '무엇을 하는가'가 아니라 그가 '어떤 사람이냐'라는 사실이 그에게 도덕적 가치를 부여한다. 인간은

잘 행동함으로써 선(善)한 것이 아니라 그가 선할 때, 즉 잘 태어났을 때 잘 행동한다는 것이다.★49

필자는 지금 여기 한국 사회에서 펼쳐지고 있는 광장 정치 현상과 카시러가 분석하고 있는 나치 정권의 전체주의 현상이 별반 다르지 않다고 생각한다. 지금의 광장 정치는 우리 국민의 신화적 사고와 특정 정치 세력과의 유착의 결과라고 생각한다. 진보 진영이든 보수 진영이든 같은 목적에서 광장 정치를 활용하고 있고, 그 점에서 양상은 같다. 문제는 광장으로 달려 나오는 순수한 국민이다. 그들의 바람은 소박하다. 기회의 평등, 과정의 공정, 결과의 정의를 바라는 국민은 본인들의 염원과 달리 특정 정파와 정치인들의 신화적 기술에 걸려들어 희생양이 되고 있다.

철학자 이진우는 지금 여기에서 벌어지는 광장 정치에서 파시즘의 기운이 느껴진다고 고백하였다.★50 파시즘은 권력을 위해 민중을 동원하는 방식이다. 그는 막강한 권력을 가진 통치자가 반대 세력을 포용하기는커녕 대화조차 안 하고 국민과 '직접' 소통하겠다는 것은 파시즘의 전형적인 방식이라고 일갈한다. 필자가 이진우의 생각을 여기에 옮기는 것은 광장 정치에서 파시즘을 읽어내는 그의 차가운 분석 때문이다. 파시즘은 기득권 세력이 자신의 권력을 유지하기 위해 파편화된 민중을 결집한다. 기득권 세력의 불법과 비위를 밝히기 위해 광장에 모이는 것은 깨어 있는 시민의 참여 행위이지만, 부정과 불의의 의혹을 받는 자를 보호하기 위해 광장에서 집단의 힘을 과시한다면 파시스트 중우 정치(衆愚政治)가 된다.

파시즘은 권력 쟁취의 운동을 지속하기 위해 끊임없이 적(敵)을 만들어낸다. 적폐 청산이라는 이름으로 자신의 노선과 맞지 않는 사람을 모두 적으로 낙인찍는다. 괴물과 싸우다 보면 스스로 괴물이 된다는 니체의 말처럼, 이분법에 저항하던 사람들이 선악의 이원론에 갇혀 있게 된다. 파시즘은 차이와 비판을 용납하지 않는다. 어쩌다 조금이라도 비판하는 사람이 나타나면 소위 작가, 지식인이라는 운동권 엘리트들이 나타나서 궤변으로 인신공격을 한다. 집단성이 도덕성을 넘어설 때 파시즘은 고개를 쳐든다. 최고의 통치자가 민중과 직접 소통하려는 방식이 파시즘이다. 독일 철학자 베냐민(Walter Benjamin, 1892~1940)이 파시즘의 핵심으로 꼽고 있는 것은 바로 정치적 권력이 민중에게 나타나는 방식이다. 민심을 듣겠다고 의회를 무시하면 그것이 바로 파시즘이다.

때마침 진보 진영의 목소리도 전해졌다. 광장 정치의 기제 방식과 작동 원리에서 필자가 밝혔듯이, 또한 이진우의 파시즘 진단에서도 드러났듯이 정치적 신화의 기술들은 우리의 광장 정치 현장에서도 그대로 재현되고 있었다. 그 선봉에 작가 공지영이 있었다. 공지영은 국정에 무한 책임이 있는 여권이 나라를 양쪽으로 분열시키고 있다는 지적에 대해 "나라가 두 쪽이 났다고 한다. 천만의 말씀"이라며 "저들은 적폐이고 우리는 혁명이다. 저들은 폐기된 과거이고 우리는 미래이다. 저들은 몰락하는 시대의 잔재이고 우리는 어둠을 비추는 영원한 빛"이라고 주장했다. 그러면서 "두 쪽이 난 게 아니라 누가 이기고 지는지 판가름이 나는 것"이라고 강조했다.[★51] 1933년 독일 나치 정권이 국민을 대상으로 정치적 신화의 기술을 선보여 그들의 권력을 유지하고 연장했다면 2019년 당시 한국 정부는 국민을 대상으로 광장 정치라는 또 하나의 정치적 신화의 기술을 동원하여 적폐 청산, 검찰 개혁을 외침으로써 권력의 유지와 권력 연장을 시도하였다.

이 지점에서 되물어본다. 철학은, 철학자는 무엇을 할 수 있고 또

해야만 하는 것일까? 이런 상황에서 나는 다시금 카시러를 찾는다. 카시러는 『국가의 신화』(1946) 마지막 페이지에서 본인의 입장을 드러냈다. 카시러는 베이컨(Francis Bacon, 1561~1626)의 입장을 제시하면서 현대 정치적 신화의 본질을 밝혀내는 일에 집중해야 한다고 주장했다. 베이컨은 우리가 먼저 순종하지 않으면 자연은 정복되지 않는다고 말했다. 이 말을 통해서 베이컨이 목표한 바는 인간이 자연의 주인이 되게 하는 데 있었다. 인간은 자연을 예속시키거나 노예화할 수 없다. 자연을 지배하려면 인간은 자연을 존경하지 않으면 안 된다. 인간은 먼저 자기 자신을 해방하는 일에서 출발하지 않으면 안 된다. 즉 그의 '오류들'과 '착각들', 그의 인간적 '괴벽'과 '망상'에서 벗어나지 않으면 안 된다.★52

정치적 신화에 맞선 이러한 투쟁에서 철학은 무엇을 할 수 있는가? 신화는 논리적 이성적 논증으로 타파할 수 없다. 어떤 의미에서 신화는 이러한 논증이 발을 들여놓을 수 없고, 논파할 수 없는 종류의 것이다. 철학은 직접적인 정면 공격으로 신화를 타파할 수 없다고 할지라도 우리에게 적(敵)을 이해시킬 수 있는 것이다. 적과 싸우기 위해서는 적을 알지 않으면 안 된다. 적을 안다는 것은 적의 약점을 아는 것만이 아니라 적의 강점을 아는 것이기도 하다.★53 우리 모두에게 있어 정치적 신화의 강력함이 너무 낮게 평가받고 있었던 것이 밝혀졌다. 그렇기에 우리는 적의 본성을 이해하고 그 수법을 철저하게 연구해야 한다.★54 그 과정에서 우리 또한 베이컨이 말한 여러 우상(종족, 동굴, 시장, 극장)에서 벗어나야만 한다. 카시러는 이 우상들 가운데 가장 위험하고 집요한 것으로 시장의 우상을 꼽았다. 시장의 우상은 정치 안에 그 본성적 자리를 갖고 있기 때문이다.

1. 이 글은 신응철, 「광장정치의 논리-카시러(Ernst Cassirer)의 견해를 중심으로-」, 『철학탐구』 56집, 중앙대학교 중앙철학연구소, 2019. 97~124쪽에 게재되어 있으며, 이를 수정 보완하였음을 밝혀둠.
2. 에른스트 카시러, 「철학과 정치」(1944), 『상징 신화 문화』, 심철민 옮김, 아카넷, 2012. 330쪽
3. Kant, *Kant's Critique of Practical Reason and Other Works on the Theory of Ethics*, trans. T.K. Abbott, 6th. ed. London: Longmans, Green, 1909. 6쪽
4. Hegel, *Phänomenologie des Geistes*, Hamburg: Felix Meiner Verlag, 1952. 355쪽
5. Hegel, *Grundlinien der Philosophie des Rechts*, ed. Johannes Hoffmeister, 4th.ed. Hamburg: Felix Meiner Verlag, 1952. 355쪽. 에른스트 카시러, 「철학과 정치」(1944), 『상징 신화 문화』, 339쪽
6. 에른스트 카시러, 「철학과 정치」(1944), 『상징 신화 문화』, 340쪽
7. 에른스트 카시러, 「철학과 정치」(1944), 『상징 신화 문화』, 344쪽
8. 에른스트 카시러, 「철학과 정치」(1944), 『상징 신화 문화』, 344쪽
9. Cassirer, "Albert Schweitzer as Critic of Nineteenth Century Ethics" in *The Albert Schweitzer Jubilee Book*, ed. A. A. Roback (Cambridge, Mass: Sci-Art Publishers, 1946), 241쪽~257쪽
10. Cassirer, "Albert Schweitzer as Critic of Nineteenth Century Ethics" in *The Albert Schweitzer Jubilee Book*, ed. A. A. Roback (Cambridge, Mass: Sci-Art Publishers, 1946), 241쪽~257쪽
11. Donald Phillip Verene, ed., *Symbol, Myth, and Culture: Essays and Lectures of Ernst Cassirer* 1935-1945, New Haven and London Yale University Press, 1979. 60쪽. (이후, *SMC*로 표기함.)
12. Cassirer, SMC, 61쪽
13. Cassirer, *The Myth of the State*, New Haven and London: Yale University Press, 1946. 278쪽.(이후 *MS*로 표기함.)
14. Cassirer, *MS*, 279쪽
15. Cassirer, *MS*, 3쪽
16. 카시러는 20세기에 가장 위력을 떨친 정치적 신화들에 대해 분석한 바 있다. 거기서 그는 칼라일의 영웅숭배론, 고비노의 인종불평등론, 슈펭글러의 운명론, 헤겔의 국가 이념에 대해 세밀하게 분석한다. 여기에서 필자의 논의는 拙著, 『카시러의 문화철학』,(한울출판사, 2000.) 제4장과 『문화철학과 문화비평』(철학과현실사, 2003.) 제5장에 터하고 있음을 밝혀둔다.

17. Thomas Carlyle, *On Heroes, Hero Worship and the Heroic in History*, Oxford University Press, London: Humphrey Milford, 1841, Reprinted, 1928.(번역서: 『영웅숭배론』(박시인 역), 을유문화사, 1963.)
18. Cassirer, *MS*, 190쪽
19. Cassirer, *MS*, 192쪽
20. Cassirer, *MS*, 215쪽
21. Cassirer, *MS*, 216쪽
22. Cassirer, *MS*, 216쪽
23. Cassirer, *MS*, 193쪽
24. Cassirer, *MS*, 216쪽
25. Cassirer, *MS*, 217쪽
26. Cassirer, *MS*, 218쪽
27. Cassirer, *MS*, 226쪽
28. Cassirer, *MS*, 227쪽
29. Cassirer, *MS*, 228쪽
30. Cassirer, *MS*, 225쪽
31. Cassirer, *MS*, 225쪽
32. Cassirer, *MS*, 232쪽
33. Kant, *Grundlegung zur Metaphysik der Sitten*, Sec. 2, "Werke" ed, E. Cassirer, Ⅳ, 293쪽
34. Cassirer, *MS*, 236쪽
35. Cassirer, *MS*, 236쪽
36. Cassirer, *MS*, 239쪽
37. 에른스트 카시러, 「현대의 정치적 신화의 기술」(1945), 『상징 신화 문화』, 368쪽
38. Cassirer, *MS*, 280쪽
39. 에른스트 카시러, 「유대교와 현대의 정치적 신화」(1944), 『상징 신화 문화』, 356쪽
40. Cassirer, *MS*, 280쪽
41. 에른스트 카시러, 「유대교와 현대의 정치적 신화」(1944), 『상징 신화 문화』, 357쪽
42. 에른스트 카시러, 「유대교와 현대의 정치적 신화」(1944), 『상징 신화 문화』, 357쪽
43. 에른스트 카시러, 「유대교와 현대의 정치적 신화」(1944), 『상징 신화 문화』, 358쪽
44. 에른스트 카시러, 「현대의 정치적 신화의 기술」(1945), 『상징 신화 문화』, 382쪽
45. 에른스트 카시러, 「현대의 정치적 신화의 기술」(1945), 『상징 신화 문화』, 382쪽
46. 에른스트 카시러, 「현대의 정치적 신화의 기술」(1945), 『상징 신화 문화』, 385쪽
47. Cassirer, *MS*, 243쪽

48. Cassirer, *MS*, 230쪽
49. Cassirer, *MS*, 238쪽
50. 경향신문, 2019. 10. 06. 이진우 칼럼 인용
51. (서울=연합뉴스), 2019/10/07 기사 인용
52. Cassirer, *MS*, 294쪽
53. 카시러가 신화를 알아야 한다고 말할 때, 안다는 것은 신화의 내용을 아는 것을 의미하지 않는다. 그것은 신화의 기능, 신화적 의식의 형식들을 알아야 함을 의미한다. E. 카시러, 『상징형식의 철학Ⅱ-신화적 사고』(1925), 심철민 옮김, 도서출판b, 2012. 32쪽
54. 에른스트 카시러, 「현대의 정치적 신화의 기술」(1945), 397쪽

6

감시 사회와 파놉티콘[★1]

들어가는 말

230년 전 영국의 철학자이자 법학자인 제레미 벤담(Jeremy Bentham, 1748~1832)이 『파놉티콘』(1791)을 출간하던 때와 비교하면 지금은 새로운 정보 통신의 기술이 비약적으로 발전하였고, 권력 장치에도 새로운 방식의 진화가 이루어졌다고 할 수 있다. 스마트폰의 보급, 인공위성, 고성능 CCTV, NAVER와 DAUM 등의 인터넷 포털, 각종 여론 조사 기관의 등장으로 우리는 모든 곳에 노출되어 있고, 나/우리의 사적 공적 기록들은 나/우리의 의지와 상관없이 그 어딘가에 저장되어 공유되고 있다. 이제 파놉티콘을 넘어 이른바 디지털 파놉티콘의 시대가 도래한 셈이다.[★2] 이러한 디지털 파놉티콘의 환경에서 특정 권력 지배층은 더욱 교묘하게 국민과 국민의 삶을 '감시'하고 '통제'하여, 자신들의 권력 행사를 실현하고 있다. 이러한 파놉티콘/디지털 파놉티콘의 장치하에 감시는 더욱 은밀하게 이루어지고, 권력 지배층은 국민을 내/네 편으로 나누어 사회 체제에 순응하게 만들고 있다.

필자는 한 가지 광경에 주목해 본 적이 있다. 코로나 바이러스(covid19)가 유행하던 2020년 8월 15일, 일일 기준 코로나19 확진자 64명 발생, 거리 두기 1단계 상태에서 정부는 보수 성향 단체가 주관했던 서울시 광화문 일대 대정부 규탄 집회를 감염병 확산 방지라는 명분을 들어 불법 집회로 간주했다. 그러나 수많은 국민은 정부의 실정을 규탄하기 위해 집회에 참여했고, 이 집회를 계기로 확진자도 속출하는 상황이 벌어졌다. 2020년 가을 국정감사 기간 중 당시 청와대 비서실장은 8.15 집회를 주동한 사람들에 대해 살인자라는 표현을 쓰면서 낙인을 찍었다. 이후 2020년 10월 3일 개천절에 수많은 국민이 다시 광화문에서 대정부 규탄 집회를 예고하자 광화문 일대는 경찰 차벽으로 둘러싸여 텅 빈 곳, 이른바 재인산성이 되어 헌법이 보장한 국민의 집회 시위 자유를 박탈하였다. 한편, 2020년 11월 14일, 이날은 일일 기준 코로나19 확진자 250명 발생, 거리 두기 1.5단계 상태였음에도 불구하고 정부는 진보 성향의 민주노총과 산하 단체에서 주관했던 전국 10만 명 노동자 집회는 방역 원칙을 지키는 조건에서 허락하였다. 코로나19 사태에서도 권력 지배층은 여전히 국민을 두 편으로 갈라놓고 있었다.

필자는 이 글에서 코로나19 상황에서도 방역을 명분으로 특정 권력이 행사하는 정치 행위의 구조와 본질 그리고 그 한계를 벤담의 파놉티콘을 매개로 살펴보고자 한다. 이를 위해서 먼저 벤담이 어떤 과정을 통해 『파놉티콘』을 출간하게 되었는지 살펴보고, 감옥 건축의 모델로 파놉티콘을 구상하게 된 계기와 파놉티콘의 건축 원리, 구조를 논의할 것이다. 그리고 파놉티콘의 정치 철학적 함의를 푸코의 시선에서 살펴보고, 마지막으로 파놉티콘에 대한 기독교 윤리적 비판과 성찰을 통해 글을 맺고자 한다.

『파놉티콘』은 어떻게 출간되었는가?

벤담은 1748년 영국 런던에서 소송 대리인의 아들로 태어났다. 그는 옥스퍼드 대학 퀸스칼리지에서 고전학을 전공했으며, 링컨스인(Lincoln's Inn) 법학원에서 변호사 자격을 취득하였다. 이 시기에 벤담은 영국 감각론과 볼테르(Francois-Marie Arouet Voltaire, 1694~1778), 엘베티우스 등의 프랑스 철학에 매료되어 법관이 아닌 법 이론가의 길을 선택하였다. 1789년 그는 『사법과 도덕의 원리에 대한 서설』을 출간하면서 법이 따라야 할 것으로 과학적이고 사리에 맞는 유용성을 제시하며 공리주의를 제창하였다.

어떤 행위가 행복을 증진하는 경향을 가지면 옳은 행위이고 반대의 경우는 그른 행위라고 믿은 벤담은, 사회와 개인의 모든 행위의 기준이 되는 원리를 고통과 거리 두기, 쾌락의 추구라고 규정했다. 벤담에게서 행복이란 행위자의 행복을 말하는 게 아니라 행위에 영향을 받는 모든 사람의 행복을 의미한다. 따라서 벤담의 경우 모든 입법의 목표는 최대 다수의 최대 행복이어야 한다. 또한, 그는 유용성의 원리를 내세워 모든 처벌은 고통을 수반하는 악이므로 더 큰 악을 배제할 가능성이 있는 한에서만 사용해야 한다고 했다. 그렇기에 공리주의 입장에서 처벌이 합리적일 수 있는 경우는 그것이 범죄자를 교화하거나 그에게서 사회를 보호함으로써 다른 범죄를 막고 다른 사람들이 처벌에 대한 두려움 때문에 범죄 유혹에 빠지지 않도록 할 때이다.[★3]

이 밖에도 벤담은 『의회 개혁론』, 『판례의 합리적 근거』 등의 저작을 남겼으며, 제임스 밀(James Mill, 1773~1836)과 아들 존 스튜어트 밀(John Stuart Mill, 1806~1873) 등에 사상사적으로 영향을 미쳤다. 이익을 사회의 제1의 원리로 여긴 벤담은 1832년 84세의 나이로 죽을 때 자신의 주검까지도 유용하게 쓰이기를 원하면서 런던 대학에 해부용으로 기증하였다.

그렇다면 『파놉티콘』은 도대체 어떤 책이며, 어떻게 해서 출간되었는가? 1786년 벤담은 무명의 수신자를 가정하여 21통의 편지를 썼다. 그 편지 내용에는 영국의 한 도시에 세워질 감옥, 즉 파놉티콘에 대한 계획이 담겨 있었다. 파놉티콘에 관한 정밀한 설명과 이와 연관된 기술적인 세부 사항을 담고 있는 이 편지들이 한 권의 책 『파놉티콘 혹은 감시의 집』으로 더블린 출판사에서 1791년에 출간되었다. 또한, 1791년에 이 책과 더불어 건축가와 상의를 거쳐 자세한 건축 사항을 수정 보완한 『파놉티콘 추가본 1, 2』가 함께 출간되었다. 이 영어판 책들은 판매되지 않아 대중들에게는 알려지지 못하였다.

한편, 프랑스에서 벤담의 신봉자였던 친구 뒤몽(Etienne Dumont, 1759~1829)이 벤담의 영어판 책들을 편지 형식으로 요약하여 '파놉티콘-감시 시설, 특히 감옥에 관한 새로운 원리에 관한 논문'이라고 제목을 붙였다. 이것은 프랑스 국회의원이자 형사법 개혁을 위한 위원회 위원이었던 가랑 드 쿨롱(Garran de Coulon)에게 보내졌다. 벤담은 이 요약문에 편지 1통을 추가해서 프랑스 국회에서 읽히길 바라며 다음과 같이 자신의 의견을 전하고 있다.

"조만간 『파놉티콘』이라는 영어책을 보내드리겠습니다. 그리고 이 편지와 함께 친구가 정리한 이 책의 프랑스어 요약본도 같이 보냅니다. 우선 프랑스 의회에 존경을 표하며, 이 글이 의회에서 검토되도록 당신이 관심 가져 주었으면 합니다. 파놉티콘 계획안을 알고 있는 사람들이 보내준 일치된 지지는 저에게 깊은 확신을 주었으며, 이를 알리는 데 결코 소홀함이 없도록 해주었습니다. 프랑스는 아무리 새로운 생각이라도 그것이 유용하다면 대대적으로 받아들여서 주시하며 국가 행정 모든 분야에 모델로 삼는 나라이고, 당신에게 보내는 이 계획안에 최고의 기회를 줄 나라입니다. 이 모델로 감옥을 건설하도록 해주십시오. 그리고 저를 간수로 임명해 주십시오."[★4]

프랑스 제헌 의회는 이 논문을 토론 없이 법률위원회에 넘기고 바로 인쇄를 명령해 1791년 '대중구호 1번'이라는 제목으로 출판했으나 대중들에게는 공개되지 않았다.[★5]

벤담은 왜 파놉티콘을 구상했는가?

벤담은 자신이 구상한 '이상 사회'의 원리를 구체화하고 실현하고자 파놉티콘을 구상했다. 그런 맥락에서 자신이 원하는 방식으로 사람(수감자)을 개선할 수 있도록 완벽하게 통제할 수 있는 수단이 필요했다. 파놉티콘은 단 하나의 기능(감금)으로만 사용되는 것이 아니라 모든 곳에서 사용될 수 있는 것이었다.[★6] 파놉티콘의 맨 첫 문장은 다음과 같이 시작한다.

> "만일 다수의 사람에게 일어나는 일을 모두 파악할 수 있는, 그리고 우리가 원하는 방식으로 이끌 수 있도록 그들을 에워쌀 수 있는, 그들의 행동과 (인적) 관계, 생활 환경 전체를 확인하고 그 어느 것도 우리의 감시에서 벗어나거나 의도에 어긋나지 않도록 할 수 있는 수단이 있다면, 이것은 국가가 여러 주요 목적에 사용할 수 있는 정말 유용하고 효력 있는 도구임이 틀림없다."[★7]

위의 문장에서도 알 수 있듯이 벤담에게서 파놉티콘은 단지 감옥 계획으로만 그치는 게 아니라 모든 시설로 확대되어 사회의 모든 곳에 적용되어야 할 모델이었다. 그렇다면 벤담은 왜 하필이면 감옥을 선택했던 것일까? 18세기 말 당시 무척 혼란했던 사회의 개혁, 그 중심에 감옥이 있었다. 감옥은 새로운 질서를 위해 개선되어야 할 사람들이 모여 있는 곳으로, 사회 개혁의 최전선이었다. 또한, 이 시기에 처벌 체계의 변화 속에서 감옥은 새롭게 구상되어 완벽하게 다시 만들어야 했으며, 모든 것을 통제할 수 있는 닫힌 세계로서 벤담에게는 이상적인 실험 공간이었다. 그래서 벤담은 유독 파놉티콘 건설에 탐구와 열정을 가졌으며, 이는 그의 삶과 성과에서 중요한 자리를 차지한다. 1786년부터 1813년까지 27년 동안 벤담은 파놉티콘에 전념하며 이 계획안을 강박적으로 실행하고자 하였다. 심지어 이에 놀란 친구들이 그가 미쳤다고 비난할 정도로 집착을 보였다. 감옥 모델의 책임자가 된다는 것은 그의 가장 높은 야망이었다.[★8]

프랑스 혁명을 기점으로 근대 이전의 감옥은 '처벌'을 하기 위한 수감 시설이 아니라 재판 결과를 기다리거나 형벌을 받기 위해 일시적으로 대기하던 장소였다. 근대 이후의 감옥은 '구호 시설'과 연관되어 혼란스럽게 운영되었다. 감옥이 곧 구호 시설이고, 구호 시설이 곧 감옥으로 여겨졌다. 18세기 말에 이르러 두 시설의 분리가 중요 문제로 대두되었다. 근대의 감옥은 과거의 감옥과 연속선상에 있는 것이 아니라 사회 변혁의 흐름 속에서 발명된 것이라 할 수 있다.[★9]

한편 18세기 후반 산업 혁명으로 촉발된 자본주의와 합리주의가 본격화된 전환기 상황에서 새로운 문제들이 제기되었다. 기존의 사회 정의나 처벌 체계를 흔들어버림으로써 새로운 질서 체계가 필요해졌다. 전통적인 처벌 방식인 '신체형(공개 처형)'에 대한 반발로 '구금형'이 급증하였다. 그 결과 감옥에 사람이 넘쳐나게 되었다. 이로 인해 감옥은 모든 악의 소굴이자 질병의 근원지로 인식되었다. 그러므로 근대 감옥의 출발은 처벌 자체보다 '재사회화'와 '교화'가 목적이었다.[★10]

이처럼 벤담이 파놉티콘을 구상한 시기의 유럽, 특히 영국에서 감옥은 당면 과제였다. 그런데 감옥은 법제화되는 과정에서 많은 문제를 지니고 있었다. 갑작스레 등장한 새로운 방식의 처벌은 이전의 다른 대부분의 처벌 방식을 대체하기 때문에 많은 감금 시설, 즉 감옥이 필요로 했으나 국가는 이를 수행할 준비가 되어 있지 않았다. 당시 영국은 급증하는 범죄자들을 수용하는 시설의 부족과 사회 내의 불안을 해소하는 방식으로 범죄자들을 식민지로 유배 보냈다. 주로 아메리카 식민지로 유배 보내던 영국의 치안 정책은 1776년 미국 독립 혁명으로 유배가 불가능해지자 심각한 문제를 노출하게 되었다. 이로 인해 개혁주의자들은 감금 체계 전반에 개혁이 필요하다는 데 합의함으로써 감금 시설에 대한 논의는 전환점을 맞게 되었다.

벤담의 파놉티콘 구상의 직접적인 계기는 무엇이었는가?

벤담이 파놉티콘을 쓰게 된 것은 우연의 결과이다. 벤담은 1786년 동생 새뮤얼을 만나기 위해 남부 러시아 크레체프에 갔고, 그곳에 머무는 동안 파놉티콘을 구상하게 되었다. 바로 동생 새뮤얼이 자신에게 감옥 건축 아이디어를 주었다는 것이다. 새뮤얼은 러시아 자도브라 항만에서 포템킨시 산업화의 출발점이 될 공장 건설 작업을 이끌고 있었다. 그런데 영국에서 온 숙련된 노동자들은 복종하지 않는 등 자주 문제를 일으켰다. 최소한의 비용으로 이 소란스러운 노동자들을 거주시키고 통제하기 위해 그는 대략 2,000명의 사람을 위한 산업 시설 초안을 그렸다. 벤담은 이 계획의 단순성과 경제성에 매혹되었다. 공간을 효율적으로 조직함으로써 한 사람의 감시만으로 다수를 통제할 수 있다는 것을 일깨워준 한 줄기 광명이었다. 결국, 파놉티콘의 원형은 영국 엔지니어에 의해 실현된 러시아식 작업 캠프인 셈이었다.*11

그렇다면 파놉티콘은 실제로 건축되었는가?

먼저 프랑스 제헌 의회의 전폭적인 관심과 지지에도 불구하고 1792년 루이 16세의 실각과 함께 파놉티콘 건축 계획은 무산되고 말았다. 영국에서 벤담은 1792년 〈파놉티콘의 건축, 그리고 관리 계획과 언급한 조건에 따라 수천 명의 죄인을 책임지는 방안〉을 제안하였다. 1794년 이 제안이 받아들여져 벤담은 런던 베테시 강가에 건설할 감옥의 관리를 허가받고 계약하기에 이르렀다. 진행 과정에서 원래 계획된 토지 주인과의 협상은 실패했지만, 벤담은 다른 쪽 강가, 즉 밀뱅크에 12,000~14,000 파운드를 주고 토지를 매입할 수 있었다. 그러나 국회가 보상금으로 단지 2,000 파운드만을 할당한 데다가 이 사업마저 성과 없이 지연되자 벤담은 결국 파산해 동생 집에서 칩거하게 되었다. 그리고 1811~1813년 영국에서 밀뱅크 감옥 계획이 재개되면서, 벤담은 자신이 매입한 토지에 대한 보상으로 23,000 파운드를 받았다. 그러나 영국 정부는 파놉티콘보다 미국의 펜실베니아 감옥 모델을 건축 계획으로 참고하게 되어 벤담은 더는 관여할 수 없었다.[★12]

파놉티콘은 어떤 건축물인가?

감옥으로 파놉티콘을 염두에 두었을 때 과연 벤담이 생각한 감옥은 어떤 것이었을까? 그것은 죄수들이 바른 행동을 하도록 교화를 보장하고, 신체적 정신적 타락으로 오염된 건강과 청결, 질서, 근면을 확고하게 하며, 비용을 감소시키면서도 공공의 안전을 이루어야 했다.[★13] 벤담은 이러한 자신의 건축 계획안은 위에서 언급한 사항들을 모두 할 수 있는 간단한 건축 아이디어라고 단언했다.

그러면 이러한 파놉티콘은 구체적으로 어떤 구조로 되어 있는가?

한 건물 안에 다른 하나를 넣은 두 채의 건물로서 두 개의 동심원형 건물로 구성되어 있다. 감옥 둘레에는 둥근 모양의 6층짜리 바깥 건물이 있다. 이곳에 죄수들의 수용실이 배치된다. 수용실 내부는 두껍지 않은 쇠창살로 되어 있어서 한눈에 안을 볼 수 있으며, 수용실은 문이 안쪽으로 열린다. 각 층에는 좁은 복도가 있으며, 이 복도는 하나로 통해 있다. 각 수용실의 문은 이 복도로 나 있다.

중앙에는 탑이 하나 있다. 그곳에 감독관들이 머문다. 이 탑은 3층으로 나뉘어 있다. 각 층은 수감자 수용실들을 2층씩 내려다보도록 구성되어 있다. 또한, 감시탑은 바깥을 환히 내다볼 수 있는 발로 가려진 복도로 둘러싸여 있다. 이 장치로 인해 감독관들은 수감자들에게 잘 보이지 않으면서 수용실 전체를 구석구석 감시할 수 있다. 결과적으로 좁은 공간에서 3분의 1의 수감자를 한눈에 볼 수 있어 쉽게 전체를 살필 수 있다. 이런 경우 감독관이 자리에 없더라도(이를 확인할 수 없는 수감자들은 감독관이) 있다고 여겨 실제로 자리에 있는 것 같은 효과를 낸다.

각 수용실과 감시탑은 흰색 철관으로 연결되어 있어서 감독관은 큰 소리를 내거나 직접 가지 않더라도 수감자들에게 공지를 하거나 작업을 지시하며, (그들 스스로) 감시받는다는 것을 느끼게 할 수 있다. 그리고 수감자들이 감독관들에게 대항할 가능성을 제거하기 위해 탑과 수용실 사이에는 반지 모양의 우물, 즉 빈 공간이 있어야 한다.

이 건물은 중앙의 한 점에서 각 수용실을 볼 수 있는 형태로 된 하나의 벌집과 같다. 자신을 드러내지 않는 감독관은 마치 유령처럼 군림한다. 이 유령은 필요할 때는 곧바로 자신이 존재한다는 증거를 드러낼 수 있다. 벤담은 이러한 감옥의 본질적인 장점을 한 단어로 표현하기 위해 '진행되는 모든 것을 한눈에 파악할 수 있는 능력'을 의미하는 '파놉티콘(panopticon)'★14이라고 불렀다.★15

이처럼 파놉티콘은 중앙의 감시탑에서 각 수용실을 단번에 파악할 수 있는 구조로, 널리 알려진 시각 원리, 즉 '보는 것'과 '보이는 것'을 분리할 수 있는 건축 장치이다. 벤담은 여기서 이 감시 권력이 가시적이지만 확인할 수 없는 것이 되어야 한다는 원칙을 세운다. 감시탑에서는 모든 것이 보이지만, 각 수용실에서는 감시탑의 상황을 알 수 없다. 그러니까 감시의 주체가 드러나지 않는다. 누가 감시하는지 모르지만 항상 감시되고 있는 상태, 이를 가능하게 하는 것이 파놉티콘이다. 그리고 미셸 푸코가 분석했듯이 이 장치는 자동 규율 장치로 확장된다. 그래서 수감자는 항상 자신이 감시받는다고 느끼고 스스로를 감시하며 자기 통제를 내면화한다. 이러한 자기 규율 장치는 죄수를 복종하게 만드는 요인이 된다. 파놉티콘의 도면은 여러 차례 수정되었음에도 그 핵심 원리는 거의 변화하지 않아서 한 장소에서 한 사람의 시선을 통해 단일한 권력을 유지한다.★16

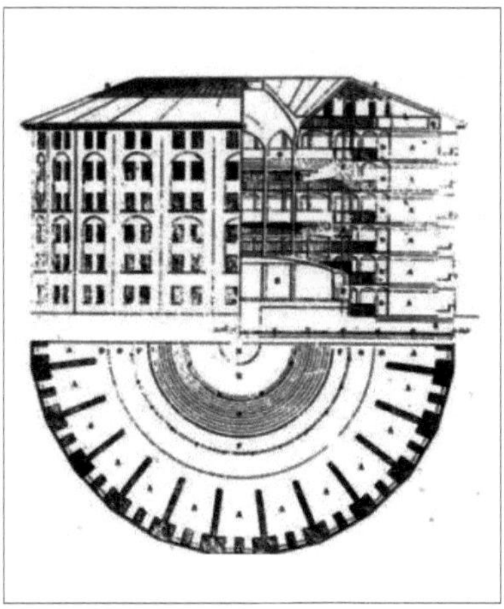

파놉티콘 도면1
제러미 벤담 저, 신건수 역(2019), 『파놉티콘』, 책세상, 31쪽)

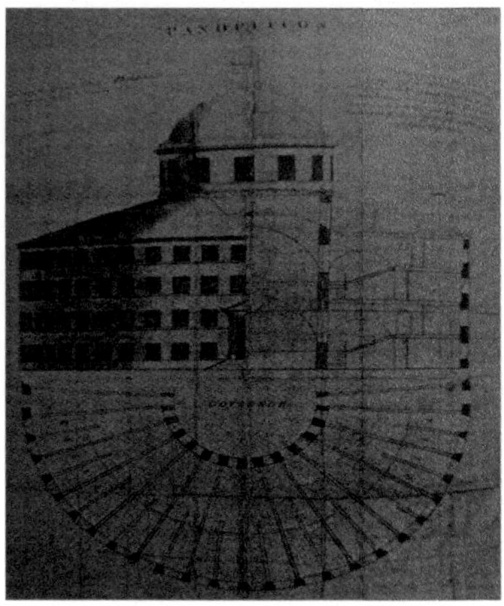

파놉티콘 도면 2
제러미 벤담 저, 신건수 역(2019), 『파놉티콘』, 책세상, 96쪽)

미국 스테이트빌 교도소 전경

미국 스테이트빌 교도소 내부

벤담은 자신의 파놉티콘 계획안을 학교, 병원, 공장, 빈민 수용소 등 다른 건축물에까지 확장하려고 하였다. 그렇지만 벤담의 파놉티콘 모델은 당시 건축물에 그다지 큰 영향을 주지 못했다. 역설적이게도 가장 순수한 파놉티콘은 벤담이 파놉티콘을 출간했던 해로부터 95년 뒤에 등장하였다. 1886년 네덜란드의 브레다(Breda) 교도소, 아른헴(Arnhem) 교도소, 그리고 1901년 하를럼(Haarlem) 교도소였다. 그리고 1925년 미국 일리노이주 스테이트빌(Stateville) 교도소가 문을 열었다.

파놉티콘의 정치 철학적 함의

파놉티콘은 단순히 감옥 건축물의 의미만을 갖지 않는다. 파놉티콘의 정치 철학적 의미를 가장 풍성하게 밝혀준 이가 있는데, 바로 미셸 푸코(Michel Fouault, 1926~1984)이다. 푸코는 역사의 전체성을 드러내거나 일반화하는 데 관심 있기보다 역사의 '사건'을 다루었다. 18세기 말에 갑자기 나타나 현재까지 이어지는 근대적 감금 처벌 제도는 18세기 초에는 전혀 생각하지도 못했던 하나의 사건이었다.

푸코에게 파놉티콘은 근대의 권력을 아주 잘 설명해 주는 장치이다. 파놉티콘을 통해 근대 이전 시대와 다른 새로운 권력 행사 방식의 등장을 읽어낼 수 있기 때문이다.[★17] 그렇다면 푸코에 의해 정의된 '권력'이란 무엇이며, 파놉티콘에서 권력은 어떻게 행사되는가? 푸코는 파놉티콘 건축의 원리에서 실마리를 발견하였다.

앞에서 파놉티콘의 구조에 대해 살펴보았던 것처럼, 이곳은 중앙의 탑 속에 감시인 한 명을 배치하고, 모든 독방에는 광인이나 병자, 죄수, 노동자, 학생 등 누구든지 한 사람씩 감금할 수 있게 되어 있다. 그리고 역광선의 효과를 이용하여 주위 건물의 독방 안에 있는 수감자의 윤곽이 정확하게 빛 속에 떠오르는 모습을 탑에서 파악할 수 있었다. 그것은 완전히 개체화되고 항상 밖의 시선에 노출된 한 사람의 배우가 연기하는 수많은 작은 무대와 같은 감방이었다. 파놉티콘의 장치는 끊임없이 대상을 바라볼 수 있고 즉각적으로 판별할 수 있는, 그러한 공간적 단위들을 구획 정리한다.★18 요컨대 이곳에서는 지하 감옥의 원리가 전도되어 있다. 아니 오히려 지하 감옥의 3가지 기능, 즉 가두고, 빛을 차단하고, 숨겨두는 기능 중에서 첫 번째 것만 남겨두고 나머지 두 개를 없애버린 형태이다. 충분한 빛과 감시자의 시선이 결국 보호의 구실을 하던 어둠의 상태보다 훨씬 수월하게 상대를 포착할 수 있다. 가시성의 상태가 바로 함정인 것이다.

이와 같은 파놉티콘의 건축 원리 안에서 푸코는 '권력'과 '질서'의 상관관계가 어떻게 보증되고 있는지를 밝혀낸다. 폐쇄되고, 세분되고, 모든 면에서 감시받는 이 공간에서 개인은 지정된 장소에서 꼼짝 못 한다. 아무리 사소한 움직임이라도 통제되며, 모든 사건은 기록된다. 끊임없는 기록 작업은 중심부와 주변부를 연결시킨다. 권력은 끊임없이 위계질서의 형상으로 완벽하게 행사되고, 개인은 줄곧 기록되고 검사되면서 생존자, 병자, 사망자로 구별된다. 이러한 모든 것이 규율 장치의 충실한 모델을 이루고 있다.★19

"개인을 특징짓고 개인에게 속해 있는 일, 그에게 일어나는 사건 등 개인에 관한 최종적 결정에 이르기까지 모든 일에는 질서가 필요하고, 질서는 규칙적으로 분화되는 전지전능하고 도처에 존재하는 권력의 효과로 모든 사람에게 있어야 할 자리와 신체, 질병과 죽음, 재산 등을 규정한다."★[20]

죄수들은 감시인이 정면에서 자신을 바라볼 수 있는 독방 안에 감금되어 있다. 그러나 양쪽의 벽은 그가 동료들과 접촉하는 것을 차단한다. 그는 보여지지만 볼 수는 없다. 그는 정보의 대상이 되긴 해도 정보 소통의 주체는 되지 않는다. 중앙 탑과 마주하도록 방을 배치함으로써 일종의 축을 이루는 가시성이 강요되는 반면, 원형 건물의 분할된 부분들과 완전히 분리된 독방들은 측면에서 불가시성을 의미하게 된다. 이러한 불가시성은 질서를 보장한다.★[21] 수감자가 죄인인 경우 음모나 집단 탈옥의 시도, 출감 후의 새로운 범죄 계획 등 상호 간에 나쁜 영향을 줄 염려가 없다. 병자라면 전염의 위험이 없고, 광인이라면 상호 폭력을 행사할 위험도 없으며, 어린이일 경우 남이 한 숙제를 베끼거나 시끄럽게 굴고 수다를 떨며 주의를 산만하게 하는 행동을 방지할 수 있다. 노동자일 경우 구타, 절도, 공모의 위험을 막아주고, 불완전한 마감질, 작업의 지연이나 우발적 사고가 발생할 부주의한 일도 일어나지 않는다. 밀집한 군중들, 복잡한 교류의 장소, 혼합되는 개인들, 집단적 효과, 이러한 것들은 사라지고 그 자리에 분리된 개인들의 집합이 들어선다. 간수의 입장에서는 군중 대신에 숫자를 헤아릴 수 있고 통제가 가능한 다수로 바뀐 것이고, 죄수의 입장에서는 격리되고 관찰되는 고립의 상태로 대체된 것이다.

푸코는 이러한 파놉티콘 시설의 분할, 분리 상태에서 주요한 정치적 효과가 발생하게 된다는 사실을 간파하였다. 수감자에게는 권력의 자동적 기능을 보장하는 가시성의 의식적이고 지속적인 상태가 만들어진다. 감시가 일시적으로 중단되더라도 그 효과는 계속되며 권력의 완벽한 상태는 오히려 권력 행사의 현실성을 점차 약화시킨다. 건축의 장치는 권력을 행사하는 사람과 상관없이 권력 관계를 창출하고 유지하는 기계 장치가 되어 간다. 이런 맥락에서 푸코는, 벤담이 권력이란 가시적이고 확인할 수 없는 것이 되어야 한다는 원칙을 내세웠다고 판단한다. 이때 가시적이란 말은 감금된 자의 눈앞에 자신을 살펴보고 있는 중앙 탑의 높은 형체가 항상 어른거린다는 뜻이다. 또한, 확인할 수 없다는 것은 감금된 자가 자기 자신이 현재 감시받는지 아닌지를 결코 알아서는 안 되지만, 자신이 항상 감시받을 수 있다는 것을 확신하고 있어야 한다는 뜻이다. ★22

그렇기에 푸코는, 파놉티콘은 '바라봄-보임'의 결합을 분리시키는 장치라고 파악한다. 주위를 둘러싼 원형의 건물 안에서는 아무것도 보지 못한 채 완전히 보이기만 하고, 중앙의 탑 속에서는 모든 것을 볼 수 있지만 자신은 결코 보이지 않는다. 이것은 권력을 자동적이고 비개성적인 것으로 만들기 때문에 중요한 장치이다. 권력의 근원은 어떤 인격 속에 있는 것이 아니라 신체, 표면, 빛, 시선 등의 어떤 계산된 분배 속에, 그리고 내적인 메커니즘에 의해 개개인 등이 묶여 있는 관계를 만들어내는 그러한 기계 장치 속에 존재한다.★23 오직 비대칭과 불균형, 그리고 차이를 보장하는 장치가 있을 뿐이다. 따라서 누가 권력을 행사하느냐는 별로 중요하지 않다. 우연히 걸려든 그 누구라도 이 기계 장치를 작동시킬 수 있다. 따라서 관리 책임자가 부재중이라면 그의 가족이나 측근, 친구, 내방객, 하인조차도 대신해서 그 일을 할 수 있다. 그렇기에 푸코가 볼 때 파놉티콘 장치는 아주 다양한 욕망으로부터 권력의 동질적 효과를

만들어내는 경이로운 기계 장치이다.[★24]

지금까지의 논의를 토대로 푸코는 파놉티콘에서 드러나는 '권력' 개념을 두 가지로 요약해서 설명한다. 1) 권력은 '소유'하는 것이 아니라 '작용'한다. 2) 권력은 '억압'하는 것이 아니라 '생산'하는 것이다.[★25] 파놉티콘에서의 권력은 권력을 소유한 감시자 혹은 사법권자와 피권력자인 수감자의 관계로 보는 것은 적절하지 않다는 것이다. 그보다는 시각적으로 봄-보임의 불평등을 통해 '규율의 내면화'를 이루게 하는 그 작용 자체가 권력의 특성이다. 근대 이전의 감옥에서 행해졌던 보여주기식의 공개 처형 같은 가시적이고 드러나는 권력의 행사와 달리 근대의 권력 작용은 은밀하고 숨겨진 채 자신도 모르게 새로운 권력 망 속에 놓이게 하는 방식으로 나타났다.

> "권력의 효과와 강제력은, 말하자면 다른 쪽으로 권력의 적용 지점 쪽으로 옮겨가게 되었다. 즉 가시성의 영역에 예속되어 있고, 또한 그 사실을 알고 있는 자는 스스로 권력이 강제력을 떠맡아서 자발적으로 자기 자신에게 작용시키도록 한다. 그는 권력 관계를 내면화하여 1인 2역을 하는 셈이다. 그는 스스로 예속화의 원칙이 된다. 바로 이런 사실 때문에 외부의 권력은 물리적 무게를 경감할 수 있게 되고 점차 무형적인 것으로 된다."[★26]

다음으로 권력은 신체를 억압하면서 작용하는 것이 아니다. 특정한 방식으로 사람을 변화시키려 한다는 점에서 권력은 생산하는 것이다. 파놉티콘의 공간적 주요 원리를 수용실과 감시탑이라 했을 때 수용실은 각 수감자를 공간적으로 분리함으로써 권력이 작용하게 하는 전제 조건이 된다. 개인별로 나눔으로써 '파악할 수 있는 신체'로 단위화된다. 파놉티콘의 작동은 자기 감시 메커니즘의 내면화를 통해 '순종하는 신체' 혹은 '규칙에 따르는 신체'를 만든다. 더욱이 벤담이 강조한 노동 분업은 신체의 기능적인 축소를 이루게 함으로써 이 건물에서 성취하고자 하는 목적인 노동에 익숙해진, 쓸모 있는 인간을 형성할 수 있다. 결국 '유용한 신체'를 생산하는 것이다. 파놉티콘에서 노동이 경제적 효과를 낳는다는 것은 직접적 수익이라기보다 산업 사회의 일반적 규준에 따라 개인을 생산한다는 의미이다.[★27]

맺음말: 파놉티콘에 대한 기독교 윤리적 비판과 대응

벤담의 『파놉티콘』은 다음과 같이 마무리된다. 마지막으로 이 원리는 다행스럽게도 학교나 병영처럼 한 사람이 다수를 감독해야 하는 경우에는 모두 적용할 수 있다. 파놉티콘 장치를 통해 단 한 사람이 용의주도할 때 다른 체계에서 수많은 사람의 성실함을 동원하는 것보다 성공적인 결과를 얻을 수 있다.[★28] 푸코가 벤담의 파놉티콘 건축 원리에서 읽어내는 정치 권력의 속성[★29]을 정리하자면 다음과 같다.

첫째, 권력은 분리하고 고정시키며 분할하는 통치 방식을 취한다.[30] 둘째, 파놉티콘 시설을 일종의 몽상적 건물로 이해해서는 안 된다. 그것은 이상적 형태로 압축된 어떤 권력 메커니즘의 도식이다. 사실상 그것은 모든 특별한 용도로부터 분리하여 가동할 수 있고, 그렇게 해야 하는 정치적 기술의 한 형상이다.[31] 셋째, 그다지 규모가 크지 않는 공간의 한계 안에서 일정한 수의 인간을 감시해야 하는 모든 시설에 적용할 수 있다. 이러한 도식을 적용한다면 권력의 행사는 완전하게 실현될 수 있다.[32]

만약 우리가 파놉티콘에 관한 푸코의 통찰에 동의한다면 지금 여기에서 벌어지는, 특히 코로나19 상황에 등장하여 작동하는 파놉티콘에 대해 우리는 어떤 입장을 취해야 할까? 더 나아가 기독학자로서 기독교 윤리적 관점에서 어떤 비판과 대응을 할 수 있을까? 이 물음을 좀 더 세분화하면, 첫째, 권력 지배층은 왜 파놉티콘, 혹은 디지털 파놉티콘의 장치를 계속해서 활용하는 것일까? 둘째, 파놉티콘/디지털 파놉티콘의 장치는 완전무결한 것일까?

먼저 두 번째 물음과 관련해 푸코에 따르면, 파놉티콘은 인간에 관해 실험할 수 있고, 인간에게 적용되는 변화를 확실하게 분석할 수 있는 가장 유리한 공간이다. 파놉티콘을 통해 고유한 메커니즘을 바탕으로 통제 장치를 만들 수도 있다. 그런데 중요한 사실이 하나 있다. 건축 배치의 한복판에 감금된 관리 책임자 역시 이 장치와 연결된 부분적 존재라는 사실이다. 전염병이 확산되는 것을 방치한 무능한 의사나 서투른 관리를 하는 감옥이나 작업장의 책임자는 전염병이나 폭동이 발생할 경우 첫 번째 희생자가 될 수 있다. 파놉티콘 체제의 경영자는 말한다.

"나의 운명은 내가 고안할 수 있었던 모든 속박에 의해서 결국 그들(수감자들)의 운명과 함께 묶여 있다."[33]

그러한 관찰의 메커니즘을 통해서 그 시설은 모든 인간의 행동에 효율적으로 그리고 광범위하게 침투하는 효과를 거둔다. 그러니까 푸코는 파놉티콘이 지닌 한계와 역설[★34]을 우리에게 말하고 있는 것이다.

첫 번째 질문과 관련하여 필자는 파놉티콘의 완벽한 규율 장치, 권력이 분리하고 고정시키며 분할하는 통치 방식에서 기독교의 '휘브리스(hybris)' 개념을 떠올리게 된다. 파놉티콘, 권력, 휘브리스는 어떤 상관관계가 있는 것일까?

폴 틸리히(Paul Tillich, 1886~1965)는 모든 죄의 뿌리가 되는 3가지 소외로 '불신앙', '휘브리스', '정욕'을 꼽은 바 있다. 불신앙은 인간이 자신의 전 존재로 하나님에게 등을 돌리는 행동이나 상태이며, 휘브리스는 인간 자신이 세계의 중심이 되는 인간의 자기 높임을 뜻한다. 정욕은 불신앙과 휘브리스를 일으키는 욕망이 무제한 형태로 나타나는 것을 말한다.[★35]

한편, 폴 리쾨르(Paul Ricœur, 1913~2005)는 죄(罪)에 대해 다음과 같이 설명한다. 죄는 교만과 오만이며, 잘난 척하는 것으로 전적으로 인간의 힘에 의지하는 것이며 죄에서 벗어나 야훼에 대한 복종을 믿음이라고 본 사람은 이사야가 처음이었다고 말한다.[★36] 이사야는 그리스어 휘브리스라고 하는 교만이 바로 죄라고 말하면서 그 모든 교만이 으스러지는 날이 바로 야훼의 날이라고 선포하였다.[★37]

그러니까 파놉티콘 속에 투영되어 있는 권력 메커니즘을 기독교 세계관의 언어로 재해석하면 인간의 권력 욕망이라고 할 수 있으며, 이 권력 욕망의 정점에 휘브리스가 자리하고 있다고 생각한다. 성서에서는 휘브리스를 '죄'라고 규정한다.

“네가 네 마음에 이르기를 내가 하늘에 올라 하나님의 뭇별 위에 내 자리를 높이리라. 내가 북극 집회의 산 위에 앉으리라. 가장 높은 구름에 올라가 지극히 높은 이와 같아지리라 하는 도다.”(이사야 14:13-14)

“네가 먹어서 배부르고 아름다운 집을 짓고 거주하게 되며, 또 네 소와 양이 번성하며 네 은금이 증식되며 네 소유가 다 풍부하게 될 때에 네 마음이 교만하여 네 하나님 여호와를 잊어버릴까 염려하노라.”(신명기 8:12-14)

“그러나 네가 마음에 이르기를 내 능력과 내 손의 힘으로 내가 이 재물을 얻었다 말할 것이다. 네 하나님 여호와를 기억하라. 그가 네 재물 얻을 능력을 주셨음이라.”(신명기 8:17-18)

그렇다면 파놉티콘으로 형상화된 인간의 권력 욕망, 그 중심에 자리 잡고 있는 휘브리스를 제어할 수 있는 견제 장치는 없는 것일까? 성서는 그 희망의 메시지를 분명하게 우리에게 보여주고 있다.

“그때에 제자들이 예수께 나아와 이르되 천국에서는 누가 크니이까. 예수께서 한 어린아이를 불러 그들 가운데 세우시고, 이르시되 진실로 너희에게 이르노니 너희가 돌이켜 어린아이들과 같이 되지 아니하면 결단코 천국에 들어가지 못하리라. 그러므로 누구든지 이 어린아이와 같이 자기를 낮추는 사람이 천국에서 큰 자니라.”(마태복음 18:1-4)

예수께서는 인간들을 향하여 너희가 '돌이켜(converted)' 어린아이들처럼 '되라(become)'고 말씀하셨다. 여기서 '돌이켜'라는 말은 우리 자신이 가지고 있는 기존의 가치관, 의식 구조, 문화관, 신앙관 등을 과감히 변혁/혁신하라는 의미로 해석할 수 있다. 그리고 어린아이들이 생각하고 느끼고 행동하는 그와 같은 세계관과 삶의 태도를 회복하라는 의미일 수 있다. 마지막으로 누구든지 이 어린아이와 같이 '자기를 낮추는' 그이가 천국에서 큰 자라고 했다.

이때 자기를 낮춘다는 표현은 우리 자신의 이성 능력의 한계를 인식하고 인정하며 나를 포함한 우리 모두가 불완전한 존재라는 사실을 깨달아 받아들여야 한다는 의미일 것이다. 한마디로 나 중심의 인생관, 세계관에서 벗어나 겸손해야 한다는 의미이다.[★38] 그렇다면 파놉티콘으로 상징되는 인간의 다양한 삶의 양식에서 중심과 주변, 감독자와 수감자, 감시자와 피감시자의 관계망에서 우리는 지금 어느 지점에 서 있으며, 어떤 존재의 감시(보호 혹은 눈길) 아래 있어야 할지 스스로 물어보아야 한다.

---

1. 이 글은 신응철, 「코로나19 시대와 파놉티콘 다시 보기」, 『현대유럽철학연구』 60집, 한국현대유럽철학회, 2021. 75~98쪽에 게재되어 있으며, 이를 수정 보완하였음을 밝혀둠.
2. 디지털 사회에서의 파놉티콘 현상에 대한 논의는 박정희, 「디지털 사회: 모바일 파놉티콘」, 『대동철학』 85집, 2018. 223~247쪽 참조
3. 공리주의의 형벌론에 대한 자세한 논의는 이백철, 조극훈, 「공리주의 형벌론과 파놉티콘」, 『교정담론』 12권 3호, 2018. 41~71쪽 참조
4. 제러미 벤담, 『파놉티콘』(신건수 역), 책세상, 2019. 15쪽
5. 제러미 벤담, 같은 책, 93쪽

6. 제러미 벤담, 같은 책, 84쪽
7. 제러미 벤담, 같은 책, 19쪽
8. 제러미 벤담, 같은 책, 85쪽
9. 파놉티콘과 근대 계몽주의와의 관계에 대한 세부 논의는 이인규, 「벤담의 파놉티콘과 근대 계몽주의 기획: 파놉티콘 내 미셸 푸코의 파놉티시즘에서 인식, 권력, 윤리의 피감시자의 시선」, 『경제와 사회』 91호, 비판사회학회, 2011. 143~166쪽
10. 제러미 벤담, 같은 책, 87쪽
11. 제러미 벤담, 같은 책, 91쪽
12. 제러미 벤담, 같은 책, 95쪽
13. 제러미 벤담, 같은 책, 20쪽
14. 벤담이 사용하는 파놉티콘(panopticon)의 어원은 그리스어로 '모두'를 뜻하는 'pan'과 '본다'의 뜻인 'opticon'의 합성어이다.
15. 제러미 벤담, 같은 책, 24쪽
16. 제러미 벤담, 같은 책, 100쪽
17. 푸코가 재해석한 파놉티시즘의 특징에 대한 세부 논의는 한희진, 「미셸 푸코의 파놉티시즘에서 인식, 권력, 윤리의 관계」, 『의철학연구』 13호, 한국의철학회, 2012. 75~104쪽 참조
18. 미셸 푸코, 『감시와 처벌: 감옥의 탄생』(오생근 역), 나남출판사, 2020. 367쪽
19. 미셸 푸코, 같은 책, 362쪽
20. 미셸 푸코, 같은 책, 363쪽
21. 미셸 푸코, 같은 책, 368쪽
22. 미셸 푸코, 같은 책, 370쪽
23. 미셸 푸코, 같은 책, 371쪽
24. 미셸 푸코, 같은 책, 371쪽
25. 제러미 벤담, 같은 책, 135쪽
26. 미셸 푸코, 같은 책, 372쪽
27. 제러미 벤담, 같은 책, 136쪽
28. 제러미 벤담, 같은 책, 76쪽
29. 푸코의 벤담 해석에 대한 다양한 논쟁에 대해서는 장원석, 「파놉티콘의 정치이론-푸코의 벤담 해석에 대한 논쟁을 중심으로」, 『대한정치학보』 25권 2호, 대한정치학회, 2017. 107~127쪽
30. 미셸 푸코, 같은 책, 376쪽
31. 미셸 푸코, 같은 책, 377쪽
32. 미셸 푸코, 같은 책, 378쪽

33. 미셸 푸코, 같은 책, 376쪽
34. 파놉티콘의 한계에 대한 세부 논의는 전현재, 조주은, 「파놉티콘의 강화 혹은 역감시: 블랙박스의 확산과 새로운 감시주체의 등장」, 『사회연구』 16권 2호, 한국사회조사연구소, 2015. 115~148쪽 참조
35. 김동건, 『현대 신학의 흐름』, 대한기독교서회, 2008. 555~556쪽
36. 신응철, 『기독교철학자들의 문화관』, 북코리아, 2011. 232쪽
37. Paul Ricoeur, *The Symbolism of Evil*, translated by Emerson Buchanan, Boston: Bacon Press, 1967. 65쪽
38. 신응철(2006), 『기독교문화학이란 무엇인가』, 북코리아, 46쪽

현대 문화해석학

7

죽음의 해석학: 메타모포시스로서 죽음[★1]

들어가는 말

죽음을 눈앞에 둔 사람들은 위대한 가르침을 주는 인생의 교사들이다. 삶이 더욱 분명하게 보이는 것은 죽음의 강으로 내몰린 바로 그 순간이다. 그들이 들려주는 교훈은 인간의 삶에 대한 진실이다. 호스피스 운동의 선구자이며 20세기를 대표하는 정신 의학자요 죽음의 해석학자인 엘리자베스 퀴블러 로스(Elisabeth Kübler Ross, 1926~2004)★2 는 죽음 직전의 사람들 수백 명을 인터뷰하고 그들이 말하는 인생에서 꼭 배워야 할 것들을 받아 적어 살아 있는 우리에게 전달하였다.

우리는 저마다 배움을 얻기 위해 이 세상에 왔다. 태어나는 순간 누구나 예외 없이 삶(인생)이라는 학교에 등록하였다. 살아 있는 한 인생 학교의 수업은 계속되며, 거기에서 우리는 사랑, 관계, 상실, 두려움, 인내, 용서, 행복 등의 교과목들을 배우게 된다.

엘리자베스는 우리가 이 지상에 있는 시간이 많지 않다는 사실을 일깨워주고 있다. 우리가 한 말과 행동이 어쩌면 우리가 사랑하는 이에게 하는 마지막 말과 행동이 될지도 모른다. 누구도, 단 한 사람도 죽음을 피할 수는 없다. 따라서 너무 늦을 때까지 기다려서는 안 된다. 이것이 죽어가는 사람들로부터 배울 수 있는 가장 큰 교훈 가운데 하나이다.

이제 우리는 엘리자베스의 안내를 받아 남의 일이 아닌 나의 일,

즉 나의 죽음에 대한 이해와 대비를 위하여 그녀가 말하는 죽음의 현상, 죽음의 실체, 죽음의 의미, 삶의 교훈에 대해 하나씩 살펴보고자 한다. 그런 측면에서 이 글의 궁극적 목적은 엘리자베스가 말하는 메타모포시스로서의 죽음에 대한 이해에 있다. 필자는 이것을 '죽음의 해석학'이라 명명하고자 한다. 죽음을 메타모포시스로서 이해하고 있는 엘리자베스의 이런 죽음에 대한 이해 방식을 필자가 죽음의 해석학이라고 부르는 이유는 다음과 같다.

인간의 죽음을 철학적 형이상학적 관점에서★3 의미를 부여하는 것이 아니라 수백 명의 환자의 임종 순간을 직접 목격하면서, 또는 그녀 스스로 유체 이탈을 체험하고 그런 체험을 한 수많은 환자를 돌보면서 그들에게서 나타나는 죽음과 관련된 다양한 반응과 현상들을 기록하면서, 그리고 남겨진 가족들을 위로하면서 한평생 호스피스 운동을 했던 엘리자베스 고유의 죽음관을 드러내고 싶은 바람 때문이다.

필자가 파악하기에, 엘리자베스의 죽음의 해석학의 특징은 앞서 밝혔듯이 형이상학적이거나 분석적이지 않고 철저하게 체험에 근거한 임상 의학적 차원에서 이루어지고 있고, 그러한 죽음에 대한 이해를 토대로 기독교적 세계관이 시종일관 작용하고 있다. 이런 일련의 논의는 그녀가 남긴 다채로운 저작들에 대한 분석을 통해 진행되었다. 그녀의 죽음의 해석학이 우리 시대에 어떤 의미가 있는지, 나아가 현대인의 삶 가운데 어떤 울림을 줄 수 있는지 하나씩 살펴보고자 한다.

『사후생-죽음 이후의 삶의 이야기』(1991)에 나타난 삶과 죽음

사는 것과 죽는 것에 대해

엘리자베스는 '죽음'의 경험은 '출생'의 경험과 같다고 말한다. 죽음은 다른 존재로 새롭게 탄생하는 것이다.★4 죽어가는 어린아이들과 나눈 대화와 그 말들을 이해한다면 인간의 육체적 죽음은 나비가 고치에서 벗어날 때의 현상과 같다는 사실도 받아들일 수 있다. 인간의 몸은 고치에 비유될 수 있다. 우리의 몸은 오직 잠시 살기 위한 집에 지나지 않기 때문에 참 자아는 아니다. 상징적으로 표현하자면 죽음은 그저 한 집에서 더 아름다운 집으로 옮겨가는 것이다. 고치(몸)가 회복 불능의 상태가 되면 나비(영혼)가 태어난다.★5 이것이 죽음의 첫 단계이다.

죽음의 두 번째 단계에는 '거리' 개념이 없다. 육체를 떠나면 시간이 없는 곳에 있게 된다. 그곳에는 시간이 존재하지도 않는다. 이 두 번째 단계에서는 자기 몸이 다시 온전해지고, 사랑하는 사람들을 만난 후, 죽음이란 단지 또 다른 형태의 삶으로의 변화라는 것을 이해하게 된다.★6 죽음이란 당신의 모든 삶이 어떤 시험을 통과하거나 특별한 교훈을 배우고자 거쳐야만 하는 '학교'에 지나지 않는다는 것을 알게 될 것이다. 이 학교 수업을 마치자마자 당신은 졸업생이 되어 집으로 돌아가는 것이다.★7

죽음의 세 번째 단계는 '앎을 소유'하는 단계이다. 당신은 순식간에 이승에서 사는 동안 순간순간의 모든 생각을 자세하게 알게 된다. 즉 모든 행동을 기억하고 당신이 내뱉는 모든 말을 알게 된다. 이승에서 삶을 되돌아보는 동안, 당신은 자신의 운명에 대해 하나님을 탓하는 것이 아니라 성숙할 많은 기회를 무시해 버린 자신을 성찰할 수 있게 되며, 최악의 적(敵)은 바로 당신 자신이었음을 알 수 있다.★8 비유하자면 돌로 채워진 회전하는 통 속에 던져져 으스러지느냐 잘 닦여져 빛나는 다이아몬드가 되느냐 하는 것은 오로지 당신 자신에게 달려 있다는 것이다.★9

2 죽음은 존재하지 않는다.

엘리자베스는 우리가 육체적인 몸으로 존재하는 이 순간, 이런 삶은 우리의 전 존재 기간 중 '아주 짧은' 기간에 지나지 않는다는 것을 확신시키려고 한다. 그렇지만 아주 짧은 시간일지라도 우리는 우리 고유의 매우 '특별한 목적'을 위해 이 세상에 존재하는 것이기 때문에 이 순간은 아주 중요한 시간이다.★10 만약 우리가 만족스럽게 살고 있다면 죽음에 대해 걱정할 필요가 없다. 시간이란 인간이 만들어낸 인위적 개념이기 때문이다. 잘 산다는 것은 근본적으로 '사랑하는 법'을 배우는 것이다.★11

엘리자베스는 자신의 실존적 상황을 잔잔하게 그려낸다. 세쌍둥이 중 한 명, 2파운드의 몸무게, 머리카락이 없고 아주 많이 못생긴 채로 태어났지만, 그녀는 살 만한 가치가 있다는 것을 증명하려고 열심히 했다. 10대 때 2차 세계 대전이 끝났고, 그 당시 강제 수용소를 둘러볼 기회가 있었다. 열차 몇 대분의 강제 수용소 희생자들의 머리카락을 아이들의 신발과 베개로 만들어 쓰고자 독일로 가져가는 것을 목격했고, 강제 수용소의 냄새를 맡았으며, 시체를 태우는 화장터를 목격하기도 했다. 그 과정에서 엘리자베스가 본 것은 인간의 비인간성 자체였다. 그러면서 우리 자신이 나치와 같은 괴물이 될 수도 있음을 알아야 한다고 그녀는 절규한다.★12 그렇지만 우리는 모두 인도에서 죽어가는 걸인들을 돌보는 성녀 테레사가 될 능력 또한 가지고 있다고 말한다.

엘리자베스는 절망적인 만성 정신 분열증 환자들, 심한 발달 장애 아동들, 죽어가는 환자들을 돌보면서 체득한 귀중한 삶의 교훈들을 우리에게 전하고 있다. 그녀에 따르면 지식은 도움이 되지만 지식 자체만으로는 누구도 도울 수 없다. 우리가 머리나 가슴, 영혼을 쓰지 않는다면 그 어떤 사람도 도울 수 없다는 것이다. 그 점에서 죽어가는 환자들이 이 세상에서 가장 좋은 교사의 역할을 한다고 그녀는 말한다. 왜 그럴까? 그들은 우리에게 '죽음의 단계'을 가르쳐주고 있기 때문이다.

죽음을 맞이하는 환자들은 죽어가는 과정에서 '부정'과 '분노'의 과정을 거쳐 왜 나에게만 이런 죽음의 고통이 있어야 하는지를 묻고, 하나님에 대해 의문을 가지며, 심지어 한동안 하나님을 거부하게 되는지를 가르쳐준다. 그들은 하나님과 '타협'하면서 엄청난 '절망'을 맛본다. 그러나 만일 보살펴주는 사람이 있다면 그들은 죽음을 '수용'하는 단계에 이를 수 있게 된다.★13

대부분의 사람은 인생에서 겪게 되는 모든 역경과 시련, 고뇌와 악몽, 모든 손실에 대해 그것을 재앙으로 보거나 하나님이 내리는 벌로 보는 등 부정적인 것으로만 본다. 여기서 엘리자베스는 우리에게 일어나는 그 어떤 것도 부정적인 것이 아니라는 것을 알아야 한다고 말한다.

> 당신으로 하여금 "내가 미리 알았더라면 결코 견뎌내지 못했을 거야"라고 말하게 하는 모든 고난과 고뇌, 큰 손실 같은 것들은 사실은 당신에게 주어진 선물이다. 모든 것이 당신을 성장시키기 위한 기회이다. 이것이 지구라는 행성에 사는 유일한 목적이다.★14

우리가 병에 걸리고 고통 속에 빠지며 상실을 경험할 때 위험을 외면하는 것이 아니라 고통을 겪으면서 그것을 재앙이나 벌이 아니라 아주 특별한 목적을 위해 당신에게 내려진 '선물'로 받아들이게 된다면 당신은 성숙하게 된다는 것이다.★15

엘리자베스는 유체 이탈 체험을 했던 환자들의 수백 가지 사례를 연구하면서 이런 사례들의 공통 분모가 있다고 말한다. 이런 체험을 한 사람들은 모든 육체가 벗어버린 허물과도 같다는 것을 알고 있었고, 죽음이라 부를 수 있는 것이 실제 존재하지 않는다는 사실을 확실하게 알고 있었다.★16 죽음이란 나비가 고치를 벗어던지는 것처럼 단지 육체를 벗어나는 것에 불과하다. 죽음은 우리가 계속해서 성숙할 수 있는 더 높은 의식 상태로의 변화일 뿐이다.★17 그래서 엘리자베스는 죽음이란 존재하지 않는다는 것을 사람들에게 전하고자 하였다.

> 유일하게 잃어버린 것이 있다면 육체이다. 육체는 더 필요하지 않다. 마치 봄이 와서 겨울 코트를 벗어버리는 것과도 같다. 당신

은 그 낡은 코트를 더는 입고 싶어 하지 않을 것이다. 사실상 이것 이 죽음이 가진 모든 것이다.★18

그래서 엘리자베스는 우리에게 다음과 같이 권유한다.

"우리가 내면에서 조용히 '자아'와 대면하는 것을 배우기만 하면 된다. 두려워하지 않는 것을 배우라. 두려워하지 않을 수 있는 하나의 방법은 죽음이 존재하지 않는다는 것을 아는 것이고, 모든 삶에는 긍정적 목적이 존재한다는 것을 아는 일이다."

그렇기에 엘리자베스는 이 세상에는 '우연의 일치'란 없다고 말한다. 하나님은 형벌을 내리는 비열한 분이 아니다. 변화, 즉 죽음을 겪은 후 우리는 지옥이나 천국으로 묘사되었던 그곳으로 간다. 여기서 당신은 판결을 내리는 하나님에 의해 심판받는 것이 아니라 평생 해왔던 모든 행동과 말, 모든 생각을 되돌아봄으로써 자신을 심판하는 기회를 만나게 되는 것이다. 당신이 살아온 방식에 따라 자기 자신이 지옥을 만들거나 천국을 만드는 것이다.★19

2 삶과 죽음, 죽음 뒤의 삶

엘리자베스는 우리가 과학과 물질주의 시대에서 순수하고 진정한 영성이 가득한 새로운 시대로 옮겨가야 한다고 말한다. 여기서 영성이란, 우리보다 훨씬 위대하며 우주를 창조하고 삶을 창조한 어떤 존재에 대한 '깨달음'을 뜻한다. 우리는 그 위대한 존재의 중요하고도 의미 있는 한 부분이다.★20 우리가 근원, 즉 하나님으로부터 태어났을 때 우리는 신성의 한 측면을 부여받았다. 이것은 우리 안에 그 근원의 일부가 있다는 것을 의미한다. 엘리자베스는 이

것으로 말미암아 우리는 죽지 않는다고 말한다. 육체란 단지 우리가 '죽음'이라고 부르는 변화를 겪을 때까지 일정 기간 머무르는 집에 지나지 않는다. 죽음의 순간에 우리는 이 고치를 벗고 다시 나비처럼 자유롭게 된다는 것이다.★21

엘리자베스는 죽음 뒤의 삶에 대한 설명에서 근사 체험의 수많은 사례와 유체 이탈 체험의 많은 사례에 대해 들려주고 있다. 근사 체험의 많은 사례 연구를 통해서 발견할 수 있는 일반적 특징을 그녀는 다음과 같이 설명한다.

> 죽음의 순간, 우리는 일시적 거주지였던 육체로부터 실재하는 영원불변의 자기 자신이 분리되는 경험을 하게 된다. 우리는 이 불멸의 자아를 영혼 혹은 개체라 부르는데, 영혼이 몸을 떠날 때 당황함이나 공포, 불안은 전혀 없다. 이때 우리는 육체가 다시 온전해지는 경험을 하고, 사고나 죽음이 일어났던 상황도 완전히 알 수 있다.★22

우리가 근사 체험을 할 때 의료 소생 팀이나 사고 난 차 안에서 절단되고 상처받은 우리 몸을 꺼내려고 구조 활동을 하는 사람들을 잘 볼 수 있다. 근사 체험 대부분의 사례가 그렇듯이 의식과 기능을 하는 뇌가 더는 연결되어 있지 않더라도 이 광경을 몇 미터 떨어진 거리에서 다소 객관화된 의식 상태로 바라볼 수 있다는 것이다. 이 모든 것은 뇌가 활동한다는 신호가 측정되지 않을 때 일어나며, 의사들이 생명의 어떠한 징후도 전혀 찾아볼 수 없다고 할 때 자주 발생한다고 한다. 엘리자베스에 따르면 근사 체험을 하는 순간 경험하게 되는 우리 몸은 물리적인 몸이 아니라 에테르로 된 몸(ethereal Body)이라고 한다. 이 에테르로 된 몸에서 우리는 '완전한 조화'를 경험한다는 것이다.★23

> 우리가 생전에 다리 절단 수술을 받았다면 이 에테르 상태에서 다시 다리를 갖게 되고, 생전에 듣지 못하거나 말하지 못하는 장애인이었다면 이때 다시 듣고 말하고 노래할 수 있게 된다. 휠체어에 앉아서 지내야 했던 다경화증 환자도 이때 다시 노래하고 춤출 수 있게 된다. 에테르로 된 몸의 상태에서는 고통이나 장애가 없기 때문이다.★24

엘리자베스는 유체 이탈 체험을 언급하면서 죽음을 앞둔 어린아이들에게서 이것을 발견할 수 있다고 말한다. 죽어가는 어린아이들은 훨씬 큰 내적인 자각이 생겨 또래의 건강한 아이들보다 더 영적으로 된다. 물리적인 몸에서 벗어나는 짧은 여행, 즉 유체 이탈 체험을 하는 동안 나이가 많든 적든 죽어가는 환자들은 그들 주위에 존재하면서 보호해 주고 도와주는 '영적 존재들'이 있다는 것을 알게 된다. 어린아이들은 그런 존재를 '놀이 친구'라고 부르고, 교회에서는 그 존재를 '수호천사'라 부르며, 연구자들은 '안내자'라고 부른다. 그들에게 어떤 호칭을 붙이든 그것은 중요하지 않다. 모든 인간은 출생에서 육체적인 존재를 끝내는 변화의 순간까지, 삶에서 죽음 이후의 삶으로 변화하는 것을 도와주는 안내자나 수호천사가 늘 함께한다는 것을 알아야 한다.★25 우리가 홀로 죽을 수 없는 또 다른 이유는, 우리가 죽음 앞에 물리적인 몸을 벗어던질 때 비록 그것이 일시적이라도 우리는 시간과 공간 개념이 없는 곳의 존재가 된다는 데 있다. 이러한 형태의 존재가 되면 우리가 가고자 하는 곳은 어떤 곳이라도 생각의 속도로 갈 수 있다.★26

엘리자베스에 따르면 고통은 우리가 견딜 수 있을 만큼만 주어진다.★27 그것이 신앙이자 깨달음이다.

나는 싸우기를 그치는 것, 불복종을 멈추는 것, 다투는 사람이 되지 않는 것이 내가 해야 할 일이라는 것을 알게 되었다. 불복종에서 평화롭고 긍정적인 복종으로 옮겨가야 한다는 것을 깨닫게 된 것이다. 그렇게 깨닫자 고통은 사라졌고 숨쉬기가 쉬워졌다. 말로서가 아니라, 생각으로 '예'라고 말을 하는 순간 육체적 아픔은 사라진 것이다. 나는 천 번의 죽음 대신 말로는 표현할 수 없는 거듭나는 과정을 겪은 것이다.★28

그것은 먼저 배 부분부터 떨리기 시작해서 온몸의 빠른 떨림과 맥박으로 나타났다. 그리고 그 떨림은 내가 볼 수 있는 모든 것, 즉 천장, 벽, 마루, 가구, 침대, 창문, 창문 밖의 나무와 지평선, 다시 말해 사실상 지구 전체로 퍼져나갔다. 마치 지구 전체가 매우 빠른 속도로 진동하고 있고 모든 분자가 진동하는 것 같았다. 동시에 연꽃 봉우리처럼 보이는 어떤 것이 나타나 믿을 수 없을 만큼 아름답고 화사한 꽃을 피웠다. 연꽃 뒤로는 환자들에게서 자주 듣곤 했던 빛이 나타났다. 깊고 빠른 진동 속에서 천천히 선회하면서 연꽃으로 들어가 빛에 가까이 다가감에 따라 나는 천천히 이 빛 속으로, 다시 말해 이 엄청난 조건 없는 사랑 속으로 빠져들어 갔다. 나는 그 빛과 하나가 된 것이다. 이 빛의 근원으로 빠져들어 가는 순간

> 모든 진동이 멈췄다. 그리고 깊은 정적이 몰려왔다. 나는 옷을 입고 신을 신고 언덕을 내려가야 한다는 것을 잊어버리고 깊은 잠에 빠졌다. 이것은 태양이 지평선 아래에서 올라오는 순간에 일어났던 일이다.[★29]
>
> 대략 한 시간 반쯤 지나고 나서 나는 깨어나 옷을 입고 신발을 신은 다음 언덕을 걸어 내려왔다. 나는 아마도 인간이 물질적인 차원에서 경험할 수 있는 가장 엄청난 황홀경을 경험했다. 나는 완전한 사랑 속에 있었고, 내 주위의 모든 생명체를 경외했다. 나뭇잎 하나하나, 구름 한 점, 풀 한 포기까지 모든 살아 있는 창조물을 사랑할 수 있었다. 나는 조약돌 위로 걸어가면서 그 돌들에 마음을 전했다. "나는 너희를 밟을 수가 없어"라고. 언덕 밑으로 내려오기까지 나는 오솔길 땅을 전혀 디디지 않았다는 것을 알았다. 그러나 이 체험을 의심할 수 없었고 나는 살아 있는 모든 것 속에 들어 있는 우주적 의식(cosmic consciousness)[★30]과 말로 표현할 수 없는 사랑에 대해 깨달을 수 있었다.[★31]

'죽음'은 단지 이 삶으로부터 고통과 고뇌가 없는 다른 존재로의 변화일 뿐이다. 모든 아픔과 부조화는 사라질 것이며, 영원히 살아남을 단 한 가지는 '사랑'이다. 그러므로 '지금' 서로 사랑하자. 왜냐하면, 우리는 우리를 태어나게 해주신 분들과 함께하는 축복을 얼마나 오랫동안 누릴 수 있을지 알 수 없기 때문이다. 사랑이 있을 때 모든 것을 견딜 수 있다.[★32]

『인생수업』(2000)에서 전하는 삶의 교훈들

2 삶이 우리에게 요구하는 배움들

엘리자베스는 수십 년 동안 죽음을 앞둔 이들과 아직 살아 있는 이들을 치료하면서 인간에게 필요한 배움들이 결국은 누구에게나 같다는 것을 깨닫게 되었다. 그것들은 두려움, 자기 비난, 화, 용서에 대한 배움이다. 또한, 삶을 받아들이는 것에 대한 배움, 사랑과 관계에 대한 배움이다. 놀이와 행복에 대한 배움도 있다.[★33]

엘리자베스에 의하면 삶은 탄생에서 죽음에 이르는 수업과 같다. 그 수업들에서 우리는 사랑, 행복, 관계와 관련된 단순한 진리들을 배운다. 오늘 우리가 불행한 이유는 삶의 복잡성 때문이 아니라 그 밑바닥에 흐르는 단순한 진리들을 놓치고 있기 때문이다. 많은 이들이 사랑에 대해 충분히 안다고 생각하지만, 그런데도 만족스러운 사랑을 발견하지 못한다. 우리가 느끼는 것은 대부분 사랑이 아니기 때문이다. 그것들은 두려움, 불안, 기대 심리가 만들어낸 허상에 불과하다. 지구라는 행성 위를 함께 걸어가고 있지만 우리 각자는 외롭고, 무기력하고, 부끄러운 존재들이다.[★34]

누군가 미켈란젤로에게 어떻게 피에타상이나 다비드상 같은 훌륭한 조각상을 만들 수 있었느냐고 물었다. 그러자 미켈란젤로는 이미 조각상이 대리석 안에 있다고 상상하고 필요 없는 부분을 깎아내어 원래 존재하던 것을 꺼내 주었을 뿐이라고 대답하였다.[★35]

이미 존재하고 있었고 앞으로도 영원히 존재할 완벽한 조각상이 누군가가 자신을 꺼내 주기를 기다리고 있었다는 것이다. 사람은 누구나 내면에 위대함의 씨앗을 가지고 있다. 위대한 사람이란 다른 사람이 갖지 못한 특별한 무언가를 가진 사람이 아니다. 그는 단지 가장 뛰어난 자신을 드러내는 데 걸림돌이 되는 것들을 제거해 버렸을 뿐이다.[★36]

우리 각자에게는 간디에서 히틀러까지 모든 인물이 될 가능성이 숨어 있다. 대부분 사람은 자신에게 히틀러가 될 수 있는 면이 숨어 있다는 것을 인정하기 싫어한다. 하지만 모든 인간에게는 부정적인 모습이 잠재된 것이 사실이다. 그것을 부인하는 것은 매우 위험한 일이다. 자신에게 부정적인 면이 있다는 사실을 인정하는 것이 무엇보다 중요하다. 삶이 가르쳐주는 배움들을 통해 우리는 종종 자신이 원하지 않는 역할들을 벗어던진다.

우리는 아인슈타인 같은 천재도 마이클 조던 같은 뛰어난 운동선수도 아니지만, '필요 없는 부분을 깎아내는 것'만으로도 우리의 타고난 재능을 눈부시게 꽃피울 수 있다. 본래의 당신은 가장 순수한 사람이며 완전한 존재이다. 당신은 자신을 치유하고 자신이 누구인지 기억하기 위해 이 세상에 왔다. 자신이 누구인지 깨닫게 되면 자신이 해야 할 일, 배워야 할 교훈이 보인다. 겉으로 드러나는 존재와 안에 있는 존재가 하나가 되면 더 숨거나 두려워하거나 자신을 보호할 필요가 없다. 상황을 초월한 존재로서의 자기 자신을 볼 수 있게 된다.[★37]

ㄹ 삶이라는 여행

엘리자베스는 '사랑'에 대해 전하기도 한다. 정의하기조차 매우 힘든 이것은 삶에서 유일하게 진실하고 오래 남는 경험이다. 그것은 두려움의 반대말이고, 관계의 본질이며, 행복의 근원이다. 또한, 우리 자신을 이루고 있는 가장 깊은 부분이고, 우리 안에 살면서 우리를 연결해 주는 에너지이다. 사랑은 지식, 학벌, 권력과 아무 관계가 없다. 사랑은 모든 행위 너머에 있다. 또한, 삶에서 절대 사라지지 않는 유일한 선물이다. 결국, 그것은 우리가 진정으로 줄 수 있는 유일한 것이다. 환상과 꿈, 공허함으로 가득한 세상에서 사랑은 진실의 근원이다.[★38]

사랑은 언제나 우리 삶 속에, 모든 아름다운 경험 속에, 때로는 비극 속에 존재한다. 사랑은 삶에 깊은 의미를 불어넣는 순수한 재료이다. 사랑은 살아 있고 만질 수 있으며 우리 안에서 숨 쉬고 있다. 사랑은 신(神)과 신성함에 대한 경험이다. 우리는 손을 뻗어 그것을 붙잡기만 하면 된다.[★39]

인간관계가 가져다주는 상황들은 삶에서 배워야 할 모든 것을 가르쳐준다. 마치 다이아몬드를 세공하듯이 관계 속에서 서로의 모난 부분을 다듬어 준다. 때로 우리는 자신이 맺고 있는 관계들에서 어떤 부분이 달라지면 행복해지리라 생각한다. 그렇게 바라는 이유는 관계를 통해서 행복해지고 싶기 때문이다. 배우자를 바꾸거나 관계를 변화시키면 완벽해지고 행복해지리라고 생각한다. 하지만 이것은 실로 어리석은 생각이다.

엘리자베스에 따르면 이 세상이 하나의 학교라면 '상실'(loss)과 '이별'은 그 학교의 주요 과목이다. 상실과 이별을 경험하면서 우리는 필요한 시기에 우리를 보살펴주는 사랑하는 이들, 또는 전혀 알지 못하는 사람들의 손길을 자각하기도 한다. 상실과 이별은 우리의 가슴에 난 구멍이다. 하지만 그것은 다른 사람들로부터 사랑을

끌어내고 그들이 주는 사랑을 담아 둘 수 있는 구멍이기도 하다.★40

청춘, 꿈, 자유와 같은 무형의 것들도 결국엔 사라지거나 퇴색해 간다. 우리가 가진 모든 것은 잠시 빌려온 것에 불과하다. 우리가 그들의 주인이었던 적은 한 번도 없다. 현실은 영원하지 않으며, 우리가 가진 것들에 대한 소유권 역시 영원할 수 없다. 모두가 한시적인 것들이다. 영원한 것은 어디에도 없으며, 모든 것을 언제까지나 소유하고 있으려는 것은 무의미한 일이다.★41

죽음을 앞둔 사람은 자기가 무엇을 잃어 가는지 알고 있으며, 그 가치를 이해한다. 자신을 속이는 것은 살아 있는 사람들이다. 많은 사람은 삶이 곧 상실이고, 상실이 곧 삶이라는 것을 이해하지 못한 채 평생 상실과 싸우고 그것을 거부한다. 상실 없이 삶은 변화할 수 없고, 우리도 성장할 수 없다. 옛 유대 격언에 많은 결혼식에 가서 춤을 추면 많은 장례식에 가서 울게 된다는 말이 있다. 이는 당신이 많은 시작의 순간에 있었다면 그것들이 끝나는 순간에도 있게 된다는 뜻이다. 만일 당신에게 친구가 많다면 그만큼의 이별을 경험하게 된다는 것이다.★42

상실이라고 하면 우리는 대개 사랑하는 사람, 목숨, 가정, 아니면 돈과 같이 중요한 것들을 잃는 경우를 떠올린다. 하지만 상실이 주는 배움을 통해 어느 순간 당신은 삶에서 하찮게 여기던 것들이 얼마나 중요한 것이었는지를 깨닫게 된다.

죽음을 앞둔 사람들로부터 우리는 상실에 대해 흥미로운 것들을 배울 수 있다. 의학적으로 죽었다가 다시 살아난 사람들로부터도 다음의 공통점을 배울 수 있다. 첫째, 그들은 한결같이 더는 죽음이 두렵지 않다고 말한다는 것이다. 둘째, 그들은 이제 죽음이란 필요 없어진 옷을 벗는 것처럼 육체를 떠나는 것에 불과하다는 것을 알게 되었다고 말한다. 셋째, 그들은 죽음 속에서 온전한 자신을 느꼈고, 자신이 모든 사물, 모든 존재와 연결되어 있다는 것을 느꼈다는 것이다. 마지막으로, 그들은 절대 외롭지 않았으며 누군가가 자신과 함께 있음을 느꼈다고 말한다.★43

2 『상실수업』(2005)에서 전하는 '상실'과 '이별'의 수업

엘리자베스는 인간이 상실을 겪게 될 때 보이는 반응, 이른바 슬픔의 다섯 단계, 즉 부정(denial), 분노(anger), 타협(bargaining), 절망(depression), 수용(acceptance)에 대해 *On Death and Dying*(1969)(『죽음과 죽어감』)★44에서 상세하게 그려낸 바 있다. 그리고 *On Grief and Grieving*(2005)(『상실수업』)에서 다시 한번 핵심 내용을 부연 설명하고 있다.

엘리자베스에 따르면, 각 단계가 순서대로 지나게 될 슬픔의 정거장은 아니며, 모두가 이 다섯 단계를 전부 겪거나 정해진 순서대로 경험하지는 않는다. 다만 이 단계를 통해 슬픔의 영역을 더욱 잘 이해할 수 있으므로 앞으로의 삶과 다가올 상실에 잘 대처할 수 있기를 바라면서 재차 소개하고 있다.

첫 번째 단계로 부정(denial)은 사랑하는 이가 죽었다는 사실을 아예 인정하지 않는다는 의미가 아니다. 당장 집에 가면 현관문을 열며 자신을 반겨줄 아내가 없다는 사실이 믿어지지 않는다는 것이다. 또한, 남편이 출장으로 잠시 자리를 비운 게 아니라 그가 다시는 현관문을 열고 집으로 돌아올 수 없는 현실을 상상할 수 없는 것이다. 부정의 단계에서 처음에는 충격에 휩싸여 정신이 멍해지고 망연자실한 모습을 보인다.★45

슬픔의 이 첫 단계는 우리가 상실에서 도저히 헤어 나오지 못하도록 만든다. 인생이 무의미해지고 감당할 수 없게 느껴질뿐더러 삶이 이치에 맞지 않아 보인다. 어떻게 살아갈지, 살아간다 해도 왜 살아야 하는지 의문스럽다가 그저 하루를 견뎌낼 방법을 찾게 된다. 그때 부정과 충격은 상실을 극복하고 우리가 살아남을 수 있도록 해준다. 부정은 슬픔의 감정이 몰아닥쳐 오는 속도를 더디게 해준다. 이처럼 부정 안에는 자비가 숨겨져 있다. 그것은 인간이 감당할 만큼만을 허락하는 신(神)의 방식이다.[★46] 상실의 현실을 받아들이고 스스로 어떻게 왜라고 묻기 시작할 때, 자기도 모르게 치유의 과정이 시작된다. 마음이 강해지면 부정은 서서히 희미해지기 시작한다.

두 번째 단계인 분노(anger)는 여러 형태로 나타난다.[★47] 사랑하는 사람이 건강에 더 신경 쓰지 않았던 것에 화가 나고, 사랑한 이를 더 잘 보살피지 못했던 자기 자신에게 화가 난다. 분노가 논리적이거나 타당할 필요는 없다. 이런 일이 일어날 것을 예견하지 못한 자신에게 화가 날 수도 있다. 화가 나면 그 어떤 것도 막을 수 없다. 너무나 소중한 사람을 살려내지 못한 의사에게 분노가 치밀어 오른다. 자신에게 너무나 의미 있는 사람에게 나쁜 일이 생길 수 있다는 게 화가 난다. 이 세상에 혼자 남겨지고 함께 더 많은 시간을 보내지 못한 것에도 화가 난다. 그 사람도 죽고 싶어 하지 않았다는 것을 머리로는 알고 있다. 하지만 마음으로 아는 것은 그가 죽었다는 사실뿐이다. 그 일은 일어나지 말아야 했고, 설사 일어나더라도 지금은 아니었다.

엘리자베스에 따르면 분노는 치유 과정의 필수 단계이다.[★48] 끝이 없어 보일지라도 분노를 기꺼이 느껴보라고 말한다. 진심으로 느끼면 느낄수록 분노는 점점 더 사라지기 시작하며 당신은 치유될 수 있다는 것이다. 그리고 분노는 저항의 힘이기도 하다.★49 그러니까 상실의 공허함 속에 잠시나마 붙잡을 수 있는 하나의 닻이 될 수 있다. 분노하고 있다는 것은 치유되고 있음을 의미한다. 판단하지 말고 의미를 찾으려 하지 않고 분노 그대로를 느끼는 것이 중요하다. 분노는 상실의 불공평함에 대한 자연스러운 반응이다.

세 번째 단계인 타협(bargaining)은 마음이 상실의 어느 한 상태에서 다른 상태로 이동하도록 돕는다.★50 타협은 우리가 각 단계에 적응할 수 있도록 시간적 여유를 주는 중간 정거장이 된다. 강한 감정들이 지배하고 있는 공간들이 각각 거리를 두고 유지되도록 그 간격을 타협이 채워준다. 어쩌면 마구 흐트러져 있는 혼란 상태에 질서를 부여해 준다고 느껴지게 한다. 시간이 지남에 따라 타협의 형태가 변한다. 사랑하는 이를 살리기 위해 타협을 시작한다. 나중에는 심지어 사랑한 이 대신 자신을 죽게 해달라고 타협한다.

사랑하는 이가 곧 죽는다는 사실을 받아들이게 되면 그가 고통 없이 죽게 해달라고 타협한다. 그들이 죽고 나면 타협은 종종 과거에서 미래로 옮겨간다. 사랑한 사람을 천국에서 다시 볼 수 있게 해달라고 타협한다. 남은 가족이 병에 걸리게 될 시기를 미뤄달라고, 혹은 또 다른 슬픔이 사랑한 이들에게 찾아오지 않게 해달라고 타협하며 간곡히 청한다. 아이를 잃은 엄마는 남은 아이들이 이대로 계속 안전하고 건강하게 해달라고 타협한다. 타협의 단계를 통과하는 동안, 우리는 '만일 이랬더라면~', '만일 이런다면~'이라고 가정하며 이미 지나간 과거의 사건들을 다르게 바꿔보기도 한다.★51

슬픔의 네 번째 단계는 절망(depression)이다. 엘리자베스에 의하면 이 절망감은 정신병 조짐이 아님을 이해하는 것이 중요하다. 그것은 크나큰 상실을 겪고 나서 나타날 수 있는 반응이다. 아침이 오지만 개의치 않는다. 삶이 무의미하게 느껴진다. 침대에서 일어나는 일이 산을 오르는 것만큼 힘겹게 느껴진다. 마음이 침울하며, 자꾸만 뭔가를 뺏기는 기분이 든다. 하지만 절망감은 우리가 비탄에 빠져 있는 동안 신경 체계를 닫게 만들어 감당할 수 없다고 느끼게 하여 우리를 보호하려는 본능적 의지이다.★52

슬픔이 치유되는 과정이라면 절망은 그 과정에서 꼭 지나쳐야 하는 단계 중의 하나다. 만일 자신이 절망에 빠져 있음을 인식하거나 친구로부터 자신이 낙담해 있다는 말을 들을 때, 당신의 첫 번째 반응은 그것을 부정하며 빠져나올 방법을 모색한다. 고통이 혹독한 만큼, 절망은 역설적인 방식으로 치유될 수 있다. 절망을 방문객으로 여기라. 환영받지 못한 방문객이지만 당신이 좋아하든 싫어하든 방문할 자이다. 그 손님을 위해 자리를 마련하라. 절망을 초대해 난로 앞 당신 옆으로 의자를 마련해 피할 수단을 취하지 말고 다만 함께 앉으라. 슬픔과 공허함으로 인해 정화된 순수함 속에서 상실을 바라보라. 절망을 느끼도록 마음을 놓아두면 상실 안에서 목적을 달성한 절망은 곧바로 떠날 것이다. 더 강해지면 때때로 절망은 다시 찾아올 수 있지만, 이게 바로 슬픔이 일어나는 방식이다.★53

슬픔의 다섯 번째 단계는 수용(acceptance)이다. 엘리자베스는 수용이라는 의미와 관련하여, 일어난 사건에 대해 '이상 없음' 또는 '괜찮다고 여김'의 뜻과 혼동하는 경우가 종종 있다고 지적한다. 그런데 수용은 그런 의미를 담고 있지 않다고 한다. 사랑하는 이의 상실에 대해 이상 없음 또는 괜찮다고 느끼는 사람은 아무도 없다. 수용의 단계는 사랑하는 이가 실제로 떠나버린 현실을 받아들이고 이 새로운 현실이 영원한 현실임을 인정하게 되는 단계이다. 이 현실을 절대 좋아하지 않거나 또는 헤쳐 나가보려고도 하겠지만, 결국 받아들이게 된다. 이 새로운 현실 속에 살아가는 법을 배우게 되는 것이다. 이 새로운 규범을 가지고 사는 법을 터득해야 한다. 상실의 고통으로부터 도저히 치유될 것 같지 않다고 여겨지더라도 치유와 적응이 확고히 자리매김할 수 있는 곳이 바로 이 수용의 단계이다.★54

엘리자베스에 따르면 수용하게 된다는 것은 안 좋은 날보다 좋은 날을 보내게 된다는 의미이다. 다시 정상적인 생활을 시작하고 삶을 즐길 때쯤, 이것은 사랑한 이를 배신하고 있는 거라고 느낀다. 물론 다른 어떤 것으로 잃어버린 사람을 대신할 수는 없겠지만, 새로운 결합, 의미 있는 새로운 관계, 새로운 상호 의존 관계를 형성할 수는 있다. 감정을 부정하는 대신 움직이고 변화하고 성장하고 발전하고자 하는 자신의 요구에 귀 기울이라. 사람들에게 다가가기 시작하므로 그들의 삶에 참여하게 된다. 우정과 관계 속에 자신을 투자한다. 다시 예전처럼 살아가기 시작한다. 다만 이 모든 것은 슬픔에 충분한 시간을 배려할 때만 가능하다.★55

엘리자베스에 의하면 슬픔의 힘은 희한하게도 슬픔을 치료하는 자체 효력을 갖고 있다. 어쩌면 아직도 슬픔의 초기에 있을 수 있고, 어쩌면 상실을 미리 예감하는 감정에서 다시 시작하는 쪽으로 방향을 바꿀 수도 있다. 그것은 들쑥날쑥한 감정의 주기를 끝마친다. 이것은 우리가 모든 걸 말끔히 잊는다는 의미가 아니다. 상실의 고통이 다시는 찾아오지 않는다는 의미도 아니다. 탄생과 죽음의 주기를 완전히 따르므로 삶을 충만하게 경험한다는 의미다. 우리는 상실을 견뎌내고 살아남았다. 슬픔과 애도의 힘이 우리를 치유하고, 잃었던 그 사람과 함께 삶을 살아갈 수 있게 한다. 그것이 바로 슬픔의 은총이며, 슬픔의 기적이다. 그것이 곧 슬픔의 선물이다.★56

맺음말

삶은 시간이 지배한다. 우리는 시간에 의해 살고, 또 시간 속에서 살아간다. 그리고 시간 속에서 생을 마친다. 웹스터 사전은 시간을 '연속 선상의 두 지점 사이의 간격'이라고 정의한다. 흔히 탄생을 삶의 시작으로, 죽음을 삶의 끝으로 생각하지만, 사실 탄생과 죽음은 연속 선상의 두 지점일 뿐이다.[★57]

아인슈타인은 시간은 절대적인 것이 아니라 관찰자에 의해 좌우되는 상대적인 개념이라고 주장했다. 그러니까 시간은 어떻게 느끼는가에 따라 달라진다. 한 사람의 시간이 다른 사람의 시간과 같지 않기 때문이다. 우리는 회의, 식사, 영화 관람, 혹은 다른 활동을 할 때 시간을 정확히 지키기 위하여 손목시계를 착용하고 시간을 맞추곤 한다. 그런데 초, 분, 시간, 일, 주, 월, 년이라는 인위적인 구분이 시간 자체라고 주장한다면, 각자 자신의 시간을 경험한다는 사실을 잊는 것이 된다. 시간의 가치가 개인적인 인식에 따라 달라질 수 있기 때문이다.

대개 과거란 현재 이전의 시간이며, 미래는 앞에 놓인 시간이라고 여기지만 이것은 시간이 일직선으로 된 연속 선상에 놓여 있음을 전제로 한 가정이다. 과학자들은 시간이 직선적이지 않으며, 우리가 '과거-현재-미래'라는 단단한 형태 속에 갇혀 있는 것이 아니라고 생각한다. 시간이 직선적인 것이 아니라면 과거, 현재, 미래가 동시에 존재할 수도 있다.[★58]

이것은 어떤 의미가 있을까? 만일 시간이 직선적인 것이 아니고, 우리가 과거, 현재, 미래에 동시에 존재한다면 우리의 삶이 어떻게 달라질까? 엘리자베스는 미켈란젤로의 말을 언급한다.

"삶이 즐겁다면 죽음도 그래야 한다. 그것은 같은 주인의 손에서 나오기 때문이다."

다시 말해 우리에게 삶, 행복, 사랑, 그 이상의 것들을 가져다주는 손은 죽음을 끔찍한 경험으로 만들지는 않았을 것이다. 누군가 말했듯이, 끝은 단지 거꾸로 된 시작일 뿐이다.★59

죽음을 앞둔 사람들이 가르쳐주는 가장 놀라운 배움 중 하나는 삶은 불치병을 진단받는 순간에 끝나지 않는다는 것이다. 바로 그때 진정한 삶이 시작된다. 우리가 죽음의 실체를 인정하는 순간, 삶이라는 실체도 인정해야만 한다. 우리는 자신이 아직 살아 있고, 지금 자신의 삶을 살아야 하고, 자신에게 있는 것은 지금의 삶뿐임을 깨닫게 된다. 죽음을 앞둔 사람들이 우리에게 가르쳐주는 가장 중요한 교훈은 모든 날을 최대한으로 살라는 것이다.★60 아이가 태어날 때마다 신(神)은 세상을 존속시키기로 한다는 말이 있다. 마찬가지로 눈을 뜨는 매일 아침, 당신은 살아갈 수 있는 또 하루를 선물받은 것이다. 그래서 엘리자베스는 우리가 언제 마지막으로 그 하루를 열정적으로 살았는지 되묻고 있다.

이번 생과 같은 생을 또 얻지 못한다. 당신은 이생에서처럼 이런 방식으로 이런 환경에서, 이런 부모, 아이들, 가족과 또다시 세상을 경험하지 못한다. 당신은 결코 다시 이런 친구들을 만나지 못할 것이다. 다시는 이번 생처럼 경이로움을 지닌 대지를 경험하지 못할 것이다. 삶의 마지막 순간에 바다와 하늘과 별 또는 사랑하는 사람들을 마지막으로 한 번만 더 볼 수 있게 해달라고 기도하지 말라. 지금 그들을 보러 가라.★61

---

1. 이 글은 신응철, 「메타모퍼시스로서 죽음: 엘리자베스 퀴블러 로스의 죽음의 해석학을 중심으로」, 『현대유럽철학연구』 54집, 한국현대유럽철학회, 2019. 339~362쪽에 게재되어 있으며, 이를 수정 보완하였음을 밝혀둠.
2. 엘리자베스 퀴블러 로스에 관한 국내 철학계에서의 연구는 현재 전혀 없는 상태이고, 신학과 문학에서 각각 1편씩의 논문이 발표되어 있을 뿐이다. 권진숙, 「죽어가는 사람들의 영혼의 순례: 호스피스. 완화 의료를 위한 영혼의 목회적 돌봄」, 『신학과 실천』 57호, 한국실천신학회, 2017. 11. 155~186쪽. 권성훈, 「한국 재난 시에 나타난 죽음의식 변화 연구」, 『한국문학이론과 비평』 73집(20권 4호), 한국문학이론과비평학회, 2016. 12. 113~138쪽. 필자는 엘리자베스 퀴블러 로스의 죽음에 대한 다양한 논의를 '죽음의 해석학'이라는 관점에서 읽어내고, 그것의 핵심 개념이 바로 메타모포시스로서 죽음이라고 파악하였다.
3. 구인회, 『죽음에 관한 철학적 성찰』, 한길사, 2015.
4. Elisabeth Kübler Ross, *On Life after Death*, The Barbare Hogenson Agency, New York, 1991.(번역서로 『사후생-죽음이후의 삶의 이야기』(최준식 옮김), 대화문화아카데미, 2012. 이후 번역본의 쪽수를 표기함.) 17쪽
5. 엘리자베스 퀴블러 로스(2012), 같은 책, 18쪽. 나는 엘리자베스가 설명한 죽음 현상을 '메타모퍼시스로서 죽음'이라고 칭하고자 한다. 여기서 메타모포시스(metamorphosis)라는 표현은 이미 에른스트 카시러가 *The Myth of the State*(1946) 47~49쪽에서 사용하고 있는 말이기도 하다.
6. 엘리자베스 퀴블러 로스(2012), 같은 책, 31쪽
7. 엘리자베스 퀴블러 로스(2012), 같은 책, 33쪽
8. 엘리자베스 퀴블러 로스(2012), 같은 책, 34쪽
9. 엘리자베스 퀴블러 로스(2012), 같은 책, 39쪽
10. 엘리자베스 퀴블러 로스(2012), 같은 책, 43쪽
11. 엘리자베스 퀴블러 로스(2012), 같은 책, 44쪽

12. 우리는 아이히만의 모습을 통해 악의 평범성을 밝혀주고 있는 한나 아렌트의 목소리를 경청할 필요가 있다. 윤은주, 「아이히만, 생각함과 생각하지 않음의 사이」, 2019년 한국해석학회 춘계학술대회(2019.4.20.(토), 고려대). 자료집, 51~62쪽 참조
13. 엘리자베스 퀴블러 로스(2012), 같은 책, 49쪽
14. 엘리자베스 퀴블러 로스(2012), 같은 책, 51쪽
15. 엘리자베스 퀴블러 로스(2012), 같은 책, 51쪽
16. 엘리자베스 퀴블러 로스(2012), 같은 책, 58쪽
17. 엘리자베스 퀴블러 로스(2012), 같은 책, 58쪽
18. 엘리자베스 퀴블러 로스(2012), 같은 책, 59쪽
19. 엘리자베스 퀴블러 로스(2012), 같은 책, 77쪽
20. 엘리자베스 퀴블러 로스(2012), 같은 책, 84쪽
21. 엘리자베스 퀴블러 로스(2012), 같은 책, 84쪽
22. 엘리자베스 퀴블러 로스(2012), 같은 책, 94쪽
23. 엘리자베스 퀴블러 로스(2012), 같은 책, 95쪽. 물리 이론에서 에테르는 기계적인 성질에 의해서 정성적으로 보통의 물질과는 구별하고 있으며, 정량적인 차원에서 차이점도 물질의 특정 상태나 종류를 특별히 지칭하는 것을 뜻한다.
24. 엘리자베스 퀴블러 로스(2012), 같은 책, 96쪽
25. 엘리자베스 퀴블러 로스(2012), 같은 책, 100쪽
26. 엘리자베스 퀴블러 로스(2012), 같은 책, 100쪽
27. 엘리자베스 퀴블러 로스(2012), 같은 책, 131쪽
28. 엘리자베스 퀴블러 로스(2012), 같은 책, 132쪽
29. 엘리자베스 퀴블러 로스(2012), 같은 책, 133쪽
30. 퀴블러 로스가 말하는 '우주적 의식'은 카시러의 용법으로 보면 '상모적 의식'이 된다. '상모적'이라는 표현은, 인간을 포함한 모든 대상물을 하나의 객체로만 보는 것이 아니라, 나와 똑같은 감정을 지닌 존재, 나와 똑같은 생명을 지닌 존재, 그러니까 '얼굴'을 가진 존재로 여기고 그렇게 대하는 태도이다. 카시러는 이처럼 신화적 지각에서 나타나는 상모적 경험의 자료들이 객관적 가치는 잃었을지 몰라도 인간학적 가치는 여전히 가지고 있다는 사실에 주목한다. 그 때문에 우리 인간 세계에서 상모적 경험들은 부정할 수도, 제거할 수도 없다. 이런 맥락에서 카시러는 신화의 진정한 하층 구조는 '사고(thought)'로 되어 있지 않고, '감정(feeling)'으로 되어 있다고 주장하는 것이다.(Cassirer: 1944, 81) 이런 이유에서 한때 신화는 비합리적인 것으로 비치기도 했었다. 그렇지만 카시러는 신화 속에도 논리적 일관성이 들어 있으며, 이 일관성은 논리적 규칙이 아닌 감정의 통일에 근거한 것이라고 말한다. 예를 들어 '과학적 사고'가 현실을 기술하고 설명한다면 대개는 '분류'와 '체계화'의 방법을 사용한다. 이런 방식을

따르다 보면 생명 현상은 서로 확연히 구별되어 개개의 부분으로 나뉘게 된다. 말하자면 생명의 세계를 종(種), 속(屬), 과(科) 등으로 잘게 나누게 된다. 하지만 원시인의 '신화적 사고방식'은 이 모든 것을 무시하고 거부한다. 그러니까 신화에서는 그와 같은 일이 일어나지 않는다. 신화에서의 생명관은 종합적이지 결코 분석적이지 않다. 신화에서의 생명은 끊긴 데 없는 하나의 연속적 전체로서 느껴진다. 그리하여 서로 다른 영역 간의 경계는 유동하며 변동하게 된다. 그 때문에 신화적 사고에서는 생명 세계에서의 종(種)의 차이가 생겨나지 않는다. 다만 메타모포시스(탈바꿈metamorphosis)의 법칙만이 있을 뿐이다.(Cassirer: 1946, 1~15쪽) 신응철, 「카시러 신화철학과 정치적 신화 해석」,『현대유럽철학연구』52집, 한국현대유럽철학회, 2019. 4~6쪽

31. 엘리자베스 퀴블러 로스(2012), 같은 책, 134쪽
32. 엘리자베스 퀴블러 로스(2012), 같은 책, 160쪽
33. Elisabeth Kübler Ross, David Kessler, *Life Lessons*, Scribner, New York, USA. 2006.(번역본으로 『인생수업』(류시화 옮김), 이레, 2015. 이후 번역본의 쪽수로 기재함.) 19쪽
34. 엘리자베스 퀴블러 로스 · 데이비드 케슬러(2015), 같은 책, 20~21쪽
35. 엘리자베스 퀴블러 로스 · 데이비드 케슬러(2015), 같은 책, 22쪽
36. 엘리자베스 퀴블러 로스 · 데이비드 케슬러(2015), 같은 책, 23쪽
37. 엘리자베스 퀴블러 로스 · 데이비드 케슬러(2015), 같은 책, 33쪽
38. 엘리자베스 퀴블러 로스 · 데이비드 케슬러(2015), 같은 책, 38쪽
39. 엘리자베스 퀴블러 로스 · 데이비드 케슬러(2015), 같은 책, 60쪽
40. 엘리자베스 퀴블러 로스 · 데이비드 케슬러(2015), 같은 책, 83쪽
41. 엘리자베스 퀴블러 로스 · 데이비드 케슬러(2015), 같은 책, 84쪽
42. 엘리자베스 퀴블러 로스 · 데이비드 케슬러(2015), 같은 책, 86쪽
43. 엘리자베스 퀴블러 로스 · 데이비드 케슬러(2015), 같은 책, 91쪽
44. 엘리자베스 퀴블러 로스, 『죽음과 죽어감』(이진 옮김), 청미, 2018. 85~238쪽
45. 엘리자베스 퀴블러 로스 · 데이비드 케슬러, 『상실수업』(김소향 옮김), 인빅투스, 2014. 27쪽
46. 엘리자베스 퀴블러 로스 · 데이비드 케슬러(2014), 같은 책, 29쪽
47. 엘리자베스 퀴블러 로스 · 데이비드 케슬러(2014), 같은 책, 31쪽
48. 엘리자베스 퀴블러 로스 · 데이비드 케슬러(2014), 같은 책, 32쪽
49. 엘리자베스 퀴블러 로스 · 데이비드 케슬러(2014), 같은 책, 36쪽
50. 엘리자베스 퀴블러 로스 · 데이비드 케슬러(2014), 같은 책, 41쪽
51. 엘리자베스 퀴블러 로스 · 데이비드 케슬러(2014), 같은 책, 42쪽
52. 엘리자베스 퀴블러 로스 · 데이비드 케슬러(2014), 같은 책, 43쪽

53. 엘리자베스 퀴블러 로스·데이비드 케슬러(2014), 같은 책, 44쪽
54. 엘리자베스 퀴블러 로스·데이비드 케슬러(2014), 같은 책, 47쪽
55. 엘리자베스 퀴블러 로스·데이비드 케슬러(2014), 같은 책, 51쪽
56. 엘리자베스 퀴블러 로스·데이비드 케슬러(2014), 같은 책, 298쪽
57. 엘리자베스 퀴블러 로스·데이비드 케슬러(2015), 같은 책, 135쪽
58. 엘리자베스 퀴블러 로스·데이비드 케슬러(2015), 같은 책, 144쪽
이런 맥락에서 보면, 엘리자베스는 아리스토텔레스적 시간관념, 즉 과거-현재-미래라는 직선적 시간관보다는 오히려 아우구스티누적 시간 관념, 즉 현재의 과거(기억), 현재의 현재(직관), 현재의 미래(기대)라는 시간관에 더 가깝다고 할 수 있다.
59. 엘리자베스 퀴블러 로스·데이비드 케슬러(2015), 같은 책, 259쪽
60. 엘리자베스 퀴블러 로스·데이비드 케슬러(2015), 같은 책, 260쪽
61. 엘리자베스 퀴블러 로스·데이비드 케슬러(2015), 같은 책, 261쪽

현대 문화해석학

8

용서의 해석학: 용서 찬반 논쟁★1

들어가는 말

도덕성을 진지하게 생각하는 이들, 다시 말해 타인의 '자유(自由)'와 '권리(權利)'를 진지하게 받아들이는 사람들은 만일 자신들이 타인의 그것을 침해했을 때 합당한 죄책감을 느낄 수밖에 없다. 반대로 자신의 자유와 권리가 타인에 의해 침해당했을 때는 모멸감과 분노, 더 나아가 복수심을 지닐 수밖에 없다. 이런 현상은 한 개인이나 그가 소속된 집단이 '억압'이나 '불의'를 겪을 때도 비슷하게 나타날 수 있다. 남녀 사이의 성폭력 사건, 직위와 직무를 이용한 인권 탄압 사건(소위, '갑질' 사건), 한국과 일본 간의 위안부 사건 등이 넓은 의미에서 이러한 범주에 해당한다고 할 수 있다.

그런데 만일 도덕성의 어떤 면도 진지하게 받아들이지 않고 타인에게 상처를 주고 학대한 일에 대해 아무런 신경도 쓰지 않는 사람들이 있다면 우리는 그들을 가리켜 영혼이 자유로운 사람이라고 부르기보다 '사이코패스(Psychopath)'라고 불러야 마땅하다. 마찬가지로 어떤 조직이나 기구, 나아가 국가 간에도 이런 경우가 발생한다면 우리는 그들을 향해 '비정상적'이라는 이름을 붙여 공동체에서 배척하고 제재(制裁)나 관계 단절을 취하게 되는 것이다.

최근 한국 사회의 민낯을 고스란히 드러내고 있는 '미투 운동(#ME TOO: 나도 당했다)'도 표면적으로는 남성 중심의 왜곡된 성(性) 문화의 비뚤어진 실상을 적나라하게 고발하고, 이를 통해 성(性) 평등의 실현, 성(性)차별의 극복, 가해자에 대한 법적 처벌이 중요한 사안으로 논의되고 있다. 그러니까 가해자와 피해자 사이에 자유와 권리의 침해 행위에 대한 솔직한 인정, 그것에 대한 진정성 있는 사과 혹은 사죄(謝罪), 나아가 법적 처벌이 정당하게 이루어져야 한다는 것이다.

필자는 이러한 '미투 운동'의 일련의 논의 과정에서 최종 단계에 이르면 핵심 이슈는 '용서'의 문제가 된다고 본다. 피해자는 가해자를 용서할 것인가, 말 것인가? 가해자는 피해자로부터 용서받을 수 있는가? 나아가 가해자는 그 주변 조직이나 생활 세계로부터 용서받을 수 있는가?

이처럼 소위 '용서' 담론은 인간의 악행이 지속하는 한 종교적 차원에서뿐만 아니라 세속적 세계관의 차원에서도 여전히 중요한 문제임이 틀림없다. 그리고 용서와 관련된 여러 쟁점이 여전히 해결되지 않은 채로 남겨져 있는 상황이기도 하다. 그래서 필자는 이 글을 통해 용서 담론에서 논쟁이 되는 핵심 부분을 들추어내고 '용서 옹호론'과 '용서 반대론'의 중심적 입론들을 제시하고자 한다. 또한, 가해자와 피해자 사이에 '진정한 용서'가 이루어지기 위한 전제 조건과 과정을 제시하고, 우리 사회의 최근의 상황들을 용서 담론에 적용해서 용서의 의미를 문화해석학의 측면에서 되새겨보고자 한다.

용서(Forgiveness)의 개념과 두 가지 모델

용서란 무엇인가?

18세기에 활동했던 조지프 버틀러(Joseph Butler, 1692~1752)는 용서에 관한 현대의 논의에 중요한 단서를 제공한 인물로 평가받고 있다. 그가 롤스 교회(Rolls Chapel)에서 했던 15편의 설교들 가운데 8번째 설교 'Upon Resentment('분노'에 대하여)'와 9번째 설교 'Upon Forgiveness of Injuries('상처의 용서'에 대하여)'[★2] 는 모두 성경 마태복음 5장 43~44절[★3] 을 근간으로 하고 있다. 버틀러의 설교가 용서 논의에서 중요하게 평가받는 이유는 그가 '용서(容恕)'와 '분노(忿怒)'를 연결해 복합적 논의를 전개했다는 점 때문이다.

흔히 내게 상처를 주거나 잘못한 사람을 용서하는 것은 그 사람에게 가졌던 '분노'를 모두 버려야만 가능하다고 생각한다. 그런데 버틀러는 분노를 버리는 것이 용서에 필요한 것은 아니라고 강조한다. 왜냐하면, 용서와 양립 가능한 분노가 있는가 하면, 양립 불가능한 분노도 있기 때문이다. 버틀러는 용서와 분노의 관계를 전통적 이해 방식과 다르게 설명한다. 그러니까 분노는 부정적인 것으로 반드시 버려야 할 감정이라는 것이 분노에 대한 전통적 관점이었다.

그렇지만 버틀러는 인간의 본능적 분노를 신(神)이 부여했다고 보았다.[★4] 그러니 자연스러운 감정으로서 분노 자체가 악(惡)은 아니며, 분노는 순수한 것으로 오히려 창조주가 우리에게 준 것임을 강조하였다. 다시 말해 분노는 불의, 상처, 포악함에서 우리 자신을, 그리고 다른 이들을 보호해 주는 역할을 담당하였다는 것이다. 그러나 이러한 순수한 분노가 지나쳐 극단적 '증오'와 '복수심' 등 파괴적 양상을 띠게 되면 비로소 '악'이 된다고 버틀러는 파악하였다.

버틀러는 분노의 다양성을 세밀히 분석하고, 분노와 용서의 양립 가능성을 새롭게 조명하였다. 버틀러는 분노에 두 가지가 있다고 파악하였다. 하나는 '성급한 즉각적 분노(sudden hasty anger)'이고, 다른 하나는 '숙고한 분노(deliberate anger)'이다.[★5] 강남순은 버틀러의 두 가지 종류의 분노를 다시금 '본능적 분노', '성찰적 분노', '파괴적 분노' 세 가지로 분류하기도 하였다.[★6]

먼저 '본능적 분노(momentary anger)'는 폭력이나 상처에 대한 동물적이고 본능적인 반응이다. 이러한 본능적 분노나 분개는 아이와 어른은 물론이고 동물들에서도 나타난다.[★7] 이는 자신에게 육체적 고통이 주어졌을 때 즉각적으로 나타나는 반응으로서 도덕적 성찰이 개입되지 않는다.

다음으로 '성찰적 분노(deliberate anger)'는 어떤 잘못된 행위에 대해서 성찰적으로, 도덕적으로 분개하는 것이다.[★8] 본능적 분노에 머물지 않고 분노의 원인을 사유하면서 그 분노가 과연 정당한지, 왜 그러한 분개의 감정을 품게 되었는지를 성찰하고 난 후에 생기는 분노이다. 따라서 성찰적 분노는 즉각적 분노와는 달리 어떤 사건이나 누군가의 행위에 대한 부당함, 불의함, 불공평함 등의 윤리적 판단을 반영한다. 성찰적 분노는 개인적 차원의 이득을 유추해 낼 수 있는데, 말하자면 폭력적 상황에서 개인을 보호하고 자기

존중감을 유지하게 한다. 또한, 성찰적 분노는 공적 차원에서도 이득이 생겨난다. 잘못된 일을 하는 가해자들을 윤리적으로 판단하고 그에 따른 처벌을 요구함으로써 정의의 집행을 가능하게 만들 수 있다.

마지막으로 '파괴적 분노(destructive anger)'는 본능적 분노나 성찰적 분노가 지나치게 커짐으로써 증오, 원한, 복수로 전이되는 것을 말한다.★9 이렇게 변모되는 분노는 반종교적이고 반도덕적이다. 이러한 파괴적 분노야말로 용서와 양립할 수 없는 것이다. 그렇다면 성찰적 분노와 파괴적 분노의 차이는 무엇이며, 왜 사람들은 종종 이 둘을 혼동하는 것일까? 성찰적 분노는 '부당한 행동(ill action)'이라는 '행동 자체'에 초점을 맞춘다. 반면에 파괴적 분노는 부당한 행동보다는 '행위자(actor)'를 향한다.★10 그래서 결국 부당한 행동을 한 '바로 그 사람'에 대한 적개심과 증오로 전이된다.

ㄹ 용서의 두 가지 모델

용서라는 행위를 하려는 사람들은 우선 잘못한 사람에게 느끼는 분노의 감정을 어떻게 해야 하는가에 대한 문제와 직면하게 된다. 진정으로 누군가를 용서하려면 내면에 있는 가해자에 대한 분노의 마음을 모두 포기하고 없애버려야 하는가, 아니면 분노의 마음이 있는데도 여전히 용서하는 것이 가능한가? 결국 '분노'와 '용서'의 관계를 어떻게 보느냐에 따라 각기 다른 입장이 있을 수 있다. 그런 점에서 용서를 이해하는 데에는 두 가지 모델이 있다.

첫째, 용서는 '분노의 단념'이라고 보는 견해인데, 이를 '단념 모델'이라 한다.★11 전통적으로 용서란 우선 용서하는 사람이 분노를 단념하고 포기하는 것을 의미한다. 잘못을 저지른 사람에게 계속 분노를 느끼면서 그를 용서하기란 불가능하다는 것이다. 많은 사람의 용서에 대한 이해는 이와 같은 단념 모델에 근거하고 있다. 그런데 이러한 단념 모델은 인간이 느끼는 분노의 감정이 한 가지가 아니라 다양하다는 사실을 잘 드러내지 못하는 한계가 있을 수 있다. 말하자면, 분노의 종류가 다양하며, 그 분노의 다양성이 각기 다른 결과를 불러온다는 점을 드러내지 못한다는 것이다. 그러니까 용서를 위해 반드시 포기해야 할 '파괴적 분노'가 있고, 포기보다는 오히려 비판적으로 성숙시켜야 할 '성찰적 분노'가 있음을 인지하지 못할 수 있는 것이다.

둘째, 용서는 '도덕적 의무'라고 보는 견해인데, 이를 '덕목 모델'이라 한다.[★12] 이 도덕적 의무로서의 용서에 대한 이해는 몇 가지 전제에 근거하고 있다. ① 용서는 인간의 의무다. 불완전한 존재로서 인간은 언제나 다양한 잘못을 저지를 가능성에 노출된다. 따라서 인간은 자신을 포함한 타자를 늘 용서할 수밖에 없다. 증오와 복수가 보편적 자비와 연민이라고 하는 인간으로서의 도덕적 덕목과 의무의 실천보다 중요할 수 없다는 주장이다. ② 타인을 용서하고 사랑과 자비를 베풀고자 하는 인류의 보편적 선의지와 분노는 양립 불가능한 것이 아니다. 인간은 타인의 잘못을 용서하고 자비를 베풀면서도 여전히 그 잘못에 분노를 느끼는 경우가 많기 때문이다.

용서란 상처 입은 피해자가 보이는 윤리적 반응이다. 부당한 상처를 입고 느끼는 분노는 인간으로서 최소한의 자기 사랑, 또는 자기 보호를 실현하기 위한 방어 기제이기도 하다. 그러므로 자신에게 가한 잘못에 대한 도덕적, 윤리적 분노와 그 잘못된 행위를 한 가해자에 대한 용서를 분리할 수는 없는 것이다.

그런데 도덕적 의무로서의 용서에는 세 가지 특징이 있다.[13] 첫째, 파괴적 분노를 극복해야 한다. 즉 잘못을 저지른 사람을 악마나 적으로 보고 배제하려는 감정을 불러일으키는 파괴적 분노를 넘어서야 한다. 둘째, 잘못된 행위에 대한 분명한 도덕적 판단을 내려야 한다. 가해자에 대한 분노를 극복했다고 해서 무엇이 잘못인지에 대한 도덕적 판단까지 배제해서는 안 된다. 셋째, 내면의 파괴적 분노를 자비와 연민의 감정으로 전이시켜야 한다. 자비와 연민의 감정을 가질 때, 잘못을 저지른 사람과 새로운 관계를 회복할 가능성의 문이 열리게 된다.

도덕적 의무로서 용서의 핵심은 잘못을 저지른 사람에게 선한 의지 또는 연민이나 자비심을 갖는 데 있다. 이런 측면에서 용서하는 사람에게는 두 가지 변화, 즉 '행동의 변화'와 '마음의 변화'가 일어난다.[14] 잘못한 사람을 악마화하기보다 인간으로서의 불완전성과 그가 태어나면서 가지고 있었을 선한 품성의 가능성을 인정할 때, 용서하는 사람의 태도는 달라진다. 이러한 용서의 과정에서 용서하는 이는 외면의 행동뿐만 아니라 내면 세계, 즉 마음에서도 가해자를 향한 감정 변화가 일어난다. 이처럼 용서는 피해자와 가해자가 서로를 대할 때 드러나는 행동뿐만 아니라 서로에게 느끼는 마음의 변화도 수반한다.

용서: 옹호론과 반대론의 주요 입장

흔히, 용서는 훌륭하고 아름다운 일로 여겨지지만, 분노와 응징 욕구는 상스럽고 원시적인 것, 도덕적 퇴보로 여겨질 때가 많다. 사실상 응징으로 정의를 실현하려는 욕구는 대개 복수하려는 욕구와 구별하기 어렵다. 그리고 무엇보다 복수는 도덕적으로 통탄할 일로 악행에 대응하는 포악하고 원시적인 반응, 심지어 도덕 이전의 행위로 여겨지기도 한다.

용서 옹호론의 입장

우선 용서 옹호론의 가장 큰 특징은 '용서받는 사람이 얻는 이익'보다 '용서하는 사람이 얻는 이익'에 초점을 맞추고 있다는 점이다.★15 이런 측면에서 보자면, 용서하지 못하는 피해자는 과거에 갇힌 채로 살아가며 계속해서 가해자와 그 악행의 지배를 받게 된다. 하지만 용서는 피해자를 가해자와 악행에서 해방해준다.

첫째, 치유적 관점에서 보자면, 자신의 이익을 위해 피해자는 자신이 당한 악행을 극복할 필요가 있으며, 이런 일을 가능하게 해주는 것이 바로 용서이다.★16 그렇지만 용서를 치유법으로 보는 견해에는 또 다른 심각한 문제점이 들어 있다. 그러니까 용서의 본질적 측면, 즉 용서란 피해자가 가해자에게 베푸는 어떤 것이라는 측면이 빠져 있게 된다. 치유적 관점에서 바라본 용서는 초점이 온통

'피해자'에게만 맞춰진다. 다시 말해 피해자와 가해자의 관계가 사실상 무의미하게 여겨지고 있다. 만약 피해자가 아닌 누군가가 얻는 이익이 언급된다면 그것은 대개 가해자 이외의 누군가에게 돌아가는 이익이다. 예를 들면, 친구나 가족의 처지에서 볼 때 때때로 사람들이 용서를 권하는 까닭은 용서 덕분에 피해자와 같이 지내기가 더 편해지기 때문이다. 아니면 용서가 폭력의 악순환을 끊어 또 다른 피해자가 생기지 않도록 막아주기 때문이다.

둘째, '인간애'와 '동정심'은 인간이 갖출 수 있는 최고 덕목에 속한다. 미덕(美德)으로서 용서를 강조하는 태도에서 보면 진정한 용서자는 자신의 이익을 목표로 삼지도, 용서하려는 순간 자신을 염두에 두지도 않는다. 그렇다면 용서가 가해자에게 초점을 맞추는 것, 가해자를 향한 악의를 거두고 대신 따뜻한 호의에서 우러나온 관대한 태도를 보이는 것이 과연 도덕적으로 올바른가 하는 문제가 제기될 수 있다. 용서는 그것을 받을 자격이 없는 가해자에게 피해자가 주는 선물이라는 점에서 '너그러운 행위'이고, '인간애'와 '연민'과 '관대함'이라는 덕목을 실천하기 힘든 상황에서 드러내 보인다는 점에서 존경받을 만한 행위이다. 그렇게 되면 결과적으로 용서는 정의(正義)를 좀먹는 행위, 사람들이 어떤 대우를 받아야 마땅한지 고려하지 않고 하는 행위, 나아가 관심과 호의를 가해자에게 집중시킴으로써 도리어 그것을 받아야 하는 피해자를 소홀히 대하는 불공평한 행위로 여겨지게 된다. 미덕으로서 용서라는 관점은 결국 용서에 대한 낭만적인 장밋빛 그림에 지나지 않는다. 왜냐하면, 현실의 상황은 이상화된 그림과는 사뭇 다르기 때문이다.★17 그래서 용서 반대론이 자연스럽게 나오게 되는 것이다.

2 용서 반대론의 입장

용서 반대론이 얼마나 설득력 있는지를 알기 위해서는 용서에 대한 일반적인 생각들을 먼저 살펴볼 필요가 있다. 사람들은 용서를 '과거를 잊고 새출발하기', 다시 말해 악행 때문에 생긴 결과를 모두 없애버리고 그 일이 일어나기 전으로 상황을 되돌려 놓는 행위라고 이야기하기도 한다. 그렇지만 용서에 대한 이러한 인식은 용서의 핵심을 담아내지 못하고 있다. 왜냐하면, 과거를 잊고 새출발하지 못하는 경우라도 용서는 가능하고, 어떤 면에서 이것이 바람직할 때도 있기 때문이다.

용서가 무엇인지 잘 이해하기 위해서는 용서 대신에 용서가 아닌 것, 즉 용서와 공존할 수 없는 마음 상태, 용서하려면 반드시 버려야만 하는 감정과 태도에 초점을 맞추어야 한다.[★18] 왜냐하면, 용서가 우리 내부의 무엇, 즉 피해에 대한 자연스러운 반응의 어떤 측면을 극복하는 일과 관련되어 있다는 점을 알고 있기 때문이다. 그렇다면 악행이 우리 내부에 쉽게 불러일으키는 마음 상태란 무엇이며, 우리가 누군가를 용서하고자 할 때 그중 무엇을 극복해야 할까? 피해자가 가해자에게 보이는 흔하고 당연한 반응은 '분노', '원망', '증오', '경멸', '비통', '적의' 등과 같은 부정적 태도이다. 그런 측면에서 본다면 용서는 악의(惡意)가 담긴 부정적 태도를 극복하는 것이라고 말할 수 있다.[★19]

그런데 분명한 점은, 대부분은 그 누구도 피해자에게 용서를 요구할 수 없다는 사실이다. 특히 가해자의 경우는 더더욱 그렇다. 자신의 피해자에게 용서를 요구할 권리가 전혀 없다. 피해자는 다른 사람들의 말에 고무되어 용서를 베풀 수는 있겠지만, 대부분은 용서해야 하는 도덕적 의무는 없다. 용서 반대론의 입장에 보자면 용서는 피해자가 가해자에게 선물을 주는 셈이 되고 만다.★[20]

이처럼 용서 반대론의 처지에서 보면 용서는 무기력하고 비열하고 나약하며 비겁하게 보일 수도 있다. 용서하려면 악(惡)을 선(善)으로 갚고, 자신을 헤친 사람에게 호의(好意)를 베풀어야 한다. 하지만 악행에 대한 이런 반응은 피해자를 깔보는 가해자의 관점을 줏대 없이 고분고분 수용하는 행위와 전혀 다를 바 없다고 생각할 수 있다.

이런 입장을 강하게 주장하면서 용서를 경멸하는 대표적인 철학자가 바로 니체(Friedrich Wilhelm Nietzsche, 1844~1900)이다. 니체에 따르면 가해자를 용서하려면 극복해야 하는 것이 있는데, 그것은 바로 '원망'(resent)이다. 니체는 "원망(원한)을 경험하는 사람은 누구인가?"★[21]라고 묻는다. 얼핏 생각하기에 누구나 해를 입으면 원망을 느낄 듯하지만, 니체는 원망을 겪는 자는 주로 나약하고 무력한 사람들이라고 보았다. 반면에 그가 존경하는 강자들은 원망을 전혀 느끼지 못한다. 그들은 그런 감정을 초월한다. 니체는 다시 "약자들이 원망(원한)을 극복하고 가해자를 용서할 때 실제로 어떤 일이 일어나고 있는가?"라고 묻는다.★[22] 니체에 따르면 우리 모두 뛰어들어야 하는 싸움, 존중받을 만한 존재로 남들에게 인정받기 위한 싸움을 그들은 회피한다. 다시 말해 용서를 베푸는 약자들은 가해자가 자신을 존중하지 않아도 좋다고 허락하는 셈이다. 사실상 자신을 하찮게 본 가해자의 평가를 공유하는 것과 같다. 그런데도 그들은 그 평가로 인한 정신적 고통이 완화되길 바라며, 자신의 욕구와 권리는 중요하지 않다고, 중요한 것은 가해자를 포함한 다른 모든 이들과 좋은 관계를 맺는 일이라고 둘러댄다. 이런 식으로 우

리 모두 그러하듯 그들은 다른 사람의 평가(평판)에 얽매인 고통에서 벗어나고자 한다.★23

니체의 관점에서 보자면 몰아(沒我)적 용서에 빠져드는 사람은 나약하게도 그런 싸움을 피하기로 마음먹고 학대에 맞서지 않으려 하며, 적에게 저항하기는커녕 사랑을 베푼다. 그들은 자신의 고통을 누그러뜨리려 가해자를 용서하고, 이것이 기독교적, 인도주의적 용서 범주에 속한다며 자화자찬식으로 자신을 기만한다. 결국, 피해자는 자기 기분을 더 좋게 하려고 가해자를 용서한다고 생각하는 것이다.★24 이런 점에서 니체는 용서 옹호론자들이 주장하는 치유적 용서 개념을 강하게 경멸하였다.★25

니체에 따르면 용서는 다양한 형태로 나타나는데, 관대한 행위이기는커녕 피해자의 자기중심적 시도일 따름이다. 이 시도에서 피해자는 상처받은 허영심을 달래고, 애초의 악행과 그 악행을 원망하는 쓰라린 경험에서 비롯된 고통을 완화하려고 한다. 기독교의 몰아적 사랑이나 이 사랑의 세속적 형태를 원동력으로 삼아 용서를 베푸는 경우, 니체의 관점에서 보면 피해자는 자신의 존재 중요성을 부정하는 꼴이 된다.★26 그럼으로써 그는 중요성을 인정받으려고 싸우는 일에 대한 부담과 수고로부터, 또 그렇게 싸우다 해(害)를 더 입을 가능성으로부터 자신을 보호한다. 이때의 용서는 타인의 약탈에 무감각해지려고 애쓰는 방식일 뿐이다. 싸움에 뛰어들지 않으면 싸우다 상처를 입지도 않을 것이다. 용서하는 자는 결국 자급자족이라는 자아도취적 환상에서 위안을 얻는다.★27

니체의 결론에 따르면 용서를 옹호하는 약자들은 타인에게 경멸당하고 해를 입는 일에서 자신을 보호할 수 있다는 몽상, 환상에 매달린다. 그들이 강자의 능력을 갖추고 있다는 말, 용서라는 선물을 베풂으로써 자기 평판을 유지하기 위한 일상적 싸움을 어떻게든 면할 수 있다는 말은 '약자의 허세'에 불과하다.★28 니체가 생각하는 몰아적 용서자는 저항감과 저항할 필요성을 이미 견딜 수 없는 불쾌감으로 느낀 사람, 악 또는 악인이거나 누구 또는 무엇에도 더는 저항하지 않을 때만의 행복을 느껴본 사람이다. 그런 동기는 훌륭하기는커녕 자아도취적이고 부정직하다는 점에서 비열하다고 니체는 지적하고 있다.★29

다음으로 미국의 철학자 제프리 머피(Jeffrie Murphy, 1940~2020)도 비슷한 입장★30을 취하고 있다. 머피에 따르면 자신을 존중하는 사람은 쉽게 용서하지 않으며, 오히려 가해자에게 변화의 증거를 보려고 한다.

> 피해자는 가해자로부터 육체적으로뿐만 아니라 상징적으로도 상처를 입는다. 악행 또한 일종의 소통 행위다. 피해자에게 수치와 모멸이라는 메시지를 전달하기 때문이다. "나는 중요한 사람이지만 너는 그렇지 않다. 그러니 너를 하찮은 존재로 대하는 것은 당연하다." 악행을 저지른 자에 대한 분노와 분개는 피해자가 이 모욕적인 메시지를 받아들이지 않겠다는 의사를 감정적으로 분명하게 밝히는 하나의 방법이다. 그러므로 분개는 자아 존중과 관련이 있다.★31

이러한 머피의 관점에 대해 문제를 제기하는 이들은 그와 같은 행동이 피해자를 거듭 괴롭게 만든다면서, 지난 일은 이미 돌이킬 수 없으므로 분개 같은 쓰라린 감정이나 복수의 환상에서 벗어나는 것이 현명한 선택이라고 강조한다. 그들에게 용서란 과거의 상처로 인한 심리적 고통으로부터의 해방인 셈이다. 그들은 부당한 폭력으로 상처받은 사람들이 다시 분개라는 불쾌한 경험을 겪는 이중 피해자가 된다며, 역설적이게도 용서가 자아 존중의 표현이라고 주장한다.★32

이와 같은 반론에 대해 머피는 "종교는 인민의 아편이다."라는 마르크스의 말을 인용하면서 용서가 사람들을 현혹하는 마약으로 작용해 부당한 처우에 분개하기는커녕 압제자, 침략자, 가해자와 결탁하게 만든다는 우려를 심각하게 표명하였다.

> 구속과 억압이 더욱 심해지는 경우는 사람들이 그러한 상황에 체념하거나 순응하고 있을 때다. "어서 사랑하고 용서하라.", "다른 쪽 뺨을 내밀어라."라는 충고가 일부 기독교 교리에선 정당화될 수 있을지 모르나 이것이 과연 피해자들에게 늘 적절하기만 한 충고인지 나로선 전혀 확신하지 못하겠다.★33

결론적으로 용서 반대론의 요점은 악행의 심각성을 제대로 인식하면 극복하기 힘든 '분개'와 '원망'을 느끼게 마련이라는 것이다. 쉽게 용서하는 사람은 그렇게 함으로써 자신이 악행의 도덕적 심각성과 그에 대한 가해자의 책임을 제대로 파악하지 못했음을 드러낸다. 이 주장에 따르면 우리는 악행의 본질을 이해하고 결과적으로 분노와 원망이라는 적절한 반응을 경험해야 한다. 손쉬운 용서로 갈등을 간단히 해결하려고 도덕적 심각성을 간과하며 자신을 속여서는 안 된다는 것이다.★34

지금까지의 논의를 종합하여 용서 반대론에서 주장하는 실제이고 구체적인 주장을 목록화해보면 다음과 같다.

	용서 반대론자들의 핵심 주장★35
1	용서는 개인적 수준에서든 사회적 수준에서든 항상 '치유 효과'가 있는 것은 아니다.
2	용서는 치유 효과를 거두는 '유일한 방안'이 아니다.
3	용서는 개인적, 사회적 수준 모두에서 실제로 '해로운 경우'도 있다.
4	용서에 강력한 치유 효과가 있다고 하더라도 그것만으로는 '도덕적 논쟁'을 해결할 수 없다.
5	치유보다 더 중요한 다른 것이 있을 수 있는데, 그중의 하나가 '정의'(正義)다. 정의는 그 자체가 도덕적으로 중요하고, 상황에 따라서 용서보다 나은 결과를 가져오기도 한다.
6	용서는 피해자를 한 사람으로서 제대로 '존중'하지 못하는 상황을 수반하기도 한다.
7	용서는 피해자가 겪은 악행의 본질과 심각성을 제대로 '파악'하지 못하는 상황을 수반하기도 한다.
8	비겁하거나 이기적인 이유가 용서의 '동기'가 되기도 한다.
9	용서가 사람들을 현혹하는 마약으로 작용해 부당한 처우에 분개하기는커녕 압제자, 침략자, 가해자와 결탁하게 만들기도 한다.

위의 도표에서도 확인해 볼 수 있듯이, 용서 반대론, 특히 '무조건적 용서'에 대한 반대론은 만만찮은 수준이다. 이 입장은 용서 옹호론과 방식은 다르지만, 그에 못지않게 설득력을 지니고 있다. 종합해 보자면 용서 옹호론은 '화해', '화합', '관대함'에 대한 우리의 갈망에 호소하는 반면, 용서 반대론은 '정의', '도덕적 책임', 잔혹행위 거부에 대한 '의무감'을 만족시킨다. 또 이것은 무고한 사람들이 당한 일의 부당성을 증명하고 싶은 욕구, 그런 악행에 절대 가담

하지 않겠다는 뜻을 명백히 드러내고 싶은 우리의 욕구를 정당화하고 있다.

용서 반대론이 확실히 설득력 있는 주장이기는 하지만, 이것이 반드시 확정적인 것은 아니라고 본다. 쟁점이 된 문제들을 자세히 분석해 봄으로써 적어도 그 반대론 중 일부에 반박할 수도 있고 나머지는 어느 정도 진정시킬 수도 있다. 아니면 이러한 양 입장을 넘어서는 제3의 방식을 고민해 볼 수도 있다.*36

용서에 대한 존재론적 해석학적 이해

용서의 대상은 '행위'가 아니라 그 행위를 한 '사람'이다. 용서를 부당한 행위에 대한 묵인이나 망각으로 혼동할 경우, 피해자가 경험한 상처와 피해가 제대로 인식되지 못할 뿐만 아니라 가해자가 유사한 행위를 다시 반복하게 할 수 있다. 만약 피해자가 자신에게 가해진 부당한 행위를 묵인하는 의미에서 용서한다면 그것은 윤리적 덕으로서의 용서가 될 수 없으며, 이는 윤리적 판단이 개입된 의미에서의 용서라는 이름을 붙일 수 없는 행위이다.

용서를 구하는 것과 용서를 하는 것은 언제나 사람 간의 관계에서 일어나기 때문에 사회적 문제이다. 가해자가 피해자에게 용서를 구하고자 한다면 그 용서의 전제 조건이 성립되어야 한다. 그리고 가해자는 용서의 전제 조건들을 성립시켰다 해도 상처받은 피해자의 분노하는 마음이 변화되고 기꺼이 용서할 의지가 생길 때까지 기다려야 한다. 용서가 하나의 사건이라면 이때 피해자와 가해자에게 일어나는 변화는 상호적이다. 더 엄밀히 말하면 양자 간의 관계는 상호적이지만, 비대칭적이다. 상호성과 비대칭성을 특징으로 하는 용서 행위의 조건과 과정을 살펴볼 필요가 있다. 먼저 용서를 구하는 가해자에게 요구되는 기본 자세들은 어떤 것들이 있을까?

	진정한 용서를 받기 위해 가해자에게 요구되는 기본 자세★37
1	가해자는 본인의 잘못한 사건에 책임감을 인식해야 한다.
2	가해자는 자신의 행위가 왜 옳지 않았는지, 무엇이 잘못이었는지 분명히 인식해야 한다. 그리고 그러한 행위를 되풀이하지 않겠다는 약속을 해야만 한다.
3	가해자는 자신의 구체적 잘못을 분명히 인지하고, 이를 피해자에 직접 표현해야만 한다.
4	가해자는 앞으로 상처를 입히지 않겠다는 분명한 의지를 갖춰야 하며, 그러한 의지는 말뿐만 아니라 행동으로 나타나야만 한다.
5	가해자는 자신의 관점이 아닌 '피해자의 관점에서' 자신의 행위로 인해 피해자가 어떤 피해와 상처를 받았는지 이해한다는 사실을 보여주어야만 한다.

진정한 용서가 가능하게 하려면 가해자와 피해자 모두의 변화가 요구된다. 만일 피해자의 가슴 속에 가해자에 대한 복수심 등의 파괴적 분노나 가해자를 여전히 악마로 바라보는 시선이 남아 있다면 용서는 불가능하다. 따라서 피해자의 용서에 선행해야 하는 전제 조건은 다음과 같다.

피해자는 자기 내부에 남아 있을지 모르는 '파괴적 분노'를 제거하고 가해자 속에서 선한 품성을 지닌 인간의 모습을 발견할 여지가 있어야만 한다. 또한, 피해자는 '피해자 의식'에서 벗어나 자기 삶에 대한 책임 의식과 새로운 삶을 만들어가겠다는 변화의 주체로서의 의식을 분명히 가져야만 한다. 이것이 바로 진정한 용서에서 요청되는 용서하는 사람의 변화라고 할 수 있다.★38 이상과 같은 과정을 거쳐 비로소 용서는 완성을 이루게 된다. 피해자에게서의 용서의 완성은 다음과 같은 다섯 단계를 통해 비로소 완성된다.

	진정한 용서가 되기 위해 피해자에게 요구되는 기본 자세★39
1	가해자에 대한 본능적 분노나 파괴적 분노의 감정을 포기하기
2	가해자가 진 도덕적 빚을 탕감하기
3	가해자와 적어도 중성적 관계를 회복하기
4	가해자를 정죄하는 판단을 말소하기
5	가해자의 죄를 용서하겠다고 선언하기

우리는 앞에서 용서의 대상은 '행위'가 아니라 그 행위를 한 '사람'이라고 분명히 언급한 바 있다. 그렇다면 여기에서 우리는 아우구스티누스가 말했던 "죄는 미워하되, 죄인은 사랑하라"라는 말을 어떻게 받아들여야 할까? 라틴어 "*Cum dilectione hominum et odio vitiorum*"의 영어 번역은 "Hate the sin, not the sinner" 아니면 "With love for mankind and hatred of sins" 정도 될 것이다. 아우구스티누스의 이 말을 '용서'에 적용할 때 우리는 인간이란 무엇인가에 대해 진지하게 다시 묻게 된다.

용서가 인간의 삶에서 중요한 것은 불완전한 존재인 인간의 실존적 조건 때문이다. 불완전한 존재로서 우리 인간은 타인에게 상처를 주기도 하고 받기도 한다. 절대로 변하지 않는 고정된 인간은 한 명도 없다. 인간은 수없이 많은 한계와 단점들, 악한 품성을 지닌 존재이면서 동시에 선한 의지를 실행함으로써 새로운 존재로 변화될 가능성을 지닌 존재이기도 하다. 그러므로 그가 범한 잘못된 행위(죄)에 행위자(죄인)를 절대적으로 밀착시켜 '악한 사람'이라는 낙인을 찍어 영구화하고 절대화해서는 안 되는 이유가 바로 거기에 있다. 한 인간으로 살아간다는 것은 더불어 살아감을 의미한다. 나 아닌 타인도 언제나 새로운 존재로 변화될 가능성이 있는 존재라는 사실을 우리는 긍정해야만 한다. 그렇지 않다면 서로 상처를 주고받는 불완전한 존재들이 모여 무수한 시행착오를 범하면서 만들어가는 이 세상의 미래에 어떤 희망도 품기가 어려울 것이다.

이런 관점에서 용서하는 사람(피해자)이 용서받는 사람(가해자)에 대한 인식을 새롭게 하는 것은 용서 행위의 마지막 단계라고 할 수 있다. 이것은 단순히 심리학적인 문제를 넘어 인간을 바라보는 존재론적인 문제[★40]이며, 인간에 대한 '이해'와 직결되는 해석학적 문제가 되는 것이다. 단지 심리적으로 편안해지겠다는 치유 목적에서 가해자에 대한 부정적 생각을 바꾸는 것이 아니다. 인간의 조건과 특성을 성찰한 결과 그들 속에 있는 새로운 변화의 가능성을 인정하고 받아들인다는 의미에서 피해자의 용서 행위는 존재론적, 해석학적 문제라고 할 수 있다.

우리는 이러한 관점을 한나 아렌트(Hannah Arendt, 1906~1975)에게서도 찾아볼 수 있다. 아렌트에 따르면 인간사의 영역에서 용서의 역할을 발견한 사람은 나사렛 예수였다. 예수는 당시 가장 강력한 종교적 권위와 권력을 행사하던 서기관과 바리새인들과는 매우 다른 용서를 가르쳤다. 서기관과 바리새인들은 진정한 용서를 할 힘은 오직 신만이 가지고 있으며, 용서할 힘은 신에게서만 나온다고 가르쳤다. 그런데 예수의 용서에 대한 가르침은 이들과는 사뭇 달랐다. 첫째, 신(神)만이 용서하는 힘을 가진 것은 아니다.[★41] 둘째, 신이 인간을 통해서 용서한다고 할지라도 이 힘은 신(神)에게서 오는 것이 아니라, 오히려 인간이 신에게 용서를 구하기 이전에 인간 자신이 이 힘을 서로에게 사용해야 한다고 주장했다. 그러니까 용서는 신이 아닌 '인간'에 의해 먼저 촉발되어야 한다는 것이다.[★42]

이런 측면에서 볼 때, 예수는 용서에 대한 전통적 이해를 넘어 매우 급진적 주장을 한 것이다. 복음서는 신이 인간을 용서하기 때문에 '신과 같이' 남을 용서하는 것이 아니라 인간이 '진심으로 남을 용서할 때만' 신도 '그와 같이' 인간을 용서해 준다고 가르치고 있다. 결국, 예수는 용서의 권위와 순서에 대한 전통적 이해를 근원적으로 역전시켜 놓았다. 이런 예수의 가르침에 따르면 용서란 인간의 선택 사항이 아닌 '의무'가 된다."[★43]

한편, 아렌트는 용서는 극단적인 범죄(犯罪)나 의도적인 악(惡)의 경우에는 적용되지 않는다고 분명한 선을 그었다. 만약 거기에도 용서가 적용 가능하다면 "만일 하루에 일곱 번이라도 네게 죄를 짓고 일곱 번 네게 돌아와 내가 회개하노라 하거든 너는 용서하라"(누가복음 17:4)라는 예수의 가르침은 불필요하게 될 것이기 때문이다. 예수에 따르면 극단적 범죄나 의도적인 악은 하나님이 마지막 심판의 날에 판단하실 것이며, 마지막 심판의 특징은 용서가 아니라 공정한 응보(應報)라는 것이다.[★44]

그런데 인간은 매일 죄를 범할 수 있으며, 관계의 그물망 안에서 새로운 관계를 만들려고 하는 한 항상 죄를 짓기 마련이다. 따라서 죄는 항상 용서하여 잊는 것을 필요로 한다. 인간이 알지 못하고 행한 것으로부터 부단히 인간을 해방해야만 인간의 삶은 계속 가능할 수 있다.[★45] 인간은 '행한 것'으로부터 서로를 해방해줌으로써

'자유로운 주체'로 남을 수 있다. 자신의 마음을 변화시켜 다시 시작하겠다는 부단한 의지를 통해서만 인간은 새로운 것을 시작할 위대한 힘을 부여받을 수 있다.

이런 측면에서 아렌트는, 용서는 '보복(報復)'의 정반대라고 말한다. 보복은 죄에 대항하는 반동의 형식으로 이루어진다. 용서는 단순한 반동이 아니라 반동을 유발하는 행위의 제한을 받지 않고 새롭게 갑자기 일어난다. 따라서 용서하는 자와 용서받는 자 모두를 그 행위의 결과에서 자유롭게 해준다.★46 예수의 용서 가르침에 포함된 자유는 보복으로부터의 자유다. 보복은 가해자와 피해자 모두를 절대 끝나지 않는 행위 과정의 잔인한 자동 운동 안에 가두는 것이다.

계속해서 아렌트는 용서의 정반대는 아니지만, 용서 외에 선택 가능한 것으로 '처벌(處罰)'에 대해서도 언급한다. 처벌과 용서는 간섭하지 않는다면 무한히 계속될 것을 끝내려고 시도한다는 점에서 공통점을 가진다. 그러므로 인간사에서 매우 의미 있는 구조적 요소는 인간은 처벌할 수 없는 것을 용서할 수 없고, 용서받을 수 없는 것을 처벌할 수 없다는 사실이다.★47 이것은 칸트 이래 우리가 근본악★48이라고 부르는 죄이지만, 이 죄의 본질에 대해서는 우리조차도 다시 말해 공적 무대에 드물게 분출되는 근본악을 경험한 우리조차도 알지 못한다. 우리는 그 죄들을 처벌할 수도 용서할 수도 없으며, 따라서 그것들이 인간사 영역과 인간 힘의 가능성을 초월한다는 사실만을 우리는 알 뿐이다. 근본악들이 나타나는 모든 곳에서 인간사의 영역과 인간 힘의 가능성은 모두 파괴되고 만다. 이런 상황에서라면 예수의 표현처럼 차라리 연자 맷돌이 그 목에 매여 바다에 던져지는 것이 더 나을 것이다.★49

그렇지만 아렌트는 용서함과 이로 인해 확립되는 관계는 항상 '인격적 사건'이라고 말한다.★50 여기서 '행한 것'을 용서하는 것은 그것을 '행한 자'를 위해서이다. 결국, 아렌트에게서 용서의 최종 심급은 사랑이다. 인생사에서 사랑은 매우 드문 일일지라도, 자기를 드러내는 탁월한 힘을 가지고 있으며, 자기가 누구인가를 볼 수 있는 탁월한 명료성을 갖고 있다. 사랑은 사랑하는 자들을 새로이 사로잡거나 함께할 수 있는 다른 양식으로 변형되어야만 한다.★51

이상에서 살펴본 아렌트의 용서에 대한 관점은 기본적으로 기독교적 이해를 바탕으로 하지만, 더 나아가 인간 존재 자체에 대한 심층적 성찰과 인간 조건에 대한 면밀한 분석, 인간 사이의 관계 회복과 상호 이해를 통한 새로운 존재로의 가능성을 모색하고 있다는 점에서 존재론적이고 해석학적 관점이라고 말할 수 있다.

맺음말: '지금 여기에서' 용서란 무엇일까?

그렇다면 '지금 여기에서' 용서는 어떻게 이해되고 받아들여지고 있을까? 화병(火病) 치료 전문가로 알려진 경희대 한방 신경정신과 김종우 교수에 따르면 화병은 일차적으로 '억울함'과 '분함'이라는 환경에서 시작한다. 화병 치료에서 용서는 진료가 거의 끝날 단계에서 다루는 주제이다. 그나마 치료가 어느 정도 되어 마지막 남은 끈과 한을 털어내는 그 시점에서 비로소 용서라는 말이 나온다. 나에게 억울하고 분함을 준 가해자에 대한 용서, 그리고 그 가해자로부터 상처받아 온 나에 대한 용서다. 그런데 김종우 교수는 이러한 용서 장면에 접어들 때 우리가 잘못된 용서를 하는 것은 아닌지 주의해야 한다고 지적하면서 다음과 같은 잘못된 용서들을 제시하고 있다.★52

	잘못된 용서의 예들
1	• 너무 힘들어서 문제 해결을 하지 않은 채 포기하듯 해 버리는 '성급한 용서'
2	• 종교 활동이나 상담을 하면서 어쩔 수 없이 해야 하는 '강요된 용서' • 용서가 답이라는 말을 들으면서 주위 사람들 그리고 사회와 도덕, 종교가 집요하게 동의를 바라기 때문에 어쩔 수 없이 하는 용서
3	• 잘못을 나의 탓으로 돌려 버리는 '병적인 용서' • 벌어진 일에 관한 생각을 반복하면서 내 잘못으로 일이 벌어졌다고 자신을 책망하면서 하는 용서
4	• 그 정도는 할 수 있는 거야 하면서 용납해 버리는 '묵인하는 용서' • 사회 통념상 그 정도는 할 수 있다고 타협하면서 자신이 그 고통을 감수하겠다고 마음먹으며 하는 용서
5	• 용서해야 하는 내가 착한 사람이라고 생각하는 '거짓 용서' • 용서하는 사람이 착한 사람이라고 정의하고 스스로 착한 사람이 되기 위해 하는 용서

김종우 교수는 이상과 같은 잘못된 용서는 오래가지 않는다고 말한다. 실제로 용서는 마음먹기에 따라 달라지는 그렇게 가벼운 주제가 아니다. 상처가 깊고 클수록 용서는 과정과 시간이 필요하다는 것이다. 그래서 항상 다음과 같은 일곱 가지 질문을 던져봐야 하고, 그 질문에 명확한 대답이 내려질 때 비로소 진정한 용서가 가능하다고 말한다.★53

	진정한 용서가 가능하기 위한 물음들
1	용서할 마음이 진정으로 들었는가?
2	사실은 명백하게 밝혀졌는가?
3	상대방의 진실한 사과가 있는가?
4	사과가 없다면 상대방의 잘못이 충분히 인정됐는가?
5	상대방과 나는 독립된 대등한 관계인가?
6	상대방으로부터, 그리고 나 스스로 자유로울 수 있는가?
7	내가 나의 길을 걸을 수 있는가?

진정한 용서를 염두에 두면서 최근 우리 사회에서 일어난 '미투 운동'으로 촉발된 사회적 현상들의 단상을 들여다보면 안타까운 부분이 있는 것이 사실이다. 피해자와 가해자 사이의 사실에 입각한 진실이 경찰 수사를 통해 채 밝혀지기도 전에, 그리고 그것에 합당한 처벌이 이루어지기도 전에, 가해자를 향한 네티즌들의 파괴적 분노가 집단적 무차별적으로 표출되고, 가해자와 그 주변인들에 대한 무차별적 신상털기가 진행되었다. 급기야 몇몇 사건들의 경우, 가해자로 지목된 배우와 대학교수가 스스로 자살을 선택하는 비극적 사건이 일어나고 말았다.

버틀러의 입장처럼 분노는 자연스러운 감정이며 그 자체가 악은 아니다. 왜냐하면, 분노 감정은 신이 우리에게 부여해 준 것이기 때문이다. 그런 측면에서 분노는 불의, 상처, 포악함에서 우리 자신, 그리고 다른 이들을 보호해 주는 임무를 수행하기도 한다. 하지만 이러한 순수한 분노가 지나치게 남용되고 악용되면 극단적 증오와 복수(rage and fury)라는 '파괴적 분노'의 양상으로 나타나게 된다. 이것은 또 다른 악이 된다는 사실을 우리는 반드시 기억해야 한다.

우리는 잘못된 행동과 잘못을 저지른 사람을 구분할 필요가 있다. 용서라는 행위가 이 두 경우에 모두 걸쳐있지만, 결과적으로 용서는 잘못을 저지른 사람을 대상으로 한다는 점을 다시금 인식할 필요가 있다. 가해자로 지목된 그 사람도 따지고 보면 우리와 아무 상관이 없는 이가 아니라 누구의 아버지/어머니, 누구의 아들/딸, 누구의 형제/자매이다. 그/여자(들)를 제자리로 돌아오게 하고, 더 나아가 공동체의 새로운 구성원으로서 해야 할 역할을 감당하게 할 수 있는 길은 진정한 용서가 있을 때 비로소 가능하다. 우리가 용서 담론을 다시금 조명하는 이유가 바로 거기에 있다. 인간은 홀로 살아가는 존재가 아니라 더불어 살아가야 하는 존재이기 때문이다.

---

1. 이 글은 신응철, 「용서(Forgiveness) 논쟁 다시 보기」, 『철학 · 사상 · 문화』 27집, 동국대학교 동서사상연구소, 2018. 106~127쪽에 게재되어 있으며, 이를 수정 보완하였음을 밝혀둠.
2. Gladstone, W.E.(Edited by), *The Works of Joseph Butler*, Vol. 2. Sermons, Thoemmes Press 1995.
3. "또 네 이웃을 사랑하고, 네 원수를 미워하라 하였다는 것을 너희가 들었으나, 나는 너희에게 이르노니, 너희 원수를 사랑하며, 너희를 박해하는 자를 위하여 기도하라." 마태복음 5:43-44.(『성경전서』(개역 개정판), 대한기독교서회, 2007.)
4. *The Works of Joseph Butler*, Vol. 2. Sermons, 140쪽
5. *The Works of Joseph Butler*, Vol. 2. Sermons, 139~142쪽
6. 강남순, 『용서에 대하여』, 동녘, 2017. 50쪽
7. *The Works of Joseph Butler*, Vol. 2. Sermons, 139쪽
8. *The Works of Joseph Butler*, Vol. 2. Sermons, 141쪽
9. 강남순, 같은 책, 54쪽

10. *The Works of Joseph Butler*, Vol. 2. Sermons, 146쪽
11. 강남순, 같은 책, 60쪽
12. 강남순, 같은 책, 61쪽
13. 강남순, 같은 책, 64쪽
14. 강남순, 같은 책, 65쪽
15. Eve Garrard & David McNaughton, *Forgiveness*, Acumen Publishing Ltd. Edition, 2010.(번역서로 이브 개러드 · 데이비드 맥노튼, 『용서란 무엇인가』(박유진 역), 파이카, 2013. 이후 번역서의 페이지를 기입함.) 32쪽
16. 이브 개러드 · 데이비드 맥노튼(2013), 같은 책, 33쪽
17. 맥노튼에 따르면 "용서 문제가 발생하는 현실의 상황은 너무나 복잡하다는 것이다. 말하자면 부당하게 해를 입은 기억이 피해자의 뇌리를 떠나지 않고, 뻔뻔하기 짝이 없는 가해자가 피해자를 빤히 쳐다보고 있기도 하다. 그 피해자는 전에 당한 끔찍한 학대의 후유증에 계속 시달리기도 하고, 너무나 당연하게도 지극히 정당한 분노에 사로잡히기도 한다. 이런 상황에서 용서란 공감하기도 어려운 행위이고, 오히려 용서를 반대하는 주장이 직관적으로도 이성적으로도 더 설득력이 있게 된다고 지적하고 있다." 이브 개러드 · 데이비드 맥노튼(2013), 같은 책, 47쪽
18. 이브 개러드 · 데이비드 맥노튼(2013), 같은 책, 54쪽
19. 이브 개러드 · 데이비드 맥노튼(2013), 같은 책, 57쪽
20. 이브 개러드 · 데이비드 맥노튼(2013), 같은 책, 58쪽
21. 니체, 『니체전집 14(선악의 저편·도덕의 계보)』(김정현 역), 책세상, 2002. 367쪽
22. 이브 개러드 · 데이비드 맥노튼(2013), 같은 책, 62쪽
23. 니체, 『니체전집 14(선악의 저편·도덕의 계보)』 281쪽
24. 니체, 『니체전집 14(선악의 저편·도덕의 계보)』 281쪽
25. 이브 개러드 · 데이비드 맥노튼(2013), 같은 책, 63쪽
26. 니체, 『니체전집 14(선악의 저편·도덕의 계보)』 278~279쪽
27. 이브 개러드 · 데이비드 맥노튼(2013), 같은 책, 64쪽
28. 니체, 『니체전집 14(선악의 저편·도덕의 계보)』 280~281쪽
29. 니체가 강력하게 주장한 용서 반대론의 입론들은 매우 중요하다. 왜냐하면, 기독교적 용서 개념, 특히 '무조건적 용서'를 제대로 옹호하기 위해서는 용서가 올바르게 이해될 경우 이처럼 경멸스러운 특징이 꼭 수반되지 않음을 보여줄 필요가 있기 때문이다.
30. 스티븐 체리, 『용서라는 고통』(송연수 역), 황소자리, 2013. 128~129쪽
31. Lamb, S. and Murphy, J. G.(eds) *Before Forgiving: Cautionary Views of Forgiveness in Psychotherapy*, Oxford: Oxford University Press, 2002. 44쪽

32. Lamb, S. and Murphy, J. G.(eds)(2002), 같은 책, 45쪽

33. Lamb, S. and Murphy, J. G.(eds)(2002), 같은 책, 46쪽

34. 이브 개러드 · 데이비드 맥노튼(2013), 같은 책, 81쪽

35. 이브 개러드 · 데이비드 맥노튼(2013), 같은 책, 82~83쪽

36. 이 글에서는 용서 옹호론과 반대론을 넘어서는 제3의 방식에 대해서는 논의하지 않기로 한다.

37. 강남순, 같은 책, 88~90쪽

38. 강남순, 같은 책, 93쪽

39. 강남순, 같은 책, 94쪽

40. 강남순, 같은 책, 96쪽

41. 누가복음 5장 21~24절에서 예수가 강조한 말이다. 여기서 예수는 사람의 아들도 땅 위에서 죄를 용서하는 힘을 가지고 있다는 것을 증명하기 위해 중풍 병자가 일어나 걷도록 하는 기적을 행하였다. 아렌트는 여기서 '땅 위에서'라는 부분을 주목한다. 사람들을 놀라게 한 것은 예수가 기적을 행한 것보다 '용서하는 힘'이 있다는 예수의 주장이라고 아렌트는 파악한다.

42. 한나 아렌트, 『인간의 조건』(이진우 역), 한길사, 2017. 335쪽

43. "너희가 각각 마음으로부터 형제를 용서하지 아니하면 나의 하늘 아버지께서도 너희에게 이와 같이 하시리라."(마 18:35) "너희가 사람의 잘못을 용서하면 너희 하늘 아버지께서도 너희 잘못을 용서하시려니와 너희가 사람의 잘못을 용서하지 아니하면 너희 아버지께서도 너희 잘못을 용서하지 아니하시리라."(마 6:14-15) 아렌트는 복음서에 나타난 이 모든 예를 볼 때, 용서하는 힘은 우선 인간의 능력이다. 그렇기에 우리가 우리에게 빚진 자를 용서하듯이 아버지도 우리의 빚을 용서하신다는 것이다.

44. "인자가 아버지의 영광으로 그 천사들과 함께 오리니 그때에 각 사람이 행한 대로 갚으리라."(마 16:27)

45. 한나 아렌트, 같은 책, 337쪽

46. 한나 아렌트, 같은 책, 337쪽

47. 한나 아렌트, 같은 책, 338쪽

48. 칸트는 인간에게는 선천적으로 경험에 우선하여 '악(惡)으로 향하는 자연적 경향'이 있어서, 도덕법칙을 알고 있으면서도 그와는 반대로 감성적인 욕망에 굴복한다고 말한다. 인간성(人間性)에 포함된 이 경향을 근본악(根本惡)이라 부른다. 이와 관련하여 칸트의 '반사화적 사회성'에 대한 논의를 참조. 신응철, 『기독교 문화학이란 무엇인가』, 북코리아, 2006. pp.31~33. 신응철, 『문화, 철학으로 읽다』, 북코리아, 2009. 81~84쪽

49. 예수는 적어도 지상에서는 용서할 수 없는 죄(악)를 피할 수 없다는 점을 지적하면서 "차라리 연자 맷돌이 그 목에 매여 바다에 던져지는 것이 나으리라"(누 17:2)라고 말하면서도, 계속해서 '잘못을 저지름'을 용서하라고 가르치신다.
50. 한나 아렌트, 같은 책, 338쪽
51. 한나 아렌트, 같은 책, 339쪽
52. 김종우, <진정한 용서, 잘못된 용서>, 문화일보(2018.3.30(금)), 37면
53. 김종우, <진정한 용서, 잘못된 용서>, 문화일보(2018.3.30(금)), 37면 발췌 인용함

현대 문화해석학

현대 문화해석학

Part 3

현대 기독교 문화해석학 연구의 실제

9

이방인과 난민에 대한 새로운 시선★1

들어가는 말: 누가 경계 밖의 무리인가?

지난 2018년 500명이 넘는 예멘인들이 제주도에 입국하고 그중 484명이 난민 신청을 하면서 우리 사회에서도 난민에 관한 관심이 직접 일어났고, 이를 해결하는 과정에서 다양한 의견들이 분출된 바 있다. 당시 법무부 제주 출입국·외국인청은 제주 예멘 난민 신청자 484명에 대한 심사를 거쳐 난민 인정 2명, 인도적 체류 허가 412명, 단순 불인정 56명, 난민 신청을 철회했거나 출국했을 때 이뤄지는 직권 종료 14명으로 결정하였다. 제주 예멘 난민 신청자 중 난민 지위가 인정된 것은 이들이 처음이었다. 난민으로 인정받으면 사회 보장, 기초 생활 보장 등에서 대한민국 국민과 같은 수준의 보장을 받게 된다. 인도적 체류 허가는 난민 협약과 난민법상 난민 인정 요건을 충족하지는 못하지만, 강제 추방할 경우 생명과 신체에 위협을 받을 위험이 있어 인도적 차원에서 임시로 체류를 허용하는 제도이다. 또한, 난민과 같이 생계비 보장이나 사회 보장 혜택을 받지는 못하지만, 취업 활동은 가능하다. 그렇지만 난민과 같이 국내로 본국의 가족을 초청할 수 없으며, 예멘의 국가 상황이 좋아져 본국으로 돌아갈 수 있게 되거나 국내외 범죄 사실이 발견 또는 발생하면 체류 허가가 취소된다.

시야를 넓혀보면 난민 문제를 국제법의 테두리 안에서 집중적으로 다루는 곳이 있는데, 바로 유엔난민기구(The UN Refugee Agency)이다. 이 유엔난민기구는 흔히 UNHCR로 불리는데, 이것은 원래 유엔 난민 고등 판무관(사무소)(United Nations High Commission for Refugees)을 줄여서 표현한 말이다. 이 유엔난민기구의 규정 1장에는, 유엔 난민 고등 판무관은 유엔 총회의 권한 아래 행동하며, 유엔의 후원 아래 이 규정의 범위에 속하는 난민에 대하여 국제적인 보호를 부여하고, 난민의 자발적인 본국 귀환이나 새로운 국내 공동체에서의 동화를 실현하기 위하여 각국 정부를 지원함으로써, 또한, 관련국 정부의 승인하에 민간 단체를 지원함으로써 난민 문제의 영구적 해결을 모색하는 임무를 수행한다고 명시하고 있다. 그리고 유엔난민기구 규정 제2장에는 고등 판무관의 임무와 권한이 난민에게 확대 적용된다고 명시하고 있다. 이 규정 제2장에서는 '난민'을 다음과 같이 한정하고 있다.

> 1951년 1월 1일 이전에 발생한 사건의 결과로, 인종, 종교, 국적 또는 정치적 의견을 이유로 박해를 받을 수 있다는 충분히 근거 있는 공포 때문에 자신의 국적국 밖에 있는 자로서, 국적국의 보호를 받을 수 없거나, 또는 그러한 공포로 인하여 혹은 개인적인 사정 이외의 이유로 국적국의 보호를 받기를 원하지 아니하는 자. 또는 종전의 상주국 밖에 있는 무국적자로서, 상주국으로 돌아갈 수 없거나, 또는 그러한 공포 때문에 혹은 개인적인 사정 이외의 이유로 상주국으로 돌아가기를 원하지 아니하는 자.★2

그리고 규정 제2장에서는 난민의 지위를 부여받았다가 이후 그 지위가 중지되는 경우에 대해서도 다음과 같이 정하고 있다.

❶ 그가 자발적으로 국적국의 보호를 다시 받는 경우
❷ 국적을 상실한 후 자발적으로 국적을 회복한 경우
❸ 그가 새로운 국적을 취득하고 또한 새로운 국적국의 보호를 받는 경우.
❹ 그가 박해를 받을 우려가 있다는 공포 때문에 거주하고 있는 국가를 떠나거나 그 국가 밖에서 체류하고 있다가 자발적으로 그 국가에 재정착한 경우
❺ 그가 난민으로 인정되게 된 관련 사유가 소멸되었기 때문에, 개인적인 사유 이외에 국적국의 보호를 받기를 계속 거부할 다른 이유를 더 이상 입증할 수 없을 경우(순수한 경제적인 성격의 이유는 용납되지 않는다.)
❻ 무국적자가 난민으로 인정되게 된 관련 사유가 소멸되어 종전의 상주국으로 돌아갈 수 있기 때문에, 개인적인 사유 이외에 그 국가로 돌아가기를 계속 거부할 다른 이유를 더 이상 입증할 수 없는 경우★3

한편, 국어사전에서는 '난민(難民)'의 뜻을 이렇게 설명한다. 1) 전쟁이나 재난 따위를 당하여 곤경에 빠진 백성, 2) 가난하여 생활이 어려운 사람, 3) 법률 인종, 종교, 국적, 특정 사회 집단의 구성원인 신분 또는 정치적 견해를 이유로 박해를 받을 수 있다는 충분한 근거가 있는 두려움 때문에 자기 나라의 보호를 받을 수 없거나 보호받기를 원하지 않는 외국인 또는 그러한 두려움 때문에 이전에 거주한 국가로 돌아갈 수 없거나 돌아가기를 원하지 않는 무국적의 외국인이다. 국어사전의 용례에 따를 경우, 난민의 의미는 다양해진다.

흔히 우리가 일상적으로 사용하는 '난민(難民)', '유민(流民)'에 해당하는 영어 단어는 'Displaced People', 'Displaced Person'이다. 이에 반해, 유엔난민기구에서 국제법의 대상으로 일컫는 '난민'의 영어 단어는 'Refugee'이다. 둘 사이에는 분명한 차이가 있다. 전쟁이나 내전, 재난, 절대적 빈곤으로 인해 발생한 피난민의 대부분 사례는 UN 난민 협약 기준으로 보면 난민에 해당하지 않는다.

이들이 원래 거주지에서 살 수 없게 된 것은 국적국이 그들을 특정 집단에 속해 있다는 이유로 의도를 가지고 박해한 결과가 아니기 때문이다. 엄밀히 따지자면 국가가 자국민을 보호할 능력을 상실해서 발생한 결과에 해당하기 때문이다.

필자는 최근 지구촌에서 벌어지는 전쟁 난민(우크라이나, 팔레스타인)과 전쟁 고아를 포함해서 이주 노동자, 결혼 이민자, 유학생, 다문화 가정 자녀 등 이방인과 과부, 장애인, 독거노인을 비롯한 소외 계층 등을 '경계 밖의 무리'라는 관점에서 접근하여 논의하고자 한다.

지구촌 시대 세계 시민의 일원으로서 우리는 경계 밖의 무리를 어떤 눈으로 바라보아야 하는지 논의하고자 한다. 지난 2018년 6월 제주도 예멘 난민 사태에서 목격할 수 있듯이, 이 문제를 다루는 데는 다양한 접근 방식(사회학적, 정치적, 윤리적, 철학적, 선교학적 방식)이 있을 수 있다. 경계 밖의 무리는 이동과 흩어짐의 특성이 있고, 이러한 존재론적 특성을 모빌리티(mobility), 즉 이동성, 유동성으로 요약하여 살펴볼 수 있다.

이런 맥락에서 필자는 먼저 경계 밖의 무리를 대하는 전통적 기독교의 관점을 살펴보고, 여기에서 핵심적인 환대의 윤리가 국내에서 어떤 식으로 받아들여지고 있는지, 그 특징은 무엇인지를 드러내고자 한다. 그리고 진정 이방인과 난민은 누구냐는 물음에 대해 새로운 관점을 제시하려고 한다. 이를 위해 나는 인사이더와 아웃사이더의 관점에서 성서를 다시 읽고, 이방인과 난민의 의미를 기독교 철학, 기독교 문화해석학의 관점에서 새롭게 해석하고자 한다.

여기서 중심 물음은 이것이다. 경계 짓기의 주체는 누구인가? 그 경계의 안과 밖은 어떤 의미인가?

필자는 여기서 이방인, 난민을 바라보는 인식론적 전환, 다시 말해 인사이더가 아닌 아웃사이더의 시선을 주장하고자 한다. 이러한 논의들은 최종적으로 인간의 경계를 넘어 하나님의 경계 안으로 우리의 관점을 옮기는 데 나름의 기여를 할 수 있을 것으로 판단한다.

이방인과 난민을 대하는 전통적 기독교 관점

성서에서 이방인과 난민의 등장과 그 이미지

먼저 성서에서는 이방인과 난민, 즉 '경계 밖의 무리'의 출현을 어떻게 설명하고, 그 속성을 어떻게 묘사하고 있을까?

무조건적 쫓겨남, 두려움, 공포의 이미지

맨 처음 등장인물은 아담과 하와이다. 이들은 하나님의 보살핌 안에 거하며 아무 문제 없는 삶을 살았다. 하지만 선악과를 따먹는 범죄 행위로 인해 그들은 하나님으로부터 에덴동산에서 추방당하게 되었다. 비록 그들은 자유 의지를 통해 선악과를 따먹는 선택을 했음에도 불구하고 이들은 하나님의 경계를 벗어난 최초의 인물이 되었다. 이때 경계 밖의 무리 속성은 '무조건적 쫓겨남', '두려움', '공포'의 이미지이다.

"여호와 하나님이 이르시되 보라 이 사람이 선악을 아는 일에 우리 중 하나같이 되었으니 그가 그의 손을 들어 생명 나무 열매도 따 먹고 영생할까 하노라 하시고, 여호와 하나님이 에덴동산에서 그를 내보내어 그의 근원이 된 땅을 갈게 하시니라. 이같이 하나님이 그 사람을 쫓아내시고 에덴동산 동쪽에 그룹들과 두루 도는 불칼을 두어 생명 나무의 길을 지키게 하시니라."(창세기 3:22-24)

자발적 회피, 분리/유리(遊離) 불안감의 이미지

아담이 하와와 동침하고 하와가 임신하여 가인과 아벨을 낳는다. 여호와께서 농사짓던 가인의 제물은 받지 않고, 동생 아벨의 제물(양의 첫 새끼와 그 기름)은 받으셨다. 이에 격분한 가인이 들에서 동생 아벨을 쳐 죽이는 범죄를 저질렀다. 그 결과 가인은 '땅에서 피하며 유리하는 자'의 신세가 되고 여호와 앞을 떠나 에덴 동쪽 놋 땅으로 이주하여 그곳에 거주하게 된다. 이때 경계 밖의 무리 속성은 '자발적 회피', '분리/유리(遊離) 불안감'의 이미지이다.

"네가 밭을 갈아도 땅이 다시는 그 효력을 네게 주지 아니할 것이요 너는 땅에서 피하며 유리하는 자가 되리라. 가인이 여호와께 아뢰되 내 죄벌이 지기가 너무 무거우니이다. 주께서 오늘 이 지면에서 나를 쫓아내시온즉 내가 주의 낯을 뵈옵지 못하리니 내가 땅에서 피하며 유리하는 자가 될지라 무릇 나를 만나는 자마다 나를 죽이겠나이다. 여호와께서 그에게 이르시되 그렇지 아니하다 가인을 죽이는 자는 벌을 칠 배나 받으리라 하시고 가인에게 표를 주사 그를 만나는 모든 사람에게서 죽임을 면하게 하시니라. 가인이 여호와 앞을 떠나서 에덴 동쪽 놋 땅에 거주하더니"(창세기 4:12-16)

사방으로 흩어짐, 혼잡성의 이미지

계속해서 성서는 바벨탑 사건을 말하고 있다. 온 땅의 언어가 하나요 말이 하나였던 때, 사람들은 벽돌을 구워서 성읍과 탑을 건설하고, 그 탑 꼭대기를 하늘에 닿게 하여 그들의 이름을 내고, 온 지면에 흩어짐을 면하자고 모의하였다. 그때 여호와께서 내려가서 그들의 언어를 혼잡하게 하여 그들이 서로 알아듣지 못하도록 온 지면에 흩으셨으므로 그들이 그 도시 건설하기를 그치게 되었다. 이때 경계 밖의 무리 속성은 '사방으로 흩어짐', '혼잡성'의 이미지이다.

"온 땅의 언어가 하나요 말이 하나였더라. 이에 그들이 동방으로 옮기다가 시날 평지를 만나 거기 거류하며. 서로 말하되, 자, 벽돌을 만들어 견고히 굽자 하고 이에 벽돌로 돌을 대신하며 역청으로 진흙을 대신하고, 또 말하되, 자, 성읍과 탑을 건설하여 그 탑 꼭대기를 하늘에 닿게 하여 우리 이름을 내고 온 지면에 흩어짐을 면하자 하였더니, 여호와께서 사람들이 건설하는 그 성읍과 탑을 보려고 내려오셨더라. 여호와께서 이르시되 이 무리가 한 족속이요 언어도 하나이므로 이같이 시작하였으니 이후로는 그 하고자 하는 일을 막을 수 없으리로다. 자, 우리가 내려가서 거기서 그들의 언어를 혼잡하게 하여 그들이 서로 알아듣지 못하게 하자 하시고, 여호와께서 거기서 그들을 온 지면에 흩으셨으므로 그들이 그 도시를 건설하기를 그쳤더라. 그러므로 그 이름을 바벨이라 하니 이는 여호와께서 거기서 온 땅의 언어를 혼잡하게 하셨음이니라 여호와께서 거기서 그들을 온 지면에 흩으셨더라."(창세기 11-9)

낯선 곳으로 들어감, 소명 의식의 이미지

여호와께서 아브라함에게 너는 너의 고향과 친척과 아버지의 집을 떠나 내가 너에게 보여 줄 땅으로 가라고 명령하신다. 창세기 11장까지는 인간의 범죄 행위로 인해서 경계 밖으로 쫓겨나는 상황이었다면, 12장에서는 여호와께서 큰 민족을 이루고 복을 주어 그 이름을 창대하게 하려고 아브라함에게 '가라', 즉 '이주하라'라고 명령하신 것이다. 이때 경계 밖의 무리 속 성은 '낯선 곳으로 들어감', '소명 의식'의 이미지이다.

"여호와께서 아브라함에게 이르시되 너는 너의 고향과 친척과 아버지의 집을 떠나 내가 네게 보여 줄 땅으로 가라. 내가 너로 큰 민족을 이루고 네게 복을 주어 네 이름을 창대하게 하리니 너는 복이 될지라. 너를 축복하는 자에게는 내가 복을 내리고 너를 저주하는 자에게는 내가 저주하리니 땅의 모든 족속이 너로 말미암아 복을 얻을 것이라 하신지라. 이에 아브라함이 여호와의 말씀을 따라 갔고 롯도 그와 함께 갔으며 아브라함이 하란을 떠날 때 칠십오 세였더라. 아브라함이 그의 아내 사래와 조카 롯과 하란에서 모은 모든 소유와 얻은 사람들을 이끌고 가나안 땅으로 가려고 떠나서 마침내 가나안 땅에 들어갔더라."(창세기 12:1-5)

극한의 생존 투쟁, 절박함의 이미지

아브라함이 여호와의 명령대로 가나안 땅에 정착했지만, 그곳은 상황이 녹록지 않았다. 그 땅에는 가나안 사람들이 이미 거주하고 있었던 터라 치열한 생존 경쟁을 할 수밖에 없었고 심한 기근까지 들어 절대 빈곤, 생존 위협의 상황에 부닥치게 되었다. 아브라함은 먹고살기 위해서 그곳을 떠나 이집트에서 지내기 위해 이주하게 된다. 이때 경계 밖의 무리 속성은 '극한의 생존 투쟁', '절박함'의 이미지이다.

"아브라함이 그 땅을 지나 세겜 땅 모레 상수리나무에 이르니 그 때에 가나안 사람이 그 땅에 거주하였더라. 여호와께서 아브라함에게 나타나 이르시되 내가 이 땅을 네 자손에게 주리라 하신지라 자기에게 나타나신 여호와께 그가 그곳에서 제단을 쌓고, 거기서 벧엘 동쪽 산으로 옮겨 장막을 치니 서쪽은 벧엘이요 동쪽은 아이라 그가 그곳에서 여호와께 제단을 쌓고 여호와의 이름을 부르더니, 점점 남방으로 옮겨갔더라 아브라함이 이집트로 내려가다, 그 땅에 기근이 들었으므로 아브라함이 애굽에 거류하려고 그리로 내려갔으니 이는 그 땅에 기근이 심하였음이라."(창세기 12:6-10)

나그네, 거류인(居留人)의 이미지

아브라함은 사라가 가나안 땅 헤브론에서 백이십칠 세를 끝으로 죽자 헷 족속에게 자신을 '나그네'요 '거류하는 자'라고 소개하면서 아내를 묻을 매장지를 내어줄 것을 요청한다. 아브라함이 사용한 나그네라는 말은 '게르'를 뜻한다. 게르는 정착한 것이 아니라 이동하는 사람, 오가는 사람, 떠도는 사람을 일컫는다. 이때 경계 밖의 무리 속성은 '나그네', '거류인(居留人)'의 이미지이다.

"사라가 백이십칠 세를 살았으니 이것이 곧 사라가 누린 햇수라. 사라가 가나안 땅 헤브론 곧 기럇아르바에서 죽으매 아브라함이 들어가서 사라를 위하여 슬퍼하며 애통하다가, 그 시신 앞에서 일어나 나가서 헷 족속에게 말하여 이르되, 나는 당신들 중에 나그네요 거류하는 자이니 당신들 중에서 내게 매장할 소유지를 주어 내가 나의 죽은 자를 내 앞에서 내어다가 장사하게 하시오."(창세기 23:1-4)

믿음의 소유자, 새 희망의 담지자의 이미지

우리는 난민, 이주자, 경계 밖 무리로서 아브라함의 삶과 역사를 어떻게 이해할 수 있을까? 히브리서 기자는 아브라함을 위대한 신앙의 조상으로 묘사하고, 경계 밖 무리로서 아브라함은 보이지 않는 것을 바라보고 그것을 약속으로 받아들이는 능력, 즉 믿음의 소유자였다는 사실을 강조하고 있다. 이때 경계 밖의 무리 속성은 '믿음의 소유자', '새 희망의 담지자'의 이미지이다.

"이 사람들은 다 믿음을 따라 죽었으며 약속을 받지 못하였으되 그것들을 멀리서 보고 환영하며 또 땅에서는 외국인과 나그네임을 증언하였으니, 그들이 이같이 말하는 것은 자기들이 본향 찾는 자임을 나타냄이라. 그들이 나온바 본향을 생각하였더라면 돌아갈 기회가 있었으려니와 그들이 이제는 더 나은 본향을 사모하니 곧 하늘에 있는 것이라. 이러므로 하나님이 그들의 하나님이라 일컬음 받으심을 부끄러워하지 아니하시고 그들을 위하여 한 성을 예비하셨느니라."(히브리서 11:13-16)

이상에서 간략하게 살펴보았듯이 구약 시대 유대인의 역사는 '추방', '이주', '망향'의 반복적 운동 가운데 형성되었고, 땅에 터전을 잡고 뿌리를 내리며 정착한 생활은 '복(福)'의 개념으로 이해할 수 있지만, 그 삶의 터전에서 '흩어짐'의 삶은 불행으로 이해되었다.★4 어떤 면에서 인류는 그 시작부터 경계 밖의 무리였고, 타 문화권 사람들과 만남을 통해 서로 연결되고, 거기에 정착하고, 게르의 삶을 살아왔음을 확인하게 된다. 그리고 아브라함이 위대한 신앙의 조상이었듯이 그는 늘 경계 밖 무리로서 보이지 않는 것을 바라보고, 그것을 약속으로 받아들이는 능력, 즉 믿음의 소유자였다는 사실도 살펴볼 수 있었다.

2 이방인과 난민을 위한 환대의 윤리★5

이방인과 난민, 경계 밖 무리를 논의하는 한국 기독교계의 기본적인 입장은 환대, 환대의 윤리를 적극적으로 받아들여야 한다는 것이다.★6 그런 맥락에서 보면 환대는 주인이 손님을 따뜻하게 맞이하는 것으로 파악된다. 타자에 대한 환대, 주인으로서 환대를 베푸는 것과 손님으로서 환대를 받는 것 모두는 한국 기독교가 가지고 있는 신앙의 핵심이자 동시에 현대 윤리의 핵심 개념으로 받아들이고 있다.★7 그리고 비슷한 맥락에서 '환영 프로젝트'는 난민을 위한 프로젝트와 서비스 측면에서 구체적인 규칙을 적용하며 다소 실용적으로 진행되고 있다. 이 환영 프로젝트의 핵심은 가족이나 공동체가 난민에게 문을 여는 행위에 있다.★8 여기에서 알 수 있듯이, 한국 기독교계에서 환대의 윤리, 환영 프로젝트의 핵심은 주인으로서 나와 우리의 관점이 중심을 차지하고 있다는 사실이다. 이는 달리 표현하면 인사이더로서 나와 우리가 아웃사이더인 그들을 어떻게 받아들일 것인가의 문제로 이해되고 있다.

그런 차원에서 강영안은 레비나스의 윤리적 주체 개념에서 기독교적 주체 개념의 특징을 찾아낼 수 있다고 말한다. 레비나스는 주체의 주체성을 이론적 활동이나 기술적, 실천적 활동에서 찾기보다는 타인과의 윤리적 관계를 통해서 찾는다. 이때 윤리적 관계는 타인을 수용하고 손님으로 환대하는 것을 말한다. 헐벗은 모습, 고통받는 모습, 정치적, 경제적, 사회적 불의에 의해 짓밟힌 자의 모습으로 타인이 호소할 때, 그를 받아들여 책임지고 대신 짐을 지며 사랑하고 섬긴다는 의미이다.★9

> 나는 내가 타인을 대신해서 타인의 자리에 서기 이전, 내가 기억할 수도 없는 먼 과거에, 나의 의식과 나의 선택의 자유가 발동하기 이전에 벌써 타자에 의해서 타자를 위한 책임적 존재로 세움 받았다. 이렇게 세움 받았다는 것은 내가 타인의 요구와 부름에 '응답(應答)'할 뿐만 아니라 타인을 위해, 심지어 타인의 책임을 대신해 '고통(苦痛)' 받을 수 있음을 뜻한다. 여기서 '책임(責任)'은 절대적 타율성이고, 절대적 타율성으로서 책임은 나의 자유의 한계를 초월한다.★10

레비나스는 타인이 나를 부를 때 나는 그 부름에 '응답'해야 한다고 주장한다. 여기에는 두 가지 가능성이 있다. 그러니까 부름을 '수용'하든지 아니면 '거부'하는 일이다. 부름을 거부하는 일은 나 자신에 몰두하든지 아니면 다른 일에 몰두하든지, 혹은 다른 핑계와 이유를 들면 된다. 그러면 내 집 문을 걸어 잠그고 타인과 분리된 채 나 중심주의로 살아갈 수 있다.[★11] 레비나스는 이것을 '책임'으로부터의 도피이자 윤리적 의미의 '악'이라 말한다. 이 악은 모든 윤리적 악의 근원으로서 곧 '죄'로 나타난다.[★12] 타인을 수용한다는 것은 자신의 문을 열고 타인을 영접하는 '환대'로 표현된다. 타인을 내 손님으로 대접하고 선을 베푸는 것이다.[★13]

타인은 우리에게 '얼굴'로 나타난다. 이 말은 특별한 의미가 있다. 얼굴과 만남은 사물과 전혀 다른 차원을 우리에게 열어준다.

> "얼굴을 통해서 존재는 더 그것의 형식에 갇혀 있지 않고 우리 자신 앞에 나타난다. 얼굴은 열려 있고, 깊이를 얻으며, 열려 있음을 통하여 개인적으로 자신을 보여준다. 얼굴은 존재가 그것의 동일성 속에서 스스로 나타내는, 다른 어떤 것으로 환원할 수 없는 방식이다."[★14]

얼굴이 자기 자신을 내보이는 방식은 '계시'이다.[★15] 얼굴이 나에게 말을 건네온다는 것은 얼굴의 자기표현이다.[★16] 얼굴의 자기계시나 자기표현은 이 세계와는 다른 영역에서 오며, 내 입장과 위치와 상관없이 스스로 자기를 표현하는 가능성이다. 그런 의미에서 레비나스는 '맥락 없는 의미화의 가능성'이라 부른다.[★17] 타인의 얼굴이 가진 힘의 원천은 어디서 오는가? 그것은 상처받을 가능성, 무저항성에 근거한다. 타자는 가난한 자와 나그네, 과부와 고아의 얼굴을 하고, 동시에 주인의 얼굴을 하고 있다.[★18]

타자는 나와 동등하지 않다. 타자는 그의 가난과 고통 속에서 나의 주인이 된다. 내가 그를 모실 때 비로소 그와 동등해진다. 그런 의미에서 진정한 윤리적 평등과 형제애는 대칭적 관계를 통해서 만들어지지 않는다.★[19] 오히려 타자와의 '비대칭성', '불균등성'이 진정한 평등을 이룰 수 있는 기초가 된다. 이런 차원의 평등만이 약자를 착취하는 강자의 법을 폐기할 수 있다.★[20]

새로운 시선: 진정 누가 이방인, 난민인가?

인사이더와 아웃사이더의 관점에서 다시 읽는 성서

필자는 경계 밖 무리를 향한 환대의 윤리와 영접의 태도를 한국의 기독교인들이라면 누구나 예외 없이 금과옥조로 여겨야 하는 것처럼 주장하는 경향에 대해 다른 각도에서 의문을 제기하고자 한다. 그러니까 레비나스식의 환대 윤리가 한국 사회와 기독교인들에게 일방적으로 강조되어 적용되는 순간, 그것은 '인간 중심주의'의 변형이라 할 수 있는 '기독교인 중심주의', 혹은 '기독교인으로서 나 중심주의'의 한계에 고스란히 직면하게 된다고 생각한다. 왜냐하면, 그런 방식으로 환대 윤리를 강조하는 태도는 경계 밖 무리를 '누가', '어떻게' 환대할 것인가라는 문제 속으로 모든 논의를 흡수하게 된다.

사실 따지고 보면 환대의 주체인 나와 우리에 대해서는 더 이상의 문제를 제기하지 않는다. 여기에 문제의 본질이 있다고 생각한다. 그러니까 내가 이방인과 난민, 타자를 환대한다는 사실이 중요한 것이 아니다. 그보다 선행하는 문제가 해결되어야만 한다. 그것은 바로 어떤 나인가? 이방인과 난민에 대한 어떤 인식론적 착상을 가지고 있는 나인가? 경계 밖 무리를 당연히 환대하는 것보다 왜 환대해야만 하는지, 그 신앙적 고백의 기준은 무엇인지를 명확히 드러낼 수 있는 나인가? 이러한 문제를 해결하기 위해서 이제부터 인사이더와 아웃사이더의 시선에서 성서를 다시 읽고자 한다. 그 과정에서 경계 밖 무리는 '누구'인지, 그리고 '경계 밖'은 무엇을 의미하는지에 대한 물음에 대해 기독교 철학, 기독교 문화해석학의 관점에서 해명하고자 한다.

성경은 경계 밖 무리에 대해 어떻게 묘사하고, 그들의 특징을 어떻게 설명하고 있을까?

첫째, 경계 밖의 무리란 하나님의 말씀이 임하고, 그 말씀을 들을 수 있는 인물(들)로 묘사한다. 예수님 이전의 많은 신앙의 선조들 가운데 단연코 "빈 들에 있던 사가랴의 아들 요한"이 거기에 속했다. 하나님의 말씀이 대제사장, 서기관, 율법 교사 등 종교 지도자들에게 임한 것이 아니다. 또한, 총독, 분봉왕을 비롯한 세상 권력자에게 임한 것도 아니었다. 이 말은 그 시대 그 지역의 경계 안에 있었던 권력 일인자나 주권자들, 즉 인사이더들에게 하나님의 말씀이 임한 것이 아니다. 경계 밖 '빈 들'에 있던 아웃사이더 요한에게 임한 것이었다. 그렇다면 빈 들이란 무슨 의미일까? 한마디로 화려한 세상의 것이 하나도 없는 '광야'를 말한다. 아무것도 없는 상태를 가리킨다. 아무것도 없으니 하나님만 바라볼 수밖에 없는 장소이자 환경이다. 그런 면에서 요한은 경계 밖, 빈 들, 바로 그곳에 있었던 아웃사이더였다.

“디베료 황제가 통치한 지 열다섯 해 곧 본디오 빌라도가 유대의 총독으로, 헤롯이 갈릴리의 분봉왕으로, 그 동생 빌립이 이두래와 드라고닛 지방의 분봉왕으로, 루사니아가 아빌레네의 분봉왕으로, 안나스와 가야바가 대제사장으로 있을 때 하나님의 말씀이 빈 들에서 사가랴의 아들 요한에게 임한지라.”(누가복음 3:1-2)

둘째, 경계 밖 무리는 “강도 만난 자의 이웃이 되어준 어떤 사마리아 사람”이다. 빈들과 광야에는 평소 어떤 사람들이 있었을까? 도망자들, 강도들, 그리고 신앙을 지키려는 이들이었다. 어떤 율법 교사가 예수를 시험하여 질문한다. 내가 무엇을 하여야 영생을 얻을 수 있습니까? 그때 예수님의 답변은 율법에 기록된 대로, 네 마음을 다하며 목숨을 다하며 힘을 다하며 뜻을 다하여 주 너의 하나님을 사랑하고, 또한 네 이웃을 너 자신같이 사랑하라고 하셨다. 그러자 율법 교사는 그러면 내 이웃은 누구인지 묻는다. 예수는 예를 들어 설명하였다. 어떤 사람이 예루살렘에서 여리고로 내려가다가 강도를 만나 옷을 벗기고 맞아 거의 죽은 상태로 버려졌다는 것이다. 이때 그곳을 지나가는 세 종류의 사람이 등장한다. 제사장, 레위인, 사마리아 사람이다. 이중 하나님의 말씀을 업으로 삼아 먹고 살아갔던 부류인 제사장과 유대 혈통의 레위인은 경계 안의 사람, 즉 인사이더들이었다. 이들은 강도를 만나 거의 죽다시피 한 사람을 보고도 피하여 지나갔다. 하지만 어떤 사마리아 사람은 그 사람을 보고 ‘불쌍히 여겨’ 가까이 가서 기름과 포도주로 상처를 치료하고, 주막으로 데려가 그를 돌보아 주었다. 예수께서는 이들 중 누가 강도 만난 자의 이웃이 되겠느냐고 묻는다. 율법 교사는 자비를 베푼 자라고 대답한다. 그 순간 예수는 곧바로 너도 이처럼 하라고 말씀하신다. 아웃사이더였던 어떤 사마리아 사람은 돌봄이 절실했던 이웃의 고난과 아픔을 직시하고 눈길을 피하지 않았으며, 긍휼의 마음으로 그를 품었던 것이다.

"예수께서 대답하여 이르시되 어떤 사람이 예루살렘에서 여리고로 내려가다가 강도를 만나매 강도들이 그 옷을 벗기고 때려 거의 죽은 것을 버리고 갔더라. 마침 한 제사장이 그 길로 내려가다가 그를 보고 피하여 지나가고, 또 이처럼 한 레위인도 그곳에 이르러 그를 보고 피하여 지나가되, 어떤 사마리아 사람은 여행하는 중 거기 이르러 그를 보고 불쌍히 여겨 가까이 가서 기름과 포도주를 그 상처에 붓고 싸매고 자기 짐승에 태워 주막으로 데리고 가서 돌보아 주니라."(누가복음 10:30-34)

2 '빈 들'에 홀로 선 나와 우리 되기: 어떻게 가능할까?

세상을 새롭게 한 성서의 인물들은 어떤 특징을 가지고 있을까? 유대인 공동체 밖에서 살았던 모세, 베들레헴의 목자 다윗, 길앗의 티스베의 사람, 몸에 털이 많고 허리에 가죽 띠를 두른 사람 엘리야, 요단 계곡 농부 엘리사, 드루와 목자 아모스, 빈민촌 나사렛 출신의 성모 마리아, 다메섹 도상에서 하나님의 부르심을 받고 죽을 때까지 아웃사이더로 살았던 바울, 베들레헴 외양간 구유 출생의 예수, 이들은 모두 아웃사이더들이었다. 당시 인사이더들이 자신의 욕망과 권력 지향, 자기중심적 종교 행위를 열심히 하였다면, 이들은 하나님 앞에서 철저하게 그것들을 포기하는 이들이었다.

야고보서는 하나님이 경계 밖 무리, 즉 아웃사이더들을 왜 시험에서 견디게 하고 구원하시는지 그 이유를 제시하고 있다. 그것은 바로 시련을 견디어 낸 자는 생명의 면류관을 얻게 되기 때문이다. 이 생명의 면류관은 빛들의 아버지로부터 내려오는 것이며, 하나님은 진리의 말씀으로 피조물 가운데 우리를 첫 열매가 되게 하시기 위함이다.

"시험을 참는 자는 복이 있나니 이는 시련을 견디어 낸 자가 주께서 자기를 사랑하는 자들에게 약속하신 생명의 면류관을 얻을 것이기 때문이라. 사람이 시험을 받을 때 내가 하나님께 시험을 받는다 하지 말지니 하나님은 악에게 시험을 받지도 아니하시고 친히 아무도 시험하지 아니하시느니라. 오직 각 사람이 시험을 받는 것은 자기 욕심에 끌려 미혹됨이니, 욕심이 잉태한즉 죄를 낳고 죄가 장성한즉 사망을 낳느니라. 내 사랑하는 형제들아 속지 말라. 온갖 좋은 은사와 온전한 선물이 다 위로부터 빛들의 아버지께로부터 내려오나니 그는 변함도 없으시고 회전하는 그림자도 없으시니라. 그가 그 피조물 중에 우리로 한 첫 열매가 되게 하시려고 자기의 뜻을 따라 진리의 말씀으로 우리를 낳으셨느니라."(야고보서 1:12-18)

그렇다면 시험을 참아내고 시련을 견디어 낸 경계 밖 무리인 나와 우리는 어떻게 살아야 하는가? 어떤 인생관과 세계관을 가져야 하는가? 세상의 인사이더들과는 어떤 점이 달라야 하는가? 세상의 아웃사이더로서 나의 정체성은 무엇인가? 그리스도인으로서 나의 신앙 고백은 무엇이어야 하는가? 성경은 다음과 같이 제시해 준다.

첫째, "하나님의 예비하심 대로 좇아가는 삶"이어야 한다. 진흙이 토기장이에게 무엇을 만드느냐 질문할 수 없듯이, 토기장이의 뜻과 계획에 맞게 빚어진 대로 사용되면 될 일이다. 경계 밖 무리인 나와 우리는 그런 인식을 해야 한다. 다시 말해, 나 중심의 삶이 아닌, 존재의 근원 되신 하나님의 예비하심에 따라 사는 삶이다.

"질그릇 조각 중 한 조각 같은 자가 자기를 지으신 이와 더불어 다툴진대 화 있을진저 진흙이 토기장이에게 너는 무엇을 만드느냐 또는 네가 만든 것이 그는 손이 없다고 말할 수 있겠느냐"(이사야 45:9)

둘째, "이웃을 사랑하고 은밀하게 구제하는 삶"이어야 한다. 내 이웃에게 집중하되, 돌봄과 구제가 필요한 이들에 대해서 사람들에게 보이기 위해서, 또 사람에게서 영광을 받기 위해서 그들에게 구제하지 말고 은밀하게 실행해야 한다. 은밀한 구제 행위가 곧 경계 밖 무리로서 나의 윤리 도덕의 실천 기준이어야 한다.

"사람에게 보이려고 그들 앞에서 너희 의를 행하지 않도록 주의하라 그리하지 아니하면 하늘에 계신 너희 아버지께 상을 받지 못하느니라. 그러므로 구제할 때에 외식하는 자가 사람에게서 영광을 받으려고 회당과 거리에서 하는 것같이 너희 앞에 나팔을 불지 말라 진실로 너희에게 이르노니 그들은 자기 상을 이미 받았느니라. 너는 구제할 때에 오른손이 하는 것을 왼손이 모르게 하여 네

구제함을 은밀하게 하라 은밀한 중에 보시는 너의 아버지께서 갚으시리라"(마태복음 6:1-4)

셋째, "내 존재의 근거가 예수 그리스도임을 확인하고 그분과 동행하는 삶"이어야 한다. 예수는 자신을 참 포도나무에, 하나님은 농부에 비유하셨다. 포도나무에 붙어 있으나 열매를 맺지 못할 때 하나님은 가지를 제거해 버리고, 열매를 맺는 가지는 더 열매를 맺게 하려고 그것을 깨끗하게 하신다고 말하였다. 이 말은 나의 존재의 근거는 예수 그리스도이고, 예수와 동행할 때 무엇이든지 원하는 대로 구하면 그대로 이루어지게 된다는 말이다. 나 중심, 나의 욕망 중심의 삶이 아닌 예수의 마음으로 회복된 상태를 일컫는다.

"내 안에 거하라 나도 너희 안에 거하리라 가지가 포도나무에 붙어 있지 아니하면 스스로 열매를 맺을 수 없음같이 너희도 내 안에 있지 아니하면 그러하리라. 나는 포도나무요 너희는 가지라 그가 내 안에, 내가 그 안에 거하면 사람이 열매를 많이 맺나니 나를 떠나서는 너희가 아무것도 할 수 없음이라. 사람이 내 안에 거하지 아니하면 가지처럼 밖에 버려져 마르나니 사람들이 그것을 모아다가 불에 던져 사르느니라. 너희가 내 안에 거하고 내 말이 너희 안에 거하면 무엇이든지 원하는 대로 구하라 그리하면 이루리라."(요한복음 15:4-7)

넷째, "하나님의 나라와 의를 구하는 목적 지향의 삶"이어야 한다. 한 사람이 두 주인, 다시 말해 하나님과 재물을 동시에 섬기지 못한다. 세상의 인사이더들은 자신의 목숨과 명예를 위하여 무엇을 먹을까, 무엇을 마실까, 몸을 위하여 무엇을 입을까 염려하는 삶을 지속한다. 그렇지만 경계 밖 무리로서 아웃사이더인 나와 우리는 하나님의 나라와 그 의를 구하는 삶을 살아가야 한다. 그것이 구별된 삶이며, 목적 있는 삶이다.

> "그러므로 염려하여 이르기를 무엇을 먹을까 무엇을 마실까 무엇을 입을까 하지 말라. 이는 다 이방인들이 구하는 것이라 너희 하늘 아버지께서 이 모든 것이 너희에게 있어야 할 줄을 아시느니라. 그런즉 너희는 먼저 그의 나라와 그의 의를 구하라 그리하면 이 모든 것을 너희에게 더하시리라. 그러므로 내일 일을 위하여 염려하지 말라 내일 일은 내일이 염려할 것이요 한 날의 괴로움은 그 날로 족하니라."(마태복음 6:31-34)

다섯째, "성령의 눈으로 보는 삶, 세례받은 자의 실천하는 삶"이어야 한다. 당시 인사이더로 맹위를 떨쳤던 사울이 다메섹 도상에서 홀연히 하늘로부터 나타난 빛, 예수를 만나고 아무것도 보지 못하는 상태가 되었다. 이후 예수께서 아나니아를 통해 사울에게 안수하니 사울이 성령으로 충만하게 되고, 그의 눈에서 비늘 같은 것이 벗어져 다시 보게 되었다. 옛사람 사울이 안수, 즉 세례를 받음으로써 욕망, 이기심, 자기중심이라는 비늘이 벗겨진 것이다. 그리고 다시 보게 되었다. '다시 본다'라는 것은 나 중심의 세상 가치를 멀리하고 예수님을 바라보게 되었다는 의미이다. 사울이 안수, 세례를 받았다는 것은 '그리스도와의 연합'을 뜻하며, 이는 옛사람이 죽고 새사람, 즉 바울로 거듭났다는 의미가 된다.

“아나니아가 떠나 그 집에 들어가서 그에게 안수하여 이르되 형제 사울아 주 곧 네가 오는 길에서 나타나셨던 예수께서 나를 보내어 너로 다시 보게 하시고 성령으로 충만하게 하신다 하니, 즉시 사울의 눈에서 비늘 같은 것이 벗어져 다시 보게 된지라 일어나 세례를 받고, 음식을 먹으매 강건하여지니라.”(사도행전 9:17-19)

맺음말: 인간의 경계를 넘어 하나님의 경계 안으로

이제 우리에게 필요한 것은 이방인과 난민, 경계 밖 무리를 바라보는 인식론적 전환이다. ‘나 중심주의’, ‘기독교인 중심주의’의 관점에서 보면, 경계 밖의 무리는 늘 환대해야 할 대상이고, 어떤 형태로든지 환대해 주어야만 한다. 이런 관점에서 보면 나, 우리는 항상 인사이더들이었다.

그런데 우리가 성서를 다시금 꼼꼼하게 읽어보면 세상에는 수많은 종류의 경계 밖 무리가 있었다. 성서에서 등장하는 세상을 바꾼 믿음의 선조들은 그 당시 세계를 기준으로 보면 결코 인사이더들이 아니었다. 예수님도 예외가 아니었다. 아웃사이더였다. 그들은 ‘나 중심주의’, ‘인간 중심주의’, ‘세상 중심주의’의 가치관과 세계관을 허물어내고 그 자리에 '예수 중심주의', '하나님 중심주의', '하나님 나라 중심주의'로 대체하였다. 그리고 경계 밖 무리였던 그들은 목숨을 다해 그 가치들을 지켜내었고, 그것을 소명 삼아 헌신하고 실천하는 구별된 삶을 살았다.

이처럼 이방인과 난민, 경계 밖 무리를 바라보는 시선은 그 경계를 어디에 두느냐에 따라 달라진다. 인간의 경계를 넘어 하나님의 경계 안으로 들어가야 한다. 하나님의 경계에서 보면 나와 우리는 한갓 나그네 된 자일 뿐이다. 그렇지만 그 나그네의 삶은 헛되거나 수고롭거나 염려로 채워진 불확실한 미래의 여정이 아니다. 그 삶의 여정은 '하나님의 예비하심 대로 좇아가는 삶'이며, '이웃을 사랑하고 은밀하게 구제하는 삶', '나의 존재의 근거가 예수임을 확인하고, 그분과 동행하는 삶', '하나님의 나라와 의를 구하는 목적 지향적 삶', '성령의 눈으로 보는 삶, 세례받은 자의 실천하는 삶'으로 이루어진다.

성서 속 아웃사이더, 경계 밖의 무리였던 믿음의 선조들은 하나님의 '비우심', '낮추심', '버리심'을 상징하는 십자가에 적합한 삶을 살았다. 그들은 세계를 지배하고 타인을 자기로 환원하고, 자기 향유에 빠질 수 있는 자기중심적 주체가 결코 아니었다. 오히려 그들은 먼저 이웃의 유익을 구하고, 무거운 짐을 서로 나누어졌다. 그리고 기회 있을 때마다 모든 이들에게 선한 일을 하는 주체였다. 그들은 십자가에서 예수 그리스도와 함께 죽고, 그의 부활과 더불어 세상과 함께 아파하는 마음, 즉 예수 그리스도의 심장을 가지고 샬롬의 공동체를 회복하려는 그런 삶을 살았던 주체였다.★21

그렇다면 이방인과 난민, 경계 밖 무리에 대해 우리는 어떤 시선을 가져야 할 것인가? 그동안 익숙하게 받아들였던 '나' 중심, '인간' 중심, 인사이더의 관점에서 경계 밖 무리를 바라보던 시선을 과감하게 내려놓아야 한다. 대신 하나님의 관점에서 나와 우리는 세상 안에서 결국 한갓 나그네요, 아웃사이더라는 사실을 인식해야 한다. 그런 존재론적 반성과 하나님에 대한 신앙과 관계 회복에 근거하여 경계 밖 무리가 된 나와 우리의 관점에서 다시 경계 안을 들여다보아야 한다. 그럴 때 우리의 소명 의식은 더욱 분명하게 드러나게 된다.

---

1. 이 글은 신응철, 「이방인과 난민 문제를 바라보는 전통적 기독교 관점과 새로운 시선 -'경계 밖 무리'의 관점에서-」, 『기독교철학』 38집, 한국기독교철학회, 2023. 67~94쪽에 게재되어 있으며, 이를 수정 보완하였음을 밝혀둠.
2. 유엔난민기구 UNHCR 규정 (https://www.unhcr.or.kr/unhcr/html/001/001005002003003.html)
3. 유엔난민기구 UNHCR 규정 (https://www.unhcr.or.kr/unhcr/html/001/001005002003003.html)
4. 서혜정, 「하나님의 경계, 인간의 경계-경계 밖 사람들에 대한 신학적 & 인류학적 고찰」, 자료집 『경계 밖의 인간 무리』, 한국해석학회 · 전주대 한국고전학연구소, 2023. 115쪽
5. 신응철, 『기독교 문화학이란 무엇인가』, 북코리아, 2006.
6. 환대의 윤리, 특히 레비나스의 관점을 중심으로 한 최근의 논의는 다음의 자료를 참조할 것. 김광철, 「레비나스의 타자성의 철학의 기독교교육적 함의」, 『신학연구』 82집, 한신대학교 한신신학연구소, 2023. 김경은, 「환대의 영성을 위한 레비나스(Emmanuel Levinas) 고찰」, 『신학과 실천』 78집, 한국실천신학회, 2022. 김헌중, 「책임, 세계, 제삼자 - 레비나스의 철학에서의 얼굴 너머」, 『현상학과 현대철학』 94집, 한국현상학회, 2022. 성신형, 「환대에 대한 철학적 성찰과 윤리적 제언-데리다, 레비나스, 리쾨르를 중심으로-」, 『현대유럽철학연구』 68집, 한국현대유럽철학연구, 2023. 신성임, 「타자 이해에 근거하는 국내 이주근로자 선교: 레비나스(Emmanuel Levinas)의 타자 철학을 중심으로」, 『선교와 신학』 61집,

장로회신학대학교 세계선교연구원, 2023. 신응철, 「'주체' 개념에 대한 기독교철학적 이해」, 『한국기독교문화연구』 15집, 숭실대 한국기독교문화연구원, 2021. 이소영, 「역량담론과 '책임'의 문제 : 레비나스와 불가능성 개념을 중심으로」, 『교육철학연구』 45권2호, 한국교육철학회, 2023. 윤대선, 「레비나스의 『존재와 다르게』에서 주체의 문제와 그 실천적 윤리 - 주체의 타자성에서 대신함의 타자 윤리로」, 『철학논총』 114집, 새한철학회, 2023. 전종윤, 「제3자의 문제와 토막민(土幕民): 리쾨르와 레비나스 철학을 중심으로」, 『기독교철학』 35집, 한국기독교철학회, 2022. 홍창현, 「포스트휴먼 시대, 사이보그-되기의 기독교윤리적 응답 임마누엘 레비나스와 미로슬라브 볼프를 중심으로」, 『기독교사회윤리』 55집, 한국기독교사회윤리학회, 2023.

7. 조영호, 「실존적 망명으로서 난민 경험-영적, 정치적 반응으로서의 환대」, 자료집 『경계 밖의 인간 무리』, 한국해석학회·전주대 한국고전학연구소, 2023. 45쪽
8. 조영호(2023), 같은 글, 51쪽
9. 강영안, 「'주체의 죽음' 이후의 문화 주체」(2005), 88쪽
10. 레비나스, 『전체성과 무한』(1961), 223쪽, 강영안, 「'주체의 죽음' 이후의 문화 주체」(2005), 90쪽
11. 레비나스, 『전체성과 무한』(1961), 148~149쪽. 강영안, 「'주체의 죽음' 이후의 문화 주체」(2005), 93쪽
12. 강영안, 「'주체의 죽음' 이후의 문화 주체」(2005), 93쪽
13. 레비나스, 『존재와 다르게 또는 존재 사건 저편에』(1974), 186쪽. 강영안(2005), 94쪽
14. 레비나스, 『시간과 타자』, 136쪽. 강영안, 『레비나스의 철학-타인의 얼굴』(2005), 148쪽
15. 레비나스, 『전체성과 무한』, 37쪽. 강영안, 『레비나스의 철학-타인의 얼굴』(2005), 180쪽
16. 레비나스, 『전체성과 무한』, 194쪽. 강영안, 『레비나스의 철학-타인의 얼굴』(2005), 180쪽
17. 레비나스, 『전체성과 무한』, 12쪽. 강영안, 『레비나스의 철학-타인의 얼굴』(2005). 148쪽
18. 레비나스, 『존재에서 존재자로』, 161쪽. 『전체성과 무한』(1961), 229쪽
19. 레비나스, 『존재에서 존재자로』, 162쪽. 강영안, 『레비나스의 철학-타인의 얼굴』(2005), 151쪽
20. 레비나스, 『존재에서 존재자로』, 163쪽, 강영안, 『레비나스의 철학-타인의 얼굴』(2005), 152쪽
21. 강영안, 「'주체의 죽음' 이후의 문화 주체」, 『기독교 문화, 소통과 변혁을 향하여』(문화선교연구원 엮음), 2005. 100쪽

10

능력주의 사회와 포도원 품꾼 비유[1]

들어가는 말: 능력주의 사회에서 왜 포도원 품꾼 비유를 말하는가?

세상은 빠르게 변하고 있다. 한 개인의 삶도 시대와 장소에 따라 변하게 된다. 사상이나 철학, 윤리 의식이나 가치관도 마찬가지이다. 지난 수 세기 동안 서구 사회를 구축하고 지탱해온 여러 사상도 역시 휘청거렸다. 민주주의는 쇠퇴하고 있고 자유주의는 여전히 고전 중이며 자본주의는 본연의 빛을 잃었다. 그런데 여전히 널리 지지받는 사상이 있으니 바로 개인의 사회적 지위가 그 사람의 '실력'과 '노력'에 따라 결정되어야 한다는 믿음이다. 영국 사회학자 마이클 영(Michael Dunlop Young, 1915~2002)은 1958년 사회학적 디스토피아 소설 『능력주의』[★2] 를 출간하였고, 여기에서 '능력주의'와 '능력주의 사회'를 그려내었다. 이후 능력주의라고 명명한 이 사상은 오늘날 우리의 삶의 세계를 지배하는 이데올로기라고 해도 과언이 아니다.

영국 시사 주간지 『이코노미스트』의 정치 부문 에디터이자 칼럼니스트 에이드리언 울드리지(Adrian Wooldridge, 1959~)는 『능력주의의 두 얼굴』[★3] 에서 능력주의가 이토록 많은 인기를 누리는 이유로서 능력주의의 네 가지 구성 요소를 강조하였다.

첫째, 능력주의 사회는 타고난 재능만으로 어디까지 올라갈 수 있는지가 자부심의 척도다. 둘째, 모든 이에게 무상 교육을 제공해 기회 균등을 보장한다. 셋째, 인종, 성별, 능력과 무관한 특성에 기인한 차별을 금한다. 넷째, 채용은 청탁이나 인맥이 아닌 공개 경쟁으로 이루어진다. 계층 간 이동성과 능력주의는 현대 정치 사상의 열매이자 꿀이며 부당한 특권을 비난하는 정치인은 늘 박수갈채를 받아왔다. 정치, 문화, 지리, 사상 등 다양한 경계를 초월해 거둔 능력주의의 성공은 놀라울 정도다.

그렇다면 보다 구체적으로 말해서 능력주의(Meritocracy)란 무엇일까?★4 우선 사전적 의미를 살펴보자면 나이, 계급, 성별, 또는 그 밖의 독점적이거나 상속된 특징(상속이나 가문)이 아닌 능력이나 실적, 즉 공적(merit)에 따라 지위나 보수가 결정되는 사회 질서나 체제를 의미한다. 능력주의는 지능과 노력을 통해 만들어진 탁월함을 가진 사람이 사회적 특권을 받을 자격이 있다는 의미를 내포한다. 앞서 잠깐 언급했듯이, 마이클 영이 자신의 저서 『능력주의』에서 '능력주의'라는 말을 처음 사용하였다. 이 단어는 지능(Intelligence) + 노력(Effort)으로 정의된 탁월함(Merit)과 함께 그 탁월함을 지닌 유능한 사람을 통한 통치나 지배(government, -cracy)를 지칭하기 위해 고안된 것이다. 그는 이 책에서 기회의 평등이라는 목적이 극한으로 달성된 사회를 그려낸다. 그 사회에서는 지능이 뛰어난 사람이 상류층에 진입하고 지능이 낮은 사람은 단순 노동을 수행하는 하류층으로 전락하게 된다. 마이클 영은 이런 디스토피아를 통해 '계급의 불평등'이 '지능의 불평등'으로 바뀐 것에 불과하다고 경고하였다.

능력주의 사회는 특정한 사회적 상속이 아닌 능력만으로 특권을 가질 수 있는 사회인데, 이 사회는 언뜻 유토피아 같아 보이지만 결정적 결함을 가지고 있다. 그것은 지능, 노력, 탁월함 등을 공정하게 측정할 도구(방법)가 없다는 사실이다. 다른 한편으로 지능, 노력, 탁월함 등이 무엇으로, 어떻게 구성되는지 정확하게 파악하는 것이 불가능하다는 사실이다. 바로 그런 측면에서 '능력주의'는 항상 논쟁적일 수밖에 없는 개념이다. 그런데도 이 능력주의 이념은 현대에 이르러 지위와 보상은 능력에 따라 분배되어야 한다는 분배 원칙으로 형성되었고, 사회적 불평등의 심화라는 역사적 배경에 따라 기회의 평등과 사회적 이동성이라는 핵심 원칙을 전제로 계속 발전하였다.

그런데 서구 사회에서는 이 능력주의에 대해 오랫동안 반론과 비판이 제기되어 온 것도 사실이다. 특히 능력주의는 경제적 불평등과 사회적 차별까지 도덕적으로 정당화하는 이데올로기라고 비판받는다.

첫째, 능력주의자들이 전제하는 개인적이고 통제할 수 있으며 객관적으로 측정할 수 있는 '능력' 개념은 존재하지 않는다. 가정과 사회에서 일어나는 운을 완벽히 제거하지 않는 한, 오로지 개인의 능력에 따른 성취를 파악할 수 없고, 교육이나 훈련을 통해 습득한 개인의 능력을 객관적으로 판별하기가 어렵기 때문이다. 둘째, 능력주의는 능력 있는 엘리트들의 지배와 독점을 정당화한다.★5 현대 사회의 엘리트 집단은 자신들의 권력과 특권에 정당성을 부여하기 위해 능력주의 이데올로기를 사용하여 특권을 유지하고 현실의 불평등을 정당화한다.★6 셋째, 능력주의는 능력에 따른 불평등과 차별을 용인하여 사람들의 관계를 불평등하게 한다. 능력주의 체제는 능력을 갖춘 사람과 갖추지 못한 사람의 사회적 관계를 불평등하게 만들 뿐 아니라 능력을 대물림하는 또 다른 세습주의를 낳고 있다. 한마디로 능력주의는 공로의 횡포로서 '권리'와 '오만'과 '남용'으로 치닫기 쉬운 위험한 사상이라는 것이다.★7

어쨌거나 우리가 지금 여기에서 살아가는 세상의 모습은 여전히 능력주의의 한복판을 가로지르고 있다. 필자는 능력 만능주의의 가치관이 횡행하는 한국 사회에서 다소 뜬금없어 보일 수도 있지만, 예수의 '포도원 품꾼 비유'를 기독교 문화해석학의 관점에서 재해석하고자 한다. 그렇게 하는 궁극적 목적은 능력주의 혹은 능력 만능주의의 가치관이 우리 자신의 삶을 파괴하고 이웃과의 관계를 단절시키며 궁극적으로는 인간성 자체를 말살할 수 있다는 위험성을 드러내기 위함이다. 또한, 이런 능력주의에 편승한 한국 사회 풍토에서 기독교인의 정체성이란 무엇이며, 어떤 삶이 기독교인의 성숙한 삶인지, 기독교인의 인성 함양의 지침을 제시하기 위함이다. 이를 위해서 필자는 먼저 '포도원 품꾼 비유'에 대한 다양한 해석들을 검토하고, 포도원 품꾼 비유에 관해 기독교 문화해석학적 해석을 위한 준거로써 마틴 부버의 '나와 너'의 인간관계 모델을 제시한다. 다음으로 기독교 문화해석학적 관점에서 포도원 품꾼에 대한 인간관계 유형을 분석하고 그 특징을 밝히고자 한다. 마지막으로 기독교인의 인성 교양 함양을 위해 왜 끊임없는 쟁기질이 필요한지를 언급하면서 논의를 맺고자 한다.

포도원 품꾼 비유와 다양한 신학적 해석

우리가 관심을 가지고 들여다보고자 하는 성경★8 의 본문은 마태복음 20장 1~16절이다.

1 천국은 마치 품꾼을 얻어 포도원에 들여보내려고 이른 아침에 나간 집 주인과 같으니
2 그가 하루 한 데나리온씩 품꾼들과 약속하여 포도원에 들여보내고
3 또 제삼 시에 나가 보니 장터에 놀고 서 있는 사람들이 또 있는지라
4 그들에게 이르되 너희도 포도원에 들어가라 내가 너희에게 상당하게 주리라 하니 그들이 가고
5 제육 시와 제구 시에 또 나가 그와 같이하고
6 제십일 시에도 나가 보니 서 있는 사람들이 또 있는지라 이르되 너희는 어찌하여 종일토록 놀고 여기 서 있느냐
7 이르되 우리를 품꾼으로 쓰는 이가 없음이나이다 이르되 너희도 포도원에 들어가라 하니라
8 저물매 포도원 주인이 청지기에게 이르되 품꾼들을 불러 나중 온 자로부터 시작하여 먼저 온 자까지 삯을 주라 하니
9 제십일 시에 온 자들이 와서 한 데나리온씩을 받거늘
10 먼저 온 자들이 와서 더 받을 줄 알았더니 그들도 한 데나리온씩 받은지라
11 받은 후 집 주인을 원망하여 이르되
12 나중 온 이 사람들은 한 시간밖에 일하지 아니하였거늘 그들을 종일 수고하며 더위를 견딘 우리와 같게 하였나이다
13 주인이 그중의 한 사람에게 대답하여 이르되 친구여 내가 네게 잘못한 것이 없노라 네가 나와 한 데나리온의 약속을 하지 아니하였느냐
14 네 것이나 가지고 가라 나중 온 이 사람에게 너와 같이 주는 것이 내 뜻이니라
15 내 것을 가지고 내 뜻대로 할 것이 아니냐 내가 선하므로 네가 악하게 보느냐
16 이와 같이 나중 된 자로서 먼저 되고 먼저 된 자로서 나중 되리라. (마태복음 20:1~16)

이 성서의 내용은 통상 '포도원 품꾼 비유'로 알려져 있다. 필자가 이 부분과 관련된 국내 학자들의 선행 연구 성과[★9]를 검토해

본 결과, 양재훈의 연구[10]가 교부들과 중세 신학자들, 그리고 현대 신학자들의 관점을 가장 명료하게 정리하여 제시하고 있으며 연구자 스스로 비유의 문맥적 읽기를 시도하는 등 내용 면에서도 주목할 만한 성과를 거둔 것으로 판단한다.

전통적으로 교부들과 중세 신학자들은 대체로 이 비유를 '구원론의 관점'에서 해석하였다. 최초의 주교였던 이레네우스(Irenaeus, 130~202)[11]는 품꾼들이 부름을 받은 각각의 시각이 창세 이래 각각 다른 시기들을 뜻한다고 보았다. 그는 포도원 주인이신 하나님이 창세로부터 말세에 이르기까지 각 시대의 사람들을 부르시고 자신의 성령을 통해서 각 사람에게 '하나님의 아들을 아는 지식', 즉 '영생'을 주신다고 주장하였다. 이런 맥락에서 이레네우스는 이 포도원 품꾼 비유의 목적은 모든 세대의 사람들에게 자비로우신 하나님의 구원을 설명하는 것에 있다고 이해하였다.[12]

최초의 성서학자이자 알렉산드리아학파를 대표하는 오리겐(Origen Admantius, 185~254)은 포도원 품꾼 비유에 나타나는 각 시대를 구체적으로 설명하였다. 그는 하나님의 구원 역사를 비유에 나오는 다섯 개의 고용 시간에 따라 나누고, 다섯 집단의 품꾼을 아담과 하와, 노아, 아브라함과 부족장들, 모세, 그리고 그리스도의 오심이라는 것으로 분류하였다. 또한, 그는 다섯 개의 고용 시간이 사람의 일생의 다섯 단계로도 볼 수 있다고 보았다. 말하자면 오전 6시는 어린 시절에, 오전 9시는 청소년기에, 낮 12시는 청장년기에, 오후 3시는 장년기에, 그리고 오후 5시는 황혼기에 각각 예수를 믿은 것을 가리킨다고 해석하였다. 오리겐은 포도원 주인이 각각의 품꾼에게 같은 임금을 지불했다는 것은 모든 사람이 하나님으로부터 똑같은 구원의 선물을 받았다는 것을 가리킨다고 보았다. 그러나 눈 여겨볼 것은, 오리겐이 '처음 된 자'와 '나중 된 자'에 대한 비유의 종결부를 "부르심을 받은 자는 많지만 선택된 자는 적다"(마 22:14)라는 구절과 연결하고 있다는 점이다. 따라서 오리겐은 이 비유가 얼마나 오랫동안 그리스도인으로 살았는지 아닌지와는 상관없이 하나님이 똑같이 구원의 은혜를 베풀어 주신다는 것을 말하는 것에 그치지 않고, 더 나아가서 '매우 종말론적인 배경'★13에서 이 비유를 해석하였다.★14

뒤이어 아우구스티누스(Augustinus Hipponensis, 354~430)는 다섯 그룹의 품꾼들은 인류 역사의 다섯 시대의 사람들을 가리키는 것으로 보았다. 첫째는 아벨과 그의 시대를 살았던 의인들, 둘째는 아브라함과 그의 시대를 살았던 의인들, 셋째는 모세와 아론, 넷째는 거룩한 선지자들, 그리고 다섯째는 말세를 사는 모든 그리스도인을 가리킨다고 보았다. 그리고 그들이 각각 받을 품삯은 부활의 축복, 혹은 영생을 가리킨다. 다른 한편으로 아우구스티누스는 품꾼들이 고용된 각각의 시간은 한 사람이 인생의 어느 시기에 그리스도인이 되었는지를 말해주는 것이라고 봄으로써 개인적인 구원의 차원으로 이 비유를 설명하였다.★15

하나님의 구원 관점에서 이 비유를 해석하는 전통은 중세 시대에도 이어지고 있다. 먼저 토마스 아퀴나스(Thomas Aquinas, 1225~1274)는 모든 품꾼이 똑같은 품삯을 받는다는 것은 하나님의 얼굴을 보는 것, 즉 구원을 의미하는 것이라고 보았다. 마틴 루터(Martin Luther 1483~1546)는 오직 하나님의 은혜라는 자신의 신학적 견해에 맞게 이 비유를 파악하였다. 루터는 사람이 구원을 받는 과정에서 인간의 '행위'가 아니라 하나님의 '은혜'로운 전적인 주권을 강조하였으며, 이 비유도 그런 맥락에서 해석하였다. 포도원 주인은 품꾼들에게 자기가 주고 싶은 만큼 품삯을 주었다. 루터에 의하면, 이것은 구원이라는 것이 인간의 성취 업적에 따라 취득하는 것이 아니라 하나님의 주권적인 결정에 따른 선물이며, 따라서 "자신이 남들보다 더 낫다고 자랑하지 못하게 된다"라는 것을 보여주는 것이라고 했다.★[16]

현대 성서학자들은 다양한 방식으로 이 비유를 해석하고 있다. 우선, 이 비유가 '하나님의 자비'를 말하기 위한 것이라고 해석하는 독일의 성서학자 요아킴 예레미아스(Joachim Jeremias, 1900~1979)는 이 비유를 "자비로운 고용주의 비유"★[17]라고 말하면서, 이는 바리새인들에게 하나님이 얼마나 자비로우신 분이신지를 말하고 있다고 주장하였다.★[18] 비슷한 맥락에서 현재 미국 루터 신학교 명예교수 알란드 헐트그렌(Arland J. Hultgren)은 이 비유가 하나님의 통치 방식이 '은혜'라는 것임을 보여준다고 말하였다.★[19] 그는 이 비유를 율법과 복음의 관계로 파악하면서 이 비유가 하나님의 용서와 자비의 은혜를 말하고 있다고 하였다. 우리가 구원받은 것은 우리의 노력 때문이 아니라 순전히 하나님 자신의 은혜에 의한 것이라는 것이다. 하나님은 우리가 사랑할 만해서 우리를 구원하시는 것이 아니라 하나님이 파격적인 방식으로 우리를 사랑하시기 때문이다. 이 복음은 인간의 지혜로 말미암은 것이 아니다.★[20] 또 다른 맥락에서 현재 하버드 대학교 신학과 교수인 피오렌자(Elisabeth Schüssler Fiorenza, 1938~)의 경우, 예수의 비유는 그의 청자들이 하나님의 자비로우신 선하심이 무리 모두 가운데 의인과 죄인, 부자와 가난한 자, 남자와 여자, 바리새인과 예수의 제자 사이에 '동등성'과 '연대성'을 세우신다는 점을 인식하도록 자극한다고 해석한다.★[21] 다시 말해서 이 비유는 하나님 나라가 지향하는 바는 사

회 경제적인 면에서 '평등'을 보여주는 것이라고 해석하고 있다.★22

다음으로 영국의 성서학자 프란스(Richard Thomas France, 1938~2012)는 이 비유를 '하나님의 성품'과 '인간의 성품'을 대조하는 차원에서 해석한다. 인간은 '공정함'이라는 기준을 잣대로 내세우지만, 하나님은 계산하지 않는 '자비'라는 성품을 갖고 계신다는 것이다. 바로 이런 맥락에서 프란스는 이 비유가 인간의 가치관과 대조되는 '자비와 은혜'라는 하나님 나라의 가치관을 보여주는 비유이며, 누가복음 15장에 나오는 탕자의 비유와 유사하다고 주장하였다.★23 이와 달리 현재 미국 포트워스의 텍사스 크리스천 대학교 성서학자 워렌 카터(Warren Carter, 1955~)는 이 비유가 예수의 사역이나 유대인들의 보상에 관한 생각이 아닌 '하나님 나라에서의 삶'에 대한 비유라고 말한다.★24 그는 맨 먼저 온 일꾼들이 생각하는 '무엇이 옳은가?'라는 개념에 대해서 포도원 주인이 '공정함'이 아닌 '선함'으로 그 개념을 새롭게 정립하고 있으며, 그 일꾼들은 그 새로운 개념을 거부한다고 해석하였다.★25

마지막으로 현재 미국 남침례 신학 대학원 명예 교수인 로버트 스타인(R. Stein)은 이 비유가 나중에 온 사람들, 즉 세리나 죄인에게 주어지는 하나님의 자비를 못마땅하게 생각하는 바리새인이나 서기관 등과 같은 '종교적 기득권자들을 비판'하기 위한 비유로 해석한다.★26 그리고 현재 미국 세인트메리 대학교 명예 교수인 도나휴(John R. Donahue)는 투덜대는 품꾼들은 바리새인을 가리키고, 마지막에 와서 은혜를 입은 품꾼들은 하나님 나라로 초대받은 자들이라고 해석한다. 그러면서 도나휴는 선인과 악인에게 햇빛과 비를 골고루 내리시는 하나님(마 5:43-46)을 언급하면서 예수께서 바리새인들을 비판하기 위해서 이 비유를 말씀하신 것이 아니라고 주장한다.★[27] 오히려 그는 이 비유가 '정의'에 대한 인간의 이해와 하나님의 이해가 다르다는 것을 말해준다고 해석한다.★[28]

기독교 문화해석학적 해석을 위한 준거: '나와 너' 관계 모델

지금까지 포도원 품꾼 비유에 관한 다양한 신학적 해석을 검토해 보았다. 필자의 주된 관심사는 이 비유에 대한 기독교 문화해석학의 관점을 제공하는 데 있다. 그 이유는 기독교인이면서 서양 철학을 전공한 연구자의 존재론적 지평 때문이다. 그리고 기독교 문화해석학의 관점에서 이 비유를 다시 읽고자 하는 것은 다양한 신학적 해석이 능력주의 사회에서 기독교인의 인성과 교양 함양을 위한 교육 문제에 대해 직접적이고 실질적인 도움을 주지 못하고 있다는 판단 때문이기도 하다. 그래서 필자는 포도원 품꾼 비유에 대한 기독교 문화해석학의 해석을 위해 그 준거로써 마틴 부버(Martin Buber, 1878~1965)가 말하는 사람살이에서 나타나는 '나-너' 관계 모델을 제안하고자 한다.★[29]

부버는 현대인들이 기계 기술 문명의 발전에 따르는 대중 사회적 상황, 수평화, 평준화의 진행 속에서 아무런 내적 관계도 없이 살아가며, 스스로 사람으로서의 가치와 존엄을 송두리째 잃어가는 인간 소외의 심각한 위기를 간파한 철학자였다. 이 문제를 해소하기 위해서 부버는 1923년 『나와 너』[★30]를 출간하였고, 이 책을 통해서 인간의 자기 상실, 이른바 아톰화의 원인을 인간과 인간 사이의 관계가 훼손되고 단절된 데서 찾았다. 그리고 결코 객체화될 수밖에 없는 주체이자 인격으로서 공존하는 나와 너의 '만남', 나와 너의 '대화'를 통해 이 문제를 극복하고자 하였다. 그래서 부버는 만남의 철학자, 관계의 철학자, 대화의 철학자로 불리게 되었다.

부버는 사람은 세계를 향해서 이중적 태도를 보이게 되고, 이에 따라 세계도 그에게 이중적으로 된다고 말한다. 사람과 세계와의 관계만이 이중적인 것이 아니라 사람과 사람 사이의 관계도 이중적으로 된다는 것이다. 그러니까 '나' 그 자체는 없고, 오직 '나-그것(I-It)'의 관계에서 '나'와 '나-너(I-You)'의 관계에서 '나'만 있을 뿐이다.[★31] 이 말은 사람은 홀로 있는 존재가 아니라 누군가와 더불어 살아가는 존재라는 의미이다. 부버는 이 책에서 인간성을 규정하는 두 개의 근원어를 제시한다. 하나는 '나-그것', 즉 Ich-Es의 관계이고, 다른 하나는 '나-너', 즉 Ich-Du의 관계이다. 그렇다면 이 두 가지 방식의 인간관계는 어떤 특징을 가지고 있으며, 특히 두 가지 인간관계에서 타인을 향한 '나'의 태도는 어떻게 나타나게 되는 것일까?

첫째, 인간관계의 첫 방식은 '나-그것'의 관계이다. 이 관계에서 '나'는 타자/타인을 '그것(It)', 즉 '비인격적 존재'로 간주한다. '나-그것'의 관계는 다른 사람을 하나의 '사물(물건)'과 같이 다루어 자기의 '수단'으로 삼거나, 사람과 사람 사이의 문제를 '조건과 조건', '사물과 사물 사이의 문제' 같은 것으로 간주하게 된다. 이러한 관계는 과학적 관찰, 지식의 획득, 종교적 교리의 설정, 철학적 인식 등 다양한 형태로 나타날 수 있다.★32 그런데 문제는 이러한 '나-그것'의 관계망 속에서 나타나는 생활상의 성과나 문명상의 성과를 우리가 부정할 수 없다는 데 있다. 왜 그런 현상이 일어나는 것일까? 그러니까 '나-너'의 세계와 '나-그것'의 세계는 따로 떨어져 존재하는 별개의 것이 아니라 하나의 세계 전체, 모든 사람, 모든 인간 활동이 이 둘의 상호 관계, 이중적 관계 속에 들어 있기 때문이다. 말하자면 세계는 사람이 취하는 이중의 태도에 따라서 사람에게 이중적으로 된다.★33

부버는 '나-그것'의 인간관계에서 발생하는 특징, 즉 주체인 '나'에게서 '객체적 경험(客體的 經驗)'이 일어나는 것으로 파악하였다. 그렇다면 객체적 경험이란 무엇인가? 여기에서는 철저하게 '나' 중심적이며, 나 이외의 모든 것을 '대상'으로 간주하게 된다. 부버는 '나-그것'의 관계에서 나의 경험은 '대상(對象)'을 통해서 이루어지며, 그것은 시간과 공간의 한계 안에서 관계되어 있다. '나-그것'의 관계에서 나는 '너'에 대하여 '몸'으로 마주 서 있는 것이 아니라 다양한 '내용'으로 둘러 있는 나이다. 그렇기에 이런 '나'에게는 과거가 있을 뿐 현재가 없다. 다시 말해, 사람은 자기가 경험하고 사용하고 있는 사물에 만족하고 있는 한 과거 속에서 사는 것이며, 그 순간은 현재가 없는 순간이다. 그는 대상밖에 가진 것이 없다. 이와 같은 대상의 본질은 있었다고 하는 데 있다.★34 현재는 덧없는 것, 지나가 버리는 것이 아니라 마주 기다리며 마주 지탱하고 있다. 그러나 대상은 지탱이 아니라 정지(停止)이며 중지(中止)이고, 단절(斷絕)이요 경화(硬化)요 고립(孤立)이며, 관계의 결여(缺如)이고 현재의 결여이다.★35 그래서 본질적인 것은 현재 속에서 살아나고, 대상적

인 것은 과거에서 살아난다.★[36]

부버는 일상생활에서의 의식이나 행동, 법이나 정치, 경제 분야를 포함한 대규모의 조직적 활동에 이르기까지 우리의 삶은 '나-너'의 방식보다는 '나-그것'의 방식에 더욱 지배되고 있다고 진단하였고, 이런 현상을 '나-너' 관계, '나-당신'의 관계 회복을 통해 극복하고자 하였다.

둘째, 인간관계의 두 번째 방식은 '나-너'의 관계이다. 이 관계에서 '나'는 타자/타인을 '너(You)', 즉 '인격적 존재'로 간주한다. '나-너'의 관계에서 '나'는 '너'로 인해 비로소 '내'가 된다. '내'가 되면서 '나'는 '너'라고 말한다.★[37] 그래서 모든 참된 삶은 만남을 통해 이루어진다. 특히 '나'는 타자/타인을 대할 때에도 그들을 인격적 존재로 맞이하고 대우하게 된다. 나와 너 사이의 긴밀한 상호 인격 관계에서 우리는 인격으로서의 자신을 깨달을 수 있을 뿐만 아니라 다른 사람을 인격으로써 만나게 된다.

부버는 '나-너'의 인간관계에서 발생하는 특징, 즉 주체인 '나'에게서 '주체적 체험(主體的 體驗)'이 일어나는 것으로 파악하였다. 그렇다면 주체적 체험이란 무엇인가? 여기에서는 철저하게 '너' 중심적이며, 모든 것을 '너'로서, 즉 '인격(人格)'으로 간주한다. '나-너'의 관계는 내가 '나'의 온 존재를 기울여 말할 수 있는 데 비해, '나-그것'의 관계는 '나'의 온 존재를 기울여 말할 수 없다. 나는 너로 인하여 비로소 '나'가 된다. '나'가 되면서 '너'라고 말한다.★[38] 이때 '너'에 대한 '나'의 관계는 '직접적'이다. 왜 그럴까? '나'와 '너' 사이에 장애물이 제거된 상태, 모든 매개물이 무너져 버린 곳에서 일어나는 '만남'이기 때문에 직접적이라는 뜻이다.

그런데 만일 사람 사이의 관계가 '나-그것'과 '나-너'의 관계로 고정된 것이라면, 우리는 결단이든 회심이든 선택을 통해서 우리의 입장을 명확하게 취할 수 있다. 그런데 사람살이의 관계에서는 모든 '너'가 '그것'으로 혹은 '사물'로 변할 수 있다는 것이다. 부버는 이런 현상을 우리의 '운명이 지닌 숭고한 우수(憂愁)'★[39]라고 표현한다. 아무리 배타적으로 '너'가 직접적 관계 속에 현전해 있었다 하더라도 이 직접적 관계의 힘이 다했거나 매개물이 파고 들어오면 그것은 여러 대상 가운데 하나가 되고 만다. 비록 그것이 제아무리 고상한 대상이 된다고 하더라도 역시 여러 대상 가운데 하나에 지나지 않으며, 척도와 한정 가운데 있게 되는 것이다. 부버는 바로 이런 측면에서 사랑도 예외는 아니라고 말한다.

셋째, 인간관계의 세 번째 방식은 '나-당신'의 관계이다. 이 관계에서 '나'는 타자/타인을 '당신(Thou)', 즉 '영원한 존재'로 간주한다. '나-당신'의 관계에서 '나'는 '너' 속에서 '그것'이 아닌 '영원한 당신'을 찾아낸다. 이 세상에 있는 모든 '너'는 그 본질상 '사물'이 되거나, 다시금 '사물성'으로 돌아가게 되어 있다.★[40] 그렇지만 뭇 관계의 연장선은 '영원한 당신' 안에서 서로 만나게 된다. 그래서 모든 낱낱의 '너'는 '영원한 당신'을 들여다보는 틈바구니이다.★[41] 그래서 사람은 근원어 '나-너'가 강하면 강할수록 더욱 인격적으로 된다. 그리고 '나-너'의 근원어가 강하게 되는 것은 그의 '너'가 '영원한 당신'이 될 때 정점에 다다른다.

그렇다면 영원한 당신이란 어떤 존재일까? '영원한 당신'은 여러 가지 이름으로 불려왔지만, 역시 '신(God)'★[42]이라고 부르는 것이 가장 자연스럽다고 부버는 말한다. 우리는 '너'를 '영원한 당신'이라고 부를 때, 또한 그렇게 만나고 대우할 때, 우리의 '나'는 인격적 존재의 가장 깊은 경지에 이르게 되는 것이다.

부버는 '나-당신'의 인간관계에서 발생하는 특징, 즉 주체인 '나'에게서 '사랑'이 생겨난다고 말한다. 그렇다면 '사랑'이란 무엇인가? '나'와 '너'와의 직접적 만남은 진정한 관계 맺음에서 일어나며, 이 관계 맺음은 바로 현재의 사건이다. 그렇기에 '현재'란 단지 생각 속에서 그때그때 지나가는 시간을 고정한 종점으로써 하나의 점이 아니다. 참되고 충만한 현재는 현전(現前), 만남, 관계가 존재하는 한에서만 존재한다. 오직 '너'가 현전하게 됨으로써 현재는 생성되는 것이다.★43 부버는 '나'와 '너'의 관계에서 직접성을 세우는 본질 행위를 감정이 아닌 '사랑'이라고 말한다. 감정은 소유되지만 사랑은 생겨난다. 감정은 사람 안에 깃들지만, 사람은 사랑 안에서 살아간다. 사랑은 '나'에 집착하여 '너'를 단지 '내용'이나 '대상'으로서 소유하는 것이 아니다. 사랑은 나와 너 '사이'에 있다. 이것을 모르는 사람, 곧 그의 존재를 기울여 이것을 깨달은 사람이 아니면 비록 그가 체험하고, 경험하고, 누리고, 표현하는 감정을 사랑에 돌린다고 하여도 그는 사랑을 모른다. '사랑'이란 어떤 우주적인 작용이다.★44 '사랑'이란 한 사람의 '너'에 대한 한 사람의 '나'의 책임(責任)이다. 그러므로 그 어떤 감정에도 있을 수 없는 것, 곧 모든 사랑하는 사람들에게는 한결같음이 있다는 것이다.

정리하자면, 부버는 인간의 세계에는 두 가지 근본적인 질서가 있다고 말한다. 하나는 '나-너'의 근원어에 바탕을 둔 참다운 대화(對話)가 이루어지는 '인격 공동체'라면, 다른 하나는 다른 사람을 자기의 욕망을 충족시키기 위한 수단, 즉 '그것'으로만 바라보는 '나 - 그것'의 근원어에 바탕을 둔 독백(獨白)만이 이루어지는 '집단적 사회'이다.

부버는 현대 문화의 특징은 '나-그것'의 관계를 기반으로 한 '그것의 세계'에 초점이 맞추어져 있고, 현대인의 대부분 생활은 '그것'의 세계에 떨어져 있다고 진단한다. 그러면서 사람살이의 관계에서 '나-너'의 관계가 아닌 '나-그것'의 관계에 지배권을 넘겨준다면, 끊임없이 자라는 '그것의 세계'는 사람 위를 뒤덮고 사람에게서 그의 본연의 '나'를 앗아가 마침내는 그의 머리 위에서 떠도는 악몽과 그의 내부에 있는 유령이 서로 구원받지 못함을 고백하면서 속삭이게 될 것이라고 예견하였다.[★45] 부버는 이상과 같은 논의를 통해서 두 가지 종류의 사람이 있는 것이 아니라 인간성(人間性)에 두 개의 극이 있다고 말한다. 어떠한 사람도 순수한 인격이 아니며, 어떠한 사람도 순수한 개별 존재가 아니다. 완전히 현실적인 사람이란 없으며, 완전히 비현실적인 사람도 없다. 모든 사람은 '이중의 나' 속에 살아가고 있다. 그렇기에 부버는 '나'라는 말은 인류가 가지고 있는 참된 암호(暗號)라고 말한다.

포도원 품꾼 비유에 대한 국내 목회자들의 설교 특징과 한계

예수의 '포도원 품꾼 비유'가 주목받는 것은 두 가지 장면에서다. 포도원 주인이 품꾼들을 고용하는 방식(오전 6시, 오전 9시, 낮 12시, 오후 3시, 오후 5시)과 각 품꾼에게 품삯을 책정(1 데나리온)하고 지급하는 방식(나중에 고용한 품꾼부터)이다. 이 비유는 능력주의 사회를 살아가는 우리의 관점, 즉 일한 만큼 대우받고 능력과 노력에 비례하여 성공하며, 기회의 평등과 과정의 공정, 그리고 결과 정의라고 하는 평범한 시민들의 인식 방식과 가치 기준에서 벗어나 있기 때문이다.

문제는 제일 먼저 오전 6시에 고용된 품꾼들에게서 일어났다. 그들은 포도원 주인이 맨 마지막 오후 5시에 고용하여 1시간만 일한 품꾼들에게 한 데나리온의 품삯을 주는 것을 보고, 자신들은 더 많은 품삯을 받을 줄로 예상하였다. 그런데 포도원 주인은 그들에게 애당초 약속한 한 데나리온만을 지급하였다. 그러자 그들은 곧바로 주인을 원망하면서 능력주의의 관점에서 문제를 제기하였다. 아침 일찍부터 온종일 더위를 견디며 수고한 자신들과 1시간만 일한 품꾼들을 어떻게 동등하게 취급할 수 있느냐 하는 것이었다. 이에 대해 포도원 주인은 내가 너희에게 품삯으로 한 데나리온을 약속했고, 그것을 지급하였으니 내게는 잘못한 것이 없다고 말한다. 그러면서 예수는 포도원 비유 마지막에 이처럼 나중 된 자로서 먼저 되고 먼저 된 자로서 나중 되리라고 말하였다.

필자가 여기에서 관심을 두는 부분은 오전 6시에 고용된 품꾼들이 왜 심경의 변화가 생겨났으며, 주인에 대한 원망과 불만을 표시하게 되었는가 하는 점이다. 언뜻 보기에 능력주의 사회라면 당연히 있을 수 있는 문제 제기이다. 그런데도 한국의 대표적인 목회자들과 기독교인들은 이 문제에 관해 관심을 가지기보다 포도원 주인이 우리를 불러 고용해 주었다는 사실과 한 데나리온의 품삯을 지급해 준 사실에 더 많은 관심을 두고 있다. 그러니까 하나님의 '은혜'와 '구원'의 측면만을 집중적으로 부각하고 있다고 판단한다.

국내 목회자를 대표하는 다음의 설교 사례에서 이를 확인할 수 있다.

사랑의 교회 故 옥한흠 목사는 이 비유에서 포도원 주인은 '예수님'으로, 포도원은 '교회'라고 해석하였다. 그리고 '품삯'은 현세에서 하나님의 자녀가 받는 축복과 은혜이며, 품삯을 주는 시기는 세상 사는 동안 성도들이 하나님 앞에서 헌신하고 충성할 때 하나님이 그때그때 축복하는 시기로 해석하였다. 그러면서 포도원 품꾼 비유의 교훈 세 가지를 말한다.

첫째, 신자는 모두 하나님의 일꾼(포도원)으로 부름을 받았다는 사실이다.(엡 4:14) 둘째, 신앙 경력(시간)은 남보다 앞서는 조건이 결코 아니며, 하나님 앞에서는 무의미하고, 그리스도 앞에서는 지금 뜨거운 신자(초신자)가 더 중요하다는 것이다. 셋째, 먼저 되는 근본적인 요소는 은혜에 깊이 감격하는 마음이다. 그런 측면에서 볼 때, 먼저 된 자는 '구원받는 자'요, 나중 된 자는 '버림받는 자'라는 것이다. 첫 번째 품꾼의 경우는 계약에 근거해 있고 자기 공로(행위) 의식이 강하며 조건적 사고를 하므로 비교와 불평불만을 하게 되었다는 것이다. 이런 경우 구원에서 탈락할 수 있다는 사실을 명심해야 한다고 말한다. 반면에 마지막 품꾼은 11시간 인생을 낭비한 자, 노는 자, 무능한 자, 자격 없는 자였지만, 계약 조건 없이 감사함으로 일한 경우이다. 이 품꾼은 하나님의 은혜에 감격하고, 감사와 뜨거운 심정, 사랑으로 일함으로써 하나님께 인정받는 사람이며, 바로 이런 자가 은혜에 있어서 앞선 자. 즉 먼저 된 자라고 해석하였다.★46

주안 장로 교회 주승중 목사는 '포도원 품꾼 비유'에서 오후 5시형 품꾼들에게 주목한다. 그들은 아무도 써주지 않았고 불러주지 않은 이들이었다. 만약 그들이 빈손으로 집에 돌아갈 경우 오후 5

시는 절망과 좌절의 시간이다. 허탈과 좌절에 있는 그들에게 포도원 주인은 기적 같은 기쁜 소식을 전했고, 품삯도 같이 지급하였다. 이것은 은혜였고 구원의 복음이었다는 것이다.

그렇다면 오후 5시형 인간은 누구일까? 죄인, 세리, 창녀, 시각장애인, 장애인, 말 못 하는 이, 이방인, 가난한 자, 헐벗고 굶주린 자 등을 말한다. 주승종 목사는 이 비유의 교훈은 바로 우리의 구원은 하나님의 전적인 은혜요 선물이라는 사실에 있다고 말한다. 하나님은 그리스도를 믿고 따르는 모든 사람에게 같은 구원의 은혜와 풍성한 은혜를 베풀어 주신다는 것이다. 그러므로 우리의 '행함', '헌신', '희생', '봉사'의 대가가 구원이 결코 아니다. 왜냐하면 "그때 너희는 그리스도 밖에 있었고, 이스라엘 나라 밖의 사람이라. 약속의 언약에 대하여는 외인이요, 세상에서 소망이 없고 하나님도 없는 자"(엡 2:12)였기 때문이다.★47

100주년 기념 교회를 담임했던 이재철 목사는 '포도원 품꾼 비유'에서 그 배경이 되는 먼저 된 자로 나중 되고 나중 된 자로서 먼저 될 자가 많다(마 19:30)는 예수님의 말씀에 초점을 맞춘다. 그러면서 아침 6시형 품꾼은 기술과 능력이 있는 장인, 즉 으뜸이면서 먼저 된 자로 해석하고, 오후 5시형 품꾼은 기술과 능력이 없는 무능력자, 즉 나중 된 자, 미물 같은 존재로 파악하였다. 그런데 아침 6시형 품꾼은 품삯에 불만을 가진 이로써 그들에게는 사람이 안 보이고 돈만 보였다. 타인에 대한 공감과 배려가 없는 상태였다. 바로 그 점에서 그들은 그리스도인으로 살아가는 데는 꼴찌였다. 반면에 오후 5시형 품꾼은 일 시키는 이도 없고, 선택받지도 못한 이들이었다. 그래서 그들은 1/10값만 주어도 감사한 마음으로 일할 수 있었고, 그들이 받은 한 데나리온은 식구들이 먹을 양식이자 생명이었다. 그들은 저런 주인이라면 포도원을 위해 충성하리라는 마음을 가지고 있었다. 그들의 눈에는 주인과 사람이 보였다. 그들은 비록 재주나 기술, 능력은 없었지만, 사람이 보였다. 그런 이유에서 그들은 신앙인으로서는 으뜸이었다. 이재철 목사는 이 비유를 통해 '성숙한 그리스도인'에 대해 말한다. 인간은 두 개의 눈을 가진 존재라는 사실을 자각해야 한다. 목전의 이해관계에만 집중하는 외눈박이가 아니라 사려 깊은 삶이 필요하다. 바울은 다메섹 도상에서 예수를 만나고 시력을 잃은 뒤 아나니아에게서 안수받고 눈에서 비늘이 벗겨지고 다시금 볼 수 있었다. 그때 바울은 비로소 두 개의 눈을 가지게 되었다. 이처럼 외눈박이는 믿음이 작은 자를 가리키고, 두 개의 눈을 가진 이는 믿음이 큰 자를 말한다.★48

기독교 문화해석학의 관점에서 포도원 품꾼의 인간관계 유형 분석

이제부터는 오전 6시에 고용된 품꾼들이 왜 심경의 변화가 생겨났으며, 주인에 대한 원망과 불만을 표시하게 되었는가 하는 점에 대해 살펴보고자 한다. 그에 앞서 우선 기독교 문화해석학의 관점에서 포도원 품꾼의 인간관계 유형을 분류하고 그 특징을 살펴보면 다음과 같다.

포도원 품꾼에 대한 인간관계 유형 분석과 특징

	인간관계 모델	품꾼의 유형	품꾼의 특징
1	'나-그것'의 관계	• 오전 6시형 품꾼	• 근면/성실한 능력자(1등 인생) • 타인을 '그것', '물건'으로 간주 • 타인을 '수단'으로 이용 • 타인을 '비인격적 존재'로 간주 • 대인관계를 '조건과 조건'으로 파악 • 욕구/욕망의 존재, '돈'을 향함 • 비교/불평/불만/원망의 소유자 • '대화'보다 '독백'하는 존재
2	'나-너'의 관계	• 오전 9시형 품꾼 • 낮 12시형 품꾼 • 오후 3시형 품꾼	• 무능력자, 미물 같은 존재(2등 인생) • 재주/기술이 없음 • 헌신/희생/봉사 강조, '사람'을 향함 • 타인을 '너', '인격적 존재'로 간주 • 타인을 '생명', '인격체'로 간주 • 공감/배려의 존재, '사람'을 향함 • 만족/자족/이해/감사의 소유자 • '독백'보다 '대화'하는 존재
3	'나-당신'의 관계	• 오후 5시형 품꾼	• 완전 무능력자(3등 인생) • 죄인, 세리, 창녀, 시각 장애인, 장애인, 이방인, 말 못 하는 이, 가난한 자, 굶주린 자 • 타인을 '당신', '영원한 당신'으로 간주 • 타인을 향한 무한 감사 • 감사/사랑의 존재, '사람'을 향함 • 만족/이해/감사/행복의 소유자 • '독백'보다 '대화'하는 존재

오전 6시형 품꾼부터 오후 5시형 품꾼에 이르기까지 포도원 주인의 부름을 받아 그들은 포도원에서 일하게 되었고, 그들은 주인이 약속한 한 데나리온씩을 똑같이 받게 되었다. 처음에는 모든 품꾼이 주인에게 자신들을 불러 고용해 준 것에 감사했을 것이다. 그런데 머지않아 일부 품꾼들에게서 감사는 원망으로 바뀌게 되고,

품꾼들 스스로 서로를 비교의 대상으로 삼게 되었다. 그로 인해 의심과 불신, 갈등과 오해가 증폭되었다. 그렇다면 이런 태도 변화는 왜 일어난 것이며, 어떻게 해야 품꾼의 제 모습 찾기가 가능한 것일까? 품꾼의 품꾼다움, 달리 말해서 기독교인의 자아 정체성은 어떻게 해야 확립되는 것일까?

맺는말: 왜 끊임없이 쟁기질해야 하는가?

원래 '문화'를 뜻하는 독일어 'Kultur'라는 말은 라틴어 동사 'colere(쟁기질하다, 경작하다, 양육하다)'에서 파생되었고, 명사 'cultura'가 독일어화 된 것이다.★49 라틴 세계에서 cultura는 농경 문화를 넘어서 개인들의 인격적 문화, 혹은 역사 시기들의 문화와 관련해서 사용되었다. 이후 키케로가 사용한 'cultura animi(영혼의 경작)'라는 관용어는 그리스어 'paideia(교육)'에 조응하고, 이후 중세 시기의 'cultura mentis(마음의 경작)'와 연결되는데, 그 말은 인간의 '양육(養育)'과 '교양(敎養)'을 가리킨다.★50 그러니까 자연 대상인 논과 밭을 '갈아엎는', '쟁기질하다'의 뜻으로 사용되었던 'cultura'가 이제 사람에게도 적용되어 우리의 '마음의 밭'에 쟁기질하는 것을 의미하게 된 것이다. 이런 점에서 서양에서의 '문화인'은 '교양인', '성숙인', '품격인'과 같은 맥락이 되었다. 그러면 우리는 왜 마음의 밭을 갈아엎어야 하는가?

칸트(Immanuel Kant, 1724~1804)는 「세계 시민적 관점에서 본 보편사의 이념」(1784)에서 문화의 기원에서 나타나는 선악의 문제를 인간이 지닌 '반사회적 사회성(ungesellige Geselligkeit)'과 연관 지어 설명하였다. 그렇다면 반사회적 사회성이란 무엇인가? 인간은 한편으로는 끊임없이 사회를 파괴하고 자신을 사회로부터 고립시키고자 하는 성향(반사회성)을 가지고 있다. 동시에 다른 한편으로는 타인과 더불어 사회를 이루어 살고자 하는 성향(사회성)도 있다. 칸트는 인간에게 끊임없는 경쟁심, 투쟁심, 명예욕, 지배욕, 소유욕을 만족시키고자 하는 욕구나 욕망(이른바 반사회성)이 없었다면 문화 발전은 불가능했다고 말한다.[★51] 문화 발전은 인간의 자기 보존 욕망과 밀접한 관계에 놓여있음을 알 수 있다.

칸트는 인간의 문화가 반사회성, 그러니까 문화 발전의 원동력인 인간의 경쟁심, 투쟁심, 소유욕, 명예욕, 지배욕에 의존하게 될 경우, 인간의 문화 미래는 학문과 예술, 법 질서와 도덕 체계를 갖춘 '문명화된 상황'을 맞이할 수도 있을 것이라고 예상하였다. 그런데 우리가 문화를 논의하면서 칸트를 높게 평가하고 중요하게 다루는 이유는, 문화의 최종 종착점은 '문명화'를 향하기보다는 오히려 '도덕화(Moralisierung)'를 겨냥해야 한다고 주장한 부분 때문이다. 이런 맥락에서 칸트는 『교육론』(1803)을 통해 인간 심성의 도덕적 훈련의 중요성을 특히 강조하였다.[★52]

칸트에 따르면 인간의 '반사회성'에 근거한 문화 현상들 속에는 악(惡)의 요소가 많이 들어있고, 반대로 인간의 '사회성'에 근거한 문화 현상들 속에는 선(善)의 요소가 많이 들어있다고 한다. 그런 측면에서 '문화인', '성숙인'이란 자신의 마음의 밭을 끊임없이 쟁기질하여 '반사회성'을 '사회성'으로 회복한 사람이라고 말할 수 있다. 나, 우리, 인간이라는 존재 속에는 '반사회성'과 '사회성'이 동시에 들어 있다. 또한, 이 두 가지 속성은 확연하게 구분되어 존재하는 것이 아니라 마치 태극의 무늬처럼 서로 꼬리를 물고 있는 형상이다. 일상의 삶 속에서, 신앙생활 속에서, 인간관계 속에서 반사회성과 사회성 가운데 어떤 측면이 나타나느냐의 문제는 결국 우리의 마음 밭의 쟁기질을 통해 결정될 뿐이다.

필자는 포도원 품꾼의 품꾼다움, 이른바 기독교인의 자기 정체성 확립은 '끊임없는 쟁기질(colere)'에 달려 있다고 확신한다. 그렇다면 왜 쟁기질해야 하는가? 무엇을 쟁기질해야 하는가? 품꾼이든 기독교인이든 일반 시민이든 어쨌든 모든 인간은 자신의 마음 밭을 쟁기질해야 한다. 그래야만 부버식으로 표현해서 '나-그것'의 관계를 '나-너'의 관계로, 혹은 '나-당신'의 관계로 탈바꿈시킬 수 있기 때문이다. 칸트식으로 말하면 반사회성을 사회성으로 회복할 수 있는 것이다. 만일 우리가 자신의 마음 밭 쟁기질을 게을리하거나 중단한다면 '나-너'의 관계, '나-당신'의 관계도 언제든 즉각 다시 '나-그것'의 관계로 되돌아가게 된다. 어떤 측면에서 우리는 모두 오후 5시형 품꾼에 해당할지도 모른다. 그런 우리가 오전 6시형 품꾼으로 변하는 것은 한순간이다. 끊임없는 마음 밭의 쟁기질이 필요한 이유다. 이것이 기독교인의 인성과 교양 함양의 지름길이라고 확신한다.

1. 이 글은 신웅철, 「능력주의 사회에서 기독교인의 인성과 교양 함양을 위한 교육」, 『인간과 자연』 5권1호, 한국인간과자연학회, 2024. 11~37쪽에 게재되어 있으며, 이를 수정 보완하였음을 밝혀둠.
2. Michael Young, *The Rise of the Meritocracy, 1870~2033: An Essay on Education and Equality*, London, Thames and Hudson, 1958. (번역서로 『능력주의』(유강은 역), 이매진, 2020.)
3. 에이드리언 울드리지, 『능력주의의 두 얼굴』(이정민 역), 상상스퀘어, 2022. 6.
4. 능력주의에 대한 국내 연구자들의 연구는 주로 2020년을 정점으로 다양한 논의들이 봇물이 터지듯 하는 형편이다. 박권일 외, 『능력주의와 불평등』, 교육공동체 벗, 2020. 장은주, 『공정의 배신:능력주의에 갇힌 한국의 공정』, 피어나, 2021. 서정혁, 『공정하다는 착각의 자유, 원래는 능력의 폭정』, 커뮤니케이션북스, 2022. 하승우, 『신분 피라미드 사회: 능력주의가 낳은 괴물』, 이상북스, 2020. 장석준, 『능력주의, 가장 한국적인 계급지도』, 갈라파고스, 2022. 김동춘, 『시험 능력주의: 한국형 능력주의는 어떻게 불평등을 강화하는가』, 창비, 2022. 박권일, 『한국의 능력주의』, 이데아, 2021.
5. 능력주의는 다수의 지속적인 계층 하락을 담보로 극소수가 신분 상승을 이룬다. 지배층은 노동자 계층 내 최고의 인재를 마음대로 발탁해 입지를 공고히 다지지만, 노동자 계층은 타고난 지도자를 빼앗기는 만큼 갈수록 취약해질 수밖에 없다. 심리적 관점에서 능력주의는 승자와 패자 모두 황폐하게 만든다. 지배자는 운 좋게 좋은 집안에 태어나서가 아니라 오직 능력이 뛰어나 현재의 지위를 달성했다는 '오만'에 빠지고, 하위 계층은 결국 자신이 못나 실패한 것이라고 자책하기 때문이다. 에이드리언 울드리지(2022), 같은 책, 418쪽
6. 능력주의에서 시험은 횡포처럼 보일 수 있다. 인지적 엘리트들은 참을 수 없을 정도로 우쭐거린다. 능력주의가 늘 상향 이동 기회를 제공하는 능력에 자부심이 있지만 지난 40년간 진입 장벽은 더 높아졌다. 결과적으로 대부분의 세계에서 불평등은 심화되어 고착화되었다. 에이드리언 울드리지(2022), 같은 책, 542쪽
7. 예컨대 미국의 투자 은행 골드만 삭스(Goldman Sachs)는 지구상 최고의 엘리트가 모인 직장 사회임을 자처하고, 하버드 대학교(Harvard University)도 자칭 세계에서 가장 야심 찬 학자들의 안식처다. 예일 대학교 로스쿨 원장도 졸업생들을 지구상 가장 탁월한 법대 졸업생이라고 치켜세운다. 자아가 어지간히 강하지 않으면 이 모든 찬사 속에서 자아도취에 빠진 속물이 되고 만다. 결국, 능력주의는 '거만함'의 문제를 불러오게 된다. 에이드리언 울드리지(2022), 같은 책, 496쪽
8. 『성경전서』(개역 개정판), 대한성서공회, 2001.

9. '포도원 품꾼' 비유에 관한 국내 연구자들의 대표적인 연구로는 다음의 자료를 참조 바람. 이혁배, 「포도원 일꾼의 비유와 청년 수당제도」, 『기독교 사상』 690호, 대한기독교서회, 2016. 박경미, 『마몬의 시대, 생명의 논리』, 녹색평론사, 2010. 김학철, 「정의롭고 선한 포도원 주인의 비유: 정의와 호혜의 관점에서 마태복음 20장 1-16절 읽기」, 『신약논단』 23권 제4호, 한국신약학회, 2016. 이지성, 「능력주의 사회에 대한 기독교 사회윤리학적 제언」, 『기독교사회윤리』 54, 한국기독교사회윤리학회, 2022. 오덕호, 『값진 진주를 찾아서』, 한국성서학연구소, 2002. 나요섭, 「포도원 농군 비유의 전승과 의미에 관한 고찰」, 『신학과 목회』 12호, 영남신학대학교, 1998. 김선정, 「포도원 주인의 두 가지 길-마태복음 20:1-16에 대한 사회학적 해석」, 『신약논단』 13권 4호, 한국신약학회, 2006. 김판임, 「포도원 주인의 비유를 통해서 본 경제 정의에 대한 예수의 이해」, 『신학사상』 154호. 한신대학교 신학사상연구소, 2011. 김판임, 「예수의 비유를 통해서 본 하나님의 정의」, 『신학사상』 162호, 한신대학교 신학사상연구소, 2013.
10. 양재훈, 「그들은 왜 투덜거렸는가?-하나님 나라의 가치관으로 다시 읽는 포도원 품꾼 비유(마 20:1-16)」, 『신약논단』 23권 제2호, 한국신약학회, 2016. 필자의 글에서 전통적인 신학적 해석 부분에서는 양재훈의 연구를 참조하여 발췌 인용하였음을 밝혀 둠.
11. 이레네우스가 어떤 인물이었는지, 그의 신학 사상의 핵심은 무엇인지에 대해서는 유정우, 『이레네우스의 신학의 이해』 참조 바람.
https://blog.naver.com/davidycho/222283979280(최종 접속일: 2024.05.06.)
12. 양재훈(2016), 같은 글, 298쪽
13. Ronald E. Heine, *Origen: Scholaship in the Service of the Church* (NY: Oxford University Press, 2010.)
14. 양재훈(2016), 같은 글, 299쪽
15. 양재훈(2016), 같은 글, 300쪽
16. M. Luther, "Sermon for Septuagesima Sunday: Matthew 20:1-16," in J. Nicholas Lenker (ed.), *The Complete Sermons of Martin Luther*, volme Ⅱ(Grand Rapids, MI: Baker Book House, 2000.) 85~90쪽. 양재훈(2016), 같은 글, 300쪽
17. 예레미아스, 『예수의 비유』(허혁 역), 분도출판사, 1982. 131쪽
18. 예레미아스(1982), 같은 책, 134쪽. 양재훈(2016), 같은 글, 301쪽
19. Arland J. Hultgreen, *The Parables of Jesus: A Commentary* (Grand Rapids: Eerdmans, 2000.) 35쪽
20. Arland J. Hultgreen(2000), 같은 책, 43쪽. 양재훈(2016), 같은 글, 301쪽
21. E. S. Fiorenza, *In memory of Her. A Feminist Theological Reconstruction of Christian Origins*, New York: Crossroad, 1983. 132쪽

22. 김판임, 「예수의 비유를 통해서 본 하나님의 정의」, 『신학사상』 162호, 한신대학교 신학사상연구소, 2013. 55쪽. 포도원 주인의 비유를 '경제 정의'의 측면에서 접근한 연구로는 김학철, 「정의롭고 선한 포도원 주인의 비유: 정의와 호혜의 관점에서 마태복음 20장 1-16절 읽기」, 『신약논단』 23권 제4호, 한국신약학회, 2016. 참조
23. R.T. France, *The Gospel of Matthew* (Grand Rapids: Eerdmans, 2007.) 747~752쪽
24. W. Carter, *Households and Discipleship* (JSNTSup 103: Sheffield: Sheffield Academic Press, 1994.) 146~149쪽. 오덕호는 이 비유에 대해 '자기의 은혜'와 '남의 은혜'를 비교하지 말라는 메시지를 전하고 있다고 해석한다. 오덕호, 『값진 진주를 찾아서』, 한국성서학연구소, 2002. 317쪽
25. W. Carter(1994), 같은 책, 157쪽. 양재훈(2016), 같은 글, 302쪽
26. 로버트 스타인, 『예수의 비유』(명종남 역), 새순출판사, 1990. 229~230쪽
27. John R. S. J. Donahue, *The Gospel in Parable* (MN: Fortres Prress, 1990), 83쪽. (번역서로 『어떻게 비유를 해석할 것인가?』(박노식 역), 강남대학교 출판부, 2007.
28. John R. S. J. Donahue(1990), 같은 책, 84~85쪽. 양재훈(2016), 같은 글, 304쪽
29. 마틴 부버의 '나와 너' 관계 모델에 관한 필자의 선행 연구는 다음의 자료를 참조 바람. 신응철, 「두 문화-문화과학과 자연과학 그리고 인간: 카시러와 부버의 논의를 중심으로」, 『탈경계인문학』 8권 2호, 이화인문학연구원, 2015. 41~66쪽. 신응철, 「문화의 비극-부버와 짐멜의 견해를 중심으로」, 『동서철학연구』 59호, 한국동서철학회, 2011(a). 59~117쪽. 신응철, 「부버, 틸리히, 가다머: 부버의 <나와 너> 철학에 대한 틸리히와 가다머의 해석을 중심으로」, 『해석학연구』 27권, 한국해석학회, 2011(b). 229~257쪽. 3절의 내용은 필자의 선행 연구 자료를 요약 정리하였음을 미리 밝혀둠
30. Martin Buber, *Ich und Du*, in *Die Schriften über das dialogische Prinzip*, Verlag Lambert Schneider, Heidelberg, 1923. 영어본은 *I and Thou*, ed by Walter Kaufmann, 1970. 번역서로『나와 너』(표재명 역), 문예출판사, 1977.
31. 마틴 부버(1977), 같은 책, 8쪽
32. 마틴 부버(1977), 같은 책, 7쪽
33. 마틴 부버(1977), 같은 책, 5쪽
34. 마틴 부버(1977), 같은 책, 18쪽
35. 마틴 부버(1977), 같은 책, 19쪽
36. 마틴 부버(1977), 같은 책, 19쪽
37. 마틴 부버(1977), 같은 책, 17쪽
38. 마틴 부버(1977), 같은 책, 17쪽
39. 마틴 부버(1977), 같은 책, 24쪽
40. 마틴 부버(1977), 같은 책, 25쪽

41. 마틴 부버(1977), 같은 책, 97쪽
42. 마틴 부버(1977), 같은 책, 98쪽
43. 마틴 부버(1977), 같은 책, 18쪽
44. 마틴 부버(1977), 같은 책, 21쪽
45. 마틴 부버(1977), 같은 책, 61쪽
46. 故 옥한흠 목사의 '포도원 품꾼 비유'에 대한 관점과 설교 영상은 다음의 자료를 참조 바람. https://www.youtube.com/watch?v=TAzsiP-UWnQ&t=18s (최종 접속일: 2024. 5. 9.)
47. 주승중 목사의 '포도원 품꾼 비유'에 대한 관점과 설교 영상은 다음의 자료를 참조 바람. https://www.youtube.com/watch?v=TGrWtriuXFo (최종 접속일: 2024. 5. 9.)
48. 이재철 목사의 '포도원 품꾼 비유'에 대한 관점과 설교 영상은 다음의 자료를 참조 바람. https://www.youtube.com/watch?v=-vGwvM2TJHs (최종 접속일: 2024. 5. 9.)
49. Hartmut Böhme · Peter Matussek · Lothar Müller, *Orientierung Kulturwissenschaft*, Rowohlt Taschenbuch Verlag GmbH, Reinbek bei Hamburg, 2000. [손동현 · 이상엽 역(2004), 『문화학이란 무엇인가』, 성균관대 출판부, 149쪽]
50. Hartmut Böhme · Peter Matussek · Lothar Müller, 『문화학이란 무엇인가』, 150쪽
51. 임마누엘 칸트, 『칸트의 역사철학』(이한구 편역), 서광사, 1993. 29쪽
52. 임마누엘 칸트(1993), 같은 책, 37쪽

현대 문화해석학

11

김정의 시집 『보이지 않는 끈』 읽기★1

들어가는 말: 기독교 문화해석학으로 시(詩) 읽기

시인 金貞義(1937~현재)는 이리 여고와 전북대 영문과를 졸업하고 익산에서 중등 영어 교사를 하였다. 1992년 창작 수필에서 수필로 등단하고, 수필집 『햇빛 노래하는 풀꽃』(2004)★2 , 『노을빛에 익어가는 열매』(2017)★3 를 단독 출간하였다. 그밖에도 『꿈꾸는 역마살』(1995)★4 , 『내가 지나가는 소리』(1998)★5 의 공저를 출간하였다. 또한, 2019년에 문학시대에서 詩로 등단하였으며, 이후 『보이지 않는 끈』(2021)★6 과 『노을꽃』(2024)★7 두 권의 시집을 단독으로 출간하였다. 그동안 시인 金貞義는 창작 수필 문학상, 관악문학상, 인헌 강감찬 백일장 우수상을 받았으며, 현재 한국문인협회, 창작수필문인회, 관악문인협회, 수수문학회에서 활발하게 활동하고 있다.

또한, 시인 金貞義는 서울시 관악구 국회단지길에 소재한 대한예수교 장로회(통합) 경천교회 권사로서 기독교 신앙인의 모범적 삶을 살고 있다. 시인의 두 권의 시집 『보이지 않는 끈』(2021)과 『노을꽃』(2024)에는 체화된 기독교 신앙의 고백이 시인 특유의 시어(詩語)로 표현되어 물들고 흘러내리고 있다. 첫 시집 『보이지 않는 끈』 발문에서 시인은 어느 사이 석양, 지나온 길 돌아보니 자국마다 은총이었음에 깊이 머리 숙인다. 목마른 세월의 고비마다 주춤거릴

때 밀어주고, 어렵고 힘들 때 잡아주고 살펴주신 보이지 않는 사랑의 끈끈한 끈으로 하여, 여기까지 무사히 이를 수 있었음에 더욱 감사하다. 때마다 감사해서, 그리워서, 가슴 뭉클한 감동으로 쓰지 않을 수 없었다고 소회를 밝히고 있다.

필자는 이 글에서 시인 金貞義의 첫 시집 『보이지 않는 끈』(2021)에 수록된 여러 詩에 대해 기독교 문화해석학의 관점에서 분석하고 그 의미를 찾아보고자 한다. 특히 '인간과 하나님의 관계', '자아와 타자 인식', '자연과 세계 인식'의 측면에서 그녀의 詩 세계와 특징을 분석하도록 한다. 이러한 논의를 통해 金貞義 詩 세계의 구성과 특징을 드러내 보도록 한다. 이러한 일련의 논의는 金貞義의 詩를 새롭게 이해하고 감상할 수 있는 계기를 제공할 것으로 판단한다.

시(詩) 비평과 기독교 문화해석학의 관점

여기에서는 필자가 제시하는 문화해석학과 기독교 문화해석학이 어떤 학문적 성격을 가졌는지, 이러한 학문 분과가 시(詩) 비평에 어떤 유의미한 유익을 제공할 수 있을지에 대해 예비적으로 살펴보고자 한다.

먼저 문화해석학의 주요 관심 분야는 어떤 것일까? 우선 문화해석학(文化解釋學, hermeneutics of culture)은 문화 현상에 담긴 의미를 해석하고 이해하는 것이 주된 관심사다. 이를 보다 구체적으로 말하면 다음과 같은 주제들이 중심적인 관심 대상이 된다.

첫째, 문화의 의미와 상징 해석이다. 인간이 만든 상징, 신화, 의례, 예술, 언어, 일상 행위 등 문화적 표현에 담긴 심층적 의미를 해석한다. 이 과정에서 문화는 단순한 행동의 집합이 아니라 의미가 축적되고 구성되는 담론 체계로 이해된다. 둘째, 해석 주체와 문화 간의 관계이다. 해석자는 특정한 역사적, 사회적, 언어적 배경을 가진 존재이기 때문에 문화 해석이 객관적일 수 있는가 하는 문제를 다루게 된다. 따라서 자기반성과 상대주의적 관점이 중요하게 다루어지게 된다. 셋째, 문화 간 이해와 소통이다. 서로 다른 문화권 간의 오해, 편견, 왜곡을 어떻게 극복할 수 있는지에 대해 관심을 가진다. 여기에서는 상호문화주의(interculturalism), 다문화주의(multiculturalism) 등의 이론적 토대가 포함된다. 넷째, 역사적 맥락 속에서의 문화 읽기이다. 특정 문화나 관습, 예술 작품 등이 어떤 역사적 맥락에서 생성되고 수용되었는지를 분석하게 된다. 이는 곧 문화의 역사성을 강조하는 해석 방식이기도 하다. 다섯째, 텍스트로서의 문화이다. 문화는 텍스트처럼 읽히고 해석될 수 있다는 관점에서 기호학, 문학 비평, 담론 분석 등의 방법론을 차용하게 된다. 이때 '텍스트'는 반드시 글이 아니라, 예컨대 한류 드라마, 광고, 음식, 패션 등도 포함될 수 있다. 요약하자면, 문화해석학은 인간의 삶 속에 깊이 스며든 문화 현상들을 '이해'하고 '의미를 밝히려는 시도'라고 할 수 있다. 이로써 문화의 다양성과 복잡성을 존중하고, 서로 다른 문화 간의 소통 가능성을 탐구하게 된다.

그렇다면 기독교 문화해석학은 어떤 특징을 가지고 있는가? 기독교 문화해석학(Christian hermeneutics of culture)은 일반적인 문화해석학의 틀을 유지하면서도, 기독교 신앙과 세계관을 바탕으로 문화 현상을 해석하고 비평하는 데 초점을 두고 있다. 이는 단순히 기독교 문화를 연구하는 것이 아니라 기독교적 관점에서 '문화 전체'를 이해하고 해석하는 작업이다. 여기에는 다음과 같은 특징이 있다.

첫째, 성경 중심의 해석 관점이다. 성경의 세계관과 가치를 기준으로 삼아 문화를 평가하고 해석한다. 문화의 다양한 표현들(예술, 영화, 윤리, 제도 등)을 성경의 진리, 하나님의 창조 목적, 구속 역사 속에서 이해하려고 한다. 예컨대 어떤 영화가 인간 본성, 죄, 구원, 소망 등을 어떻게 다루고 있는지를 성경적 틀 안에서 분석하려는 입장을 가리킨다. 둘째, 창조, 타락, 구속, 완성이라는 거대 내러티브이다. 기독교 문화해석학은 세계와 인간의 역사를 네 가지 핵심 흐름으로 파악한다. ① 창조: 하나님이 세상을 선하게 창조하셨다. ② 타락: 인간의 죄로 인해 문화도 왜곡되었다. ③ 구속(救贖): 예수 그리스도를 통한 구원은 문화 회복의 가능성을 제시한다. ④ 완성: 궁극적인 하나님의 나라 완성이라는 이상을 가지고 문화에 접근한다. 이 틀을 통해, 문화를 긍정도 부정도 아닌 '비판적 수용'의 자세로 접근하는 것이다. 셋째, 문화에 대한 이중적 태도, 즉 창조 질서와 타락한 세계의 대조이다. 문화는 하나님의 창조 질서 안에 있지만, 인간의 죄로 인해 왜곡되었다는 이중적 인식이 있다. 따라서 기독교인은 문화를 무조건 수용하거나 거부하는 것이 아니라 분별하고 변혁하려는 태도를 보여야 한다는 강조가 있다. 넷째, 선교적/변혁적 문화 참여이다. 문화 해석은 단순한 이해에서 그치지 않고, 문화 속에서 복음을 드러내고, 문화 자체를 변화시키려는 실천적 목적을 지닌다. 이는 예술, 정치, 경제, 교육 등 모든 문화 영역에서 하나님의 통치를 증언하는 방식으로 나타난다. 다섯째, 그리스도 중심의 해석학이다. 문화 속에서 그리스도의 흔적, 구속 이야기, 초월에 대한 갈망 등을 찾아내는 시도를 한다. 특히 문학, 영화, 음악 등에서 구원의 은유나 인간 존재의 갈망을 기독론적 해석으로 풀어내는 것이 중요한 특징이다.

요약하자면, 일반 문화해석학과 기독교 문화해석학은 다음과 같이 구분할 수 있다. 기독교 문화해석학은 단순히 '기독교 문화'를 분석하는 것이 아니라 모든 문화 현상을 복음의 빛 아래에서 비판적으로 읽고, 창조적으로 응답하려는 시도라고 볼 수 있다.

일반 문화해석학	기독교 문화해석학
문화의 의미 탐색	문화에 대한 신앙적 해석
상대주의적 해석 가능성	성경적 절대 진리 기준
인간 중심 해석	하나님 중심 해석
이해 → 설명	이해 → 실천(선교와 변혁)

기독교 문화해석학의 관점에서 詩를 분석하거나 비평할 때, 우리가 얻을 수 있는 유익한 점은 무엇인가? 기독교 문화해석학의 관점에서 詩를 분석하거나 비평하는 것은 단순히 문학 작품을 이해하는 수준을 넘어 詩를 통해 인간의 영혼, 존재, 그리고 하나님과의 관계를 더 깊이 성찰하게 하는 유익을 줄 수 있다.

첫째, 인간 존재와 영적 갈망에 대한 통찰이다. 詩는 자주 인간의 고통, 기쁨, 외로움, 죽음, 사랑, 소망 같은 주제를 다룬다. 기독교 문화해석학은 이 속에서 하나님을 향한 근원적 갈망, 즉 구속과 초월을 향한 내면의 울림을 포착할 수 있다. 예를 들어 T.S. 엘리엇의

「황무지」는 인간의 영적 황폐함과 동시에 은총을 갈망하는 마음을 드러내고 있다. 둘째, 하나님의 형상(Imago Dei)으로서의 창조성 인식이다. 詩는 창의적 언어의 극치이다. 기독교 문화해석학은 시인과 그의 작품 속에서 하나님의 형상대로 지어진 인간의 창조성과 상상력을 발견하게 된다. 하나님이 '말씀'으로 세상을 창조하셨듯 시인도 '언어'로 새로운 세계를 창조하기 때문이다. 셋째, 비판적 분별력 함양이다. 기독교적 관점은 詩 속에 담긴 가치관, 세계관, 인간관을 성경의 빛 아래서 분석하게 한다. 어떤 詩가 인간을 절대화하거나 허무주의적 경향을 보일 경우, 이를 비판적으로 분별하며 더 깊이 있는 성찰로 나아가게 된다. 넷째, 은유와 상징을 통한 신앙 성찰이다. 詩는 자주 은유, 상징, 이미지를 통해 진리를 우회적으로 드러낸다. 이는 성경 자체가 사용하는 표현 방식과도 닮아 있어 신앙적 직관과 감수성을 기르는 훈련의 장이 되기도 한다. 다섯째, 공감과 선교적 소통의 통로이다. 詩는 인간의 감정과 보편적 경험을 공유하는 매개체가 될 수 있어 기독교 진리를 강요 없이 전달하고 공감대를 형성하는 선교적 도구가 되기도 한다. 여섯째, 말씀과 삶을 연결하는 묵상의 도구이다. 詩는 하나님의 말씀을 묵상하거나 삶 속에서 그 의미를 되새기는 도구로 활용될 수 있다. 詩의 응축된 언어는 영적 훈련과 예배 속에서도 깊이 있게 작용할 수 있다.

요약하자면, 기독교 문화해석학으로 시(詩)를 볼 때 얻는 유익을 다음과 같이 정리할 수 있다. 존재론적 측면에서 인간의 영혼과 하나님을 향한 갈망을 발견할 수 있으며, 신학적 측면에서는 시(詩) 속 창조성과 은혜의 흔적을 이해할 수 있다. 그리고 윤리적 측면에서는 가치관과 세계관에 대한 분별력을 향상시킬 수 있으며, 실천적 측면에서는 선교적 소통과 예배적 묵상에 활용할 수 있게 된다.

결론적으로, 기독교 문화해석학은 시(詩)를 '단지 아름다운 언어 예술'로 보지 않고 인간과 하나님, 창조와 타락, 구속과 소망이라는 복음적 내러티브 안에서 새롭게 읽고, 듣고, 응답하는 방식을 제공하게 된다. 시(詩)를 통해 하나님의 진리를 깊이 묵상하고 세상과 더 풍성하게 대화할 수 있는 길이 열리게 되는 것이다.

金貞義 시(詩)의 세계와 그 특징

시인 노유섭은 金貞義 詩集『보이지 않는 끈』말미 작품 해설[★8]에서 ① 생명 공동체, 그 조화로운 세상 꿈꾸기, ② 진솔한 어휘의 시적 변주, ③ 체화된 기독 사상의 발현, ④ 고향과 가족 그리고 어머니라는 틀로써 金貞義 詩를 해설한 바 있다. 필자는 이를 참조하되, 앞서 밝혔듯이 기독교 문화해석학의 관점을 바탕으로 ① '인간과 하나님의 관계', ② '자아와 타자 인식', ③ '자연과 세계 인식'의 측면에서 다시 그녀의 詩 세계를 들여다보고자 한다.

2 인간과 하나님의 관계

나목[★9]

훌렁 벗으면 하늘이 잘 보일까

꽃을 쏟아 내고
초록을 털어내고
오색 옷 죄다 벗어 던지고
매섭게 후려치는 칼바람 속
구도자처럼 고고(孤苦)히 서서
해 아래 모든 것들
마음 빈자(貧者)되라 이르시는가.

지나간 한 시절
꽃그늘 초록 구름에 숨어
붉은 정염에 타올랐던 몸
속내 들킨 아담처럼
'너, 어디 있느냐?'
우렁찬 그 호령 듣고 있는가.

이젠 메마른 벌거숭이로
야멸차게 초라해진 그대
안 깊숙이 수액 퍼 올리며
거듭난 새 생명의 내일을
아프게 꿈꾸고 있는가.

시인의 눈에 들어온 것은 한겨울 매서운 칼바람 속 고고히 서 있는 나목, 그 속에서 인간 실존의 본 모습을 포착한다. 마음이 가난한 자가 복이 있다는 예수의 말씀[10]은 곧장 꽃 쏟아 내고 초록 털어내고 오색 옷 벗어 던지고 서 있는 나목으로 투영된다. 그 나목도 한때는 꽃그늘, 붉은 정염에 타올랐던 시절이 있었으니 그때는 "너 어디 있느냐?"라는 부름에도 모른 채 외면했던 순간들이었다.[11] 하지만 이제 메마른 벌거숭이지만 안 깊숙이 수액 퍼 올려 거듭난 새 생명을 꿈꾸는 실존을 목격하게 된다. 시인은 이 시를 통해 하나님의 음성을 듣는 방식에 대해 말해주고 있고, 하나님의 부름에 응답할 수 있는 그 자리를 지켜야 함[12]을 잔잔히 말하고 있다.

덩굴손[13]

꿈빛 내일을 향하여
영혼의 촉수 높이고
가느다란 팔, 여린 손으로
조심스레 더듬더듬 기어올라
허공을 감아 움켜쥔 손
비바람에도 춤추고, 햇빛 별빛과도 노닐고
소리 없이 아우성으로 줄곧 내달리며
쉼 없이 가꾸어 온 초록의 영토에
사랑으로 피운 꽃, 알알이 맺힌 열매
오순도순 조잘조잘 화락한[14] 웃음소리
어여쁘고 갸륵하여 다시 솟는 새 힘으로
앞으로 앞으로만 지침 없는 나아감
그대, 강인한 의지의 덩굴손이여
나의 하늘길에 어깨동무할거나

시인은 덩굴손의 생육 장면을 우리 신앙의 성숙 과정과 연결 지어 묘사하고 있다. 덩굴손이 꿈빛 내일을 향해 영혼의 촉수 높이고 가느다란 팔, 여린 손으로 조심조심 더듬더듬 기어오르듯 우리의 신앙심도 신앙의 연륜도 그렇게 자라나는 것임을 말하고 있다. 그 과정 따라가다 보면 비바람도 만나고, 햇빛, 별빛도 만나 어느덧 사랑으로 꽃피워 알알이 열매 맺게 되고, 그 속에서 오순도순 화락한 웃음 짓고, 또 앞으로 나아가듯 우리 하늘나라 가는 여정도 그렇게 그렇게 되기를 시인은 노래하고 있다.

틈★15

고운 그릇
실금 가더니
틈까지 벌어져
매운바람 쌩쌩 들락날락
아리고 쓰린 틈 사이로
연민의 하늘이 들어와
뜨거운 햇볕 불러 녹이고 녹이니
질긴 인연의 고리 움켜쥐고
다시 붙어 하나 된 그릇

하늘과 땅 사이
수많은 존재들이 벌린
너와 나 사이의 틈과 틈
애써 메운 자국마다
고이 어루만지는
자비의 손길이여

기독교 실존 철학자 마틴 부버(M. Buber, 1878~1965)는 1923년에 출간한 『나와 너』[16]에서 사람살이에서 맺는 인간관계의 유형을 설명한 바 있다. 사람은 세계를 향해서 이중적 태도를 보이게 되고, 이에 따라 세계도 그에게 이중적으로 된다. 사람과 세계와의 관계만이 이중적인 것이 아니라 사람과 사람 사이의 관계도 마찬가지라는 것이다. 그러니까 '나' 그 자체는 없고, 오직 '나-그것'의 관계에서 '나'와, '나-너'의 관계에서 '나'만 있을 뿐이다.[17] 이 말은 사람은 홀로 있는 존재가 아니라 누군가와 더불어 있는 존재라는 의미이다. 먼저, '나-그것'의 관계는 철저하게 '나' 중심적이며, 나는 모든 것을 '대상'으로 간주하게 된다. 그래서 다른 사람은 '그것', 즉 비인격적 존재가 된다. '나-그것'의 관계는 다른 사람을 하나의 '사물(事物)'과 같이 다루어 자기의 수단으로 삼거나 사람과 사람 사이의 문제를 조건과 조건, 사물과 사물 사이의 문제 같은 것으로 만들어 버린다.[18] 다음으로 〈나-너〉의 관계는 철저하게 '너' 중심적이며, 모든 것을 '너'로서, 즉 '인격(人格)'으로 간주한다. '나-너'의 관계에서 '나'는 '너'로 인해 비로소 '내'가 된다. '내'가 되면서 '나'는 '너'라고 말한다.[19] 그래서 모든 참된 삶은 '만남'이다. 사랑은 '나'에 집착하여 '너'를 단지 '내용'이라든가 '대상'으로서 소유하는 것이 아니다. 사랑은 나와 너 '사이'에 있다. 부버는 사랑이란 한 사람의 '너'에 대한 한 사람의 '나'의 책임(責任)이라고 말한다.[20] 그런데 우리의 사람살이의 관계에서는 모든 '너'가 '그것'으로 혹은 '사물'로 변할 수 있다. 부버는 이런 현상을 우리의 '운명이 지닌 숭고한 우수(憂愁)'[21]라고 표현한다. 사랑도 예외는 아니라는 것이다. 마지막으로 부버는 '나-당신'의 관계를 말한다. 부버에 따르면, 사람은 '나-너'의 관계가 강하면 강할수록 더욱 인격적으로 된다고 한다. 그리고 그의 '너'가 '영원한 당신'이 될 때 정점에 다

다른다. 이 영원한 당신은 여러 이름으로 불려 왔지만, 역시 '신(神)'이라고 부르는 것이 가장 자연스럽다고 말한다. 이처럼 우리가 '너'를 '영원한 당신'이라고 부를 때, 또한 그렇게 대할 때, 우리의 '나'는 인격적 존재의 가장 깊은 경지에 이르게 된다는 것이다.★22 너와 나 사이의 틈과 틈 애써 메운 자국마다 자비의 손길을 포착하고 있는 시인의 시선이 부버와 정확하게 일치하고 있다.

보이지 않는 끈★23

엄마 자궁 속 씨눈이었을 때
핏줄로 내려 내려온
질긴 비밀의 끈 디엔에이(DNA)

과학의 눈으로도 안 보이는
영혼으로 이어진 엄숙한 선(線)

너와 나로 연결된
거미줄처럼 끈적한 연줄

바다도 몸속으로 들어와
실핏줄까지 산호색 물들이고
깊이와 넓이를 채근하는 혈맥(血脈)

캄캄한 길 오는 동안
잡아주고, 끌어주고, 밀어주고, 살펴주신,
영험(靈驗)한 음성 감지할 수 있도록
소라껍질 수신기에 고성능 안테나 덧대고
무선의 끈 꼭 잡고 나아가는 나의 길

하이데거(M. Heidegger, 1889~1976)는『존재와 시간』12절에서 '세계-내-존재'에 대해 설명한 바 있다. 대체 '세계-내-존재'는 어떤 특징을 가지고 있는가? 하이데거는 내-존재(안에-있음)는 현존재의 존재 구성 틀의 하나이며 실존 범주의 하나라고 설명한다. 여기서 '안에'는 공간적 연관을 의미하지 않는다. '안에(in)'는 '거주하다', '체류하다'를 의미하는 'innan-'에서 유래한다. 독일어 'bin(나는 있다)'이라는 표현은 'bei(곁에)'와 결부되어 있다. 그래서 'ich bin(나는 있다)'은 다시금 '나는 거주한다', '나는 ~에 머문다', '이러저러한 친숙한 것으로서의 세계에 머문다'를 말한다. 따라서 '안에 있음'은 '세계-내-존재'라는 본질적인 구성 틀을 가지고 있는 현존재의 존재에 대한 형식적 실존론적 표현이 된다.[★24] 하이데거의 표현을 굳이 빌리지 않더라도 인간은 홀로 사는 존재가 아니라 더불어 살아가는 존재요, 어딘가에 던져져 있으며, 누군가와의 관계망 속에서 살아가고 있다. 시인은 그것을 '디엔에이(DNA)', '영혼으로 이어진 엄숙한 선(線)', '끈적한 연줄', '혈맥(血脈)', '영험(靈驗)한 음성', '무선의 끈'으로 표현한다. 특히 시인은 영험(靈驗)한 음성 감지할 수 있는 무선의 끈 꼭 잡고 가길 염원한다. 시인의 이런 바람을 하이데거식으로 표현하면, 내가 살아 있다는 것은 내가 하나님 곁에 거주함이요, 또한 내가 하나님 곁에 머문다는 것을 의미한다.

내 마음의 오케스트라[★25]

더 잘 듣기 위해 눈을 감는다
눈 감으면 좀 더 잘 보일 때가 있다
검정 연미복 지휘자의 앞모습이 그렇다
정적을 휘젓는 지휘봉은 권위로 감싸여
그의 눈빛 따라 천둥 치듯, 잔물결 찰랑대듯

때론 미풍이 꽃잎 어루만지는 듯한 소리
켜고, 불고, 두드리는 저마다의 악기로
하나의 조화로운 화음을 내기 위하여
해산하는 어미처럼 참아내는 아픔의 희열
청중의 영혼을 적시는 경이로움이여

만추의 아름다운 연주를 위하여
나 어떻게 내 마음을 지휘해야 할까
삶의 절묘한 하모니 만들어 낼
'아홉 열매' 단원을 기어코 모셔야 하리
사랑·희락·화평·인내·자비·양선·충성·온유·절제
이들이 조화로운 화음에 녹아들도록
부친께서 사랑의 선물로 주신 '성실', 그를
오보에 주자로 삼아 기준 음 '라'를 불고
모두가 자기의 악기를 조율, 튜닝을 마치면
누에고치 비단실 뽑아내듯
하나의 목표 위한 최상의 소리 뽑은 후
인생의 뜨거운 박수 받으며
서산마루 넘는 해처럼 퇴장할 수 있다면…

시인은 오케스트라 연주 감상을 통해 하나의 조화로운 화음이 어떻게 만들어지는지를 탐색한다. 켜고, 불고, 두드리는 저마다의 악기는 조화로운 화음을 내기 위하여 해산하는 어미처럼 참아내는 아픔을 겪어야만 희열을 느낄 수 있음에 주목한다. 시인은 만추의 아름다운 연주를 위해 내 마음 어떻게 지휘해야 할지를 가다듬고 있다. 시인은 삶의 절묘한 하모니를 만들어 낼 '아홉 열매' 단원★26을 기어코 모셔야 한다고 힘주어 말한다. 그뿐 아니라 시인은 사랑, 희락, 화평, 인내, 자비, 양선, 충성, 온유, 절제 이들이 조화로운 화음에 녹아들도록 '성실함'으로 중심을 잡아 나가고자 결단한다. 성실함을 기준 삼아 누에고치 비단실 뽑아내듯 성령의 열매 드러나는 삶을 마치고 서산마루 넘는 해처럼 퇴장하기를 앙망한다. 여기에서 '성실함'은 일찍이 칼라일(Thomas Carlyle, 1795~1881)이 『영웅숭배론』에서 주장한 것이기도 하다. 그는 문인으로 나타난 영웅이 가져야 할 자질을 '영감을 얻은 자', '독창성', '성실성', '천재성'이라고 말하였다.★27 칼라일의 혜안을 빌려 필자의 관점에서 보면 金貞義 시인은 분명 우리 시대 시인으로서 영웅이요, 기독교 신앙인의 참 표상이라고 할 수 있다.

2 자아와 타자 인식

관심★28

낮 2시쯤 신대방역 앞 사거리에서
멈춰선 차창 밖으로 날 보았다고
회색 마스크, 자주색 모자와 재킷 차림으로
얄팍한 종이 봉다리 하나 들고
느릿느릿 횡단보도를 건너더라고,
늘상 잰걸음이기 기연미연(基然未然)★29 했지만
힐끗 돌아본 모습이 분명해
소리쳐 부르고 싶더라며
느릿해진 내 발걸음 왜냐고 묻는다.

한동안 못 본 전화 속 교우(敎友) 목소리
메마른 가지 적시는 빗물 같다
하늘 별 무리 중 북극성으로 다가와
냉돌방이 화롯불 품은 듯 후끈해지는
해질녘

이 시는 차를 타고 가던 교우가 사거리에서 길을 건너는 시인을 보고 소리쳐 부르고 싶었다는 전화 속 목소리를 듣고 그 반가움에 따뜻해지는 마음을 노래한 것이다. 이 시에 대해 노유섭은 사람과 사람 사이의 곡진한 관계 설정, 곧 타자들과의 공존을 통해 조화를 이루려는 삶의 의미 찾기와 존재론적 위상을 환기하고 있다고 설명하였다.★[30] 사람 사이의 '관계', '만남'을 특별하게 강조했던 철학자 마틴 부버에 따르면, 모든 참된 삶은 '만남'이다. 특히 타자와의 관계에서 가장 중요한 것은 인격적인 부분이다. 나와 너 사이의 긴밀한 상호 인격 관계에서 우리는 인격으로서의 자신을 깨달을 수 있을 뿐만 아니라 또한 다른 사람을 하나의 인격으로써 만나게 된다.★[31] 부버는 나와 너의 관계에서 직접성을 세우는 본질 행위를 사람들은 감정적인 것으로 이해하지만 사실은 감정이 아닌 '사랑'이라고 말한다. 감정은 소유되지만, 사랑은 생겨난다. 감정은 사람 안에 깃들지만, 사람은 사랑 안에서 살아간다. 그런 점에서 사랑이란 하나의 우주적인 작용이다.★[32] 시인은 한동안 못 본 전화 속 교우 목소리, 그 관계 맺음을 통해서 냉돌방이 화롯불 품은 듯 후끈해짐을 노래하고 있다.

참기름★[33]

어머니 짜주시던 기름은
언제나 고소한
참으로 참 기름이었지

거짓이 자욱한 세상
'참'자 붙었다고 다 참 것이던가
참기름 구입할 때마다

가짜인지 진짜인지 미심쩍어하니
네 이름 '참기름'에 미안쿠나

때로 억울할 적도 있겠지만
그 이름처럼 당당하게
고소한 맛 참되게 간직한다면
넌 영원한 '참기름'이라

하이데거에 따르면, 말이 밖으로 말해져 있음이 곧 언어이다. 말은 그 안에 고유한 세계적 존재를 가지고 있다. 언어는 눈앞에 놓이는 단어라는 사물로 분해할 수 있다. 말은 실존론적으로는 언어인데, 그 까닭은 말이 뜻에 맞추어 세계-내-존재를 가지고 있기 때문이다. 말함은 어떤 것에 대한 말함이다.[★34] 여기서 시인은 참기름을 통해 거짓이 난무하는 인생과 세상살이에서 '참'의 의미를 강조하여 말하고 있다. 하이데거에 따르면, 들음은 말함을 구성한다. 그리고 언어의 음성화가 말에 근거하고 있듯이, 음향의 지각은 들음에 근거하고 있다. 누구에게 귀를 기울임은 더불어 있음으로서의 현존재가 다른 사람들에게 실존론적으로 열려 있다는 것이다. 들음은 더 나아가 모든 현존재가 자신 안에 지니고 다니는 친구의 목소리, 즉 양심의 소리를 듣는 것이다. 현존재는 동료 현존재와 자기 자신을 '들으며' 이러한 들음 속에서 함께 속한다. 서로 듣고 따름 속에서 더불어 있음이 형성된다.[★35] 하이데거의 견해에 따라 시인의 음성에 귀 기울여 보면 참기름은 우리 자신의 모습에 대한 은유적 표현이다. 특히 그 이름처럼, 우리 자신의 모습이 당당하고 고소한 참맛, 다시 말해, 소금의 맛을 잃지 않고 낸다면 그 이름에 걸맞은 삶이 될 수 있다는 것이다.

찰거머리★36

손 모내기 하던 시절
질퍽한 무논에서
실한 종아리에 찰싹 달라붙어
떨어질 줄 모르던 찰거머리

언제부턴지
애틋한 그리움 하나
무서운 찰거머리로 변신해
내 맘에 철썩 들러붙었어

누군가에 사무친 맘자리
물고 늘어져
밤이나 낮이나, 나나 드나
떨어질 줄 모르는 찰거머리

하늘과 땅 사이
나 허기져 가는 동안
그도 내내 함께 가려나
애처로운 찰거머리

인간은 실존적으로 불확실한 상황에서 불안을 느끼며, 이를 해소하기 위해 특정 대상이나 행동에 집착하는 경향이 있다. 이는 자신이 통제할 수 없는 상황에서 통제감을 얻으려는 시도로 볼 수도 있다. 또한, 인간은 사회적 동물로서 타인과의 관계를 통해 정체성과 안정감을 형성한다. 그러나 애착 형성이 제대로 이루어지지 않으면 관계에 대한 집착으로 나타날 수 있다. 이러한 집착은 상대방의 독립성을 침해하거나 자신에게 해로운 관계를 지속하게 만들 수 있다. 그리고 현대 사회는 경쟁과 성과를 중시하는 경향이 있어 개인이 특정 목표나 이미지에 집착하게 만들 수 있다. 이는 사회적 비교와 기대에 부응하려는 압박에서 비롯된다. 여기에서 시인은 찰거머리를 우리 자신의 실존적, 신앙적 자화상으로 묘사하고 있다. 특히 언제부턴지 애틋한 그리움 하나가 무서운 찰거머리로 변신해 내 맘에 철썩 들러붙어 있음을 고백한다. 누군가에게 사무친 맘자리에 물고 늘어져 떨어질 줄 모르는 찰거머리가 되고, 그러는 동안 하늘과 땅 사이 내 삶의 현실은 허기져 가고 있음을 일깨워주고 있다. 결국, 전도서의 기자처럼 시인은 찰거머리 같은 애처로운 우리 자신의 삶의 의미를 인식하고, 이를 넘어서고 극복하려는 내면의 외침을 반어법적으로 표현하고 있다.★37

이 봄의 장미 곁에서★38

5년 전, 그 봄 어느 날
보라매공원 연못가 벤치에
당신과 나란히 앉아
창포꽃 노란 웃음 사이로
유영하는 잿빛 오리 한 쌍을
기쁨으로 반겨 주었지요

그 따끈하던 벤치 뒤쪽
어린나무 가꾸던 장미원엔
꽃봉오리 몇 개만 수줍게 오므리고
내일을 기약하고 있었는데…

당신은 떠나고
이 봄, 장미는 사랑처럼 피어나
빨강 주황 노랑으로 요염한 자태
미풍에 살랑살랑 향기 날리며
절절한 빛깔마다 눈물 비쳐 피네요
감미로운 그 모습 되레 서러워
이 모양 저 색깔 자꾸만 찍어서
먼 하늘나라 당신께 띄워보지만
파란 허공엔 말 없는 임의 미소만
하얀 장미 되어 피어나네요

이 시는 먼저 하늘나라로 떠난 남편을 애절하게 그리워하는 마음이 잘 묻어나 있다. 어느 해 봄 보라매 공원 연못가 벤치에 나란히 앉아 잿빛 오리와 장미원 어린 꽃들을 감상하던 아름다운 추억을 되새긴다. 그리고 현실로 돌아와 보니 어김없이 찾아온 봄날 그곳엔 사랑처럼 피어난 빨강 주황 노랑 장미들로 요란하다. 둘이 아닌 혼자가 되어 그 광경을 바라보니 감미로운 그 모습 되레 서럽게 여겨지고, 이 모양 저 색깔 사진에 담아 먼 하늘나라 남편에게 띄워 보내는 사랑을 노래한다. 시인에게서 어느 봄날 그 벤치의 일은 경험이 아닌 체험으로 승화되어 표현되고 있다. 마르틴 부버는 '경험(Erfahrung)'과 '체험(Erlebnis)'을 구분하여 설명한 적이 있다. 압축해서 표현하면, 경험이 과거에 일어났던 지나가 버린 사건이라면, 체험은 과거에 일어났지만 지금도 여전히 살아 있는 사건이다. '경험(經驗)'은 철저하게 '나' 중심적이며, 모든 것을 '대상'으로 간주한다.★39 이에 반해 '체험(體驗)'은 철저하게 '너' 중심적이며, 모든 것을 '너'로서, 즉 인격(人格)으로 간주한다.★40 부버에게서 경험과 체험의 구분이 중요한 이유는 현실을 바라보는 관점이 달라지기 때문이다. '경험'의 측면에서 보면 현재란 덧없는 것, 지나가 버리는 것이 된다. 그렇지만 '체험'의 측면에서 보면, 현재란 기다리며 마주 지탱하고 있다. 그래서 본질적인 것은 현재 속에서 살아나는 데 반해, 대상적인 것은 과거 속에서 살아나게 된다. 부버의 관점을 따라 시인의 마음을 읽어보면, 어느 봄 연못가 벤치에 남편과 나란히 앉아 함께했던 기억은 지금, 이 순간에도 살아 있고, 형형색색의 감미로운 장미의 자태를 사진 찍어 하늘나라 남편에게 전할 수 있는 것이다. 시인은 여기서 멈추지 않고 우리에게 되레 당부한다. 파란 허공엔 말 없는 임의 미소만 하얀 장미되어 피어나니, 지금, 이 순간 그대들 곁에 있는 가장 소중한 이들에게 후회 없는, 아낌없는 사랑을 주라고 말이다.

노랑에 대한 기억★41

아장거리던 내 봄날
노랑을 잔뜩 머금은 햇빛이 내려와
어미 곁 종종거리는 병아리를 어루만지고
순둥이 누렁이를 핥아주며 장난치고
차가운 흙 밀쳐 샛노란 싹 틔워 올렸지
노랑으로 넘실대는 흙 마당엔 햇살이 눈 부셔
두 눈 감고 올려다본 하늘엔 별이 번쩍거렸어
바람처럼 날쌘 엄마 치마꼬리 붙잡고 간 야산 밑
황토밭 한 두렁의 노란 배추장다리 꽃물결
짙은 향에 취한 나비들의 노랑 군무는 황홀했었지
아빠 손 잡고 입학하러 가던 시오리 길
내 노랑 저고리, 개나리 노란 웃음도 셀렘이었어
큰 오빠가 선물한 노랑 향나무 연필 열두 자루

삐뚜름히 써 내려간 사각사각 향긋한 소리
노랑으로 싹터 오른 유년의 환희여

노랑도 달빛 비스름히 물이 들면 애련한가
보릿고개 넘느라 누렇게 뜬 봉섭이 얼굴
잽싸게 여물고 싶어 안달하던 보리도
목 꼿꼿이 세우고 꺽꺽 노란 울음 삼켰지
끓는 태양이 초록 바다 노 젓는 한 계절
묵묵히 숨어 안을 다스리던 노랑은
때를 맞은 결실의 황금 물결 출렁대면서
자랑과 보람 지그시 누르고 푹 숙이는 자세
시들어 가뭇없이[★42] 사라질 누런 빛 채비였나
노랑 삼베 수의로 마지막을 치장하신 할머니
눈발 속 황토 무덤에 드신 후
봄은 오고, 또 오고
푸릇한 무덤가엔 샛노란 민들레가 할머닌 듯 반겼지

처음과 나중, 기쁨과 슬픔을 아우른 신비의 노랑이여

이 시에는 아장아장 걷던 어린 시절부터 할머니가 황토 무덤에 이른 후 다시 그 무덤가에 샛노란 민들레가 피기까지 노랑이 만들어내는 색의 향연이 아름답게 펼쳐지고 있다. 이 노랑에 대한 시인의 기억은 통시적으로 전 생애를 아우르고 있으며, 기쁨과 슬픔, 엄마, 아빠, 큰오빠, 이웃집 봉섭이, 할머니와 함께 동시대를 살아온 소중한 인연이 노랑이라는 색채 이미지로 투사되어 은유되고 있다.[★43] 아비 바르부르크(Aby M. Warburg, 1866~1929)는 인류의 주술적, 공포적 충격 혹은 제의적, 열광적 충격을 나타내는 인류의 기억을 '인류의 고통의 유물'이라 불렀으며, 상징은 문화의 집단적 기억으로서 '에너지 저장소'로 보았다.★44 그리고 기억은 자기에 대한 이해와 분석이라는 도덕적 관심에서 떨어질 수 없다. 그런 점에서 기억은 곧 성찰이다. 그러므로 기억은 개인과 공동체의 가치 지평을 일러주기도 한다.★45 기억은 삶의 한복판에 자리하고 있으며, 우리는 기억 행위를 통해 나 아닌 타자, 타문화, 이질적인 세계를 마주하게 된다. 그 속에서 우리는 자신을 인식하게 되고 자신의 참모습을 찾게 된다. 그런 점에서 기억 혹은 기억 현상은 인간의 자기인식 문제를 해결해줄 수 있고, 삶을 되새김할 수 있는 중요한 실마리를 제공한다.★46

2 자연과 세계 인식

밤송이

투욱 툭 무심히 떨어진 밤송이
방긋이 벌어져
알맹이 찬연히 반짝일 때
비로소 나는 알았네
날 선 가시의 슬픔은
사랑의 뜨거운 장치였음을

태초로부터 모성 본능은
제 살붙이 혹여 다칠세라
두 눈 부릅뜨고 가시가 되는 것
토실한 새끼 잘 여물었을 때
제 몸 순하게 바스러져
말없이 흙으로 돌아가는 것임을

시인은 떨어진 밤송이를 관찰함으로써 그 속에서의 깨달음을 전하고 있다. 토실한 밤 알맹이는 밤송이 날 선 가시가 있어서 가능했음을 발견한다. 날 선 가시는 사랑의 뜨거운 장치였고, 가시 덕분에 온갖 해충들의 침범을 막아낼 수 있었다. 시인의 시선은 이제 밤송이에서 모성 본능으로 옮아간다. 이 땅 모든 모성은 제 살붙이 다칠까 두 눈 부릅뜨고 가시가 되는 것에 주저하지 않는다. 그리하여 토실한 새끼 잘 여물었을 때 제 몸 순하게 바스라져 말없이 흙으로 돌아가는 것임을 일러준다. 우리는 시인의 혜안을 자연 대상물에게서 존재의 진리를 발견하고 있는 지점에서 확인할 수 있다. 시인은 도무지 어울리지 않는 가시와 알맹이의 관계를 슬픔과 사랑의 변증법으로 읽어내고 있다. 이와 같은 시인의 통찰력은 사도 바울의 관점★47에 맞닿아 있는 것으로 해석할 수 있다. 바울은 환난과 인내, 인내와 연단, 연단과 소망의 관계를 하나님의 은혜의 관점에서 변증법적으로 제시하고 있다.

석양에 시를 짓다★48

생각건대
무얼 짓는다는 건
매우 갸륵한 일 아닌가

아버진 새끼들 이름 지어 세상에 알리고
어머닌 꼬까옷 짓고, 새벽밥 짓고
때론 약을 지어 부실한 몸 챙겨주시며
남몰래 눈물짓고, 괜찮은 척 웃음 짓고
다 지어도 죄만은 짓지 않고
부지런히 복 지으며 사셨지

석양인데
나도 무얼 좀 짓고 싶어
눈을 들어 창공을 올려다보니
나뭇가지 위 오묘한 까치둥지
아! 바로 저거로군
신비론 자연과 사람을 재료 삼아
부지런히 시의 집 몇 채 지어보리라

시인은 석양 무렵 눈을 들어 창공을 올려보다가 까치둥지를 보았다. 까치둥지를 통해서 시인도 무언가를 짓기로 하고 자연과 사람을 재료 삼아 시를 짓기로 결심한다. 아리스토텔레스에 의하면 모든 인간은 본성상 보려는 욕망을 가지고 있다.[★49] 아우구스티누스도 욕망에 대한 해석에서 '봄'에 대해서 다음과 같이 언급하고 있다.[★50] 우리가 감관으로 무엇을 알려고 할 때 '보다'라는 낱말을 사용한다. 예를 들어, 우리는 이렇게 말하지 않는다. '들으라, 얼마나 번쩍이는지', '맡으라, 얼마나 빛나는지', '입을 대라, 얼마나 찬란한지', '만져라, 얼마나 눈부신지.' 그러지 않고 이 모든 것을 '보라'고 말하고, 이 모든 것이 '보인다'라고 말한다. 따라서 눈만이 감각할 수 있는 것을 '보라, 얼마나 빛나는지' 할 뿐 아니라 '소리를 들어보라', '냄새를 맡아보라', '맛을 보라', '얼마나 단단한지 만져보라' 하고 말한다. 그래서 우리는 일체의 감각적 경험을 '눈의 탐욕'이라고 말한다. 왜냐하면, 나머지 감관들도 인식의 문제에서 눈이 윗자리를 차지하는 봄의 기능을 받아들이기 때문이다. 아리스토텔레스나 아우구스티누스가 강조한 '보다'를 시인은 이제 '짓다'로 변용하여 삶을 관조한다. 그 속에서 아버지는 새끼들 이름을 짓고, 어머니는 꼬까옷 짓고, 새벽밥 짓고, 약 짓고, 남몰래 눈물짓고, 괜찮은 척

웃음 짓는 데서 착안하여 시인 스스로는 시를 짓기로 나서고 있음을 확인할 수 있다.

울긋불긋[★51]

봄 무르익어 찬란한 꽃동산
가을 깊어 불타오르는 산등성이
자연이 만들어내는 울긋불긋은
곱고 화사한 한 편의 시

색동 설빔으로 셀레면서 자란 아이
초록에 쏟아진 소나기 지난 후면
신비한 곡선 보·남·파·초·노·주·빨
고운 무지개 꿈 품고 여물어간다

화폭에 펼친 피카소의 붓놀림
밀림 속 추장의 요란한 문신과 깃털 장식
먼 동굴 속 퇴색한 고구려 벽화
원색으로 꾸민 무속인의 신당
황톳길 지나는 꽃상여와 펄럭이는 만장
사람이 만들어내는 울긋불긋은
마음의 강물 따라 느낌도 가지각색
여러 빛깔 마음의 조화(造化)로
행여 잘못 조작하여 붉으락푸르락 노기 띨까 저어하네[★52]

시인은 사계절 변화무쌍한 자연의 변화를 '울긋불긋'이란 형용사로 표현하고 이를 한 편의 詩라고 말한다. 그리고 색동 설빔에 설레던 어린 시절부터 고운 무지개 꿈 품고 살아왔음을 고백한다. 이제 지나온 삶을 반추하면서 사람이 만들어내는 울긋불긋의 형상을 마음의 강물 따라 가지각색의 느낌으로 읽어낸다. 그리고 마지막엔 여러 빛깔 마음의 조화를 이루어 부디 붉으락푸르락 노기 띠지 않기를 소망하고 있다. 시인의 마지막 소망에는 사도 바울의 당부와 고백이 들어 있다고 할 수 있다.

"아무것도 염려하지 말고 다만 모든 일에 기도와 간구로, 너희 구할 것을 감사함으로 하나님께 아뢰라. 그리하면 모든 지각에 뛰어난 하나님의 평강이 그리스도 예수 안에서 너희 마음과 생각을 지키시리라."(빌립보서 4:6~7)

필자가 보기에 시인의 마지막 소망은 그녀가 한평생 지켜온 신앙의 철칙, 그녀만의 삶의 철학에서 연유한다고 할 수 있다. 울긋불긋한 세상 인간사 속에서 시인은 어떻게 여러 빛깔 마음의 조화를 만들어낼 수 있었을까?

"나는 비천에 처할 줄도 알고 풍부에 처할 줄도 알아 모든 일 곧 배부름과 배고픔과 풍부와 궁핍에도 처할 줄 아는 일체의 비결을 배웠노라. 내게 능력 주시는 자 안에서 내가 모든 것을 할 수 있느니라."(빌립보서 4:12~13)

바울의 이 고백이 바로 시인의 고백이 되고, 아리아드네의 실타래가 되었다고 필자는 생각한다.

중심 잡기★53

출렁이는 물가에
한쪽 다리로 중심 잡고
꼿꼿이 서 있는 두루미의 의젓한 자세

세찬 바람결에
무수히 흔들리면서
중심을 움켜쥔 풀잎의 몸부림

어둔 세상 밝히려
수직으로, 수평으로 뻗은 팔
그 만남의 중심에 품은 사랑
'좌로나 우로나 치우치지 말라'
붉은 십자가의 뜨거운 고뇌

아집과 비방의 예리한 날 세우고
상대방을 향해선
귀 막고 눈 가린 사람, 사람들
대자연을 스승으로 모시면
세상의 중심 바로 잡히려나

시인은 혼탁한 세상을 바라보며 어떤 해답보다 강력한 메시지를 던져준다. 중심 잡기다. 한쪽 다리로 중심 잡은 두루미에게서, 세찬 바람에 무수히 흔들리면서도 중심을 움켜쥔 풀잎의 몸부림 속에서 중심 잡기의 중요성을 역설한다. 그러면서 시인은 중심 잡기의 원형으로 예수의 십자가 사랑을 제시한다. 그러니까 수직의 하나님 사랑, 수평의 이웃사랑, 그 십자가의 희생과 무조건적 용서와 사랑을 기억해야 한다는 것이다. 그리고 아집과 비방의 예리한 날 세우고 상대를 향해 귀 막고 눈 가린 사람이 되어서는 결코 혼탁한 세상에 중심이 잡히지 않는다고 말한다. 시인은 오히려 예수의 시선을 좇는다. 예수의 다음의 말 속에 중심 잡기의 비결이 들어 있다.

"어찌하여 형제의 눈 속에 있는 티는 보고 네 눈 속에 있는 들보는 깨닫지 못하느냐, 보라 네 눈 속에 들보가 있는데 어찌하여 형제에게 말하기를 나로 네 눈 속에 있는 티를 빼게 하라 하겠느냐. 외식하는 자여 먼저 네 눈 속에서 들보를 빼어라, 그 후에야 밝히 보고 형제의 눈 속에서 티를 빼리라"(마태복음 7:3~5)

첫~, 모든 처음은[★54]

'보시기에 심히 좋았더라.'

엄숙하다, 희망차다
첫울음 터트리고 나온 생의 첫째 날
해마다 맞이하는 새해 첫날

가슴 두근거리다
초등학교 입학식 날
선생님 동무들과 첫 만남

셀레다, 짜릿하다
첫눈 내리는 날, 눈이 맞아 싹튼 정
첫사랑과 함께 걷던 따스한 오솔길

미숙하다, 신선하다
첫 출근한 사회 초년생의 첫인상, 첫 대화
첫발자국 떼면서 넘어지고 일어서고
그윽한 첫날 밤 지나, 첫아기는 신기하고
첫 손주는 기쁨에 벅차
무턱대고 뜨겁다

그랬다, 나를 찾아가는 길은
그렇게 첫~을 통하여 흘러 흘러서
여기까지 왔나 보다

노유섭은 이 시를 설명하면서 '첫'이나 '처음'이라는 어휘는 그 뜻이 다의적으로 해석되지 않지만, 각 문맥에서 차지하는 그 쓰임새에 따라 다양한 감각과 서정으로 치환되어 우리에게 다가온다고 말한다. 모든 삶의 이력엔 반드시 '처음'이 있을 터, '처음' 혹은 '첫'이란 낱말이 가지는 의미가 엄숙과 희망, 두근거림, 셀렘, 짜릿함, 미숙, 신선, 그윽함, 신기, 기쁨이라는 색다른 의미로 부각되어 신선하게 다가온다고 설명하고 있다.[★55] 물론 이런 관점에서 이 시를 분석할 수도 있겠으나 필자가 주목하는 부분은 바로 '나를 찾아가는 길'과 '첫~' 낱말의 연관성이다. 시인은 첫 부분에서 "(하나님이 지으신 그 모든 것을 보시니) 보시기에 심히 좋았더라"(창세기 1:31)를 인용하고 있다. 하나님이 보시기에 심히 좋았던 것 중의 하나인 나와 너, 우리가 그렇게 '첫~'을 통하여 흘러 흘러서 여기까지 왔다고 시인은 고백한다. 그런데 돌아보니 모든 처음, '첫~'에는 궁극적인 대상, 즉 하나님이 존재하는데, 우리가 그 사실을 망각하고 있다는 것이다. 바로 그런 측면에서 나를 찾아가는 길의 핵심은 나를 창조한 창조주를 기억하고, 처음 사랑을 회복하는 것이다.

"그러나 너를 책망할 것이 있나니 너의 처음 사랑을 버렸느니라. 그러므로 어디서 떨어졌는지를 생각하고 회개하여 처음 행위를 가지라. 만일 그리하지 아니하고 회개하지 아니하면 내가 네게 가서 네 촛대를 그 자리에서 옮기리라."(요한계시록 2:4~5)

맺음말

지금까지 우리는 金貞義의 첫 시집 『보이지 않는 끈』(2021)에 수록된 여러 詩에 대해 기독교 문화해석학의 관점에서 분석하고 그 의미를 논의하였다. 이러한 논의를 통해 金貞義 詩 세계의 구성과 특징을 어느 정도 요약할 수 있다. 먼저 노유섭은 金貞義 詩를 총론적으로 살펴보면, 정의란 무엇인가에서 출발해서 자연과 인간, 인간과 인간의 관계망 속에서 생명 공동체의 삶을 추구하고 있다고 평가하였다. 그리고 이 시대에 우리에게 요구되는 기독교적 이타적 사랑과 배려를 통해 자연과 인간이 함께 조화를 이루며 살아가기 위한 삶의 고뇌가 詩 곳곳에 묻어나고 있다고 평가하였다.★56

필자의 경우는, 본론에서 기독교 문화해석학의 관점에서 金貞義 詩를 분석하였다. 특히 '인간과 하나님의 관계', '자아와 타자 인식', '자연과 세계 인식'의 측면에서 그녀의 詩 세계와 특징을 분석하였다. 그 결과 첫째, 존재론적 측면에서 인간의 영혼과 하나님을 향한 갈망을 詩 분석을 통해 발견할 수 있었다. 둘째, 신학적 측면에서는 여러 詩 속에서 하나님의 창조와 은혜의 흔적을 발견하고 이해할 수 있었다. 셋째, 윤리적 측면에서는 가치관과 세계관에 대한 기독교적 분별력을 향상시킬 수 있었다. 넷째, 실천적 측면에서는 선교적 소통과 예배적 묵상 측면에서 활용 가능성을 찾아볼 수 있었다. 결과적으로 필자가 제시한 기독교 문화해석학의 관점은 詩

를 '단지 아름다운 언어 예술'로만 보지 않고, 인간과 하나님, 창조와 타락, 구속과 소망이라는 복음적 내러티브 안에서 새롭게 읽고, 듣고, 응답하는 방식을 제공하였다고 판단한다. 또한, 金貞義 詩 분석을 통해 하나님의 진리를 깊이 묵상하고, 세상과 더 풍성하게 대화할 수 있는 길을 열어주었다고 생각한다. 金貞義 詩 세계의 구성과 특징에 대한 완전한 이해는 그녀의 두 번째 시집 『노을꽃』(2024)에 대한 분석이 완료되어야 가능할 것인데, 이 연구는 차후에 다른 지면을 통해 논의하도록 하겠다.

---

1. 이 글은 신응철, 「기독교 문화해석학의 관점에서 본 金貞義 시(詩) 분석 : 『보이지 않는 끈』을 중심으로」, 『기독교와 문화』 23집, 숭실대학교 한국기독교문화연구원, 2025. 67~105쪽에 게재되어 있으며, 이를 수정 보완하였음을 밝혀둠.
2. 창작수필문인회, 『햇빛 노래하는 풀꽃』, 나라출판사, 2004.
3. 金貞義, 『노을빛에 익어가는 열매』, 소소리출판사, 2017.
4. 金貞義 외, 『꿈꾸는 역마살』, 삶과꿈, 1995.
5. 金貞義 외, 『내가 지나가는 소리』, 삶과꿈, 1998.
6. 金貞義, 『보이지 않는 끈』, 해드림출판사, 2021.
7. 金貞義, 『노을꽃』, 해드림출판사, 2024.
8. 金貞義, 『보이지 않는 끈』, 해드림출판사, 2021. 158~181쪽
9. 金貞義, 『보이지 않는 끈』, 해드림출판사, 2021. 12~13쪽
10. "심령이 가난한 자는 복이 있나니 천국이 그들의 것임이요"(마태복음 5:3)
11. "여호와 하나님이 아담을 부르시며 그에게 이르시되 네가 어디 있느냐, 이르되 내가 동산에서 하나님의 소리를 듣고 내가 벗었으므로 두려워하여 숨었나이다"(창세기 3:9~10)
12. "그 일 후에 하나님이 아브라함을 시험하시려고 그를 부르시되 아브라함아 하시니 그가 이르되 내가 여기 있나이다"(창세기 22:1)
13. 金貞義, 『보이지 않는 끈』, 해드림출판사, 2021. 32쪽
14. 국어사전에 '화락한'은 화락(和樂)하다는 것에서 나온 말로 동사로는 '화평하게

즐긴다'의 의미, 형용사로는 '화평하고 즐거운'의 의미임.

15. 金貞義, 『보이지 않는 끈』, 해드림출판사, 2021. 33쪽
16. Martin Buber, *Ich und Du*, in *Die Schriften über das dialogische Prinzip*, Verlag Lambert Schneider, Heidelberg, 1923. 1954, 1974. 영어본은 *I and Thou*, ed by Walter Kaufmann, 1970. 번역서로 『나와 너』(표재명 역), 문예출판사, 1977.(이후 『나와 너』로 표기하고 번역본의 쪽수를 표기함)
17. 부버, 『나와 너』, 8쪽
18. 부버, 『나와 너』, 7쪽
19. 부버, 『나와 너』, 17쪽
20. 부버, 『나와 너』, 21쪽
21. 부버, 『나와 너』, 24쪽
22. 부버, 『나와 너』, 97쪽
23. 金貞義, 『보이지 않는 끈』, 해드림출판사, 2021. 45쪽
24. 마르틴 하이데거, 『존재와 시간』(이기상 역), 까치, 1998. 82쪽
25. 金貞義, 『보이지 않는 끈』, 해드림출판사, 2021. 68~69쪽
26. "오직 성령의 열매는 사랑과 희락과 화평과 오래 참음과 자비와 양선과 충성과 온유와 절제니 이같은 것을 금지할 법이 없느니라"(갈라디아서 5:22~23)
27. Thomas Carlyle, *On Heroes, Hero-Worship and the Heroic in History*, Carl Niemeyer, ed.(Univ. of Nebraska Press, 1966.)(번역본으로 『영웅숭배론』(박상익 역), 한길사, 2003. 251쪽
28. 金貞義, 『보이지 않는 끈』, 해드림출판사, 2021. 18쪽
29. 국어사전에 '기연미연'(基然未然)은 명사로는 그런지 그렇지 않은지 분명하지 않은 사이를 뜻하고, 동사 '기연미연하다'는 그런지 그렇지 않은지 분명하게 알지 못하다는 의미임.
30. 金貞義, 『보이지 않는 끈』, 해드림출판사, 2021. 178쪽
31. 부버, 『나와 너』, 17쪽
32. 부버, 『나와 너』, 21쪽
33. 金貞義, 『보이지 않는 끈』, 해드림출판사, 2021. 19쪽
34. 마르틴 하이데거, 『존재와 시간』(이기상 역), 까치, 1998. 222쪽
35. 마르틴 하이데거, 『존재와 시간』(이기상 역), 까치, 1998. 225쪽
36. 金貞義, 『보이지 않는 끈』, 해드림출판사, 2021. 22쪽
37. "사람이 해 아래에서 행하는 모든 수고와 마음에 애쓰는 것이 무슨 소득이 있으랴, 일평생에 근심하며 수고하는 것이 슬픔뿐이라. 그의 마음이 밤에도 쉬지 못하나니 이것도 헛되도다."(전도서 2:22~23)

38. 金貞義, 『보이지 않는 끈』, 해드림출판사, 2021. 26쪽
39. 부버, 『나와 너』, 9쪽
40. 부버, 『나와 너』, 18쪽
41. 金貞義, 『보이지 않는 끈』, 해드림출판사, 2021. 28~29쪽
42. 국어사전에 '가뭇없이'는 부사로 눈에 띄지 않게 감쪽같이 하는 의미임.
43. 金貞義, 『보이지 않는 끈』, 해드림출판사, 2021. 169쪽
44. 알라이다 아스만, 『기억의 공간』(변학수외 역), 그린비, 2012. 510~511쪽. 신응철, 『카시러의 문화철학』, 한울출판사, 2000. 34쪽
45. 신응철, 『20대, 이제 철학을 만나다』, 동문사, 2014. 139쪽
46. 신응철, 『20대, 이제 철학을 만나다』, 동문사, 2014. 142쪽
47. "다만 이뿐 아니라 우리가 환난 중에도 즐거워하나니 이는 환난은 인내를, 인내는 연단을, 연단은 소망을 이루는 줄 앎이로다. 소망이 우리를 부끄럽게 하지 아니함은 우리에게 주신 성령으로 말미암아 하나님의 사랑이 우리 마음에 부은 바 됨이니" (로마서 5:3~5)
48. 金貞義, 『보이지 않는 끈』, 해드림출판사, 2021. 30쪽
49. Aristoteles, *Metaphysik*, A 1, 980 a 21. 마르틴 하이데거, 『존재와 시간』(이기상 역), 까치, 1998. 234쪽
50. Augustinus, *Confessiones*, 제10권 35장. 마르틴 하이데거, 『존재와 시간』(이기상 역), 까치, 1998. 235쪽
51. 金貞義, 『보이지 않는 끈』, 해드림출판사, 2021. 31쪽
52. 국어사전에 '저어하다(齟齬하다)'는 형용사로 1. 익숙하지 아니하여 서름서름하다. 2. 뜻이 맞지 아니하여 조금 서먹하다는 의미임. 동사로는 염려하거나 두려워하다의 의미임.
53. 金貞義, 『보이지 않는 끈』, 해드림출판사, 2021. 66쪽
54. 金貞義, 『보이지 않는 끈』, 해드림출판사, 2021. 78~79쪽
55. 金貞義, 『보이지 않는 끈』, 해드림출판사, 2021. 171쪽
56. 金貞義, 『보이지 않는 끈』, 해드림출판사, 2021. 161쪽

현대 문화해석학

12

용서에 대한 개신교인 인식 조사 결과와 분석★1

너희가 사람의 잘못을 용서하면 너희 하늘 아버지께서도 너희 잘못을 용서하시려니와 너희가 사람의 잘못을 용서하지 아니하면 너희 아버지께서도 너희 잘못을 용서하지 아니하시리라(마태복음 6:14~15)

너희는 스스로 조심하라 만일 네 형제가 죄를 범하거든 경고하고 회개하거든 용서하라(누가복음 17:3)

들어가는 말

사람이 공동체를 형성하여 생활하다 보면 예상치 못한 다양한 문제들이 일어나게 된다. 개인과 개인 사이에서 집단과 집단 사이에서 늘 이런 분쟁은 끊이질 않는다. 공동체의 질서를 헤치는 사건 사고가 이어지는 이유다. 그것이 너의 문제가 아니라 나의 문제가 될 때 당사자 간의 관계는 단절을 넘어 때로는 파국을 맞기도 한다. 신앙 공동체도 예외가 아니다. 사람살이에서 생겨난 다양한 문제들은 잘 풀면 공동체를 결속시키는 계기가 될 수 있지만, 잘 풀지 못하면 공동체를 훼손하는 원인이 되기도 한다.

여기에서 우리의 관심을 끄는 주제는 바로 '용서(forgiveness)' 문제다. 필자는 오래전부터 기독인문학연구원, 이음사회문화연구원의 운영위원과 연구위원으로 활동해오고 있다. 지난해 두 연구 기관은 공동으로 개신교인의 용서에 대한 인식 조사를 실시하여 그 결과를 발표한 바 있다. 기독교는 용서의 종교라 해도 과언이 아니다. 그렇다면 개신교인들은 용서에 대해 어떤 인식을 하고 있을까? 일반 국민의 인식과 개신교인의 인식의 차이는 어떻게 나타나고 있을까?

이러한 배경에서 이 글은 크게 두 가지 목적을 가지고 있다. 첫째는 용서의 가치를 매우 중요하게 강조하는 개신교(改新教, Protestantism)와 개신교인들은 용서에 대해 어떤 인식과 경험을 가지고 있는지 설문 조사를 통해 확인하고, 그 특징을 분석하는 것이다. 이를 위해 필자는 2024년도 갈등과 용서 및 화해에 대한 개신교인 인식 조사의 주요 결과를 제시하여 설명하고자 한다. 둘째는 한국 개신교인의 용서 인식 확립을 위한 토대로서 기독교적 용서가 무엇인지를 제시하는 것이다. 이 부분에서 필자는 성서에 등장하는 용서 장면을 살펴보고, 계속해서 기독교 문화해석학의 관점에서 용서의 주체, 의무로서 용서, 용서의 무한성 차원을 하나씩 규명하여 기독교적 용서 개념을 제안하고자 한다.

이러한 일련의 논의를 통해서 우리는 용서에 대한 성서의 분명한 가르침을 확인할 수 있으며 개신교인의 용서 경험과 신앙과 용서의 연관성을 제대로 파악하고, 나아가 용서하지 못해 고통받는 피해자에 대한 관심의 필요성도 인식하게 될 것이다.

2024년도 갈등과 용서 및 화해에 대한 개신교인 인식 조사 결과

지난 2024년 6월 4일 기독인문학연구원(https://www.ioch.kr/)과 이음사회문화연구원(https://eumiscs.modoo.at/?link=d4x19h19)이 공동으로 "갈등과 용서 및 화해에 대한 개신교인 인식 조사" 결과를 발표하였다.★2 본 조사는 2023년 12월 20일~2024년 1월 4일

갈등과 용서 및 화해에 대한 개신교인 인식 조사

▶ 조사 개요

구 분	내 용
조사 대상	전국의 만 19세 이상 개신교인 남여
표본 규모	총 1,000명(유효 표본)
조사 방법	온라인 패널을 대상으로 한 온라인 조사(이메일을 통해 URL 발송)
표본 추출 방법	지역/성/연령별 개신교인 비례 할당
자료 처리	수집된 자료는 통계 패키지 SPSS 18.0 for Windows로 분석함
표본 오차	무작위 추출을 전제로 할 경우, 95% 신뢰 수준에서 ±3.1%p
조사 기간	2023년 12월 20일~2024년 1월 4일
조사 의뢰 기관	기독인문학연구원, 이음사회문화연구원
조사 기관	• 연구 · 분석: 목회데이터연구소 • 조사 진행: (주)지앤컴리서치

까지 전국의 만 19세 이상 개신교인 남녀 총 1,000명을 온라인 패널 대상으로 ㈜지앤컴리서치에 의해 온라인 조사 방식으로 진행했으며, 목회데이터연구소에 의해 연구 분석되었다.

2 용서 인식 및 경험

- 개신교인은 자신이 사기, 폭력, 갑질 등을 당할 경우 해당 행위에 대해 얼마나 용서할 수 있을까? 몇 가지 상황을 제시하고 용서할 수 없는 비율을 살펴본 결과, '성희롱적 발언을 한 사람(여성 응답자 기준)' 76%, '사기를 친 사람' 75%, '물리적 폭력을 행한 사람' 75%로 세 가지 유형이 비슷하게 높았다.
- 전반적으로 신체적 위해, 경제적 손실 등 법적 처벌 영역의 행위일수록 용서 불가 비율이 높은 경향을 보였다.

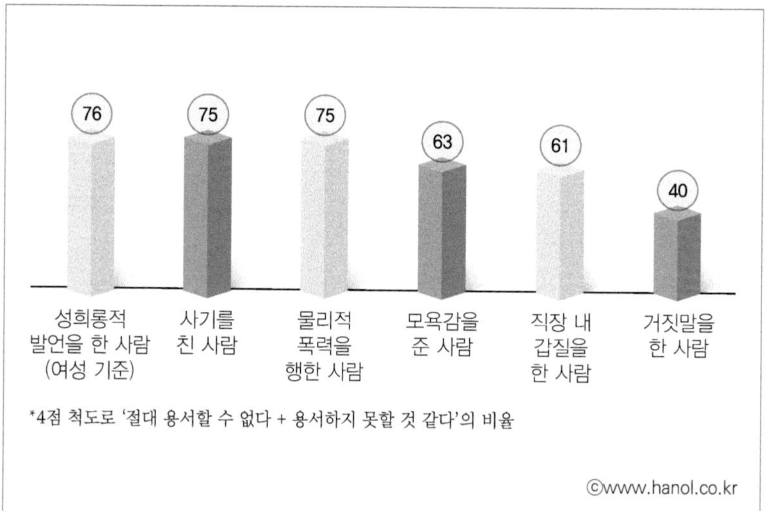

자신이 당한 행동별 용서 불가 비율*(개신교인, %)

- 성인이 된 이후, 자신에게 잘못한 사람을 용서한 경험이 있는지를 물은 결과, 개신교인의 대부분(83%)이 용서한 경험이 '있다'라고 응답했다.
- 용서 경험이 있는 응답자에게 상대를 어떻게 용서했는지를 물었더니 '진심으로 용서했다' 63%, '형식적으로 용서하고 넘어감' 37%로, 3명 중 2명 가까이 진심으로 용서한 경험이 있다고 응답했다.

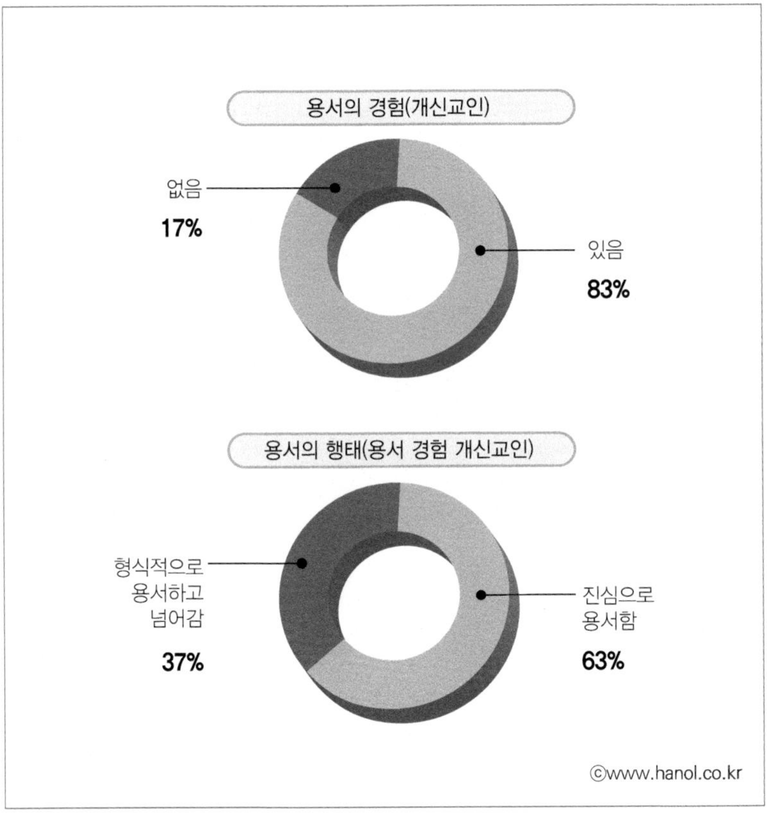

용서의 경험과 행태

• 이번에는 자신에게 잘못한 사람을 용서하게 되는 동기를 물었다. 그 결과, ‘나도 다른 사람에게 의도치 않게 잘못을 저지를 수 있다’가 58%로 가장 높게 응답했고, 이어 ‘상대방이 진심으로 용서를 구했기 때문에’ 46%, ‘상대방을 용서하고 화해하는 것이 크리스천다운 삶이라 생각해서’ 33% 등의 순이었다.

• 신앙이 용서의 동기로 작용한 ‘상대방을 용서하고 화해하는 것이 크리스천다운 삶이라 생각하기 때문에’의 응답 비율은 신앙 수준이 높을수록 상대적으로 높은 특징을 보였다.

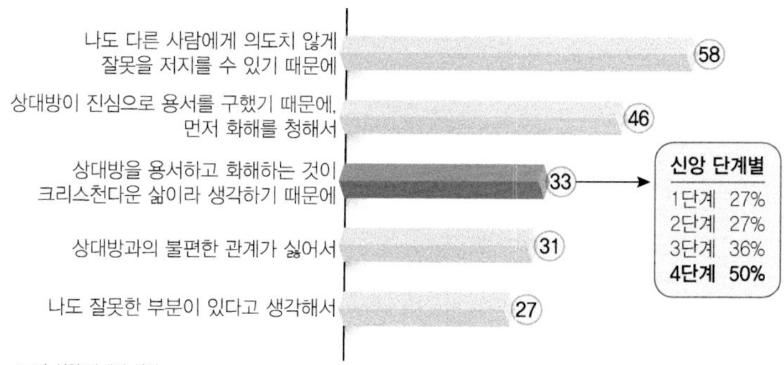

Note) 신앙 단계별 설명

1단계: 나는 하나님을 믿지만, 그리스도에 대해서는 잘 모르겠다. 내 종교는 아직까지 삶에서 큰 비중을 차지하지 않는다.
2단계: 나는 예수님을 믿으며, 그분을 알기 위해 여러 가지 일을 하고 있다.
3단계: 나는 그리스도와 가까이 있으며, 매일 그 분의 인도하심에 의지한다.
4단계: 하나님은 내 삶의 전부이며, 나는 그 분으로 충분하다. 나의 모든 일은 그리스도를 드러낸다.

ⓒwww.hanol.co.kr

용서 동기(용서 경험 개신교인, 1+2순위, 상위 5위, %)

2 종교/신앙과 용서 인식

• 개신교인과 비개신교인 간 ‘용서’ 행동에 있어 차이가 있을까? ‘개신교이든 비개신교인이든 차이 없다’는 인식이 57%, ‘개신

교인이 더 용서를 잘한다' 39%, '비개신교인이 더 용서를 잘한다' 3%로 '차이 없음'을 빼고 비교하면 비개신교인보다는 개신교인이 더 용서를 잘한다는 인식이 훨씬 강했다.

- '개신교인이 더 용서를 잘한다' 응답률은 신앙 수준이 높을수록 높은 경향을 보였다.

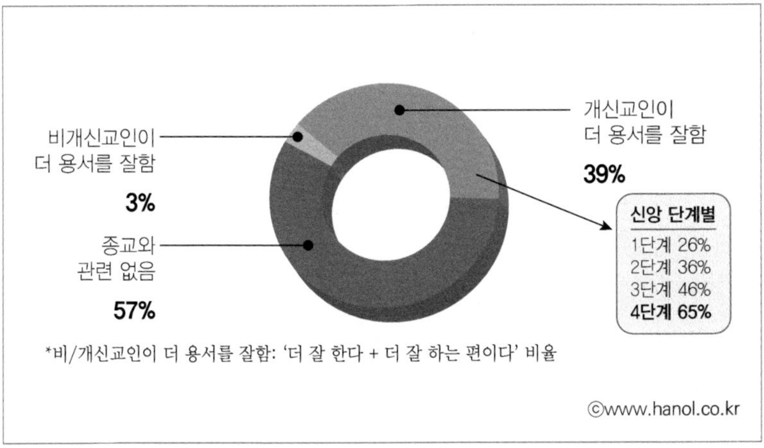

개신교인과 비개신교인의 용서 비교*(개신교인)

- 종교와 신앙은 용서와 어떤 상관성이 있거나 혹은 용서에 어떤 영향을 미칠까? 종교/신앙과 용서에 대한 문장을 제시하고 이에 대한 동의율을 확인했다. '개신교인이어도 상황에 따라 용서할 수 없는 일이 있다'에 개신교인 10명 중 8명 가까이(77%)가 동의해 개신교인일지라도 무조건적 용서는 어렵다는 것을 알 수 있다. 반면 '타인과 갈등이 생겼을 때 기도를 하면 용서하는 마음이 생길 수 있다'는 63%가 '그렇다'고 응답해 '기도가 용서에 긍정적으로 작용할 수 있음'을 보여주었다.

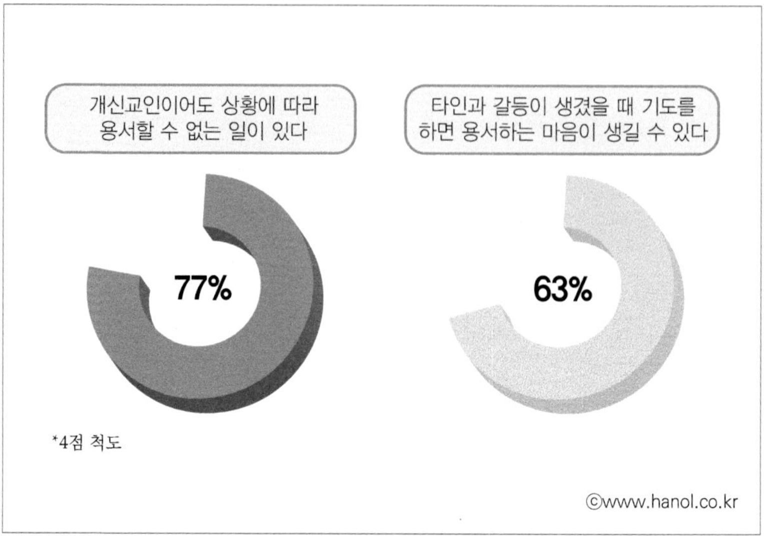

종교/신앙과 용서 인식(개신교인, '매우+대체로 그렇다' 비율*)

- '용서 프로젝트'란 자기 가족을 죽인 가해자를 신앙적인 이유로 용서하겠다는 피해자 가족의 모임을 말한다. '용서 프로젝트의 취지'의 이해와 '자신의 경우라면'의 두 가지 측면에서 의견을 물었다.
- 먼저 '용서 프로젝트의 취지'에 대해서는 '취지를 이해한다', 즉 '기독교인이라면 신앙적으로 용서할 수 있어야 한다'는 의견이 44%로 '취지를 이해할 수 없다'(36%)보다 많았다. 그러나 '만약 나라면'으로 질문을 바꾸면 '용서하지 못할 것 같다'(69%)가 '용서할 수 있을 것'(12%)보다 압도적으로 높았으나, 내 가족을 죽인 가해자를 용서할 수 있을 것이란 응답이 12%나 돼 주목된다. '나라면 용서할 수 있을 것 같다'고 응답한 비율은 신앙 수준이 높을수록 상대적으로 높았다.

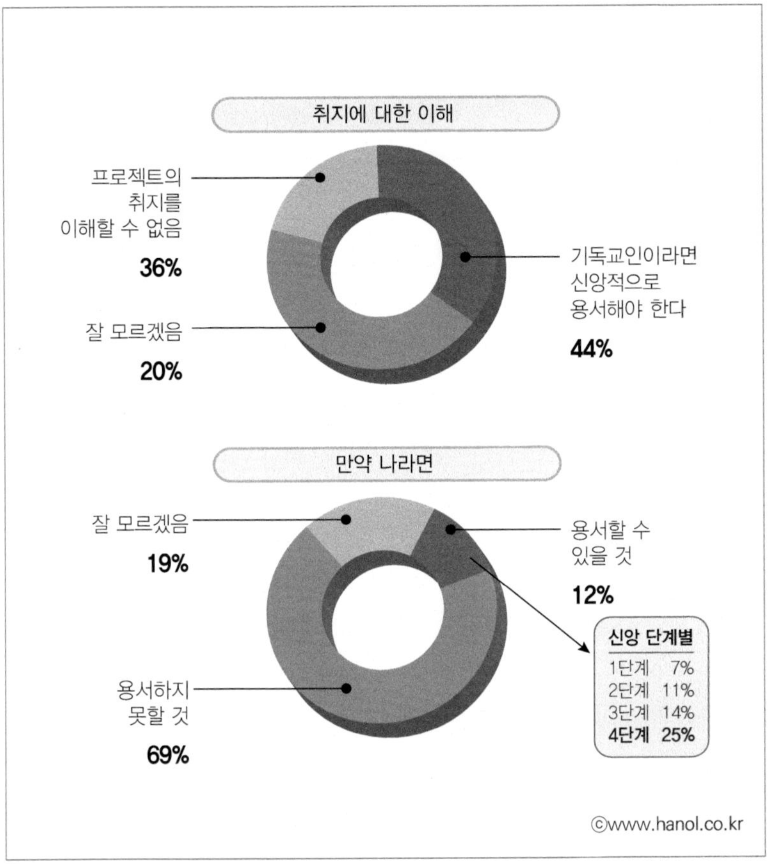

'용서 프로젝트'에 대한 의견(개신교인)

2 사회 갈등에 대한 인식

- 우리 사회 전반적으로 갈등이 얼마나 심각하다고 생각하는지 개신교인을 대상으로 물었다. 그 결과, 개신교인 대다수(89%)는 '심각하다'고 인식했고, 그중 '매우 심각하다'가 20%로 5명 중 1명은 사회 갈등에 대한 위기의식이 매우 높았다.

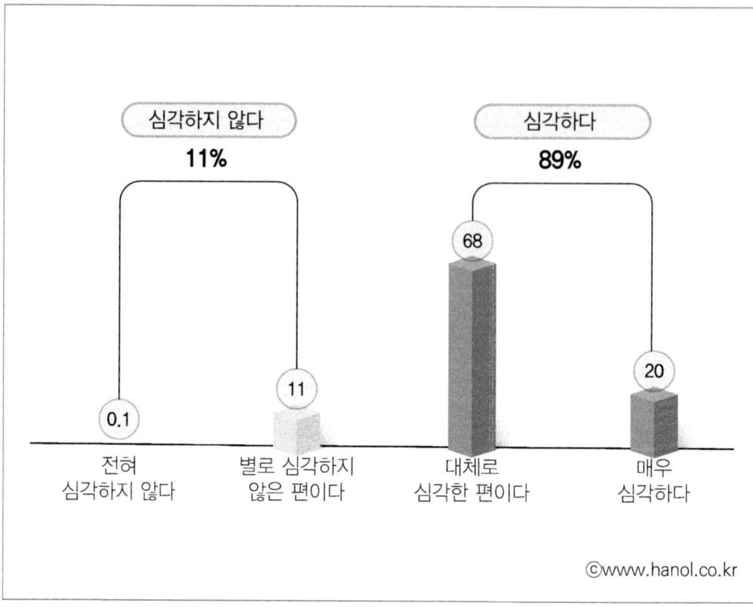

사회 갈등 심각성(개신교인, %)

- 개신교인이 바라보는 우리 사회 집단별 갈등 정도는 어떠할까? 사회 각 집단 간 갈등의 심각성 정도를 평가한 결과 '진보와 보수 갈등'이 92%로 가장 높게 나타났고, 그다음으로 '빈부 갈등'(79%), '지역 간 갈등'(72%) 순이었다.
- 응답자 특성별로 살펴보면 '여성과 남성 간 갈등'은 2030 젊은층에서 상대적으로 더 심각하게 느끼는 것으로 나타났다.
- 일반 국민 대상의 유사한 질문과 비교해 보면 '진보와 보수 갈등'이 동일하게 가장 높았고, 전반적으로 개신교인이 일반 국민보다 갈등의 심각성을 상대적으로 적게 느끼고 있었는데, 특히 '젊은이와 고령자 간 갈등'과 '여성과 남성 간 갈등'에 대한 심각성 인식이 10% 이상 낮게 나타난 점이 주목할 만하다.

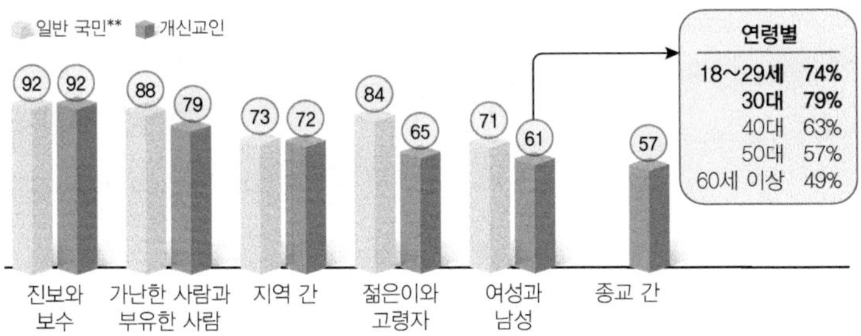

* 4점 척도
** '가난한 사람과 부유한 사람'은 '부유층과 서민층', '수도권과 지방'은 '영남과 호남', '젊은이와 고령자'는 '기성세대와 젊은세대'가 원 질문임

출처: 한국리서치 여론속의여론, '[집단별 갈등인식 - 2023년] 이념갈등, 여전히 우리나라의 가장 큰 갈등 축', 2023. 05. 23. (전국 만 18세 이상 남녀 1,000명, 웹조사, 2023.05.12~05.15.)

사회 집단별 갈등 심각성 인식('매우+약간 심각하다' 비율*, %)

- 사회 갈등 수준과 흐름을 파악하고자 '10년 전 대비 우리 사회의 갈등 정도'와 '향후 사회 갈등 변화 예상'에 관해 물었다. 개신교인 10명 중 7명(70%)은 '현재가 10년 전보다 심하다'고 응답해, 사회 갈등이 과거 대비 현재 더 심화했다고 느끼고 있었

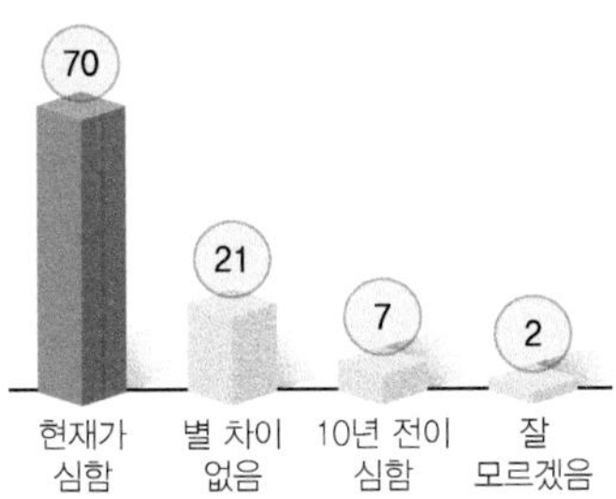

10년 전 대비 사회 갈등 정도(개신교인, %)

고, 앞으로 사회 갈등에 대한 전망 역시 3명 중 2명(67%)이 '커질 것'이라 응답해 비관적이고 부정적 인식이 높았다. 특히 40대의 경우 사회 갈등이 '커질 것'이라 예상한 비율이 4명 중 3명(76%)에 달했다.

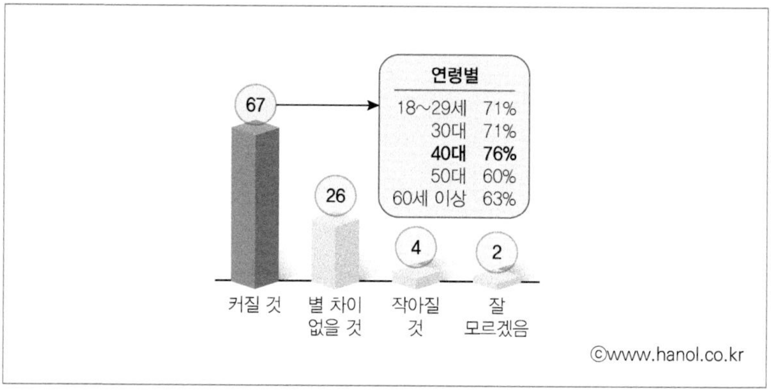

향후 사회 갈등 예상(개신교인, %)

2 한국 교회와 사회 갈등

- 한국 교회가 사회 갈등 완화를 위해 얼마나 노력하고 있는지 개신교인들에게 물었다. 그 결과, 개신교인의 47%가 '노력하고 있다'고 평가해, '노력하고 있지 않다' 43%보다는 약간 더 높았으나 절반에는 못 미쳤다. 한국 교회가 사회 갈등 완화를 위해 더 노력해야 한다고 생각하는 개신교인이 상당수 존재함을 알 수 있다.
- 우리 사회 갈등 완화 및 해결을 위해 노력하고 있는 주체를 물어 일반 국민 조사 결과와 비교하여 집단별 순위를 매겼다.
- 개신교인의 경우 '사회 갈등 완화를 위해 노력하고 있는 주체'

로는 오차 범위 이내에서 '종교 단체', '시민 단체', '개인'이 가장 높았다. 반면 '일반 국민'은 '교육계'가 사회 갈등 해소를 위해 가장 노력한다고 인식했고, 이어 '기업', '정부' 등의 순이었

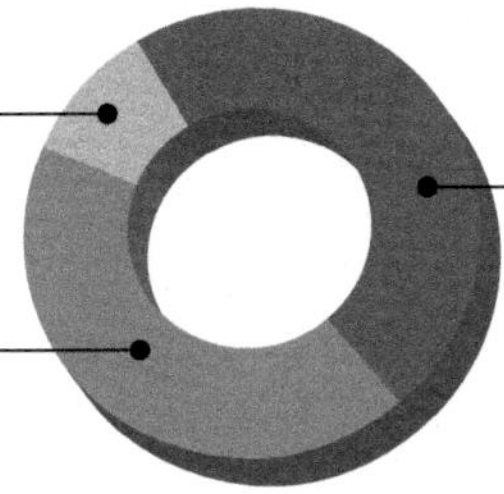

한국 교회의 사회 갈등 완화를 위한 노력 정도(개신교인)

사회 갈등 완화를 위해 노력하고 있는 사회적 주체(상위 5위)

*5점 척도

순 위	개신교인 (1순위 응답률)	일반 국민 (항목별 '매우+약간 노력한다 비율*)
1	종교단체(22%)	교육계(35%)
2	시민단체(20%)	기업(31%)
3	개인(19%)	정부(30%)
4	정부(16%)	종교단체(28%)
5	언론(6%)	시민단체(28%)
6	기업(4%)	언론(27%)
7	국회(4%)	법조계(25%)
8	교육계/기관(4%)	노동조합단체(20%)
9		국회(18%)

출처: 한국행정연구원, '2023년 사회통합실태조사' 2024. 01.(만 19세 이상 성인 남녀 8,221명, 면접조사, 한국갤럽조사연구소, 2023. 09. 01.~10.31.)

다. '종교 단체'는 4위를 차지해 개신교인들의 인식과는 다소 차이가 있었다.

- 한국 교회는 사회 갈등 완화를 위해 어떤 노력을 기울일 수 있을까? '자유롭게 소통할 수 있는 사회 문화 만들기 위한 노력'이 31%로 가장 많았고, 이어 '편 가르는 사회 문화 지양을 위한 노력' 26%, '가치관(신념)의 차이를 줄이기 위한 노력' 19% 등의 순이었다.
- '자유롭게 소통할 수 있는 사회 문화를 만들기 위한 노력'을 1순위로 꼽은 것은 한국 교회가 '편을 가르고 배타적인 이미지'를 먼저 털어내고, 교회 내부에서부터 이념, 세대, 남녀 등의 통합을 위해 노력해야 함을 의미한다고 볼 수 있다.

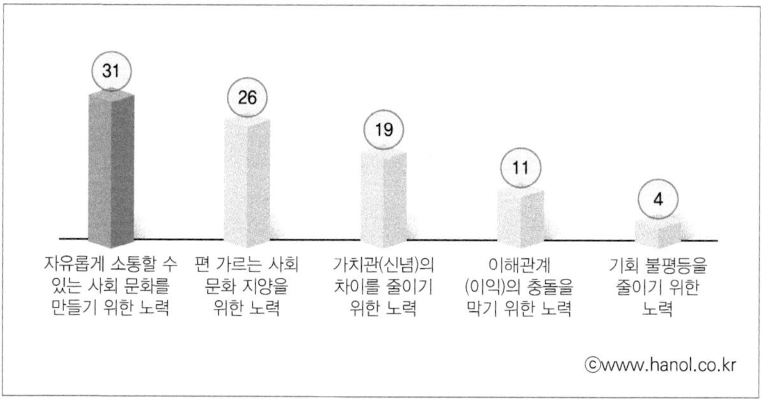

한국 교회의 사회 갈등 완화를 위한 노력해야 하는 것(개신교인, 상위 5위, %)

개신교인의 용서에 대한 인식 조사 결과에 대한 분석

2 용서 인식 및 경험 관련

개신교인은 자신이 사기, 폭력, 갑질 등을 당하면 해당 행위에 대해 얼마나 용서할 수 있을까? '성희롱적 발언을 한 사람(여성 응답자 기준)' 76%, '사기를 친 사람' 75%, '물리적 폭력을 행한 사람' 75%로 세 가지 유형이 비슷하게 높았다. 전반적으로 신체적 위해, 경제적 손실 등 법적 처벌 영역의 행위일수록 용서 불가 비율이 높은 경향을 보였다. 이런 조사 결과를 보면 개신교인 4명 중 3명은 '성희롱', '사기', '폭력'에 대해 용서하지 못한다는 응답을 하였다. 이는 개신교인이라 하더라도 사회적 현안으로 떠오른 행위들에 대해서는 용서하지 못한다는 인식이 있는 것으로 파악된다.

그렇지만 성인이 된 이후, 자신에게 잘못한 사람을 용서한 경험이 있는지를 물은 결과, 개신교인의 대부분(83%)이 용서한 경험이 '있다'라고 응답했다. 또한, 용서 경험이 있는 응답자에게 상대를 어떻게 용서했는지를 물었더니 '진심으로 용서했다' 63%, '형식적으로 용서하고 넘어감' 37%로, 3명 중 2명 가까이 진심으로 용서한 경험이 있다고 응답했다. 이런 응답의 배경에는 '나도 다른 사람에게 의도치 않게 잘못을 저지를 수 있다'가 58%로 가장 높게 응답했고, 이어 '상대방이 진심으로 용서를 구했기 때문에' 46%, '상대방을 용서하고 화해하는 것이 크리스천다운 삶이라 생각해서' 33% 등의 순이었다. 결과적으로 신앙이 용서의 동기로 작용하여 '상대방을 용서하고 화해하는 것이 크리스천다운 삶이라 생각하기 때문에'의 응답 비율은 신앙 수준이 높을수록 상대적으로 높은 특징을 보였다.

이상을 종합해 보면, 개신교인 4명 중 3명은 특정 행위, 즉 '성희롱', '사기', '폭력'에 대해서는 용서하지 못한다는 응답 비율을 보였으나, 용서 경험이 있는 개신교인 63%는 상대방을 진심으로 용서했다고 응답했으며, 개신교인 3명 중 1명은 용서가 크리스천다운 삶이어서 용서했다고 응답하였다.

2 종교/신앙과 용서 인식 관련

개신교인과 비개신교인 간 '용서' 행동에 있어 차이가 있을까? '개신교이든 비개신교인이든 차이 없다'라는 인식이 57%, '개신교인이 더 용서를 잘한다' 39%, '비개신교인이 더 용서를 잘한다' 3%로 '차이 없음'을 빼고 비교하면 비개신교인보다는 개신교인이 더 용서를 잘한다는 인식이 훨씬 강했다.

종교와 신앙은 용서와 어떤 상관성이 있거나 혹은 용서에 어떤 영향을 미칠까? 종교/신앙과 용서에 대한 문장을 제시하고 이에 대한 동의율을 확인한 결과 '개신교인이어도 상황에 따라 용서할 수 없는 일이 있다'에 개신교인 10명 중 8명 가까이(77%)가 동의해 개신교인일지라도 무조건적 용서는 어렵다는 것을 알 수 있다. 반면 '타인과 갈등이 생겼을 때 기도를 하면 용서하는 마음이 생길 수 있다'는 63%가 '그렇다'라고 응답해 '기도가 용서에 긍정적으로 작용할 수 있음'을 보여주었다.

'용서 프로젝트의 취지'의 이해와 '자신의 경우라면'의 두 가지 측면에서 의견을 물었다. 먼저 '용서 프로젝트의 취지'에 대해서는 '취지를 이해한다' 즉, '기독교인이라면 신앙적으로 용서할 수 있어야 한다'라는 의견이 44%로 '취지를 이해할 수 없다'(36%)보다 많았다. 그러나 '만약 나라면'으로 질문을 바꾸면 '용서하지 못할 것 같다'(69%)가 '용서할 수 있을 것'(12%)보다 압도적으로 높았으나, 내 가족을 죽인 가해자를 용서할 수 있을 것이란 응답이 12%나 돼 주목된다. '나라면 용서할 수 있을 것 같다'라고 응답한 비율은 신앙 수준이 높을수록 상대적으로 높았다.

이상을 종합해 보면, 대체로 개신교인이 비개신교인보다 훨씬 더 용서를 잘한다는 인식이 강했다. 그런데 '만약 나라면' 자기 가족을 죽인 가해자를 신앙적 이유로 용서할 수 있는가라는 질문에 69%가 용서 못한다고 응답하였고, 용서할 수 있다는 12%에 불과하였다. 또한, 개신교인 63%는 기도하면 용서하는 마음이 생긴다고 응답하였다. 정리해 보면, 개신교인들은 용서가 타인의 문제일 경우에게는 객관화하려는 경향이 있고, 본인의 문제일 경우에는 주관화하려는 경향을 나타내고 있음을 확인할 수 있다.

2 사회 갈등에 대한 인식 관련

우리 사회 전반적으로 갈등이 얼마나 심각하다고 생각하는지 개신교인을 대상으로 물은 결과, 개신교인 대다수(89%)는 '심각하다'고 인식했고, 그중 '매우 심각하다'가 20%로 5명 중 1명은 사회 갈등에 대한 위기의식이 매우 높았다.

사회 각 집단 간 갈등의 심각성 정도를 평가한 결과 '진보와 보수 갈등'이 92%로 가장 높게 나타났고, 그다음으로 '빈부 갈등'(79%), '지역 간 갈등'(72%) 순이었다. 일반 국민 대상의 유사한 질문과 비교해 보면 '진보와 보수 갈등'이 동일하게 가장 높았다. 전반적으로 개신교인이 일반 국민보다 갈등의 심각성을 상대적으로 적게 느끼고 있었는데, 특히 '젊은이와 고령자 간 갈등'과 '여성과 남성 간 갈등'에 대한 심각성 인식이 10% 이상 낮게 나타난 점이 주목할 만하다.

이상의 내용을 종합해 보면, 개신교인 대다수는 우리의 사회 갈등이 심각하다고 인식하고 있었다. 대체로 일반 국민과 개신교인의 공통된 인식은 이념, 빈부, 지역 갈등에 대한 인식은 비교적 일치하였으나, 세대 갈등과 남성과 여성의 갈등에 대해서는 일반 국민보다 인식이 낮게 나타났다. 또한, 개신교인 3명 중 2명은 우리의 사회 갈등이 앞으로 더 커질 것으로 응답해 부정적 인식이 높았다.

2 한국 교회와 사회 갈등 관련

한국 교회가 사회 갈등 완화를 위해 얼마나 노력하고 있는지 개신교인들에게 물은 결과, 개신교인의 47%가 '노력하고 있다'라고 평가해, '노력하고 있지 않다' 43%보다는 약간 더 높았으나 절반에는 못 미쳤다. 한국 교회가 사회 갈등 완화를 위해 더 노력해야 한다고 생각하는 개신교인이 상당수 존재함을 알 수 있다.

개신교인의 경우 '사회 갈등 완화를 위해 노력하고 있는 주체'로는 오차 범위 이내에서 '종교 단체', '시민 단체', '개인'이 가장 높았다. 반면 '일반 국민'은 '교육계'가 사회 갈등 해소를 위해 가장 노력한다고 인식했고, 이어 '기업', '정부' 등의 순이었다. '종교 단체'는 4위를 차지해 개신교인들의 인식과는 다소 차이가 있었다.

마지막으로 한국 교회는 사회 갈등 완화를 위해 어떤 노력을 기울일 수 있을까? '자유롭게 소통할 수 있는 사회 문화를 만들기 위한 노력'이 31%로 가장 많았고, 이어 '편 가르는 사회 문화 지양을 위한 노력' 26%, '가치관(신념)의 차이를 줄이기 위한 노력' 19% 등의 순이었다. '자유롭게 소통할 수 있는 사회 문화를 만들기 위한 노력'을 1순위로 꼽은 것은 한국 교회가 '편을 가르고 배타적인 이미지'를 먼저 털어내고, 교회 내부에서부터 이념, 세대, 남녀 등의 통합을 위해 노력해야 함을 의미한다고 볼 수 있다.

제언: 개신교인의 '용서' 인식 정립을 위한 기독교적 용서란 무엇인가?★3

용서란 무엇인가?

용서란 무엇일까? 용서에 수반되는 감정은 어떤 상태일까? 용서에 대한 학자들의 기본적인 생각부터 살펴보자. 먼저 질 스코트는 『용서의 시학』에서 용서가 결코 간단히 이뤄질 수 없는 일이란 것을 이제야 깨달았다고 말한다.(Jill Scott, 2010: 201) 한나 아렌트는

『인간의 조건』에서 용서야말로 '불가역성의 곤경'으로부터 헤쳐 나오게 해줄 유일한 방법이라고 말한다.(Hannah Arendt, 1958: 237) 리처드 홀로웨이는 용서는 과거의 쳇바퀴에서 놓여나게 해준다고 말한다.(Richard Holloway, 2002: 53)

데스몬드 투투도 "용서 없이 미래 없다"는 말로써 용서의 진정한 의미를 짚어낸다.(Desmond Tutu, 1999) C. S. 루이스는 사람들은 정작 자신이 용서할 일을 당하기 전까지는 용서가 아름다운 일이라고 말한다.(C. S. Lewis, 1952: 101) 버너딘 비숍은, 진정한 용서는 처절한 몸부림, 요동치는 감정의 기복, 이루다 헤아리지 못할 깊은 번민과 고뇌와 갈등의 결과다. 하지만 자아의 안팎에서 선악과 끈질기게 겨루고 난 후의 용서는 모든 것을 바꾸어 놓는다고 하였다.(Bernadine Bishop, 2006: 30)

그리고 스티븐 체리는 용서한다는 것은 내 옆구리에 깊숙이 박힌 창을 내 손으로 뽑아내는 일이라고 말한다. 내 도덕적 감수성, 내 자존감, 내 원칙, 내 희망인 내 속의 창자들을 절대로 다치지 않게 하면서 정말로 조심스럽게 빼내야 하는 일이다. 그는 용서가 곧 고통이라고 말한다. 용서는 결코 쉬운 해결책도 즉효의 처방도 아니다. 긴 시간이 걸리는 고통이다. 다만 그냥 고통이 아닌, '치유의 고통'이다.(스티븐 체리, 2013: 9)

2 성서에서 용서 장면들은 어떤 것인가?

찰스 윌리엄스는 신약 성경 마태복음 6장의 다음 구절에 주목했다.

"너희가 사람의 잘못을 용서하면, 너희 하늘 아버지께서도 너희 잘못을 용서하시려니와 너희가 사람의 잘못을 용서하지 아니하면, 너희 아버지께서도 너희 잘못을 용서하지 아니하시리라."(마태복음 6: 14-15)

이 성경의 영어 원문은 Your heavenly Father forgive us our trespasses as we forgive those who trespass against us로 되어 있다. 여기서 윌리엄스는 'as'에 주목하면서, '~하면'을 다음과 같이 해석한다. '용서하라, 그렇지 않으면!'이라는 일종의 위협이 담겨 있다고 파악하였다. 그래서 윌리엄스는 용서는 하나님의 본성이므로 그리스도인들에게는 절대적으로 요구되는 덕목이라고 간주하였다.(Charles Williams, 1950: 157)

한편, 신약 성경에 등장하는 용서의 장면들은 모두 아홉 군데에서 나타난다. ① 중풍 병자를 고치시는 장면(마가복음 2장), ② 잃은 양을 되찾은 목자의 비유(누가복음 15장), ③ 죄 많은 여자를 용서하시는 장면(누가복음 8장), ④ 예수님과 삭개오의 만남(누가복음 19장), ⑤ 용서할 줄 모르는 종의 비유(마태복음 18장), ⑥ 십자가에 못 박히신 예수(누가복음 23: 34), ⑦ 스데반의 순교(사도행전 7: 60), ⑧ 바울의 서신(골로새서 3: 12-13), ⑨ 기도할 때의 용서(마가복음 11: 25)

이상에서 언급된 성경의 메시지들은 인간도 신(神)과 같은 방식으로 용서해야 한다는 뜻으로 잘못 읽힐 수 있다고 스티븐 체리는 지적하고 있다.(스티븐 체리, 2013: 89) 그렇다면 신(神)의 용서와 인간의 용서의 차이는 무엇일까? 두 가지 용서는 한 가족의 구성원들처럼 서로 연관되어 있지만 각자 분명히 다르다. 그러므로 성경의 구절들을 해석할 때 그 차이를 반드시 고려해야만 한다. 한마디로 신(神)과 똑같은 방식으로 너희도 용서해야 한다는 의미로 받아들이지 말라고 앤서니 베쉬는 말한다.(A. Bash, 2011: 26-27) 왜냐하면, 그것은 절대로 불가능한 일이기 때문이다. 그렇다면 위에서 언급했던 마태복음 6장 14~15절이 전달하려는 진짜 메시지는 무엇일까? 여기에 대해 스티븐 체리는 신께 용서를 구하는 과정의 핵심적 일부로서 너희도 용서하는 마음을 갖도록 노력해야 한다는 의미로 파악한다.(스티븐 체리, 2013: 90)

그렇다면 용서에 관한 인간의 논리는 어떻게 전개할 수 있을까? 여기서 우리는 톰 라이트의 견해에 주목해 볼 필요가 있다. 톰 라이트는 용서할 줄 모르는 종의 비유가 생생한 마태복음 18장을 구체적으로 언급하면서 다음과 같이 말한다.

> 예수님은 인위적이고 추상적인 명령을 하나 주시면서 이 시험을 통과하지 못하면 하나님이 너를 용서하지 않으실 것이라고 말씀하시는 것이 아니다. 예수님은 우리가 '도덕적 우주'와 '인간의 본성'에 관한 한 가지 사실에 주목하고자 한다. 그분은 결국 우리 속에 있는 '용서를 받아들이는 능력'과 '용서를 베푸는 능력'은 같은 것이라고 말씀하고, 그렇기에 한쪽 문을 열면 다른 한쪽 문이 열리는 것이며, 한쪽 문을 닫으면 다른 한쪽 문도 닫히는 것이라는 의미를 담고 있다(N.T. Wright, 2006).

톰 라이트의 견해는 우리의 사고를 '용서의 윤리'에서 '용서의 정신'으로 전환해 놓고 있다. 앤서니 베쉬도 마가복음 11장 25절을 들어 비슷한 견해를 밝히고 있다. 이를테면 신(神)은 용서하지 않는 자로부터 용서를 거두어간다는 뜻이 아니라 용서하지 않는 자는 용서를 받을 능력이 없다는 뜻이라고 주장하고 있다.(A. Bash, 2011: 67)

기도와 마찬가지로 용서는 단순한 의무가 아닌 정신의 문제이다. 기도와 용서는 온전하고 충만한 삶을 살아가기 위해 지속해서 지녀야 하는 자세이다. 골로새서에 적힌 구절들은 비단 기도에 관한 내용이 아니라 우리가 함양해야 할 품성들, 즉 동정, 호의, 겸손, 온유, 인내에 관한 내용이다.(스티븐 체리, 2013: 90) 다음으로 신약 성경 에베소서의 다음 구절에 주목해 보자.

"너희는 모든 악독과 노함과 분냄과 떠드는 것과 비방하는 것을 모든 악의와 함께 버리고, 서로 친절하게 하며, 불쌍히 여기며, 서로 용서하기를 하나님이 그리스도 안에서 너희를 용서하심 같이 하라."(에베소서 4: 32-32)

여기서 마지막 부분에 해당하는 영어 성경 원문은 forgiving one another as God in Christ has forgiven you이다. 이 구절에서 '용서하심 같이(as)' 부분과 관련하여, 스티븐 체리는 '용서하셨음으로(since)'라는 표현으로 대체하면, 용서의 윤리에서 용서의 마음과 용서의 정신으로 그 의미가 전환된다고 주장한다.(스티븐 체리, 2013: 90) 하나님께서 그리스도 안에서 여러분을 용서하셨으니까 여러분도 서로 용서해야 한다는 뜻이 된다는 것이다.

그리고 '용서할 의무'가 가장 선명하게 드러나는 곳은 신약 성경 마태복음 18장이다. 그렇다면 이 마태복음 18장 역시 무슨 일이 있더라도 확고하고 완전한 용서자가 되라는 뜻이 아니라 용서하는 자세와 태도를 지니라는 뜻인가?

이와 관련하여 스티븐 체리는 마태복음 18장은 정말로 용서하는 마음, 용서의 정신에 관해 말하고 있다고 간주한다. 그중에서도 그는 특히 "내가 너를 불쌍히 여김과 같이 너도 네 동료를 불쌍히 여김이 마땅하지 아니하냐 하고"(마태복음 18: 33)에 집중한다. 그는 이 구절이 '수사학적 표현'이라고 주장한다. 그러니까 하나님의 사랑이나 은총, 자비에 대한 예수의 가르침은 언제나 한결같다. 이 이야기는 어떤 한 사람이 누려야 할 보상이나 이익이 아니라, 바로 그 보상이나 이익이 또 다른 사람에게 전달될 때 충만한 결실을 보게 되는 '치유의 기쁨'을 말하고 있다는 것이다.(스티븐 체리, 2013: 92)

2 기독교 문화해석학적 용서의 핵심 내용은 무엇인가?

용서에 관한 예수의 입장을 신학적 입장이 아닌 기독교 문화해석학의 입장에서 다루고자 한다. 기독교 문화해석학의 입장이란 성경에 등장하는 예수의 용서 장면에 대해 특정 신학 혹은 교단의 입장이 아닌, 해석학, 문화해석학의 관점에서 접근하여 용서의 의미를 찾아보려는 입장을 일컫는다.

예수를 '용서의 발견자'라고 표현한 사람은 한나 아렌트이다. 아렌트는 예수를 기독교라는 특정한 종교의 범주에 갇힌 존재가 아니라 사회 정치적 상황에서 중요한 용서의 의미를 전하는 존재로 확장하였다.(Arendt, 1998) 예수의 용서에 대한 가르침은 생명 사랑의 원리라는 맥락에서 이해해야 하며 그때 비로소 용서의 심오한 의미가 되살아난다.(강남순, 2017: 200)

먼저 용서의 주체는 누구인가? 예수는 당시 가장 강력한 종교적 권위와 권력을 행사했던 서기관과 바리새인들과는 매우 다른 용서를 가르쳤다. 서기관과 바리새인들은 진정한 용서를 할 힘은 오직 신만이 가지고 있으며, 용서할 힘은 신에게서만 나온다고 가르쳤다. 그런데 예수의 용서에 대한 가르침은 이런 전통적인 종교적 가르침을 정면으로 반박하였다. 말하자면 신만이 용서할 힘을 가진 것이 아니다. 그리고 용서는 신이 아닌 인간에 의해 먼저 시작되어야 한다는 것이다. 그러니까 신이 용서하기 때문에 인간도 따라 용서하는 것이 아니라, 인간이 먼저 용서해야 비로소 신도 용서하게 된다는 것이다. 예수는 용서의 권위와 순서에 대한 전통적 이해를 근원적으로 역전시켜 놓았다.(강남순, 2017: 202)

예수가 용서자로서 직접 용서의 행위를 한 경우는 두 번 있다. 한 번은 예수에게 병 고침을 받으러 온 중풍 병자에게 "그들의 믿음을 보시고 이르시되, 이 사람아 네 죄 사함을 받았느니라 하시니"(누가복음 5: 20)와 다른 경우는 울면서 눈물로 예수의 발에 입 맞추고 향유를 바르고 머리카락으로 예수의 발을 닦은 사람에게도 "여자에게 이르시되, 네 죄 사함을 받았느니라 하시니"(누가복음 7: 48)라고 선언하셨다. 그런데 예수의 이 같은 용서 행위에는 특이한 점이 있다. 예수는 용서의 일반적인 양식인 '나는 당신의 죄를 용서한다'처럼 '나'라는 주어가 들어간 능동태를 쓰지 않는다. 즉 '누가' 용서의 주체인지 드러나지 않는 수동태를 쓰고 있다. 영어 성경에서는 이 문장이 주어가 없는 수동태로 "Your sins are forgiven."으로 표기되어 있다.

이처럼 예수가 용서하는 현장에서는 도대체 용서의 주체가 누구인지, 언제 어떻게 용서가 이루어지는지 구체적으로 나타나 있지 않다. 또한, 용서가 이루어진 과정을 보면 용서받는 자가 이른바 반성이나 회개 등을 했는지 아닌지도 알 수 없다. 나아가 예수는 "너희가 각각 마음으로부터 형제를 용서하지 아니하면 나의 하늘 아버지께서도 너희에게 이와 같이 하시리라."(마태복음 18: 35)라고 함으로써 용서의 주체가 신이 아닌 인간임을 분명히 선언하였다. 따라서 진정 마음속에서 용서하지 않는 사람은 거꾸로 신에게도 용서받을 수 없다는 것이다. 이러한 용서에 대한 예수의 가르침에 따르면 용서란 인간의 선택 사항이 아닌 '의무'가 된다.

그렇다면 의무로서 용서란 무엇인가? 예수는 "너희는 스스로 조심하라. 만일 네 형제가 죄를 범하거든 경고하고, 회개하거든 용서하라."(누가복음 17: 3)라고 말하였다. 이러한 예수의 용서에 대한 이해를 보면, 첫째, 용서의 시작은 침묵이 아니라 우선 잘못을 알게 해주는 것에서 시작한다. 피해자가 가해자의 잘못을 무작정 방관하는 것이 아니라 그의 잘못에 대해 분명하게 문제를 제기해야 한다는 것이다. 둘째, 가해자가 자신의 행위가 잘못이었음을 깨달았다면 사과하고 미안해해야 한다. 다시 말해 회개해야 한다. 셋째, 용서의 완성에서 필요한 것은 잘못을 깨닫고 사과한 사람을 피해자가 용서하는 것이다.

또한, 예수는 자신을 못 박은 병사들을 위해 "아버지 저들을 사하여 주옵소서. 자기들이 하는 것을 알지 못함이니이다 하시더라."(누가복음 23: 34)라고 말하였다. 이것은 자신들의 행위가 어떤 의미를 지니는지 알지 못하는 이들도 용서의 대상으로 간주하는, 말하자면 예수의 용서가 얼마나 포괄적인 범주에 있는지를 드러낸다.

예수는 용서가 '선택'이 아니라 인간의 '의무'라는 것을 분명히 하였다. 용서는 인간이 자신의 파괴성에서 벗어날 가능성이며, 새롭게 시작할 시간과 공간을 확보해주기 때문이다. 이러한 용서의 가능성 속에서 인간은 자신이 불완전한 존재로서, 타자가 잘못을 저지를 수 있듯이 자기 자신도 언제나 잘못을 저지를 수 있는 존재임을 인정하게 된다. 이를 인정함으로써 인간은 불완전하고 잘못을 저지를 수 있는 부정적 존재로 자기를 규정하는 데서 벗어나 언제나 새롭게 시작할 수 있는 새로운 존재로 재탄생하게 된다. 예수가 말하는 '탕자'의 비유(누가복음 15: 11-24)가 여기에 해당한다. 예수는 '탕자' 이야기를 통해 용서가 어떻게 한 존재에게 새로운 가능성의 문을 열게 하는지를 보여주고 있다. 누군가의 잘못에 대해 복수가 아닌 용서를 하는 것은 선택이 아닌 인간의 의무이며, 예수는 그러한 용서를 베풀 때 비로소 진정한 자유를 얻고, 새로운 존재로서의 가능성을 지속해서 지닐 수 있다고 제안하고 있다.

마지막으로 용서의 무한성은 무엇이며, 왜 필요한가? 예수는 용서의 무한성을 강조하기도 하였다. 베드로가 예수께 형제가 내게 죄를 범하면 몇 번이나 용서해야 하는지 예수에게 묻자, 예수는 "네게 이르노니, 일곱 번뿐 아니라 일곱 번을 일흔 번까지라도 할지니라."(마태복음 18: 22)라고 말하였다. 그렇다면 예수가 말한 '일곱 번을 일흔 번까지라도'라는 말은 무슨 뜻일까? 먼저 이 표현은 양적인 문제가 아니라 질적인 문제로 바꿔 생각해볼 필요가 있다. 따라서 이 말은 여러 번 용서하라는 뜻이라기보다는 '마음으로부터 용서'하는 사람이 되라는 뜻이다.(스티븐 체리, 2013: 92) 다음으로 이 표현은 글자 그대로 490번이라도 용서하라는 이야기가 아니다. 이 말은 몇 번이라고 셀 필요도 없이 용서하라는, 그러니까 '용서의 무한성'을 강조하는 것으로 이해할 수 있다.(강남순, 2017: 208)

용서의 무한성을 요구하는 예수의 용서 원리는 예수가 말하는 사랑의 원리와 동일 선상에 있다. 예수는 나 자신을 사랑하는 것처럼 이웃을 사랑하라고 하면서, 그 이웃의 범주에 원수를 포함하고 있다. 예수는 "너희가 너희를 사랑하는 자를 사랑하면 무슨 상이 있으리요, 세리도 이같이 아니하느냐"(마태복음 5:46)라고 말하였다. 그러니까 사랑할 만한 사람만을 사랑한다면 그것은 이미 사랑의 의미가 아니라는 것이다. 그래서 예수는 자기사랑-이웃사랑-원수사랑을 사랑의 범주에 포함한 것이다. 이런 맥락에서 볼 때 무한하게 용서하라는 예수의 용서 원리는 나와 이웃뿐만 아니라 원수도 사랑해야 한다는 급진적 사랑의 원리라고 할 수 있다. 이런 급진적 사랑에 대한 요구는 이미 급진적 용서와 용서의 무한성을 전제로 한다고 볼 수 있다.(강남순, 2017: 209)

데리다는 용서의 무조건적 측면을 강조하면서 "진정한 용서는 용서할 수 없는 것을 용서하는 것이다. 다만 용서할 수 없는 자가 있는 곳에 용서가 있을 뿐이다. 무조건적 용서의 불가능을 행하는 곳에 용서의 가능성이 있을 뿐이다."(Jacques Derrida, 2001: 32)라고 말한 바 있다. 데리다가 말하는 진정한 용서의 개념은 예수가 말하는 무한한 용서 그리고 원수까지 나 자신처럼 사랑하라는 사랑과 용서의 메시지와 맞닿아 있는 것이라 할 수 있다.

성서에 따르면 하나님은 인간을 다시 공동체로 되돌아오게 하고자 다양한 방식으로 인간과의 화해를 모색한다. 이러한 하나님의 화해는 인간이 죄성을 인정하고 받아들이면서 하나님의 용서를 받겠다는 의지와 열린 마음을 가질 때 비로소 가능해진다. 그렇지만 용서와 화해가 전적으로 하나님에게 의존하고 있다는 사실이다. 다른 한편 하나님의 용서를 받는 데 결정적으로 중요한 것이 타자를 용서하는 우리 인간의 마음이라는 점이다. 이는 하나님의 용서 전제 조건이 바로 타자를 용서하는 것이라는 사실이다. 이것은 두 가지 사실을 전제한다. 하나는 타자를 용서함으로써 자신의 인간됨을 유지하라는 말이다. 다른 하나는 타자를 용서함으로써 인류 공동체와 자신을 다시 연결하고, 그 인류 공동체 안에서 살아가야 한다는 사실을 기억하고 실천하라는 의미이다. “우리가 우리에게 잘못한 이들을 용서하는 것처럼 우리의 잘못을 용서해 달라”고 한 예수의 주기도문은 우리가 하나님에게 용서받는 것의 전제 조건은 우리 스스로가 먼저 타자를 용서하는 것임을 분명히 하고 있다.(강남순, 2017: 173) 용서는 인류 공동체가 인간성을 유지하면서 공동체성을 유지하고 그 속에서 살아가는 개별 인간들의 열린 삶을 창출하기 위한 중요한 가치 가운데 하나다.

---

1. 이 글은 신응철, 「개신교인의 용서(forgiveness)에 대한 인식조사 결과와 기독교적 용서 제안」, 『인간과 자연』 6권 1호, 한국인간과자연학회, 2025. 201~227쪽에 게재되어 있으며, 이를 수정 보완하였음을 밝혀둠.
2. 2024년도 개신교인의 용서에 대한 인식 조사결과는 기독교통계(242호)를 참조바람. http://numbers1.cafe24.com/bbs/board.php?bo_table=gugnae&wr_id=119&page=2(최종 접속일: 2025.02.09.)
3. 여기에서 논의하고 있는 기독교적 용서 개념은 필자의 선행연구인 「용서(Forgiveness) 논쟁 다시 보기」, 『철학·사상·문화』(27호, 동국대학교 동서사상연구소, 106~127, 2018.)와 「기독교 문화해석학의 관점에서 본 용서」, 『인문사회21』(Vol.9, No.5, 통권 30호. 211~222, 2018.)에 터하고 있으며, 이를 재인용하고 있음을 밝혀둔다.

참고 문헌

- 강남순(2017), 『용서에 대하여』, 서울: 도서출판 동녘
- 강영안(1996), 「문화개념의 철학적 배경」, 『문화철학』, 한국철학회, 철학과현실사
- 강영안(2005), 「'주체의 죽음' 이후의 문화 주체」, 『기독교 문화, 소통과 변혁을 향하여』(문화선교연구원 엮음)
- 구인회(2015), 『죽음에 관한 철학적 성찰』, 한길사
- 권명수(2008), 「용서의 공동체 만들기: 발견으로서의 용서」, 『한국기독교신학논총』(한국기독교학회), 58: 181-205
- 권성훈(2016), 「한국 재난 시에 나타난 죽음의식 변화 연구」, 『한국문학이론과 비평』 73집(20권 4호), 한국문학이론과 비평학회
- 권진숙(2017), 「죽어가는 사람들의 영혼의 순례: 호스피스. 완화 의료를 위한 영혼의 목회적 돌봄」, 『신학과 실천』 57호, 한국실천신학회
- 김경은(2022), 「환대의 영성을 위한 레비나스(Emmanuel Levinas) 고찰」, 『신학과 실천』 78집, 한국실천신학회
- 김광철(2023), 「레비나스의 타자성의 철학의 기독교교육적 함의」, 『신학연구』 82집, 한신대학교 한신신학연구소
- 김덕영(2007), 『게오르그 짐멜의 모더니티 풍경 11가지』, 길
- 김동건(2008), 『현대 신학의 흐름』, 대한기독교서회
- 김동춘(2022), 『시험 능력주의: 한국형 능력주의는 어떻게 불평등을 강화하는가』, 창비
- 김선정(2006), 「포도원 주인의 두 가지 길-마태복음 20:1-16에 대한 사회학적 해석」, 『신약논단』 13권 4호, 한국신약학회
- 김애령(2008), 「이방인의 언어와 환대의 윤리」, 『철학과 현상학연구』 39
- 金貞義 외(1995), 『꿈꾸는 역마살』, 삶과꿈
- 金貞義 외(1998), 『내가 지나가는 소리』, 삶과꿈
- 金貞義(2017), 『노을빛에 익어 가는 열매』, 소소리출판사
- 金貞義(2021), 『보이지 않는 끈』, 해드림출판사
- 金貞義(2024), 『노을꽃』, 해드림출판사
- 김종우(2018), 「진정한 용서, 잘못된 용서」, 문화일보 2018. 3. 30.(금) 자 37면
- 김판임(2011), 「포도원 주인의 비유를 통해서 본 경제 정의에 대한 예수의 이해」, 『신학사상』 154호. 한신대학교 신학사상연구소
- 김판임(2013), 「예수의 비유를 통해서 본 하나님의 정의」, 『신학사상』 162호, 한신대학교 신학사상연구소

- 김학철(2016), 「정의롭고 선한 포도원 주인의 비유: 정의와 호혜의 관점에서 마태복음 20장 1-16절 읽기」, 『신약논단』 23권 제4호, 한국신약학회
- 김헌중(2022), 「책임, 세계, 제삼자-레비나스의 철학에서의 얼굴 너머」, 『현상학과 현대철학』 94집, 한국현상학회
- 김현수(2011), 「조건적 용서와 무조건적 용서의 화해를 향하여 -블라디미르 얀켈레비치, 자끄 데리다, 폴 리꾀르의 용서이론에 대한 고찰」, 한국기독교신학논총』(한국기독교학회), 76(1): 275~299
- 나요섭(1998), 「포도원 농군 비유의 전승과 의미에 관한 고찰」, 『신학과 목회』 12호, 영남신학대학교
- 니체, 프리드리히, 김정현 역(2002), 『니체전집 14(선악의 저편 · 도덕의 계보)』, 책세상
- 대한기독교서회(2007), 『성경전서』(개역 개정판)
- 대한성서공회(2001), 성경전서(개역 개정판)
- 대한성서공회(2023), 『성경』(개역개정)
- 레비나스, 에마뉘엘 저, 강영안 역(1996), 『시간과 타자』, 문예출판사
- 레비나스, 에마뉘엘 저, 서동욱 역(2003), 『존재에서 존재자로』, 민음사
- 레비나스, 에마뉘엘 저, 손영창 역(2018), 『전체성과 무한』, 그린비
- 문화콘텐츠기술연구원(2009), 『다문화의 이해』, 경진
- 박경미(2010), 『마몬의 시대, 생명의 논리』, 녹색평론사
- 박권일 외(2020), 『능력주의와 불평등』, 교육공동체 벗
- 박권일(2021), 『한국의 능력주의』, 이데아
- 박병섭(2007), 「세계사와 한국사에서 근대성, 자유주의 그리고 소수자들」, 『범한철학』 45
- 박정희(2018), 「디지털사회: 모바일 파놉티콘」, 『대동철학』 85집
- 박치완(2009), 『글로컬 문화콘텐츠, 어떻게 그리고 왜?』, 한국외국어대출판부
- 보콕, 로버트(1996), 「현대사회의 문화적 형성」,『현대성과 현대문화』, 현실문화연구
- 사회와 철학연구회(2012), 『문화 및 문화현상에 대한 철학적 성찰』, 씨아이알
- 서정혁(2022), 『공정하다는 착각의 자유, 원래는 능력의 폭정』, 커뮤니케이션북스
- 서혜정(2023), 「하나님의 경계, 인간의 경계-경계 밖 사람들에 대한 신학적 & 인류학적 고찰」, 자료집 『경계 밖의 인간 무리』, 한국해석학회 · 전주대 한국고전학연구소
- 성신형(2023), 「환대에 대한 철학적 성찰과 윤리적 제언-데리다, 레비나스, 리쾨르를 중심으로 -」, 『현대유럽철학연구』 68집, 한국현대유럽철학연구회
- 손운산(2004), 「치료, 용서 그리고 화해」, 『한국기독교신학논총』(한국기독교학회), 35(1): 241~283
- 손운산(2008), 『용서와 치료』, 서울: 이화여자대학교출판부
- 스타인, 로버트저, 명종남 역(1990), 『예수의 비유』, 새순출판사

- 신성임(2023), 「타자 이해에 근거하는 국내 이주근로자 선교: 레비나스(Emmanuel Levinas)의 타자 철학을 중심으로」, 『선교와 신학』 61집, 장로회신학대학교 세계선교연구원
- 신승환(2000), 「문화철학의 해석학적 지평」, 『문화와 해석학』, 한국해석학회, 철학과현실사
- 신응철(2000), 『카시러의 문화철학』, 한울출판사
- 신응철(2001), 「문화 넘어서기」, 『인문학연구』 제31집, 숭실대 인문과학연구소
- 신응철(2002), 「문화 해석의 두 입장-자유의지론과 문화결정론의 논쟁-」, 『해석학연구』 10집, 한국해석학회
- 신응철(2003), 『문화철학과 문화비평』, 철학과현실사
- 신응철(2006), 『기독교 문화학이란 무엇인가』, 북코리아
- 신응철(2009), 『문화, 철학으로 읽다』, 북코리아
- 신응철(2011), 「문화의 비극-부버와 짐멜의 견해를 중심으로」, 『동서철학연구』 59호, 한국동서철학회
- 신응철(2011), 「부버, 틸리히, 가다머-부버의 <나-너>철학에 대한 틸리히와 가다머의 해석을 중심으로」, 『해석학연구』 27집, 한국해석학회
- 신응철(2011), 「인식의 현상학-카시러에게서 인식론과 문화과학의 관계를 중심으로」, 『철학사상』 37집, 서울대 철학사상연구소
- 신응철(2011), 『기독교 철학자들의 문화관』, 북코리아
- 신응철(2014), 『20대, 이제 철학을 만나다』, 동문사
- 신응철(2015), 「두 문화-문화과학과 자연과학 그리고 인간: 카시러와 부버의 논의를 중심으로」, 『탈경계인문학』 8권2호, 이화인문학연구원
- 신응철(2018), 「기독교 문화해석학의 관점에서 본 용서」, 『인문사회21』(Vol.9, No.5, 통권 30호. 211~222
- 신응철(2018), 「용서(forgiveness) 논쟁 다시보기」, 『철학 · 사상 · 문화』(동국대 동서사상연구소), 27: 106~127
- 신응철(2019), 「카시러 신화철학과 정치적 신화 해석」, 『현대유럽철학연구』 52집, 한국현대유럽철학회
- 신응철(2021), 「'주체' 개념에 대한 기독교철학적 이해」, 『한국기독교문화연구』 15집, 숭실대 한국기독교문화연구원
- 아스만, 알라이다저, 변학수 외 역(2012), 『기억의 공간』, 그린비
- 안데아 샘프리니(2010), 『다문화주의: 인문학을 통한 다문화주의의 비판적 해석』, 경진
- 양재훈(2016), 「그들은 왜 투덜거렸는가?-하나님 나라의 가치관으로 다시 읽는 포도원 품꾼 비유(마 20:1-16)」, 『신약논단』 23권 제2호, 한국신약학회
- 엔라이트(R. D. Enright), 채규만 옮김(2004), 『용서 치유: 용서는 선택이다』, 서울: 학지사

• 예레미아스저, 허혁 역(1982), 『예수의 비유』, 분도출판사
• 오덕호(2002), 『값진 진주를 찾아서』, 한국성서학연구소
• 올드리지, 에이드리언 저, 이정민 역(2022), 『능력주의의 두 얼굴』, 상상스퀘어
• 윤대선(2023), 「레비나스의 『존재와 다르게』에서 주체의 문제와 그 실천적 윤리-주체의 타자성에서 대신함의 타자 윤리로」, 『철학논총』 114집, 새한철학회
• 이명수 외(2015), 『다문화와 인정의 로컬리티』, 소명출판
• 이백철·조극훈(2018), 「공리주의 형벌론과 파놉티콘」, 『교정담론』 12권 3호
• 이소영(2023), 「역량담론과 '책임'의 문제: 레비나스와 불가능성 개념을 중심으로」, 『교육철학연구』 45권 2호, 한국교육철학회
• 이지성(2022), 「능력주의 사회에 대한 기독교 사회윤리학적 제언」, 『기독교사회윤리』 54, 한국기독교사회윤리학회
• 이한구(1996), 「문화과학과 설명의 논리」, 『문화철학』, 한국철학회, 철학과현실사
• 이혁배(2016), 「포도원 일꾼의 비유와 청년 수당제도」, 『기독교사상』 690호, 대한기독교서회
• 장석준(2022), 『능력주의, 가장 한국적인 계급지도』, 갈라파고스
• 장원석(2017), 「파놉티콘의 정치이론-푸코의 벤담 해석에 대한 논쟁을 중심으로」, 『대한정치학보』 25권 2호, 대한정치학회
• 장은주(2021), 『공정의 배신: 능력주의에 갇힌 한국의 공정』, 피어나
• 장파(1999), 『동양과 서양, 그리고 미학』(유중하외 역), 푸른숲
• 전종윤(2022), 「제3자의 문제와 토막민(土幕民): 리쾨르와 레비나스 철학을 중심으로」, 『기독교철학』 35집, 한국기독교철학회
• 전현재·조주은(2015), 「파놉티콘의 강화 혹은 역감시: 블랙박스의 확산과 새로운 감시주체의 등장」, 『사회연구』 16권 2호, 한국사회조사연구소
• 제러미 벤담(2019), 『파놉티콘』(신건수 역), 책세상
• 조명기(2014), 「로컬에 대한 두 가지 질문: 로컬은 실재하는 소수인가」, 『로컬리티 인문학』 11
• 조영호(2023), 「실존적 망명으로서 난민 경험-영적, 정치적 반응으로서의 환대」, 자료집 『경계 밖의 인간 무리』, 한국해석학회·전주대 한국고전학연구소
• 조해정(2014), 「말의 상호 문화적 해석학과 문화적 중첩」, 『범한철학』 74
• 주광순(2014), 「말의 유비적 해석학과 가다머의 해석학」 한국해석학회, 108차 발표회자료집
• 짐멜, 게오르그(2005), 『짐멜의 모더니티 읽기』, 새물결
• 창작수필문인회(2004), 『햇빛 노래하는 풀꽃』, 나라출판사
• 체리, 스티븐(Cherry, Stephen), 송연수 옮김(2013), 『용서라는 고통』, 서울: 황소자리
• 최현덕(2009), 「문화들 사이에서 철학하기」, 『젠더와 탈/경계의 지형』(이화인문과학원), 이화여대출판부

- 칸트, 임마누엘 저, 이한구 편역(1993), 『칸트의 역사철학』, 서광사
- 콘너스만, 랄프(2006), 『문화철학이란 무엇인가』(이상엽 역), 북코리아
- 퀴블러 로스, 엘리자베스, *On Life after Death*, The Barbare Hogenson Agency, New York, 1991.(최준식 옮김(2012), 『사후생-죽음 이후의 삶의 이야기』, 대화문화아카데미
- 퀴블러 로스, 엘리자베스, 이진 옮김(2007), 『안녕이라고 말하는 그 순간까지 진정으로 살아있어라』, 도서출판 이레
- 퀴블러 로스, 엘리자베스·데이비드 케슬러, 김소향 옮김(2014), 『상실수업』(김소향 옮김), 인빅투스
- 파에촐츠, 하인츠(2000), 『카시러』(봉일원 역), 인간사랑
- 푸코 미셸, 오생근 역(2020), 『감시와 처벌: 감옥의 탄생』, 나남출판사
- 하승우(2020), 『신분 피라미드 사회: 능력주의가 낳은 괴물』, 이상북스
- 하이데거, 마르틴 저, (이기상 역(1998), 『존재와 시간』, 까치
- 한희진(2012), 「미셸 푸코의 파놉티시즘에서 인식, 권력, 윤리의 관계」, 『의철학연구』 13호, 한국의철학회
- 홍영택(2004), 「하나님의 용서와 사람의 용서-한국 기독교인의 용서 경험에 관한 설문조사」, 『한국기독교신학논총』(한국기독교학회) 31(1): 605~641
- 홍창현(2023), 「포스트휴먼 시대, 사이보그-되기의 기독교윤리적 응답 임마누엘 레비나스와 미로슬라브 볼프를 중심으로」, 『기독교사회윤리』 55집, 한국기독교사회윤리학회
- Arendt, H., *The Human Condition*, Chicago: University of Chicago Press, 1958.(아렌트, 한나 저, 이진우 역(2017), 『인간의 조건』, 한길사)
- Arendt, Hannah.(1998), *The Human Condition*, Chicago: The University of Chicago Press.
- Bash, A.(2011), *Just Forgiveness Exploring the Bible, Weighing the Issues*, London: SPCK.
- Bash, A., *Forgiveness and Christian Ethics*, Cambridge: Cambridge University Press, 2007.
- Bishop, Bernadine.(2006), "The Visage of Offence: A Psychoanalytic View of Forgiveness and Repentance in Shakespeare's Plays", *British Journal of Psychotherapy*, 23(1): 27-36.
- Böhme Hartmut.Matussek Peter.Müller Lothar., *Orientierung Kulturwissenschaft*, Rowohlt Taschenbuch Verlag GmbH, Reinbek bei Hamburg, 2000.(손동현.이상엽 역(2004), 『문화학이란 무엇인가』, 성균관대 출판부)
- Buber, Martin., *Ich und Du*, in *Die Schriften über das dialogische Prinzip*, Verlag Lambert Schneider, Heidelberg, 1923. 1954, 1974. 영어본은 *I and Thou*, ed by Walter Kaufmann, 1970.(표재명 역(1977), 『나와 너』, 문예출판사)

- Buber, Martin., *Ich und Du*, in *Die Schriften über das dialogische Prinzip*, Verlag Lambert Schneider, Heidelberg, 1954.
- C. A. 반 퍼슨(1994), 『급변하는 흐름 속의 문화』(강영안 역), 서광사
- Carlyle, Thomas., *On Heroes, Hero Worship and the Heroic in History*, Oxford University Press, London: Humphrey Milford, 1841, Reprinted, 1928. (박시인 역(1963), 『영웅숭배론』, 을유문화사)
- Carlyle, Thomas., *On Heroes, Hero-Worship and the Heroic in History*, Carl Niemeyer, ed.(Univ. of Nebraska Press, 1966.)(박상익 역(2003), 『영웅숭배론』, 한길사)
- Carnap, R., *Scheinprobleme in der Philosopie: Das Fremdpsychologische und der Realismusstreit*, Berlin: Weltkreis Verlag, 1928.
- Carter, W., *Households and Discipleship* (JSNTSup 103: Sheffield: Sheffield Academic Press, 1994.)
- Cassirer, E. *An Essay on Man: An Introduction to Philosophy of Human Culture,* Yale University Press. 1944.
- Cassirer, E. *Determinism and Indeterminism in Modern Physics.* 1936. Translated by O.T. Benfey, New Haven: Yale University Press, 1956.
- Cassirer, E. *Philosophie der Symbolischen Formen*(1923), Dritter Teil: *Phänomenologie der Erkenntnis*, Darmstadt, 1929. Wissenschaftliche Buchgesellschaft, Darmstadt, 1973.
- Cassirer, E. *Versuch über den Menschen. Einführung in eine Philosophie der Kultur,* Frankfurt/M. 1990.
- Cassirer, E. *Zur Logik der kulturwissenschaften,* 1942. Print. *The Logic of the Humanities*, Translated by Clarence Howe, New Haven: Yale University Press, 1961.
- Cassirer, E., "Albert Schweitzer as Critic of Nineteenth Century Ethics" in *The Albert Schweitzer Jubilee Book*, ed. A. A. Roback (Cambridge, Mass: Sci-Art Publishers, 1946.)
- Cassirer, E., "Judaism and the Modern Political Myths", in: *Symbol, Myth, and Culture: Essays and Lectures of Ernst Cassirer 1935-1945,* ed. Donald Phillip Verene, New Haven and London: Yale University Press, 1979. 233~241쪽. (심철민 옮김(2012), 「유대교와 현대의 정치적 신화」(1944), 『상징 신화 문화』, 아카넷, 349~361쪽.)
- Cassirer, E., "The Technique of Our Modern Political Myths", in: *Symbol, Myth, and Culture: Essays and Lectures of Ernst Cassirer 1935-1945,* ed. Donald Phillip Verene, New Haven and London: Yale University Press, 1979. 242~267쪽.(심철민 옮김(2012), 「현대의 정치적 신화의 기술」(1945), 『상징 신화 문화』, 아카넷, 363~398쪽)

- Cassirer, E., *An Essay on Man* (1944), New Haven and London: Yale University Press, 1970. (최명관 옮김(1988), 『인간이란 무엇인가』, 서광사)
- Cassirer, E., *Philosophie der symbolischen Formen, zweiter Teil: Das mythische Denken* (1925), Darmstadt: Wissenschaftliche Buchgesellschaft, 1973.(심철민 옮김(2012), 『상징형식의 철학Ⅱ-신화적 사고』(1925), 도서출판b)
- Cassirer, E., *Substanzbegriff und Funktionsbegriff. Untersuchungen über die grundfragen der Erkenntniskritik*, Berlin, 1910.
- Cassirer, E., *The Myth of the State*, New Haven and London: Yale University Press, 1946. (최명관 옮김(1988), 『국가의 신화』, 서광사)
- Cassirer, E., *Zur Logik der Kulturwissenschaften Fünf Studien* (1942), Gesammelt Werke Hamburg Ausgabe, Band 24, Birgit Recki (hrsg.), Hamburg: Felix Meiner Verlag, 2007. (박완규 옮김(2007), 『문화과학의 논리』, 도서출판 길)
- Cassirer, Ernst., "Albert Schweitzer as Critic of Nineteenth Century Ethics," in *The Albert Schweitzer Jubilee Book,* A.A. Roback (ed), Cambridge, Mass: Sci-Art Publishers, 1946.
- Cassirer, Ernst., *An Essay on Man, An introduction to a Philosophy of Human Culture*, New Haven: Yale University Press, 1944.
- Cassirer, Ernst*., An Essay on Man: An Introduction to a Philosophy of Human Culture*, New Haven, Yale University Press. 1944.(최명관 옮김(1988), 『인간이란 무엇인가』, 서울: 서광사)
- Cassirer, Ernst., *Philosophie der Symbolischen Formen*, Vol.1 Reprint. Darmstadt: Wissenschaftliche Buchgesellschaft, 1964.
- Cassirer, Ernst., *Philosophie der Symbolischen Formen*. Vol.3: *Die Phänomenologie der Erkenntnis* (1929), reprint., Darmstadt: Wissenschaftliche Buchgesellschaft, 1964.
- Cassirer, Ernst., *The Myth of the State*, New Haven and London: Yale University Press. 1946. (최명관 역(1988), 『국가의 신화』, 서울: 서광사)
- Cassirer, Ernst., *The Problem of Knowledge: Philosophy, Science, and History since Hegel*, translated by William H. Woglom and Charles W. Handel, New Haven: Yale University Press, 1950.
- Cherry, Stephen., *Healing Agony*, The Continuum International Publishing Group, Taurus Books 2013.(체리, 스티븐 저, 송연수 역(2013), 『용서라는 고통』, 황소자리)
- Claudia Bickmann, R.A. Mall.(2010), 『상호문화 철학의 논리와 실천』, 시와 진실
- Derrida, Jacques.(2001), 『On Cosmopolitanism and Forgiveness』, tr. by Mark Dooley and Michael Hughes, London: Routledge.

- Donahue, John R.S.J., *The Gospel in Parable* (MN: Fortres Prress, 1990), 83. (박노식 역(2007), 『어떻게 비유를 해석할 것인가?』, 강남대학교 출판부)
- Eve Garrard & David McNaughton, *Forgiveness*, Acumen Publishing Ltd. Edition, 2010.(개러드 이브·맥노튼 데이비드 저, 박유진 역(2013), 『용서란 무엇인가』, 파이카)
- Fauser, Markus., *Einführung in die Kulturwissenschaft*, Wissenscaftliche Buchgesellschaft, Darmstady, 2003.
- Fiorenza, E.S., *In memory of Her. A Feminist Theological Reconstruction of Christian Origins*, New York: Crossroad, 1983.
- France, R.T., *The Gospel of Matthew* (Grand Rapids: Eerdmans, 2007.)
- Gadamer, H.G., *Wahrheit und Methode*, J.C.B. Mohr, Tübingen, 1960. 1986.
- Gadamer, H.G., *Wahrheit und Methode*, Tübingen: J.C.B. Mohr, Paul Siebeck, Germany, 1972.
- Gesellschaft für interkulturelle Philosophie, *Studien zur interkulturellen Philosophie,* Bd. 9, Verlag Traugott Bautz GmbH, Köln, Germany, 1998.
- Gladstone, W.E.(Edited by), *The Works of Joseph Butler*, Vol. 2. Sermons, Thoemmes Press 1995.
- Habermas, J., *Die Einbeziehung des Anderen*, Suhrkamp, Frankfurt/M, Germany, 1996.(황태연 역(2000), 『이질성의 포용』, 나남출판)
- Hartmut Böhme · Peter Matussek · Lothar Müller, *Orientierung Kulturwissenschaft*, Rowohlt Taschenbuch Verlag GmbH, Reinbek bei Hamburg, 2000. (손동현.이상엽 역(2004), 『문화학이란 무엇인가』, 성균관대 출판부
- Hegel, G.W.F., *Grundlinien der Philosophie des Rechts,* ed. Johannes Hoffmeister, 4th. ed. Hamburg: Felix Meiner Verlag, 1952.
- Hegel, G.W.F., *Phänomenologie des Geistes,* Hamburg: Felix Meiner Verlag, 1952.
- Heine, Ronald E., *Origen: Scholaship in the Service of the Church* (NY: Oxford University Press, 2010.)
- Holloway, Richard.(2002), *On Forgiveness*, Edinburgh: Canongate.
- Hultgreen, Arland J., *The Parables of Jesus: A Commentary* (Grand Rapids: Eerdmans, 2000.)
- I. 칸트(1993), 『칸트의 역사철학』(이한구 편역), 서광사
- Kant, I. *Grundlegung zur Metaphysik der Sitten, Zweyte* Auflage, Riga, bey Johann Friedrich Hartknoch(1786), hrsg. Wilhelm Weischdel, Frankfurt am Main: Suhrkamp, 1974.
- Kant, I., *Kant's Critique of Practical Reason and Other Works on the Theory of Ethics,* trans. T.K. Abbott, 6th. ed. London: Longmans, Green, 1909.

- Kimmerle, Heinz., *Philosophie in Afrika. Annaeherungen an einen interkulturellen Philosophiebegriff*, Frankfurt am Main, Germany, 1991.
- Klemm, Gustav Friedrich., "Grundideen zu einer allegemeinen Cultur-Wissenschaft", In *Sitzungsberichte der kaiserlichen Akademie der Wissenschaften. Philosophische-historische Classe*, Band 7, Wien 1851.
- Klemm, Gustav Friedrich., *Allgemeine Culturwissenschaft. Die materiellen Grundlagen menschlicher Cultur*, 2Bde, Leipzig 1854-1855, Band 2.
- Kübler Ross, Elisabeth., David Kessler, *Life Lessons*, Scribner, New York, USA. 2006.(류시화 옮김(2015), 『인생수업』, 이레
- Kübler Ross, Elisabeth., 안진희 옮김(2018), 『죽음과 죽어감에 답하다』, 청미
- Kübler Ross, Elisabeth., 오혜련 옮김(2019), 『어린이와 죽음』, 샘솟는 기쁨
- Kübler Ross, Elisabeth., 이진 옮김(2018), 『죽음과 죽어감』, 청미
- Lamb, S. and Murphy, J. G.(eds) *Before Forgiving: Cautionary Views of Forgiveness in Psychotherapy*, Oxford: Oxford University Press, 2002.
- Lazarus, Moritz/Steinthal Heymann., "Einleitende Gedenken über Völkerpsychologie", In *Zeitschrift für Völkerpsychologie und Sprachwissenschaft*. Band 1, Berlin 1860.
- Lewis, C. S.(1952), *Mere Christianity*, London: Fontana.
- Luther, M., "Sermon for Septuagesima Sunday: Matthew 20:1-16," in J. Nicholas Lenker (ed.), *The Complete Sermons of Martin Luther*, volme Ⅱ(Grand Rapids, MI: Baker Book House, 2000.)
- Mall, Ram Adhar. H. Huelsmann, *Die drei Geburtsorte der Philosophie. China, Indien, Europa*, Bonn: Bubier, Germany, 1989.
- Mall, Ram Adhar., *Philosophie im Vergleich der Kulturen. Eine Einführung in die interkulturelle Philosophie*, Bremen, Germany, 1992.
- Mall, Ram Adhar., *Philosophie im Vergleich der Kulturen-Interkulturelle Philosophie-eine neue Orientierung*, Darmstadt: Wissenschaftliche Buchgesellschaft, Germany, 1995.
- Niebuhr, Reinhold.(1963), A*n Interpretation of Christian Ethics*, San Francisco: Harper & Row.
- Niedermann, Joseph., *Kultur. Werden und Wandlungen eines Begriffs und seiner Ersatzbegriffs von Cicero bis Herder*, Firenze 1941.
- Paul Ricoeur, *The Symbolism of Evil*, translated by Emerson Buchanan, Boston: Bacon Press, 1967.
- Perpeet, Wilhelm., "kulturphilosophie", In *Archiv für Begriffsgeschichte 20*, 1976.

- Scott, Jill.(2010), *A Poetics of Forgiveness: Cultural Responses to Loss and Wrongdoing*, New York: Palgrave McMillan.
- Simmel, Georg., *Gesamtausgabe, Band 14. Hauptprobleme der Philosophie. Philosophische Kultur*, Herausgegeben von Rüdiger Kramme und Otthein Rammstedt, Suhrkamp Verlag Frankfurt am Main 1966.
- Spengler, Oswald., *Der Mensch und die Technik* (München, 1932). 번역서로(『인간과 기술』(양우석역), 서광사, 1998.)
- Stein, Ludwig., *An der Wende des Jahrbunderts. Versuche einer Kulturphilosophie*, Freiburg u.a. 1900.
- Tillich, Paul., *Systematic Theology*, Vol. I-III, The University of Chicago Press. 1951.
- Tutu, Desmond.(1999), *No Future without Forgiveness*, London: Rider.
- Verene, Donald Phillip (ed)., *Symbol, Myth and Culture: Essays and Lectures of Ernst Cassirer* 1935-1945, New Haven and London, Yale University Press, 1979.
- Verene, Donald Phillip.,(ed), *Symbol, Myth and Culture: Essays and Lectures of Ernst Cassirer* 1935-1945, New Haven and London Yale University Press, 1979.
- White, Leslie A., *The Science of Culture: A Study of Man and Civilization*(Revised Edition, New York: Farrar, Straus and Giroux, 1969) 번역서로,(이문웅 역(2002), 『문화과학』, 아카넷)
- Williams, Charles.(1950), *He came down from Heaven and The Forgiveness of Sins*, London: Faber and Faber.
- Wimmer, Franz Martin., *Interkulturelle Philosophie. Geschichte und Theorie*, Wien, Germany, 1990.
- Wright, N. T.(2006), *Evil and The Justice of God*, London: SPCK.
- Young, Michael., *The Rise of the Meritocracy, 1870-2033: An Essay on Education and Equality*, London, Thames and Hudson, 1958.(유강은 역(2020), 『능력주의』, 이매진)

저자 소개

신응철(申膺澈)

학력

경북 안동 경안고 졸업
숭실대학교 철학과 졸업(서양 철학, 문학사)
숭실대학교 대학원 철학과 졸업(해석학, 문학 석사)
숭실대학교 대학원 철학과 졸업(문화철학/문화해석학, 철학 박사)

경력

대림대학교 교양학부 교수
경성대학교 글로컬문화학부 교수
동아대학교 철학생명의료윤리학과 교수
현) 숭실대 한국기독교문화연구원 인문사회학술연구 교수
　　한국해석학회 회장
　　한국현대유럽철학회 회장
　　한국기독교철학회 회장
　　한국인간과자연학회 부회장

단독 저(역)서

『카시러의 문화철학』(2000), 『해석학과 문예비평』(2001), 『문화철학과 문화비평』(2003), 『카시러 사회철학과 역사철학』(2004), 『철학으로 보는 문화』(2004), 『관상의 문화학』(2006), 『기독교 문화학이란 무엇인가』(2006), 『문화, 철학으로 읽다』(2009), 『기독교 철학자들의 문화관』(2011), 『20대, 이제 철학을 만나다』(2014), 『언어와 신화』(2015), 『에른스트 카시러』(2016), 『대학생이 알아야 할 인성 교양 윤리의 문제들』(2018)

현대 문화해석학

초판1쇄 인쇄 2025년 9월 25일
초판1쇄 발행 2025년 9월 30일

저 자 신 응 철
펴낸이 임 순 재
펴낸곳 (주)한올출판사
등 록 제11-403호
주 소 서울시 마포구 모래내로 83(성산동 한올빌딩 3층)
전 화 (02) 376-4298(대표)
팩 스 (02) 302-8073
홈페이지 www.hanol.co.kr
e-메일 hanol@hanol.co.kr
ISBN 979-11-6647-603-7

현대 문화해석학